U0786021

丹徒年鉴

2023

镇江市丹徒区史志办公室 编

方志出版社

图书在版编目（CIP）数据

丹徒年鉴. 2023 / 镇江市丹徒区史志办公室编.
北京 : 方志出版社, 2023.12
ISBN 978-7-5144-6031-5

Ⅰ. ①丹… Ⅱ. ①镇… Ⅲ. ①丹徒区－2023－年鉴
Ⅳ. ①Z525.34

中国国家版本馆CIP数据核字(2023)第239040号

责任编辑：张颢
责任校对：张玉霞
责任印制：梅中英
出 版 者：方志出版社
地　　址：北京市朝阳区潘家园东里9号（国家方志馆4层）
邮　　编：100021
网　　址：http://www.zgfzcb.cn
发　　行：方志出版社图书营销中心（010-67110500）
印　　刷：镇江文苑制版印刷有限责任公司
开　　本：787毫米×1092毫米　1/16
印　　张：18.5
字　　数：457千字
版　　次：2023年12月第1版
印　　次：2023年12月第1次印刷
定　　价：280.00元

· 版权所有　侵权必究 ·
（如有印装质量问题，请与我社图书营销中心联系）

《丹徒年鉴（2023）》主审

毛　健　吕朝霞

《丹徒年鉴（2023）》编辑部

主　　编　赵　斌　周　飞　钱立宪（执行）

编辑部主任　李冬冬

编　　辑　李冬冬　刘　芳　陆姝慧

通　　联　吴　林　花琴芳

彩页制作　戴　璐

封面设计　刘　芳

丹徒数字（2022）

总面积	617.08 平方千米
常住人口	34.85 万人
地区生产总值	472.35 亿元
第一产业增加值	24.11 亿元
第二产业增加值	246.51 亿元
第三产业增加值	201.74 亿元
一般公共预算收入	23.15 亿元
一般公共预算支出	40.89 亿元
粮食播种面积	28.55 万亩
粮食总产量	13.4 万吨
农业龙头企业	52 家
规模以上工业总产值	538.42 亿元
规模以上工业企业	284 家
高新技术企业	155 家
食醋产量	27.18 万吨
原盐产量	146.4 万吨
全社会固定资产投资	88.11 亿元
全年实际利用外资	1701 万美元
社会消费品零售总额	73.23 亿元
各级各类学校	65 所
图书馆图书借还次数	40 万册次
卫生健康单位	130 所
优良天数比率	69.9%
居民人均可支配收入	47133 元

编辑说明

一、《丹徒年鉴（2023）》以马克思列宁主义、毛泽东思想、邓小平理论、“三个代表”重要思想、科学发展观、习近平新时代中国特色社会主义思想为指导，坚持辩证唯物主义和历史唯物主义的立场、观点和方法，系统记述丹徒区2022年度政治、经济、社会、自然等方面的基本面貌、发展状况以及发生的大事、要事、新事，全面反映镇江市丹徒区高质量发展进程。

二、《丹徒年鉴》是镇江市丹徒区史志办公室编纂的资料性文献，每年一卷，该卷是连续出版的第31卷。

三、《丹徒年鉴（2023）》采用分类编辑法，以类目、分目、副分目、条目组成框架结构的主体部分。全书条目标题统一用黑体加【 】表示。全书设专记、大事记、丹徒概览、中共丹徒区委员会、丹徒区人民代表大会、丹徒区人民政府、政协丹徒区委员会、纪检监察、民主党派·工商联、群众团体、法治、军事、综合管理、人力资源和社会保障、农业·农村、工业、特色园区、交通·通信、城市建设、生态环境、商贸、财政·税务·金融、科学技术、教育、文化·体育·旅游、融媒体、卫生、社会生活、镇·街道·园区、附录共30个类目。全书前有目录，后有索引，具有比较完善的检索系统。

四、《丹徒年鉴（2023）》收录部分区领导的工作报告，收录2022年度受表彰的先进集体、个人和组织人事变动情况（时限延至2023年3月）。全书数据以区统计局提供的统计数据为准，区统计局没有提供的以各单位数据为准。书中主要对本地党委、政府提出的缩略语进行解释说明。

五、标点符号、计量单位等按国家法定规范执行。其中，计量单位不完全使用公制，也使用“亩”等常用计量单位。

1 2022年，北汽蓝谷麦格纳汽车有限公司智能化生产车间 （上党镇 供图）

1 2022年，传统制醋技艺
（江苏恒顺醋业股份有限公司 供图）

2 2022年8月，“镇江恒顺黄酒酿制技艺”更名为“镇江恒顺百花酒酿制技艺”
（江苏恒顺醋业股份有限公司 供图）

3 2022年，恒顺百花酒产品
（江苏恒顺醋业股份有限公司 供图）

1 2022年，镇江大力液压马达股份有限公司生产车间
（韦雪亮 摄）

2 2022年，江苏蓝圈新材料股份有限公司厂区
（江苏蓝圈新材料股份有限公司 供图）

1 2022年，江苏船港物流智能集散中心项目基本完成建设
（区融媒体中心 供图）

2 2022年，孟家港国际物流园公共码头开港运营
（高桥镇 供图）

1 万亩农田（韦雪亮 摄）

2 水稻成熟（韦雪亮 摄）

1 2022年，谷阳镇黄序村小番茄
（谷阳镇 供图）

2 2022年，谷阳镇湖马村八月瓜
（区融媒体中心 供图）

3 2022年，宝堰镇南宫村梨子
（区农业农村局 供图）

4 2022年，江心园区葡萄
（区融媒体中心 供图）

1 2022年，高桥镇航拍（姜亚鹏 王志乐 摄）

2 2022年，高桥镇美食——蒿蒿茧（高桥镇 供图）

3 2022年，高桥镇西江边江豚频出（马建军 摄）

4 2022年，高桥镇江边珍稀水鸟栖息（高桥镇 供图）

1 2022年，辛丰镇运河桥
（辛丰镇 供图）

2 2022年，荣炳园区曲阳村大坝水库水杉林
（荣炳园区 供图）

1

1 2022年，上党镇坞庄湖畔（古洞村 供图）

1 2022年，荣炳园区西谷里村庄俯瞰（黄世暖 摄）

1 2022年，“月雅茶香丹青戏墨”中秋雅集主题活动
（长山文化产业发展有限公司 供图）

2 2022年，“老兵讲故事”重阳节活动
（上党镇 供图）

3 2022年，上党镇“挑花”非遗传承
（上党镇 供图）

4 2022年，世业镇世业村篾匠
（区融媒体中心 供图）

目 录

专 记

大事记

丹徒概览

中共丹徒区委员会

丹徒区人民代表大会

丹徒区人民政府

政协丹徒区委员会

纪检监察

民主党派·工商联

群众团体

法 治

军 事

综合管理

人力资源和社会保障

农业·农村

工　业

特色园区

交通·通信

城市建设

生态环境

商 贸

财政·税务·金融

科学技术

教 育

文化·体育·旅游

融媒体

卫 生

社会生活

镇·街道·园区

附 录

专　　记

丹徒区学习中共二十大系列活动集锦

2022年10月16日，中国共产党第二十次全国代表大会在北京人民大会堂开幕，习近平代表第十九届中央委员会向大会作题为《高举中国特色社会主义伟大旗帜　为全面建设社会主义现代化国家而团结奋斗》的报告。丹徒区委书记毛健，区委副书记、代区长吕朝霞等四套班子领导集中收看中国共产党第二十次全国代表大会开幕会电视直播，聆听大会报告。全区各地各部门，均同步组织实时收看活动。

中共二十大闭幕后，丹徒区委及各地第一时间召开学习活动，深入学习习近平总书记在中共二十大上所作的报告，领悟中共二十大提出的新思想新论断、作出的新部署新要求。丹徒区委召开常委会和理论学习中心组专题学习会，通过原原本本学、逐字逐句读，把握中共二十大精神实质和核心要义，以“关键少数”带动“绝大多数”。高资街道召开党工委理论学习中心组学习(扩大)会，学习传达中共二十大精神，高资街道全体党政领导、各村党组织书记参加会议。会议要求各级党组织提高政治站位，结合实际迅速贯彻落实会议精神，把思想和行动统一到中共二十大精神上来，踔厉奋发、勇毅前行，奋力谱写高资板块现代化建设新篇章。丹徒高新园、谷阳镇召开党(工)委理论学习中心组学习(扩大)会，学习传达中共二十大精神和省市区委有关会议精神，丹徒高新园、谷阳镇全体党政领导，高新园机关各部门负责人、各下属公司主要负责人，谷阳镇各村党组织书记参加会议。会议要求，将学习宣传贯彻中共二十大精神作为当前和今后

2022 年 10 月 16 日，丹徒区四套班子成员集体收看中共二十大开幕会

一个时期的首要政治任务，营造浓厚舆论氛围，推动中共二十大精神走进基层、走进群众，家喻户晓、深入人心，更好地激发爱党爱国热情、凝聚团结奋进力量。世业镇开展中共二十大理论宣讲活动，学习省、市传达学习贯彻中共二十大精神大会的重要内容，世业镇党政领导班子全体成员，各村、机关企事业单位党组织书记参加活动。会议强调，学习宣传贯彻中共二十大精神是一项系统工程、长期工程、质量工程，必须认真领会、深钻细研，切实做到融会贯通、学以致用。宜城街道党工委理论学习中心组召开学习宣传贯彻中共二十大精神会议。会议要求，学习宣传贯彻中共二十大精神是当前和今后一个时期的首要政治任务，街道各级党组织要带领党员全面准确学习领会中共二十大精神，立足街道工作实际，着力解决群众最关心、最直接、最现实的利益问题，为全面建成社会主义现代化强国、实现第二个百年奋斗目标贡献力量。辛丰镇开展理论学习中心组专题学习会，学习传达中共二十大精神和省市区委有关会议精神，镇党政领导班子全体成员参加会议。会议要求，全镇上下要自觉用中共二十大精神统一思想和行动，把学习贯彻宣传中共二十大精神作为头等大事和首要政治任务，切实加强基层党组织建设，充分发挥党员先锋模范作用，推动二十大精神在辛丰全镇家喻户晓、落地生根。上党镇召开党委理论学习中心组学习(扩大)会议，专题学习贯彻中共二十大精神。全体党政班子、各村党组织书记参加会议。会议强调，全镇上下要把学习宣传贯彻中共二十大精神作为当前和今后一个时期的首要政治任务，切实提高政治站位，结合实际把中共二十大精神学习到位、宣传到位、贯彻到位、落实到位，最大程度凝聚共识、凝聚智慧、凝聚力量，真正把思想和行动统一到中共二十大精神和重大决策部署上来。宝堰镇召开党委(扩大)会议，专题学习中共二十大精神。全体党政领导、各村党组织书记参加会议。会议要求，要把深入学习宣传贯彻中共二十大精神作为当前和今后一个时期的首要政治任务，深刻领会把握中共二十大精神的丰富内涵，推动中共二十大精神入脑入心、走深走实、见行见效。要把学习贯彻中共二十大精神与做好当前工作紧密结合起来，紧盯各项重点工作，在具体的工作实践中推动中共二十大精神在宝堰落地生根、开花结果。荣炳盐资源区开展党工委中心组理论学习，专题学习中共二十大精神。全体党政领导、各村党组织书记参加会议。会议要求，把学习宣传贯彻中共二十大精神作为当前和今后一个时期的首要政治任务，认真谋划，精心准备，切实把中共二十大精神体现到态度上、落实到行动中、转化到工作的方方面面。高桥镇召开党委理论学习中心组学习(扩大)会议，学习贯彻中共二十大精神。全体党政领导参加会议。 会议要求，要提高政治站位，通过领导干部带头学、干部群众共同学，以集中学习、专题研讨、座谈交流等多种形式，迅速掀起学习热潮。要学以致用，把握学习贯彻中共二十大精神与做好各项工作的关系，确保中共二十大精神在各领域落地落实落细。江心洲生态农业园区召开党工委理论学习中心组学习会，专题学习中共二十大精神，全体党政领导参加会议。会议要求，要把学习宣传贯彻中共二十大精神作为当前和今后一个时期的首要政治任务，迅速掀起学习宣传贯彻热潮，要用中共二十大报告精神统一思想、统领全局、统揽工作，全力冲刺今年、积极谋划明年，以“功成不必在我”的精神境界和“功成必定有我”的历史担当，共同擘画“一起向未来”的崭新篇章。

丹徒区针对不同领域、不同类别党员特点，以“学习二十大·一线建新功”主题活动为载体，以“八新八我”(开展“新精神——我要学习”主题党日、开展“新观点——我的领会”专题党课、开展“新要求——我要提升”全员培训、开展“新时代——我来答题”知识竞赛、开展“新征程——我要奋斗”交流研讨、开展“新任务——我来落实”调研解难、开展“新使命——我当先锋”岗位实践、开展“新面貌——我来展示”集中走访)为形式，推动中共二十大精神学习宣传贯彻入脑入心、见行见效。开展“四学四走进”活动(走进总书记视察点现场学、走进红色教育基地传承学、走进党支部联系点巩固学、走进八个一线研讨学),推动党的二十大精神在基层落地生根。依托党员中心户、党群微家、党群议事厅、暖“新”加油吧等微阵地,组建“百姓名嘴宣讲团”“先进典型宣讲团”“五老宣讲团”,采用本地话讲、拉家常式讲等群众喜闻乐见的形式,在全区范围内宣传贯彻二十大精神。组织参观“镇江很有前途”迎接中共二十大胜利召开大型图片展,开设流动“丹心讲堂”300余场,受众超5万人次。按照“群众聚在哪里,课堂就设在哪里”原则,依托党群服务中心、“两新”党务工作者之家等多元教育阵地,结合“三会一课”、主题党日活动等活动,采取学习分享会、知识小竞赛、红色经典诵读等方式,推动党员学习走深走实。依托“丹徒先锋”公众号、丹徒党建网等新媒体平台,定期推送学习做法、学习体会等“红色礼包”,拓展学习渠道,延伸学习触角。开展“送书上门、送学到家”活动,组建“红色家访”送学小分队,发动党员志愿者通过“一对一”方式结对帮学,发放《党的二十大报告》《中国共产党章程》等学习用书5万余册。建立支部委员与流动党员“1+N”联系机制,开展“云视频”“微聊会”“网上会客厅”等线上送学活动,构建人人皆学、时时可学、处处能学的“指尖课堂”。组织策划“奋进新征程 建功新时代”“喜迎二十大”“非凡十年”等主题宣传活动,在国家级媒体发稿48篇,其中《人民日报》纸质版9篇、《新闻联播》6篇(含专题报道1篇),全方位、多角度展现丹徒上下学习宣传贯彻中共二十大精神、非凡十年间接续奋斗的生动图景。统筹内宣外宣、网上网下,发布内容涉及经济社会发展、旅游发展、社会治安等多方面情况。 (史志办)

丹徒区十件民生实事

2022年2月25日,丹徒区举办“2022年丹徒区十件民生实事”新闻发布会,发布2022年度十件民生实事项目相关内容。

十件实事分别是:

1.开展城乡生活污水管网整治

主要内容:建设分散式农村生活污水处理管网和配套设施约5200户,在城区26个小区实施内部管网疏通、排查工程,管网分流改造、恢复工程。

2.提升改造城乡养老服务设施

主要内容:结合“公建民营”,建设区级失能失智集中供养中心,新建农村区域性养老服务中心1家;建设AAA级特色社区居家养老服务中心1家、AA级特色社区居家养老服务中心8家;完成经济困难老人家庭适老化改造100户。

3.新建1266.67公顷(1.9万亩)高标准农田

主要内容:在辛丰镇、谷阳镇、上党镇、世业镇建设高标准农田1266.67公顷(1.9万亩),完善农田水利和田间道路等基础设施。

4.建设农村生态河道8条

主要内容:疏浚整治农村河道,建设农村生态河道8条。

5.打造“阳光体育”学校6所

主要内容:完成6所学校(幼儿园)体育场馆装饰、周边配套以及户外活动、游戏场地改造,将体育活动作为延时服务的必备内容和突破点,推动“双减”工作(有效减轻义务教育阶段学生过重作业负担和校外培训负担)减负增效。

6.加强食品(农产品)安全检测

主要内容:生产端主要农产品(蔬菜、瓜果等)年度检测、监测、速测不少于35000批次;流通端食品(农产品)快检全年不低于10000批次,监督抽检不低于2800批次。

7.新建发热门诊、核酸检测基地

主要内容:在丹徒区人民医院新建发热门诊,将原发热门诊改建为核酸检测基地,提升疫情防控处置能力。

8. 改善城市基础设施配套

主要内容：城区范围内新增停车泊位500个；投放共享电动助力车3000辆；改造及更新LED路灯6008盏，搭建路灯智慧管理平台。

9. 开展儿童、残疾人关爱行动

主要内容：建设省级儿童“关爱之家”1家，建设事实孤儿“梦想小屋”20间；为约80名重度智力、精神和肢体残疾人提供居家托养服务。

10. 就业促进2022行动

主要内容：全年提供就业岗位13000个(次)，新增城镇就业4400人，帮扶城乡就业困难人员等群体灵活就业330人，开展新生代农民工技能提升培训550人、创业培训550人，城镇登记失业率控制在4%以内，发放就业补贴3563万元。

2022年，丹徒区政府坚持在发展中保障和改善民生，建立区领导月度推进机制，狠抓要素保障，强化督查落实，10件民生实事项目全面完成，部分项目超额完成：

1. 开展城乡生活污水管网整治

在全区8个板块 、49 个自然村、5200 户开展分散式农村生活污水管网和配套设施建设，全年新建污水管网 220千米；完成城区驸马山庄、画意江南等28个小区内部管网疏通、排查以及管网分流改造和恢复建设，修复缺陷管网 1.75 千米，改造立管 30.71 千米、地下管网 14.17千米。

2. 提升改造城乡养老服务设施

完成区级失能失智集中供养中心改造并投入运营，高资敬老院完成“公建民营”农村区域性养老服务中心项目改造；建设完成AAA级社区居家养老服务中心1家、AA级居家养老服务中心8家；完成经济困难老人家庭适老化改造100户。

3. 新建1266.67公顷(1.9万亩)高标准农田

完成1266.67公顷(1.9万亩)高标准农田项目建设，同步建成田间渠道、水泥路、涵洞、泵站等小型农业水利工程，确保项目区灌排格局科学合理，粮食生产优质高效。

4. 建设农村生态河道8条

完成农村生态河道建设8条，全长16.4 千米，通过河道疏浚、岸坡整治、水系沟通、生态修复等全面治理措施，改善农村人居环境。

5. 打造6所“阳光体育”学校

完成茅以升实验学校体艺楼装饰工程、悦山园幼儿园室外场地软质面层施工工程、丹徒高级中学体育馆周边消防及绿化工程、恒大幼儿园户外幼儿游戏水系改造工程、西麓小学塑胶场地环形跑道维修工程、润城幼儿园户外游戏场地改造工程，改善学校体育活动环境，推动校园体育活动开展，促进“双减”工作落地见效。

6. 加强食品(农产品)安全检测

完成生产端主要农产品(蔬菜、瓜果等)年度检测、监测、速测 35622 批次，完成流通端食品(农产品)快检 10016 批次，监督抽检 2808 批次，实现从生产到销售全过程监管无缝对接。

7. 新建发热门诊

新建发热门诊、核酸检测基地，均通过验收并投入使用，实现从筛查、诊断、治疗到留观“一站式”服务。

8. 改善城市基础设施配套

在主要公共场所、居民小区附近划设共享助力车站点 180余个，投放共享电动助力车3020辆，新增汽车停车泊位 508 个；完成路灯智慧管理平台搭建，改造及更新能耗高、超寿命、亮度低的 LED 路灯 6008 盏。

9. 开展儿童、残疾人关爱行动

完成宜城街道丹桂社区儿童“关爱之家”场地建设，整合志愿者、社会组织常态化开展多样化关爱服务活动，该项目完成省级儿童“关爱之家”申报；以事实孤儿为重点关爱对象，打造“梦想小屋”20 间；为80 名重度智力、精神、肢体残疾人开展居家托养服务，提供生活照料 1968 次，上门助医服务 984次。

10.就业促进2022行动

开展“就业援助月”“春风行动”“金秋招聘月”系列就业招聘活动，购买公益性岗位托底安置城乡就业困难人员，提供就业岗位13856个次，新增城镇就业5782人，帮扶城乡就业困难人员等群体灵活就业359人；开展新生代农民工技能提升培训550人、创业培训2453人；城镇登记失业率控制在4%以内；发放就业补贴3566万元。 （史志办）

材智汇（丹徒）众创空间建成丹徒首家国家级众创空间

2022年6月28日，科技部公布2021年度国家备案众创空间名单，镇江材智汇创业服务有限公司运营的材智汇(丹徒)众创空间名列其中。近年来，丹徒区持续加大双创孵化载体平台建设力度，聚合人才、技术、资本、市场等创新创业要素，打造更具活力和竞争力的创新创业生态系统。作为丹徒区第一家国家级众创空间，材智汇(丹徒)众创空间是市场化机制、专业化服务和资本化途径构建的低成本、便利化、全要素、开放式的创新创业孵化服务载体，为全区经济社会高质量发展培育和催生新动力。

材智汇(丹徒)众创空间于2019年2月开始运营，创始人为中国工程院院士刘加平，运营主体为镇江材智汇创业服务有限公司。该众创空间总建筑面积2000平方米，配备有专业服务团队12人，其中硕士4人、高级职称2人。依托高性能土木工程国家重点实验室，建成特色鲜明、国内领先的新材料实验与测试公共技术服务平台，整合各类社会资源，拓展和深化服务平台建设内涵。落实创业导师制度，设立种子资金，为初创科技企业提供良好的创业环境和创业场地。聘请有关项目管理人员、创业导师及技术专家，为入驻企业提供生产、技术、市场、法律等方面的咨询，建成包括人才培训、科研支持、融资及其担保在内的全方位服务体系。初步建立与创投机构密切合作关系，具备一定影响力。整合高校、政府、社会等资源，开展一系列创业培训、创业沙龙、政策解读讲座等活动，为创业团队营造良好创业环境。邀请投融资界资深人士、园区受聘创业导师作各类专题演讲，定期开展在孵科技企业辅导培训。与政府招商部门合作，承接政府各类高层次人才创新创业大赛，帮助在孵科技企业对接政府“双创”(创业、创新)政策，助推在孵企业实现更好发展。截至2022年底，该众创空间累计开展企业服务活动50余场，先后引进企业入驻35家，服务众创空间及丹徒区企业130余家。 （材智汇）

2022年，材智汇（丹徒）众创空间建成丹徒区首家国家级众创空间 （材智汇）

大事记

1月

20—23日　中国人民政治协商会议镇江市丹徒区第十一届委员会第一次会议在丹徒区会议中心举行。

21—24日　镇江市丹徒区第十七届人民代表大会第一次会议在丹徒区会议中心举行。

2月

9日　丹徒区委、区政府召开产业强区暨优化营商环境大会。区委书记毛健出席会议并讲话，区委副书记、区长马振兵主持会议。会上，表彰2021年度全区各战线的先进集体和先进个人，丹徒经济开发区、高资街道党工委、丹徒高新园党工委、谷阳镇党委、北汽蓝谷麦格纳汽车有限公司、江苏希西维轴承有限公司、丹徒区行政审批局分别作交流发言。

15日　丹徒区委、区政府在中国米芾书法公园举办专精特新"小巨人"企业专场"企业家沙龙"活动，区委书记毛健出席活动。活动中，8名企业家代表分享企业发展历程、未来发展规划，并就企业发展需要政府协调解决的事项提出意见和建议；毛健对企业家反映的实际问题进行现场交办。

3月

9日　全市重大项目集中开工暨金融支持重大项目建设授信签约仪式举行。区委书记毛健和区委副书记、区长马振兵等区领导在丹徒分会场参加活动。在丹徒分会场参加全市重大项目集中开工的是落户丹徒高新园、计划总投资超10亿元的原轼年产4000万千米高强度金刚石线锯项目。活动当天，丹徒区有13个亿元以上项目参加集中开工，总投资37亿元、年度投资22亿元，其中3亿元以上项目5个、10亿元以上项目1个。

22日　丹徒区打好污染防治攻坚战指挥部(扩大)会议召开。区委书记毛健出席会议并讲话，区委副书记、区长马振兵主持会议。

4月

26日　丹徒区召开突出生态环境问题整改工作推进会。区委书记毛健出席会议并讲话。

29日　丹徒区举行庆祝"五一"大会，区委书记毛健出席会议并讲话。会上，向获2022年省、市、区五一劳动奖章、奖状和工人先锋号的先进集体、先进个人颁奖；会前，毛健会见部分表彰对象，并进行座谈交流。

5月

16日　丹徒区举行优秀年轻干部赴一线历练动员部署会暨出征仪式。会议以视频形式召开，区委书记毛健出席会议并讲话，区委副书记、区长马振兵为8支一线先锋队授旗，区委副书记、政法委书记包荣军主持会议；会上，区委常委、组织部部长刘文正作工作部署，5名代表作交流发言，区领导为政治辅导员和帮带导师代表颁发聘书。

18日　镇江市政商共建帮代办服务培训会暨丹徒区非公经济综合服务中心揭牌仪式在丹徒区举行。市委副书记、市委统战部部长巩海滨，市政协副主席、市工商联主席卢道富，区委书记毛健等出席活动。

21日　丹徒区举行学习贯彻习近平总书记在庆祝中国共产主义青年团成立100周年大会上的重要讲话精神座谈会。区委书记毛健出席会议并讲话。

26日　丹徒区高新技术企业发展促进会揭牌成立。成立大会上，区委书记毛健出席会议并讲话，审议通过《丹徒区高新技术企业发展促进会章程》等；选举产生第一届理事、监事，理事会选举产生会长、执行会长、副会长、秘书长。

30日　2022年丹徒区食品安全委员会全体(扩大)会议召开。会上，向获省、市“名特优”食品称号的小作坊授牌。

6月

2日　江苏省广播电视局联合镇江市文化广电和旅游局率调研组到丹徒区融媒体中心开展调研活动。调研中，调研组听取丹徒区融媒体中心关于调频广播建设的工作汇报，并实地查看融媒体指挥调度中心、播控机房、技术机房、丹徒人民广播电台等，了解调频广播技术平台建设工作情况。江苏省广播电视局党组成员、总工程师陈宇昕对调频广播建设的相关政策合法性、技术可行性、经济性提出指导意见。

同日　丹徒区举办“企业家沙龙”金融助力实体经济发展专场活动，企业和金融机构“零距离”对话、“面对面”交流。区委书记毛健出席活动并讲话。

6日　丹徒区召开新冠疫苗接种攻坚行动推进会。区委书记毛健出席会议并讲话。

同日　丹徒区委、区政府官方平台“丹徒发布”微信公众号上线。

7—8日　陕西省澄城县考察团到丹徒考察交流。7日，区委书记毛健会见澄城县考察团；8日，举行澄城县—丹徒区交流互访联席会议，交流两地协作发展事宜，丹徒经济开发区、江心洲生态农业园区、荣炳盐资源区、宜城街道西麓村分别与澄城经济开发区、城关街道、交道镇樊家川村签订战略合作协议和结对帮扶协议。

2022年6月8日，澄城县—丹徒区交流互访联席会议现场　　（丹徒区融媒体中心）

8日　丹徒区召开突出生态环境问题整改五大专项行动工作推进会。区委书记毛健主持会议并讲话。会上，丹徒区经发局、丹徒区住建局、丹徒生态环境局、丹徒公安分局4家单位分别汇报五大专项行动开展情况。

同日　“云游美镜，大美丹徒”——2022丹徒旅游文化节云上发布会暨《邂逅之城》开机仪式在丹徒区宝龙广场举行。

10日　丹徒区召开领导干部会议，宣布江苏省委、镇江市委关于丹徒区政府主要领导调整决定：吕朝霞任丹徒区委副书记，提名为丹徒区区长候选人；马振兵不再担任丹徒区委副书记、区长。市委副书记、市长徐曙海出席会议并代表市委、市政府讲话，市委常委、组织部部长张娟主持会议并宣布省委、市委决定，市委组织部副部长、党建办主任、市公务员局局长蒋建中出席会议，毛健、马振兵、吕朝霞分别作表态发言。

14日　丹徒区召开全国文明城市创建工作部署推进会。区委书记毛健出席会议并讲话，区委副书记、区政府党组书记吕朝霞作工作部署。会上，丹徒区城管局、丹徒公安分局、宜城街道、上党镇4家单位分别作表态发言。

15日　2022年度市、区科技工作会商暨框架协议签约活动在丹徒区举行。镇江市科技局党组书记、局长肖敬东和区委书记毛健出席活动并讲话，区委副书记、区政府党组书记吕朝霞出席活动。活动现场，镇江市科技局与丹徒区政府签订市、区科技工作会商框架协议。

同日　江苏省第二批100个红色地名公布，丹徒区永茂圩入选(镇江市6个入选)。

22日　丹徒区新增2家国家级生猪产能调控基地。镇江希玛牧业有限责任公司和镇江市嘉园牧业有限公司获得国家级生猪产能调控基地授牌。

同日　江苏省义务教育优质均衡发展县(市、区)评估现场考察意见反馈会在丹徒区召开。专家组副组长、省教育评估院原二级调研员叶春生，丹徒区委书记毛健出席会议并讲话。

23日　丹徒区委书记毛健率队赴苏州市相城区，专题学习考察生态环境保护和“散乱污”企业整治工作。苏州市相城区委书记沈志栋，区委副书记、区长张伟陪同调研。丹徒考察团到苏州智能制造服务产业园，了解黄桥街道全域土地综合整治试点工作开展情况及成果。座谈会上，相城生态环境局、苏州市自然资源和规划局相城分局介绍相城生态环境保护和“散乱污”企业整治方面的经验做法，双方就生态环境保护、产业规划、“散乱污”企业整治、大气环境质量改善等方面进行交流。

24日　江苏省军区民兵工作组一行到丹徒区检查验收民兵整组工作，市、区相关领导陪同检查。活动中，省检查组对受检民兵的军容风貌、理论知识、业务技能等方面给予肯定，并对丹徒区下阶段工作提出要求。

28日　丹徒区首家国家级众创空间获批。由科技部公布，镇江材智汇创业服务有限公司运营的“材智汇(丹徒)众创空间”列入国家备案众创空间名单。

7月

26日　丹徒区委人才办、丹徒团区委、丹徒高新园管委办共同主办丹徒区青年高级经营管理人才讲座启动仪式暨2022年度经营管理能力提升讲座。邀请北京大学管理学博士、清华大学经济管理学院管理专业导师、青岛农业大学客座教授、中国企业家协会理事黄武林为全区50名企业青年代表授课，讲座以“战略与商业模式创新”为主题，通过理论分析、实际案例等方式，引导企业团队掌握应对困难的办法和管理技巧，提升青年企业家管理经营能力。

2022年7月26日，丹徒区青年高级经营管理人才讲座现场　（丹徒区融媒体中心）

8月

1日　江苏省委、省政府和江苏省军区在南京市召开江苏省第十二届双拥模范城(县、区)命名暨双拥模范单位和先进个人表彰大会，丹徒区被命名为江苏省第十二届双拥模范城(县、区)。

5日　江苏省农业农村厅公布2022年省级现代农业产业高质量发展示范园建设名单，镇江市丹徒区现代农业产业高质量发展示范园榜上有名。

10日　2022年度镇江市网络安全事件应急实战演练在丹徒区举行。镇江市委常委、市委宣传部部长、市委秘书长、市委网信委副主任陈可可出席活动，丹徒区委书记、区委网信委主任毛健出席活动并致辞。

11日　丹徒区委、区政府召开全区经济形势分析会。区委书记毛健出席会议并讲话，区委副书记、代区长吕朝霞主持会议并作工作部署。会上，丹徒区经发局、丹徒区统计局、丹徒区招商服务中心分别通报全区经济运行等情况，并提出工作建议；丹徒经济开发区、丹徒高新园、上党镇等单位作现场交流。

13日　2022年江苏省无线电测向锦标赛在丹徒区世业镇开幕。该次比赛由江苏省体育局、江苏省教育厅、江苏省科协、共青团江苏省委、江苏省妇联主办，丹徒区文体广电和旅游局、江苏省无线电和定向运动协会承办。比赛赛期11天，来自全省各地53支代表队、694名运动员参加比赛。

2022年8月13日，2022年江苏省无线电测向锦标赛开幕式现场　（丹徒区融媒体中心）

18—20日　丹徒区委书记毛健率队赴苏州、杭州等地拜访企业、对接项目，开展招商考察活动，向重点客商面对面推介丹徒，点对点了解企业投资动态、拓展合作空间，为丹徒产业强区蓄势赋能。毛健一行先后参观易初特种电线电缆(昆山)公司、杭州蓝城集团、浙农集团股份有限公司、万向钱潮股份有限公司，并进行座谈交流。

29日　全国侨联党组书记、主席万立骏一行到丹徒区考察调研侨资企业，实地走访江苏润模汽车检测装备有限公司，丹徒区委书记毛健陪同考察。

30日　江苏省规划设计集团与丹徒区人民政府在丹徒区会议中心举行战略合作协议签约仪式。江苏省规划设计集团总经理梅耀林、丹徒区委书记毛健共同出席活动并见证签约，丹徒区委副书记、代区长吕朝霞主持签约活动。

9月

2日　“金融强链，共促发展——金融惠企推进季”暨“金链行动”专场活动走进丹徒区。镇江市委副书记、统战部部长巩海滨出席活动并讲话，丹徒区委书记毛健出席活动并致辞。

同日　丹徒区妇女第十六次代表大会开幕暨第一次全体会议召开。区委书记毛健出席会议并讲话，市妇联党组书记、主席杨菊兰应邀出席并讲话，区委副书记、代区长吕朝霞出席会议。会上，听取丹徒区妇联第十五届执行委员会报告，表彰丹徒区“三八红旗手标兵”“三八红旗手(集体)”。

8日　丹徒区举办“企业家沙龙”重点产业集群专场活动，区委书记毛健出席活动并讲话。

9日　丹徒区第38个教师节庆祝大会在丹徒区文化艺术活动中心举行。区委书记毛健出席活动并讲话，区委副书记、代区长吕朝霞出席活动并颁奖。会上，集体观看《平凡的一天，一天的频繁》专题片；表彰2022年教育系统先进工作者代表并进行访谈交流，举行新教师入职宣誓仪式。

15日　丹徒区关工委成立30周年纪念大会召开，丹徒区委书记毛健和镇江市关工委主任唐成海出席会议并讲话。会上，颁发全区关心下一代工作突出贡献奖，表彰全区关心下一代工作优秀集体和优秀个人。

16日　丹徒区举行2022年全民国防教育日活动，区委书记毛健出席活动并讲话。活动中，实地参观武警武器装备和观摩反恐演练，现场观看丹徒区第六届“双拥杯”国防知识辩论赛决赛。

23日　丹徒区委、区政府召开全区高质量发展暨重点产业项目建设推进会。区委书记毛健出席会议并讲话，区委副书记、代区长吕朝霞主持会议。会上，丹徒区经发局、丹徒区委考核办分别通报相关情况，丹徒经济开发区(高资街道)、丹徒高新园(谷阳镇)、上党镇、丹徒区科技局、丹徒生态环境局等单位作交流发言。

10月

9日　江苏省委第十一巡视组巡视镇江市丹徒区工作动员会召开。会上，江苏省委第十一巡视组组长沈自力作动员讲话，镇江市委书记马明龙就丹徒区委接受巡视监督，配合和支持巡视工作提出要求，丹徒区委书记毛健主持会议并作表态发言。

11月

1日　丹徒区委、区政府召开全区经济形势分析会。区委书记毛健出席会议并讲话，区委副书记、代区长吕朝霞主持会议。会上，丹徒区委考核办、丹徒区经发局分别通报相关情况；丹徒经济开发区(高资街道)、丹徒高新园(谷阳镇)、上党镇、丹徒区商务局、丹徒生态环境局等单位作交流发言。

8日　2022年省级地名文化遗产名单公布(全省79个)，丹徒区宝堰镇入选古镇地名(镇江市唯一入选单位)。

10日　“网眼看镇江　争得新荣光——走进丹徒”活动新闻媒体座谈会举行。丹徒区委书记、区委网信委主任毛健，市委网信办主任兼市委宣传部副部长翟胜勇出席活动并致辞。会上，集体观看《生态丹徒　宜业新城》专题宣传片；丹徒区级机关工委介绍丹徒区打造“合心宜”优质服务品牌相关工作情况，丹徒区经发局、丹徒区人社局、丹徒区行政审批局等单位与媒体代表互动交流。会后，与会媒体代表集中参观丹徒区部分企业。

16日　丹徒区老龄协会成立大会召开，区委书记毛健为大会作批示。镇江市老龄协会会长刘国荣出席会议并致贺词，镇江市卫健委副主任(镇江市老龄协会副会长)郭军、丹徒区副区长盛莉莉出席讲话，并共同为丹徒区老龄协会揭牌。会议通过协会章程和会员大会选举办法，选举产生会长、副会长、秘书长、监事和理事，丹徒区委二级调研员(政协原副主席)朱彤当选首届丹徒区老龄协会会长。

21日　中国共产主义青年团镇江市丹徒区第二十次代表大会召开。区委书记毛健、团市委书记张冲出席会议并讲话，区委副书记、代区长吕朝霞和区委常委等区领导出席大会。

12月

9日　文化和旅游部公布第四批200个全国乡村旅游重点村和第二批98个全国乡村旅游重点镇(乡)名单，丹徒区世业镇世业村入选(江苏省仅10地入选)。

15日　2022年中国·丹徒新材料创新创业大赛总决赛在丹徒高新园举行，共18个优质项目参加总决赛，大赛评选出一等奖1名、二等奖2名、三等奖3名。

26日　中国共产党镇江市丹徒区第十四届委员会第四次全体会议在丹徒区会议中心召开。区委常委会主持会议，区委书记毛健出席会议并讲话。

29日　水利部公布全国第五批节水型社会建设达标县(区)名单，丹徒区榜上有名。

丹徒概览

地情概况

【建置沿革】 丹徒历史悠久，最早称“宜”，是3000多年前周康王封给虞侯的领地。春秋时属吴国，名朱方。吴亡属越，越亡属楚，更名谷阳。秦时置县，属会稽郡。秦始皇三十七年(前210)改名丹徒。三国吴嘉禾三年(234)改名武进。西晋太康二年(281)复名丹徒。隋开皇九年(589)废丹徒，入延陵。唐武德三年(620)复置丹徒县。后历朝均置丹徒县。民国17年(1928)7月，丹徒县改建为镇江县。1949年4月，镇江解放，市县分置，划城区为镇江市，郊区及农村为丹徒县。1958年7月，丹徒撤县并入镇江市。1962年3月，复置丹徒县，属镇江专区。1983年3月，镇江市改为省辖市，丹徒县归镇江市管辖。2002年4月，经国务院批准，丹徒县撤县建区，改称为镇江市丹徒区。

【地理地貌】 丹徒区位于江苏省西南部镇江市境内，主体位于长江下游南岸，中贯京杭大运河。地理坐标为北纬31°15′—32°16′、东经119°15′—119°45′。东邻镇江新区，西接句容，东南及南连丹阳、金坛，境北长江中有2座洲岛，分别与扬州市仪征区和邗江区隔江相望。整个区域呈火炬状，环绕镇江市主城区。地处宁镇山脉东段，全境西南高、东北低，南有茅山余脉，中属宁镇丘陵，北部为沿江圩区，长江中有洲地，地貌大致可分为低山、丘岗、丘间谷地和冲积圩区四大类型。境内地面高程最低为黄海(2.5米)，最高为长山主峰，海拔349.7米。

【交通枢纽】 丹徒区是长江下游重要的水陆交通枢纽，长江和京杭大运河在丹徒交汇，构成“十字黄金水道”，五峰山长江大桥(公铁两用大桥)、润扬长江大桥(公路大桥)横跨长江，沪宁高速公路、扬溧高速公路、312国道、京沪高速铁路、沪宁城际铁路横贯境内，距西边的南京禄口国际机场和东边的常州机场均不足1小时车程，形成铁路、公路、水路相连，港航衔接的多层次、立体式交通运输格局。丹徒区境内有两大货运港口，高资港是长江中下游的重大件联运中心，主要运输煤炭、水泥、管桩以及危险品等，货物年吞吐量1000万吨以上；高桥港具备装卸仓储、中转换装、运输组织、现代物流和临港工业等功能，主要服务于长江沿线和苏北部分地区物资转运，以散货和杂货运输为主，兼顾油品运输。

2022年1月，丹徒区货运港口——高桥港全貌
（高桥镇）

【行政区划】 2022年，丹徒区辖6个镇(高桥镇、辛丰镇、谷阳镇、上党镇、宝堰镇、世业镇)、2个街道(高

资街道、宜城街道）和2个园区（江心洲生态农业园区、荣炳盐资源区）。有88个村（居）民委员会、1897个村（居）民小组。另设有江苏丹徒经济开发区、江苏省镇江世业洲旅游度假区、镇江市丹徒高新技术产业园。

【面积、人口】 2022年，丹徒区总面积617.08平方千米。其中，水面141.52平方千米、耕地面积28.35万亩（1.89万公顷）。全区总户数103880户，总人口285337人，其中男性139871人、女性145466人。全区出生人口1098人，人口出生率4.56‰；死亡人口3044人，人口死亡率8.09‰。

【民族】 丹徒区境内民族以汉族为主，少数民族有回族、蒙古族、满族、高山族、布依族、彝族、苗族、羌族、朝鲜族等32个，有民族村、民族社区各1个。

【自然资源】 土地资源：丹徒属宁镇丘陵和沿江平原地带低山区、丘陵区以马肝土、黄土为主，平原地带大多为黄泥土和马肝土，沿江圩区则分布有黄沙土、漏沙土和夹沙土。全区土地土层厚、土质肥沃，适宜多种农作物栽植生长。

水资源：丹徒境内河流纵横、水源丰富。长江沿北境流过，境内长68.8千米，流域内有大小河道26条，总长84千米；京杭大运河穿境而过，境内长11.8千米，流域内有支流10条，总长33.8千米。另有通济河、中心河、高资河等主骨干河道3条，总长44.5千米。境内有大、小湖泊10余个，水面约418.3公顷。全区水源总量约为6.9亿立方米。

生物资源：丹徒境内树木有松、柏、桑、樟、楸、柳、榆、栎、橹、冬青、香椿、桷栎、棕榈、乌桕、枫杨等110个品种。20世纪90年代初被林业部评定为全国宜林荒山和平原绿化双达标县。野生药材有丹桂、桂梗、夏枯草、丹参、益母草等700余种。野生动物陆地主要有野兔、水獭、野鸡等，江河湖塘盛产青、草、鲢、鳙、鳊、鲫、鲤等鱼类和虾、蟹、鳖等水产品近百种。特别是境内长江还产刀鱼、鲥鱼、河豚等珍贵鱼类和中华鲟、白鳍豚等珍稀物种。

矿产资源：丹徒境内多为非金属矿产，已发现的有金、铜、铁、磷、煤、岩盐、耐火黏土、珍珠岩、钾长石、沸石、膨润土、方解石、花岗石、大理石、白云石、石灰石等矿产20余种，主要分布在香山、巢凰山、十里长山、马迹山及上党、高资、荣炳等地区。

【气候】 丹徒区属北亚热带季风气候。2022年，丹徒区气温偏高，年降水量偏少，日照时数偏少。

气温：全年（1—12月，下同）平均气温为17℃，比常年平均气温偏高1.3℃，属偏高年份。冬季（2021年12月至2022年2月，下同）平均气温4.6℃，比常年同期偏高0.5℃。其中，2021年12月、2022年1月平均气温分别比常年同期偏高0.3℃、1.6℃，2月平均气温比常年同期偏低0.5℃。春季（3—5月，下同）平均气温16.7℃，比常年同期偏高2.0℃，3月、4月、5月平均气温分别比常年同期偏高3.7℃、2.0℃、0.2℃。夏季（6—8月，下同）平均气温29.3℃，比常年同期偏高2.9℃，6月、7月、8月平均气温分别比常年同期偏高3.2℃、2.2℃、3.3℃。秋季（9—11月，下同）平均气温18.2℃，比常年同期偏高0.8℃，9月、11月平均气温分别比常年同期偏高0.2℃、2.8℃，10月平均气温比常年同期偏低0.5℃。

降水：全年总降水量919.5毫米，比常年同期偏少186.5毫米，属偏少年份。冬季降水量126.9毫米，比常年同期偏少12.4毫米，2021年12月和2022年2月分别比常年同期偏少30.8毫米、21.0毫米。春季降水量275.6毫米，比常年同期偏多30.8毫米，3月、4月分别比常年同期偏多57.7毫米、49毫米。夏季降水量332.9毫米，比常年同期偏少192.7毫米，6月、8月分别比常年同期偏少98.2毫米、96.9毫米。秋季降水量173毫米，比常年同期偏少23.3毫米，9月比常年同期偏少51.6毫米。

日照：全年日照2014.0小时，比常年同期偏少11.7小时。冬季日照为417.1小时，比常年同期偏少6.9小时，2022年1月、2月分别比常年同期偏少33.2小时、28.9小时。春季日照为589.2小时，比常年同期偏多62.3小时，3月、4月、5月分别比常年偏多32.3小时、22.8小时、7.2小时。夏季日照为624.2小时，比常年同期偏多54.4小时，其中6月、7月分别比常年偏多41.6小时、18.8小时，8月比常年偏少6.0小时。秋季日照为426.4小时，比常年同期偏少78.6小时，其中，9月、11月分别比常年同期偏少46.1小时、55.9小时，10月比常年同期偏多23.4小时。

梅期：全区6月23日入梅，7月11日出梅，共历时19天。梅雨量78.2毫米，比历年平均值偏少173.6毫米。

国民经济和社会发展

【综合经济】 2022年，丹徒区实现地区生产总值472.35亿元，按可比价格计算，比上年增长1.5%。分产业看，第一产业增加值24.11亿元，增长3.3%；第二产业增加值246.51亿元，增长1.4%；第三产业增加值201.74亿元，增长1.3%。三次产业结构由上年的5.0∶49.8∶45.2调整为5.1∶52.2∶42.7。

全年完成一般公共预算收入23.15亿元，其中税收收入完成14.16亿元。完成一般公共预算支出40.89亿元，比上年增长4.4%，其中，节能环保、科学技术、农林水、社会保障和就业支出比上年分别增长76%、45.3%、36.7%、8.6%。

【农业、农村】 2022年，丹徒区粮食作物播种面积19033.33公顷(28.55万亩)，比上年增长346.67公顷(0.52万亩)。粮食总产量13.4万吨，比上年增长0.5%，其中，夏粮总产量2.58万吨，比上年增长6.2%；秋粮总产量10.82万吨，比上年下降0.7%。全年油料总产量0.84万吨，比上年增长4.7%；蔬菜总产量12.29万吨，比上年增长3%。全年肉类总产量2.62万吨，比上年增长3.1%；水产品产量1.6万吨，与上年持平；禽蛋产量0.65万吨，比上年下降33.4%；牛奶产量0.44万吨，比上年增长15.3%；茶叶产量354吨，比上年增长2.3%。

年末，全区有农业龙头企业52家，其中国家级1家、省级6家、市级19家、区级26家。截至年底，共认定绿色食品基地1745.67公顷(26185亩)，有机农产品基地36.33公顷(545亩)，省级绿色优质农产品基地7000公顷(10.5万亩)；种植业绿色优质农产品比重为52%，比上年提高8个百分点。

全年开工建设高标准农田项目4个，项目总投资2790万元。年末农业机械总动力26万千瓦，大中型拖拉机1122台，小型拖拉机468台，排灌动力机械7754台，水稻插秧机1286台，联合收割机716台。农用化肥施用量(折纯)7073吨，比上年下降0.7%。创成省级特色田园乡村2个、市级特色田园乡村2个，获评省级“百佳家庭农场”2家，创成省农产品质量安全区、省“平安农机”示范县。

【工业、建筑业】 2022年，丹徒区规模以上工业企业完成产值538.42亿元，比上年增长13.3%。按行业类型分，采矿业产值6.65亿元，比上年增长59.4%；制造业产值487.5亿元，比上年增长13.8%；电力、热力、燃气及水生产和供应业产值44.3亿元，比上年增长3.8%。按经济类型分，国有独资公司工业产值18.31亿元，比上年增长3.5%；其他有限责任公司工业产值69.36亿元，比上年增长11.4%；股份有限公司工业产值17.81亿元，比上年增长6.5%；私营独资企业工业产值3.12亿元，比上年下降39.9%；私营有限责任公司工业产值253.43亿元，比上年增长5.1%；私营股份有限责任公司工业产值18.52亿元，同比增长35.4%；港澳台商投资企业工业产值43.07亿元，比上年下降21.7%；外商投资企业工业产值114.8亿元，比上年增长74.4%。18家大中型工业企业产值229.9亿元，比上年增长28.3%。

从主要工业产品产量看，食醋27.18万吨，比上年增长0.7%；起重机4267.65吨，比上年增长7.6%；水泥844.7万吨，比上年下降6.9%；小麦粉3.1万吨，比上年增长12.3%；饮料酒79319千升，比上年增长10.9%；酱油2397吨，比上年增长6.5%；原盐146.4

万吨，比上年下降6.6%；方便面13075吨，比上年增长3.4%；商品混凝土46.1万立方米，比上年下降6.5%；滚动轴承5445万套，比上年下降21.2%；新能源汽车18016辆，比上年增长188.7%。

规模以上工业企业实现销售收入555.31亿元，比上年增长17.7%。实现利税总额30.58亿元，比上年下降20.3%，其中利润总额19.2亿元，比上年下降26.8%。规模以上工业企业亏损面为21.5%，比上年扩大3个百分点。全年列统的资质以上建筑业企业61家。从业人员14945人，比上年下降2.0%；全年完成建筑业总产值122.48亿元，比上年下降13.5%；房屋施工面积378.8万平方米，比上年下降3.8%，房屋竣工面积109.2万平方米，比上年增长161.2%，营业收入122.17亿元，比上年下降14.8%。

【固定资产投资、房地产】 2022年，丹徒区完成固定资产投资88.11亿元，比上年下降14.7%；其中，工业投资34.96亿元，比上年下降21.8%；制造业投资34.77亿元，比上年下降19.6%；工业技改投资10.16亿元，比上年下降42.8%；高技术产业投资3.39亿元，比上年下降42.5%；服务业投资49.59亿元，比上年下降6.0%。76个计划总投资亿元及以上项目完成投资45.94亿元。

全年房地产开发投资23.75亿元，比上年下降18.6%。商品房新开工面积31.06万平方米，比上年下降12.6%，其中住宅28.59万平方米，比上年增长14.3%；商品房竣工面积15.43万平方米，比上年增长11.7%，其中住宅14.5万平方米，比上年增长6.5%；全年商品房销售面积30.78万平方米，比上年下降35.8%，其中住宅27.85万平方米，比上年下降38.9%。

【商贸】 2022年，丹徒区实现社会消费品零售总额73.23亿元，比上年增长0.4%。按行业分，批发业零售额18.01亿元，零售业零售额47.49亿元，住宿业零售额0.5亿元，餐饮业零售额7.23亿元。按规模分，限额以上单位零售额17.98亿元，限额以下单位零售额54.25亿元。

年末拥有年成交额亿元以上的商品交易市场2个，完成成交额8.25亿元，比上年增长3.2%。

全年实际利用外资1701万美元，比上年下降46.7%。外贸进出口总额87.6亿元，比上年增长29.1%，其中，出口总额79亿元，比上年增长25.6%；进口总额8.6亿元，比上年增长73.9%。

【交通】 2022年，丹徒区等级公路总里程1068千米，其中一级公路137千米、二级公路87千米、三级公路111千米、四级公路733千米。拥有营运车辆3311辆45521吨位，全年新增货车834辆11314吨位。境内公路客运量150万人次，旅客周转量8144万人千米；公路货运量1260万吨，货物周转量155400万吨千米；水路货物运输量12.6万吨，货运周转量146200万吨千米；内河港口货物吞吐量134万吨。

【城市管理、环境保护】 2022年，丹徒区清运、无害化处置生活垃圾96161吨，其中镇村生活垃圾集中收运率90%以上，城市生活垃圾无害化处理率100%。完成垃圾分类省级达标小区建设任务20个。全年拆除100余处违法建设面积约4800平方米。完成城区管理范围内所有高压钠灯、无极灯及部分老旧LED灯共6008盏的节能、智能改造工程，搭建路灯智能管理平台。

9个国考、省考断面优Ⅲ类水体比例为100%。全年$PM_{2.5}$年均浓度38微克/立方米，优良天数比率69.9%。全年完成大气污染防治重点工程175项、水污染防治工程9项、太湖治理重点工程6项，VOCs(挥发性有机物)治理项目57个；净增造林10公顷(150亩)，修复湿地13.33公顷(200亩)；受污染耕地安全利用率稳定在90%以上，污染地块安全利用率100%；自然湿地保护率60%；全区农村生活污水治理自然村覆盖率35%，已建农村生活污水设施正常运行率100%。世业镇兴隆村被命名为“第五批省级生态文明建设示范村”。

全年建设生态环境基础设施年度项目7个，新增农村生活污水治理"双60"行政村9个，治理率35%；建成丹徒区笔刷油漆配套中心、固废危废收集中心及高桥雪地靴行业固废收集中心；开展307家工业企业工业废气、5家汽修企业喷漆废气深度治理工作，强化主城区17个施工工地扬尘管控，完成320家餐饮单位油烟综合治理工作。

【科技、教育】 2022年，丹徒区认定高新技术企业72家，年末总量为155家，获批科技型中小企业入库215家；备案国家级众创空间1家，市级众创空间1家；认定省级工程技术研究中心4家，市级工程技术研究中心21家；获批省级"瞪羚企业"1家。开展"丹徒企业高校行"专题活动2场，征集企业技术需求60余项，与高校院所匹配40余项。通过校企联合申报，获批省、市级科技项目22项，当年获批上级项目资金738万元、奖励资金660余万元。

丹徒区有各级各类教学单位64所，其中，普通高中3所、初中8所、小学10所、九年一贯制学校7所、幼儿园25所、开放大学(含社区培训学院)1所、社区教育中心10所；有中小学、幼儿园在校(园)生33672人，其中普通高中4548人、初中6573人、小学15158人、幼儿园7393人；有专任教师2664人，其中高中444人，初中647人，小学1007人，幼儿园566人。创成"省高质量平安校园建设区"，通过"省义务教育优质均衡发展区"现场验收，茅以升实验学校悦山园校区、荣炳中心幼儿园新园交付使用，6所学校完成"阳光体育"改造工程。

【文化、旅游】 2022年，丹徒区开辟"江苏公共文化云""一网读尽"等线上文艺展播和阅读平台，组织开展线上、线下文艺演出、展映百余场。丹徒区图书馆及全区分馆纸质图书总藏量共计41.14万册。全年开展社教活动50场、"乡村文艺播种计划"志愿辅导200场、全民艺术普及活动52场。冷遹纪念馆馆藏的2件冷遹遗物入选江苏省第二批可移动革命文物名录。拥有A级景区6家，其中，AAAA级景区2家、AAA级景区2家、AA级景区2家；拥有省级旅游度假区1家，省星级乡村旅游区18家。

2022年，冷遹纪念馆冷遹生平事迹陈列室一角
（刘 芳 摄）

【体育、卫生】 2022年，丹徒区新建和改建健身公园10个，健身步道5.6千米；发放健身路径、篮球架、室内外乒乓球桌共计85套，人均体育场地设施面积3.64平方米。举办镇江城市业余联赛健身气功比赛、江苏省老年人体育节开闭幕式、江苏省无线电测向锦标赛、江苏省业余无线电通信锦标赛、丹徒区全民健身系列活动及第八届丹徒区徒步大会等群众体育活动和比赛。全年新增国家级社会体育指导员1人、一级社会体育指导员3人、二级社会体育指导员49人。全年完成体育彩票销售收入9094万元。

全区有各级各类医疗卫生机构133所。其中，卫生监督所、血防办、医学会、疾控中心、妇幼保健计划生育服务中心、计生协会、卫校、二级综合医院、二级中医肾病医院、社区卫生服务中心各1所，镇(中心)卫生院9所，村卫生室50所，社区卫生服务站6所，私营医疗机构58所。

全区医疗机构实有病床总数1019张，实有各类卫生专业技术人员1408人。全区平均每千人口病床数为3.47张，每千人口执业(助理)医师数1.64人，每千人口注册护士数1.61人，每万人口全科医师数6.51人。全民健康和医共体信息平台、智慧医院建设进展顺利。

【人口、民生保障、社会管理】 2022年末，丹徒区常住人口34.85万人，常住人口城镇化率72.22%。户籍总户数10.39万户，户籍人口28.54万人。

2022年，全体居民人均可支配收入47133元，比上年增长4.6%。其中，工资性收入28234元，比上年增长5.0%；经营净收入6210元，比上年增长2.7%；财产净收入4691元，比上年增长1.7%；转移净收入7998元，比上年增长6.3%。全体居民人均消费支出30686元，比上年增长4.3%。按常住地分，城镇常住居民人均可支配收入60151元，比上年增长3.8%，城镇常住居民人均消费支出36996元，比上年增长3.0%；农村常住居民人均可支配收入29812元，比上年增长5.5%，农村常住居民人均消费支出22290元，比上年增长6.5%。

全年新增市场主体2180户，新增城镇就业5782人，提供就业岗位13856个(次)，帮扶城乡就业困难人员等群体灵活就业359人，失业率控制在4%以内，发放就业补贴3460万元。城乡职工基本养老保险覆盖率99.96%，企业最低工资调至2280元/月。

全区城乡低保在保1443户2129人，累计发放低保金1601余万元；发放残疾人“两项补贴”3911余万元、惠及4895人，发放特困人员供养经费894余万元、惠及660人，发放困境儿童生活补助183余万元、惠及151人。累计开展临时救助273人次，发放临时救助金34万余元，下拨各镇(街道、园区)临时救助备用金52万元。建成区级失能失智集中供养中心1家、农村区域性养老服务中心2家，建成特色社区居家养老服务中心示范点AAA级1家、AA级8家，世业镇世业村创建成为“全国示范性老年友好型社区”。为12302名高龄、经济困难失能老年人提供居家上门服务，对53名空巢独居老人开展关爱巡访；为2377名60周岁以上特殊困难老年人、84163名一般老人投保安康关爱老年人意外伤害保险，为12796名80周岁以上老年人发放尊老金877万元。新建农村留守儿童和困境儿童“关爱之家”2个，宜城街道“关爱之家”获评省级示范项目。推动成立志愿服务队12个、注册志愿者2744人，新增社工人才32人。

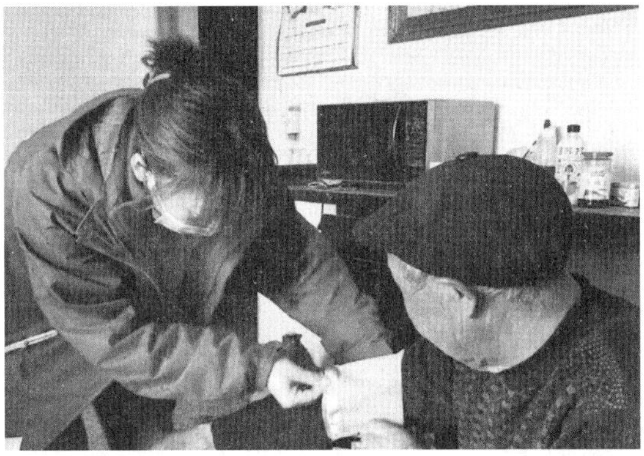

2022年，宜城街道居家养老中心工作人员定期为辖区内特定对象提供居家上门服务（宜城街道办）

年末，全区有社会组织288个，其中民办非企业单位162个、社会团体126个。

说明：1.公报中各项统计数据均为初步统计数，正式数据以统计年鉴为准；2.公报中各项统计数据除注明按可比价格计算外，均按现行价格计算；3.部分数据因四舍五入问题，存在总计与分项合计不等的情况；4.部分指标数据因统计口径调整，较上年不具可比性

（丹徒区统计局及相关部门）

中共丹徒区委员会

综 述

【概况】 2022年，中共镇江市丹徒区委员会(简称丹徒区委)以习近平新时代中国特色社会主义思想为指导，贯彻落实中共十九届六中全会和中共二十大精神，落实“疫情要防住、经济要稳住、发展要安全”的重大要求，高效统筹新冠肺炎疫情防控和经济社会发展，稳住经济基本盘，争取经济社会发展最好结果，实现各项工作的平稳有序推进。全区完成地区生产总值472.35亿元，比上年增长1.5%；城乡居民人均可支配收入分别达到60150.7元、29811.7元，分别增长3.8%、5.5%。 (周文婧)

【重要决策】 2022年1月20日，丹徒区委办印发《关于调整区委应对新冠肺炎疫情工作领导小组》，根据人事调整和工作需要，决定调整丹徒区委应对新冠肺炎疫情工作领导小组组成人员。1月23日，丹徒区委印发《关于成立中共丹徒区委涉粮问题专项巡察整改工作领导小组》，决定成立丹徒区委涉粮问题专项巡察整改工作领导小组。3月8日，丹徒区委办印发《2022年度落实全面从严治党“两个责任”的清单》，从强化责任落实、细化工作举措、加大问责力度三个方面作出阐述和部署。4月1日，丹徒区委办、区政府办印发《关于持续深化提升安全生产专项整治三年行动的实施方案》，从总体要求、主要目标、重点工作、保障措施四个方面作出阐述和部署。5月7日，丹徒区委办、区政府办印发《关于加强突出生态环境问题整改的实施意见》，明确总体要求，实施五大专项行动(长江岸线保护、黑臭水体治理、蓝天保卫战、打击固体废物非法倾倒、工业“散乱污”企业整治)，完善保障体系。5月27日，丹徒区委、区政府印发《丹徒区关于强化“三农”重点工作落实全面推进乡村振兴的实施意见》，阐述指导思想、工作任务、全面落实保障措施，并分解任务。7月18日，丹徒区委办印发《关于打造党组织领办合作社“丹徒模式”的实施方案》，从总体要求、主要内容、实施步骤、工作要求四个方面作出阐述和部署。7月19日，丹徒区委办、区政府办印发《2022年度省、市高质量发展指标任务分解表》，要求各地各部门一并抓好贯彻落实。8月3日，丹徒区委办、区政府办印发《丹徒区打造“合心宜”服务品牌优化营商环境二十条》，阐述二十条规定的工作目标、主要举措、保障措施。9月26日，丹徒区委办印发《省委第十一巡视组巡视期间丹徒配合保障工作方案》，从强化责任落实、细化工作举措等方面作出阐述和部署。9月26日，丹徒区委办、区政府办印发《关于成立丹徒区现代农业产业高质量发展示范园建设工作领导小组》，要求各地各部门全面落实方案，并分解任务。 (周文婧)

【中共丹徒区委工作会议】 2022年8月9日，中共丹徒区委工作会议在丹徒区行政中心召开。会议学习贯彻中共中央总书记习近平在省部级主要领导干部“学习习近平总书记重要讲话精神，迎接党的二十大”专题研讨班上的重要讲话精神和党中央决策部署，落实“疫情要防住、经济要稳住、发展要安全”重大要求，总结上半年以来的工作，部署下一阶段任务。丹徒区委书记毛健向大会作题为《坚持稳中求进　加快绿色转型　以实际行动迎接党的二十大胜利召开》的工作报告。区委常委，区人大常委会、区政府、区政协领导；区法院院长，区检察院检察长；各镇、街道、园区党政主要负责人；区级机关各部门、各直属单位主要负责人；区人大常委会、区政协各委办主要负责人；各行政村(社区)党组织书记参加会议。（周文婧）

2022年8月9日，中共丹徒区委工作会议在丹徒区行政中心召开（丹徒区委宣传部）

【中共丹徒区十四届四次全委(扩大)会议】 2022年12月26日，中国共产党镇江市丹徒区第十四届委员会第四次全体会议在丹徒区行政中心召开。会议的主要任务是，高举习近平新时代中国特色社会主义思想伟大旗帜，学习宣传贯彻中共二十大精神，贯彻中央经济工作会议精神，落实中共江苏省委十四届三次全会、中共镇江市委八届四次全会部署，动员全区上下深刻领悟“两个确立”的决定性意义，坚定拥护“两个确立”、坚决做到“两个维护”，牢记“三个务必”，弘扬伟大建党精神，在新征程上团结奋斗、勇毅前行，奋力书写中国式现代化丹徒答卷。毛健代表丹徒区委常委会作题为《深入学习贯彻党的二十大精神　为奋力书写中国式现代化丹徒答卷而团结奋斗》的工作报告。全会听取和讨论毛健受丹徒区委常委会委托所作的工作报告，审议通过《中共镇江市丹徒区委关于深入学习贯彻党的二十大精神在新征程上全面推进中国式现代化丹徒新实践的决定》《中国共产党镇江市丹徒区第十四届委员会第四次全体会议决议》，书面审议《中共镇江市丹徒区委常委会2022年度落实全面从严治党主体责任情况的报告》。会议以视频形式召开，各镇、街道、园区设分会场。区委委员、候补委员在主会场参加会议，区纪委委员和有关方面负责人列席会议。（周文婧）

【对台工作】 2022年，中共镇江市丹徒区委台湾工作办公室(简称丹徒区委台办)贯彻落实中央对台方针政策和工作部署，推进各项工作。调整和完善丹徒区委对台工作领导小组成员，强化对台工作。完成台属联谊会换届，面向陆生、陆配吸纳新成员，加强民间交流，扩大影响力。9月8日，组织台企、台属中秋联谊交流活动，参观青铜博物馆及薰衣草小镇并开展座谈。新冠疫情防控期间，由丹徒区委、丹徒区政府主要领导牵头，专门处理台企、台商“涉疫”诉求。为三鑫金属等企业办理原材料运输车辆进镇手续，解决因道路管控而造成的生产原料告罄困难；协调各个部门，满足崇佑建材台商隔离需求；成立工作专班，就领先电子职工保险问题拿出初步解决方案。（宋雅静）

组织工作

【概况】 2022年，中国共产党镇江市丹徒区委组织部(简称丹徒区委组织部)坚持以习近平新时代中国特色社会主义思想为指导，以迎接党的二十大和学习贯彻党的二十大精神为主线，落实“党旗‘镇’红、一线建功”工程，推进重点课题，配合江苏省委巡视、镇江市委巡察工作，展现“镇江很有前途”的丹徒作为。提档升级“红色田园路”，“重走习近平总书记视察路”被列入镇江市党性教育现场教学点。选派100名年轻干部赴“八个一线”(重点项目、乡村振兴、招商引资、营商环境、信访维稳、污染防治、安全生产、急难险重)历练成长，相关做法被新华网、人民网、《江苏组工信息》推介。探索党组织领办合作社“四领四化”(组织领办,党建经营融合化;制度领路,运行管理规范化;政策领航,配套扶持精准化;发展领跑,生产经营高效化)和党建引领“五个一”(探索建立村社一体机制、成立一批党建联盟、出台一套激励措施、选派一批第一书记、培育一批先锋模范)模式,相关做法被《新华日报》头版、江苏先锋等报道。拍摄制作的《振兴路上争“先锋”》作为全省唯一的一部电教片,入选中共中央组织部“乡村振兴进行时”系列微视频。强化人才招引,健全人才政策体系“3.0”版,入选国家重点人才计划A类1人,实现零的突破。加强组织部门自身建设,建立完善部机关各项工作制度,机关效能评价满意度提升8个位次。 (王致远)

【干部队伍建设】 2022年,丹徒区委组织部围绕堪当现代化建设重任,激发干部队伍展现“敢为善为、勇挑大梁”的新面貌。坚持突出德才兼备、注重实绩、注重基层、群众公认的导向,重点从乡镇基层、急难险重岗位一线和考核结果优秀的单位中提拔干部,13名在高质量发展、新冠疫情防控等任务中表现突出的干部受到专项激励。制定完善干部选拔任用工作10项操作规程,确保选人用人全过程规范化。调整优化各级领导班子结构,增强领导班子功能,综合分析研判26家单位,优化调整班子成员30名,按分领域、分层级、分专业方式储备优秀干部200余名。加大年轻干部选配力度,新配备35岁左右年轻干部14名,其中“95后”干部2名。通过“严管厚爱”激发干部活力,化解处理巡视巡察中反馈和通过谈心谈话掌握的各类遗留问题32个,开展函询、提醒谈话57人次。评选表彰党员干部30名,走访慰问500余人次,开展谈心谈话600余人次。优化干部职级晋升工作,关爱晋升36人、激励晋升10人。探索实施公务员平时考核制度,举办公务员“三强三比加速跑”(强使命、强责任、强本领;比履职、比争先、比服务)主题演讲比赛、专题讲座12场。持续开展差异化考核,科学划分3个序列差异化考核体系。实施重点指标、短板弱项闭环督查,召开专题调度会14次。强化考核结果运用,提拔晋升考核结果优秀单位的干部6名。 (王致远)

【基层组织建设】 2022年,丹徒区委组织部围绕全面进步、全面过硬的总体要求,推动全区基层党组织开展“党旗‘镇’红、一线建功”工程(“党旗‘镇’红、一线建功”工程是镇江市委部署的全市基层党建工作的总体安排)。细化7张清单160项具体任务,发布20项年度重点工作任务,制定下发《“书记项目”质量标准》。筑牢新冠疫情防控“红色防线”,全区1100余个党组织、3200余名机关党员下沉支援基层一线,划拨150万元专项党费支持新冠肺炎疫情防控工作。组建产业链党建联盟7个,建立“五联五促”(建强联建机制促规范提升;建强联席会议促产业发展;建强联带机制促作用发挥;建强联合机制促难题突破;建强联动机制促互惠共赢)工作机制,实现以“党建链”带动“产业链”提质增效。聚焦“强村富民”,探索党组织领办合作社“四领四化”和党建引领“五个一”模式,试点村经营性收入比上年增长60.6%。构建“15分钟党群服务圈”,“红色物业”省级示范点受到上级认可。开展城乡基层党组织专项整顿,群众反映的急难愁盼问题办结率100%。探索新业态新就业群体党建“丹徒路径”,打造快递行业“驿路先锋”党建品牌,开展“驿路红邮”“驿路加油”“驿路创优”“驿路解忧”四项行动,打造“暖‘新’加油吧”(为快递员、外卖员等新业态新就业群体提供帮助的站点)34个,“外卖小哥义警巡逻队”被新华社报道。推进村(社区)干部、“两新”组织(新经济组织和新社会组织)党务工作者能力提升工程,开设“雁阵课堂”6场、“丹新讲堂”6期。建设“四专五有”(专室保管、专柜存放、专盒整理、专机储存,有固定场所、有必要设备、有标识标牌、有制度台账、有专人管理)标准化党员档案室。挖掘先进典型事迹,拍摄的3部党员教育电视片获全国一等奖。 (王致远)

【招才引智工作】 2022年,丹徒区委组织部围绕赋能“强富美高”新丹徒，激励各类人才跑出“才聚长山　智汇丹徒”的新态势。健全政策体系“3.0”版，落实镇江市产业链人才赋能、青年人才“归雁”、人才平台提升3项计划，出台卫生教育专项政策，重点设置　“奖励补贴、购房补贴、其他补贴、配偶及子女安置”4项优惠政策，加大招引集聚力度。开展招才引智“镇江日”东南大学、扬州大学等专场活动22场，材智汇获评“国家级众创空间”“镇江市十佳双创平台”。交付使用人才公寓104套，走访调研企业250余家，征集意见建议60条，协调解决问题103条。入选国家重点人才计划A类1人。引进大专及以上学历人员3048人，其中全职博士5人，发放各类补助比上年增长33%。培训各类人才21期1080人次，引培教育卫生人才55人。（王致远）

【2022年中国·丹徒新材料创新创业大赛总决赛】
2022年12月15日，2022年中国·丹徒新材料创新创业大赛总决赛暨颁奖仪式在丹徒高新技术产业园举行。大赛自2018年创办以来，秉承“以赛招商、以赛引才”理念，为创业者搭建展示交流、导师辅导、投融资对接和项目孵化的合作交流平台，展示创新创业项目成果，推动大众创业、万众创新。该次大赛征集项目近200个，通过大连及2场线上分站赛，遴选出18个优质项目参加总决赛，其中博士以上学历占43%，涉及先进制造、新材料、人工智能与智能装备、新一代信息技术、生物医药、先进环保与新能源、集成电路与半导体、高端装备制造等新兴产业。大赛评选出一等奖1名、二等奖2名、三等奖3名。5年间，丹徒区不断打磨赛事体系，完善赛事流程，坚持对标“全球视野”“国际标准”，参赛项目数量和质量逐年提高，逐渐成为丹徒及镇江招才引智的重要平台。五年间，在大赛的推动下，有20余个优质项目落户丹徒，带动就业近500人，其中科易检测等近15家企业获得江苏省科技型中小企业认定，韦尔博新材料等8家企业获得丹徒区“长山计划”项目资助，同创新材料等9家企业获批镇江市“金山英才”项目资助，太航科技等5家落户项目获得高新技术企业认定。（王致远）

2022年丹徒区中共党员基本情况表

表1　　　　单位：人

项目		党员数
总计		21838
预备党员		190
女性		5667
少数民族		61
年龄	35岁及以下	3785
	36岁到45岁	3971
	46岁到55岁	4090
	56岁到60岁	2482
	61岁及以上	7510
入党时间	1937年7月7日至1945年9月2日	3
	1945年9月3日至1949年9月	7
	1949年10月至1966年4月	879
	1966年5月至1976年10月	2371
	1976年11月至2002年10月	9583
	2002年11月及以后	8995

续表 1

项目		党员数
学历	研究生	335
	大学本科	5466
	大学专科	3773
	中专	1443
	高中、中技	4460
	初中及以下	6361

（王致远）

说明：截至2022年12月31日

2022年丹徒区中共基层组织数量情况和换届情况表

表 2　　单位：个

项目		总数		党委	总支部	支部	项目	总数		党委	总支部	支部
甲		A		B	C	D	甲	A		B	C	D
党的基层组织数		1	1136	72	96	968	事业单位	9	185	4	11	170
	任届期满	2	327	3	25	299	机关	10	230	4	27	199
	本年换届	3	327	3	25	299	中央一级	11	—	—	—	—
	城市街道	4	83	6	9	68	省(区、市)一级	12	—	—	—	—
	乡镇	5	615	50	33	532	市(地、州、盟)一级	13	—	—	—	—
企业	国有经济控制	6	61	6	—	55	县(市、区、旗)一级	14	223	4	20	199
	集体经济控制	7	6	—	—	6	社会组织	15	13	—	—	13
	非公有经济控制	8	200	2	7	191	其他		441	56	51	334

（王致远）

说明：截至2022年12月31日

宣传工作

【概况】 2022年，中国共产党镇江市丹徒区委宣传部(简称丹徒区委宣传部)学习贯彻中共十九大和十九届历次全会精神、中共二十大精神以及中央、省、市关于做好宣传工作的重要部署，始终坚持把学习宣传贯彻新思想作为长期坚持的重大政治任务，通过积极向上的先进文化和主流舆论，推动丹徒宣传工作迈向新台阶。

坚持政治学习“第一议题”制度，印发《2022年全区各级党委(党组)理论学习中心组专题学习计划》，开展丹徒区委理论学习中心组学习21次(其中专题研讨7次)，对全区26家党委(党组)开展理论学习中心组巡学旁听工作，形成评估表26份。开展流动的“丹心讲堂”宣讲活动300余场，受众超5万人次。将基层党员冬训与志愿服务、疫情防控、乡村振兴等工作相结合，在省级平台推送稿件1篇、微视频2条，在“学习强国”镇江学习平台推送冬训稿件8条，上党镇、江心洲生态农业园区获2021—2022年度全省基层党员冬训工作示范镇(园区)称号。修订全区《党委(党组)意识形态工作责任制实施细则》，修订印发《2022年全区意识形态工作"责任清单""任务清单"》《意识形态工作联席会议制度》。开展专题排查，制定风险排查清单，采用"日统计、月上报、不定期调度"的方式梳理汇总全区涉意识形态领域风险点，召开丹徒区委意识形态工作联席会议2次。结合省委巡视，开展近五年全区意识形态工作责任制落实情况自查，形成专项材料，向江苏省委意识形态专项组汇报。开展十四届丹徒区委第二轮巡察意识形态工作专项检查工作，专项检查丹徒区农业农村局、丹徒区供销社、宝堰镇等6家单位（含19个村、社区）意识形态工作责任制落实情况，形成单项报告6份、问题清单25份、专题报告1份。开展"正道""新风"集中行动和"护苗2022"专项行动，发放宣传海报200余张、绿书签等各类宣传资料1000余份，播放"护苗"公益宣传片、警示教育片等200余场，净化社会文化环境。按期完成37家印刷企业年度报告公示和59家出版物发行单位年度核验工作。（李　凯）

【中共二十大精神宣传活动】 2022年，丹徒区采取多种举措，开展中共二十大精神宣传活动。各级理论学习中心组围绕中共二十大精神开展专题学习研讨100余场次；组建区委宣讲团，开展二十大精神宣讲；征订《二十大精神学习辅导读本》《学习辅导百问》等政治学习辅导读物逾5000册，实现全区党支部、支部委员全覆盖；开展"强国复兴有我"、

2022年11月25日，镇江市委宣讲团报告会在丹徒区宣讲二十大精神　　（丹徒区委宣传部）

"喜迎二十大　奋进新征程"、"学习达人"挑战赛、"礼赞新时代　追梦复兴路"暨"百姓名嘴"风采展示等群众性主题宣教活动100余场次，组织策划"奋进新征程　建功新时代""喜迎二十大"等重大主题宣传活动。全年在《人民日报》纸质版刊发报道9篇，在央视《新闻联播》刊播电视新闻6篇。（李　凯）

【新闻宣传】 2022年，丹徒区委宣传部打造全媒体传播矩阵，围绕丹徒区委、区政府中心工作，组织策划"非凡十年""产业强区"等重大主题宣传，在《人民日报》、中央电视台、新华社、新华网等中央级媒体发稿48篇，在《新华日报》、江苏卫视、"学习强国"江苏学习平台、《现代快报》、中国江苏网等省级媒体平台发稿400余篇。连续三年举办重点民生实事项目新闻发布会，开展"2022丹徒旅游文化节云上发布会"等线下新闻发布活动16场，其中丹徒区党政主要领导参加2场。组织开展"网络中国节""网络文明"系列线上线下网络宣传活动30场。举办"网眼看镇江　争得新荣光——走进丹徒"媒体行活动，邀请中新社、《人民日报》等30余家中央、省级媒体到丹徒区采访报道。（李　凯）

【文化事业产业】 2022年，丹徒区委宣传部围绕新时代丹徒文艺"勇攀高峰"的目标要求，推进长篇小说《茅以升评传》、图书《唐陵之恋》、器乐合奏《缘起·回眸》和电影《米芾》等文艺作品创作出版。开展"乡村文艺播种计划"，推进全民艺术普及、文化惠民、电影放映、送戏下乡和"戏曲进校园"等活动，开展各类培训服务400余场次，放映公益电影1000余场。组织第七届"宜文读书节"系列活动，征集实施34个"书香丹徒"建设项目，推进"书香七进"［进机关、进乡镇、进农村（社区）、进企业、进校园、进家庭、进军营］工程，开展红色经典分享、好书推荐、亲子阅读等分众化活动600余场，超万人次参与。实施冷遹故居布展、恒顺香醋文化提升工程，举办丹徒旅游文化节、书画摄影展，开展"运河文化"读书分享会、"保护运河母亲"志愿服务等

活动。辛丰晟昊青铜器历史展陈项目和8家新入库文化类规模以上企业获镇江市文化产业引导资金，醋文化博物馆升级改造项目和华夏汉字研学馆二期项目获丹徒区文化产业引导资金。（李 凯）

【精神文明建设】 2022年，丹徒区委宣传部召开全区全国文明城市创建工作部署推进会，开展“创文明城市 享温馨家园”“社区周周乐”等主题活动，评选表彰2019—2021年度区级文明系列单位。持续开展“弘扬时代精神 彰显道德力量”主题系列活动，建成“严业明好人工作室”“何凝香好人工作室”，选树“镇江好人”“新时代好少年”等各类典型24人，联合江苏大学京江学院，在长山村、其一村、鲁溪村等地开展“长山有爱 牵手蓝梦”志愿服务活动10余场。推进各层各级新时代文明实践“一把手”工程，调整充实新时代文明实践中心组织机构及志愿服务总队人员名单，组建志愿服务队伍300余支4.8万人，开展政策理论宣讲、助力疫情防控等文明实践活动3000余场次，首批10家新时代文明实践站入选“镇江市新时代文明实践示范站”，上党镇其一村文明实践站“七彩小屋”关爱留守儿童志愿服务项目获第六届江苏志愿服务展示交流会优秀奖，1个最美志愿者（王国平）、1个最美志愿服务项目（“七彩小屋”项目）、1个最美志愿服务社区（驸马庄社区）、1个最美志愿服务组织（乐健义工服务中心）被评为镇江市学雷锋志愿服务先进典型。（李 凯）

统战工作

【概况】 2022年，中国共产党镇江市丹徒区委员会统一战线工作部（简称丹徒区委统战部）坚持稳中求进、守正创新，完成各项工作任务。围绕迎接中共二十大和学习宣传贯彻中共二十大精神，举办纪念冷遹先生140周年诞辰系列活动，指导开展全区各民主党派“矢志不渝跟党走、携手奋进新时代”主题教育13场，中共二十大精神“读书分享会”、“学习研讨会”、宣讲会7场；举办“百年同心共风雨·携手奋进新征程”庆祝党的统一战线政策明确提出100周年图片展，拍摄微视频3部；开展“民族团结进步宣传月”“崇俭戒奢”“从严治教”主题教育，反邪教宣传教育等活动；召开民主党派成员、非公企业家、归侨侨眷等代表人士座谈会10余场，坚定全区统战成员永远跟党走的决心和信心。围绕丹徒区委、区政府中心工作，先后成立丹徒区工商联（商会）人民调解委员会、丹徒区非公经济综合服务中心，通过“一站式”服务拉近政企距离。牵头开展“五送五助·春风暖企”专项行动，举办系列活动10余场，解决企业问题11件，招聘人才200余人次。举办“同心工程·金秋助农”——第三期丹徒区乡村振兴企业家沙龙暨农产品助销会。把民族宗教场所纳入基层综治工作网格化管理范围，检查宗教场所71处次，发现并整改安全隐患138个。开展暖侨活动5场，侨务工作经验被中央和省、市多家媒体推广。中国醋文化博物馆获评江苏省社会主义学院教学基地。搭建侨务工作创新发展平台，举办“五侨联动·共推乡村振兴”系列调研和侨企服务专项活动。依托香港丹徒联谊同乡会和丹徒欧美同学会开展多场慰问和联谊活动，增进港澳台同胞和海外侨胞的爱国热情。（杨 燕）

【丹徒区非公经济综合服务中心成立】 2022年5月18日，镇江市政商共建帮代办服务培训会暨丹徒区非公经济综合服务中心揭牌仪式在丹徒区举行。镇江市委副书记、市委统战部部长巩海滨，镇江市政协副主席、市工商联主席卢道富，丹徒区委书记毛健等出席活动。活动现场，巩海滨为“同心帮办服务队”授旗。毛健与市委统战部有关负责人一同为镇江市丹徒区非公经济综合服务中心揭牌。丹徒区非公经济综合服务中心与丹徒区政务服务中心、丹徒区税收维权协会、江苏诚和律师事务所、江苏长香咨询服务有限公司4家单位签订合作协议。丹徒区委常委、宣传部部长、统战部部长

邵建海，丹徒区政协副主席、工商联主席徐靖出席活动。（杨　燕）

【纪念冷遹先生140周年诞辰活动】 2022年6月22日，“初心如磐跟党走　同心奋进启新程”——纪念冷遹先生140周年诞辰活动在丹徒区文体广电和旅游局举行。江苏省政协副主席、民建江苏省委主委洪慧民为活动致信。镇江市委统战部副部长於光辉，丹徒区委常委、宣传部部长、统战部部长邵建海，丹徒区政协副主席任金华出席活动。丹徒区委统战部常务副部长谢军主持活动。活动中，与会人员观看冷遹先生生平宣传片，并聆听冷遹先生后人及亲属的线上发言。（杨　燕）

【丹徒区乡村振兴企业家沙龙暨农产品助销会】 2022年8月15日，“同心工程　金秋助农”——丹徒区乡村振兴企业家沙龙暨农产品助销会在上党镇举行。丹徒区15家爱心企业参与助销会，以“以购代捐”“以买代帮”等方式现场认购黄桃7000箱，总重超25吨。（杨　燕）

【丹徒区侨企帮办代办服务专项活动】 2022年9月7日，丹徒区委统战部、丹徒区侨办牵头，丹徒区行政审批局等部门共同参与，开展侨企帮办代办服务专项活动。活动中，来自江苏苏能投资发展集团、江苏联海通信股份有限公司等5家侨资企业负责人，就企业发展中需要政府协调解决的事项依次发言，相关部门给予现场解答，帮助解决事项8项，另有需要进一步解决的3项。企业负责人与相关服务部门工作人员互留联系方式，为进一步跟踪服务做好准备。（杨　燕）

【纪念中国共产党明确提出统一战线政策100周年图片展】 2022年9月29日，丹徒区在区会议中心举办“百年同心共风雨，携手奋进新征程”——纪念中国共产党明确提出统一战线政策100周年图片展。图片展通过100张老照片，按照新民主主义革命时期、社会主义革命和建设时期、改革开放和社会主义现代化建设新时期、中国特色社会主义新时代四个历史时期的顺序，重温光辉历程，体会统一战线法宝作用，汲取砥砺前行力量。全区统战系统各单位全体人员，各民主党派、无党派人士联谊会成员代表参加活动。（杨　燕）

机构编制管理

【概况】 2022年，中共镇江市丹徒区委机构编制委员会办公室(简称丹徒区委编办)落实上级工作部署，贯彻新发展理念，围绕机构编制服务高质量发展，深化重点领域体制机制改革，优化机构编制资源配置，提升机构编制管理水平，切实发挥体制机制保障作用。截至年底，全区行政编制核定数为1766名，实有数为1629名；事业编制核定数为5645名，实有数为5042名。完成人员核增手续237人次，人员核减手续203人次，全区机构设置和人员编制设置更加优化。（徐　伟）

【综合行政执法体制改革】 2022年，丹徒区委编办印发丹徒区应急管理综合行政执法大队“三定”规定(“三定”规定，即对部门的职能配置、内设机构和人员编制等所作规定的简称)，明确大队职能，细化内设机构职责，在内设机构加挂派驻执法中队牌子，确保各镇(街道、开发区、园区)执法范围全覆盖。通过组建丹徒区应急管理综合行政执法大队、完善镇(街道、园区、开发区)应急管理执法机构设置，推动建立权责统一、权威高效、上下联动、监管有力、服务优化的应急管理综合执法体制。（徐　伟）

【丹徒经济开发区机构编制优化调整】 2022年，丹徒区委编办调研丹徒经济开发区、高资街道管理体制和运行机制，从优化机构设置和人员编制入手，将丹徒经济开发区企业服务中心和丹徒经济开发区人力资源和社会保障服务中心整合设置为江苏丹徒经济开发区企业服务中心，核定事业编制65名；将丹徒经济开发区安全生产委员会办公室设在丹徒经济开发区应急管理办公室，强化丹徒经济开发区安监机构设置；明确高资街道12名行政编制用于丹徒经济开发区领导班子配备和招商人才引进，增加丹徒经济开发区股级领导职数7名，强化干部队伍梯队建设。（徐 伟）

【机构编制资源配置】 2022年，丹徒区委编办根据深化事业单位改革要求，建立“小散弱”事业单位优化调整清单，按照“先易后难、分类推进、分步实施”的工作思路，调研全区19家主管部门所属的39家“小散弱”事业单位，完成优化调整19家，撤销事业单位14家，收回事业编制56名，将精简下来的机构编制资源向重点领域倾斜。在教育教学方面，选优配强江苏省大港中学领导班子，提升教育服务能力，为江苏省大港中学设内设机构4个，核定副科级职数4名。在文物保护方面，将丹徒区文体广旅局所属事业单位丹徒区旅游发展中心更名为丹徒区文体旅游管理服务中心，挂丹徒区文物保护中心牌子，同时增加事业编制2名，用于加强文物保护工作力量。在公共卫生方面，明确丹徒区疾病预防控制中心机构规格为副科级，丹徒区人民医院机构规格为正科级，做到有增有减、增减平衡、保障民生、服务发展，最大限度发挥机构编制资源使用效益。（徐 伟）

【行政权力事项清单动态调整】 2022年，丹徒区委编办根据新修订颁布的《江苏省行政权力事项清单管理办法》要求，印发《关于对丹徒区行政权力清单进行动态调整的通知》，动态调整所涉及的18个部门368项行政权力事项，强化权力运行制约监督，规范政府部门行政权力运行。（徐 伟）

【事业单位日常登记管理】 2022年，丹徒区委编办完成事业单位年度报告公示工作，全区209家事业单位按要求在网上提交年度报告，公示率100%；完成机关、群团统一社会信用代码赋码工作，全年办理机关、群团统一社会信用代码证书初领3家，日常变更登记8家，全部整理归档；开展事业单位法人登记“双随机、一公开”（在监管过程中随机抽取检查对象，随机选派执法检查人员，抽查情况及查处结果及时向社会公开）抽查工作，强化事业单位法人登记事中事后监管。（徐 伟）

保密工作

【概况】 2022年，丹徒区国家保密局贯彻上级决策部署，立足实际，主动作为，推进保密各项工作。对接有关部门做好电子设备载体销毁中转服务，确保机关、单位计算机、打印机、复印机等办公设备应销尽销。6月，转发国家保密局《机关、单位自查自评工作办法》，要求全区各单位按照保密规范化、信息化建设工作部署予以贯彻落实，做到加强单位全员保密教育、及时修订保密制度、认真落实自查自评工作有关要求。同月，赴丹徒区教育局招生办保密室开展保密检查，提醒单位负责人和相关人员严格落实保密责任，消除安全隐患。常态化推进载体销毁工作，全年送销纸质载体293袋计1.45万千克，并及时提醒送销量下滑的单位。（周明波）

【保密宣传教育】 2022年4月15日，丹徒区国家保密局组织开展保密宣传教育月活动，在“微丹徒”微信公众号上发布江苏省国家保密局保密公益宣传片、密码安全教育宣传片，在丹徒区行政中心开展保密宣传。根据国家保密局保密教育宣传要求，下发《关于组织开展保密教育线上培训的通知》，要求各单位在组织参训考试的同时，利用“中国保密在线”网站保密资源，有机融合保密教育、理想信念教育、国家安全教育、法治教育、纪律教育，实现保密教育常态化，形成“知保密、会保密”良好氛围。丹徒区委办公室、丹徒区政府办公室、丹徒区机关事务服务中心开展专题保密教育，确保落实保密主体责任。（周明波）

【区委保密委会议】 2022年5月23日，丹徒区召开区委保密委员会全体(扩大)会议，各地各部门保密分管负责人80余人参加会议。会议通报窃密泄密案例，观看保密警示教育片，要求全区保密战线提升规范化管理水平，深化保密宣传教育，抓好保密管理，防范失泄密风险隐患，坚持党管保密，强化基层基础，锻造过硬队伍，为迎接中共二十大召开提供保密保障。 （周明波）

【保密实训和竞赛】 2022年8—9月，丹徒区国家保密局开展保密实训工作，组织全区23家机关单位311人次参加保密实训。组织全区机关单位参加江苏省保密技能竞赛，全区机关单位参赛1200余人，资质企业参赛约500人，入围线上全省决赛84人，进入全省总成绩前1000名5人，进入全省线下赛2人。 （周明波）

机关党建

【概况】 2022年，中共镇江市丹徒区委区级机关工作委员会(简称丹徒区级机关工委)以习近平新时代中国特色社会主义思想为指引，在“围绕中心、建设队伍、服务群众”中找准定位，推进机关党建服务高质量发展。截至年底，丹徒区级机关工委有直属机关党委3个、党总支部17个、党支部41个、党员2653人。贯彻《党和国家机关基层组织工作条例》，就违反党的纪律、责任意识淡化等行为，配合丹徒区纪委给予所属机关党支部3名党员不同等次的党纪处分，确保防微杜渐、抓早抓小。 （张辰昕）

【构建机关党建工作格局】 2022年，丹徒区级机关工委采取多项措施，构建全区机关党建工作格局。5月12日，组织召开全区机关党建工作会议，总结回顾2021年机关党建工作，部署下半年重点任务，并向各机关党组织下发《2022年全区机关党建工作要点》《2022年全区机关作风效能建设工作要点》，要求各机关党组织书记承担党建主体责任，强化政治担当，制订党建全年计划，形成齐抓共管的党建工作新气象。年底，开展直属机关党组织党建工作考核，实现机关党建工作有布置、有跟进、有落实，确保构建全区机关党建工作新格局落到实处。 （张辰昕）

【新冠疫情防控志愿工作】 2022年，丹徒区级机关工委面对多点发生的新冠疫情态势，组建区级机关党员抗疫志愿者服务队，为疫情防控贡献力量。做好疫情防控人力资源专班工作，组织志愿者支援两轮上党镇突发疫情防控工作；开展多轮统计、督促检查，摸清全区机关工作人员、机关退休人员疫苗接种情况，推动全区新冠病毒疫苗接种工作。 （张辰昕）

【意识形态工作责任制落实工作】 2022年，丹徒区级机关工委抓好理论学习中心组学习，围绕学习计划，开展理论中心组(扩大)会议10次。贯彻落实丹徒区委关于意识形态工作的决策部署，将意识形态工作纳入年度工作计划和重要议事日程，明确第一责任人，落实意识形态工作各项具体要求。学好用好“学习强国”学习平台，每周配合丹徒区委宣传部通报直属非党委(党组)部门“学习强国”活跃度，督促全体机关党员形成你追我赶、力争上游的学习氛围。 （张辰昕）

【庆祝中国共产党成立101周年专题党课活动】 2022年6月24日，丹徒区级机关工委组织开展庆祝中国共产党成立101周年专题党课活动，以“深刻领会伟大建党精神的核心要义”为主题，组织全区机关党组织书记集体学习伟大建党精神的理论渊源、丰富内涵及重大意义，促使全区党员领导干部从中国共产党人的精神谱系中汲取力量，传承红色基因，赓续红色血脉。 （张辰昕）

【换届选举】 2022年，丹徒区级机关工委开展新一轮换届选举工作，严格审核把关，组织直属机关党总支、党支部在7—10月完成集中换届改选，配齐配强党务干部队伍，并结合部门职能调整，健全完善党的基层组织和党建工作机构。 （张辰昕）

【发展党员工作】 2022年，丹徒区级机关工委按照序时进度，全程指导全区直属机关党组织发展党员，并开展排查工作，规范党员档案、发展流程，把好党员入口关。全年新发展党员24名，有100名预备党员转正。 （张辰昕）

【党务排查】 2022年，丹徒区级机关工委根据丹徒区委组织部要求，开展党务工作有关突出问题清查整治专项行动。围绕党务工作事项外包、委托辅助服务事项不规范、非党员从事党务工作三大类问题，系统排查60个直属机关党组织，落实新形势和新任务下对做好党务工作的新要求，督促机关党组织强化责任意识，主动担当作为。 （张辰昕）

【转作风、提效能】 2022年，丹徒区级机关工委围绕重点窗口单位，开展督查跟踪、明察暗访各项工作。就发现的问题，加大通报力度，要求限期整改，以铁的纪律和硬的作风不断优化营商环境，为丹徒高质量发展提供支撑。按季度召开机关作风效能日常考核例会，开展区级机关各部门在遵纪守法、专项工作、服务效能、工作作风等方面的日常考核；每半年开展1次镇(街道、园区)和区级机关满意度测评工作，不断优化评议方式，更新调整评议人员库和结构，提高测评的针对性、准确性、及时性。 （张辰昕）

【“合心宜”优质服务品牌和“十佳效能标兵”评选活动】 2022年，丹徒区级机关工委牵头在区级机关开展“合心宜”优质服务品牌和“十佳效能标兵”评选活动，以提升企业和群众获得感满意度为目标，突出问题导向、需求导向和责任导向，提升服务水平，打造一流营商环境。年底，通过体验检查、部门互评、服务对象评议、专家评议、现场评议等环节，评选出“合心宜”优质服务品牌7个、“十佳效能标兵”10人。 （张辰昕）

党校工作

【概况】 2022年，丹徒区委党校落实全国、全省、全市党校工作会议精神，学习贯彻《中国共产党(行政学院)工作条例》，坚持党校姓党，努力发挥党校作用，推进各项工作健康发展。围绕丹徒区委、区政府中心工作，以及丹徒区“两会”重点建议、提案设立课题，确定调研课题3个，分别是“肩负时代使命，从镇江的红色血脉中汲取拼搏进取的力量”“以实现双碳目标为抓手，推动丹徒高质量发展”“农村基层党组织建设法治化问题研究——以镇江市为例”，年内全部结项。开展“礼赞新时代，追梦复兴路”基层主题宣讲活动，发挥“百姓名嘴”宣讲团作用，开展基层宣讲38场次，受训人数约4000人次。 （彭 莹）

【干部教育培训】 2022年，受新冠肺炎疫情影响，丹徒区委党校办班较往年减少，全年举办培训班7期，其中主体班4期，培训学员401人次。丹徒区委党校始终把习近平新时代中国特色社会主义思想、党史教育作为培训内容的重中之重，突出理论培训和党性教育，把党性、党风、党纪等作为培训的重点内容纳入教学计划，加强辨析引导各种社会思潮，并针对性安排产业强区、乡村振兴、环境整治、安全生产等方面课程，帮助学员提升落实丹徒区委、区政府决策部署的执行力。 （彭 莹）

老干部工作

【概况】 2022年末，丹徒区有离休干部38人(含垂直系统2人)，其中抗日战争前期参加革命工作1人、抗日战争后期参加革命工作5人、解放战争时期参加革命工作32人；离休干部中，有行政单位21人、事业单位5人、企业单位12人，有年龄90周岁以上30人、80—89周岁8人，享受县处级待遇20人、科级待遇18人。年内，中国共产党镇江市丹徒区委员会老干部局(简称丹徒区委老干部局)贯彻落实全国老干部工作先进集体和先进个人表彰大会和全国、全省、全市老干部局局长会议要求，以“喜迎二十大”和贯彻落实《关于加强新时代离退休干部党的建设工作的意见》为主线，开展各项工作，推动新时代老干部工作高质量发展。10月16日，丹徒区委老干部局、区委离退休干部工作委员会组织全区各老干部党支部、老同志收看中共二十大开幕会直播。常态化开展“结对大走访、上门送温暖”活动，在重大节日、高温季节、老干部生病住院期间主动上门看望慰问。新冠肺炎疫情防控期间，通过电话、微信、工作群等形式与老干部交流谈心，宣传科学防控知识，了解老干部的身体、生活状况，征求老干部的意见和建议。组织80余名离休干部和县处级退休干部开展健康体检。协调有关部门，落实企业离休干部提高补贴发放工作。联合有关部门畅通离休干部就医绿色通道，回应离休干部看病就医方面诉求。帮助1名特殊困难离休干部实施居家适老化改造。（赵欣悦）

【丹徒区老干部工作会议】 2022年5月18日，丹徒区委老干部局、区委离退休干部工作委员会在丹徒区会议中心二楼新闻发布厅召开全区老干部工作会议。全区各镇(街道、园区)、部门老干部工作分管领导及离退休干部党支部书记90余人参加会议。会上，王森国等5名获得镇江市2021年度“‘不忘初心、牢记使命’正能量先锋”称号的老同志接受授牌，辛丰镇辛丰老干部党总支、荣炳盐资源区老干部党支部、世业镇老干部党支部、丹徒区税务局老干部党总支、丹徒区市场监督管理局第五党支部获得2021年度丹徒区“银发生辉”志愿服务工作优秀党支部称号，世业镇世业村“平安先锋工程”志愿服务团队、高桥镇“梦想艺术团”志愿服务团队、辛丰镇“绿色卫士”志愿服务团队、宝堰镇“老少故事团”志愿服务团队、荣炳盐资源区“乐健义工”志愿服务团队、丹徒区税务局“纳税人税收权益维护协会”志愿服务团队获得2021年度丹徒区“银发生辉”志愿服务工作优秀团队称号，马二毛等10人获得2021年度丹徒区“银发生辉”志愿服务工作优秀个人称号。（赵欣悦）

【离退休干部党支部书记轮训】 2022年7月6日，丹徒区委老干部局在丹徒区司法局六楼会议室开展离退休干部党支部书记学习贯彻《中共中央关于加强新时代离退休干部党的建设工作的意见》轮训，全区17家“六有一提升”市级示范党支部(有党的领导、有支部班子、有工作制度、有组织活动、有作用发挥、有工作保障，提升支部组织力)支部书记参加轮训。轮训中传达学习《中共中央关于加强新时代离退休干部党的建设工作的意见》主要内容和精神实质，重点解读《中央组织部负责人就〈关于及加强新时代离退休干部党的建设工作的意见〉答记者问》，分析当前离退休干部党建工作的现状，查找存在的问题和薄弱环节，就探索完善离退休干部党建工作制度机制征求老干部们的意见和建议。轮训期间，对丹徒区老年人才服务中心上党分中心“王春喜工作室”进行授牌，并组织老同志参观中国醋文化博物馆。（赵欣悦）

【离退休干部党组织建设质量提升行动】 2022年，丹徒区委老干部局、区委离退休干部工作委员会推进离退休干部党组织质量提升“三项计划”(“追赶”计划、“争创”计划、“拓展”计划)，开展工作调研，查摆短板弱项。持续提升示范党支部建设水平，丹徒区住建局老干部第一党支部、谷阳镇三山离退休干部党支部、谷阳镇西麓离退休干部党支部获第四批市级“六有一提升”示范党支部(有党的领导、有支部班子、有工作制度、有组织活动、有作用发挥、有工作保障，提升支部组织力)称号。（赵欣悦）

【离退休干部党支部主题党日活动】 2022年，丹徒区委老干部局、区委离退休干部工作委员会在全区离退休干部党支部统一开展“喜迎二十大，助跑新征程”主题党日活动50余场次，参加老干部、老党员1500余人次，引领老同志忠诚捍卫“两个确立”、坚决做到“两个维护”。各离退休干部党支部通过线上、线下方式，组织老同志学习新思想，强化思想教育；通过书画、摄影、诗词、红色宣讲、组织志愿服务等多种形式开展主题党日活动，为党和人民的事业增添正能量。高桥镇老干部党支部“喜迎二十大，歌颂新时代，奋进新征程”、丹徒区党群口联合党支部“红色文化之乡——荣炳行”、江心洲生态农业园区老干部党支部“老少心向党，喜迎二十大”主题党日活动入选2022年度镇江市离退休干部党支部统一主题党日活动优秀“三十佳”案例。 (赵欣悦)

【四套班子老领导参观学习活动】 2022年，丹徒区委老干部局2次组织区四套班子老领导就近就地参观学习活动。6月2日，组织参观上党镇三泉茶场的茶叶制作和展示厅，开展“喜迎二十大、助跑新征程”主题座谈活动；11月11日，组织参观以世业镇四季春高效农业园为载体打造的集党性教育、技术指导、休闲采摘、文化展示等为一体的“红色田园路”，并在“田间课堂”集中学习中共二十大精神。 (赵欣悦)

【“银发生辉·银龄行动”】 2022年，丹徒区委老干部局、区委离退休干部工作委员会在全区离退休干部中实施“银发生辉·银龄行动”，推进“银发生辉·丹霞满天”老干部作用发挥品牌建设。挂牌成立“银辉驿站”3个，为周长钊、夏巨桃“老党员工作室”授牌。按照“党支部+银发志愿者+服务项目”模式，实行志愿服务项目化管理，新成立老干部志愿服务团队6支。建立140余人的老年人才库，涵盖经济、教育、医疗、科技等领域。加强“银发人才”工作站建设，新挂牌老年人才工作站1家。年内，荣炳盐资源区退休干部马二毛获评镇江市最美老干部志愿者，上党镇其一村“七彩小屋”志愿服务项目获评镇江市最美老干部志愿服务项目，辛丰党总支书记倪锐敏获得“镇江市老干部助力社区治理之星”称号，王森国等5名老干部获得镇江市2021年度百名“‘不忘初心、牢记使命’正能量先锋”称号。 (赵欣悦)

【老年人才服务项目推进工作】 2022年1月13日，丹徒区委老干部局、区委离退休干部工作委员会举办“银辉闪耀”老年人才服务项目成果交流会。会上宣读镇江市“银辉闪耀”老年人才服务项目获奖名单，丹徒税务老干部团队服务高新技术企业项目、丹徒区壹零捌茶叶合作社茶树新品种引种建设项目团队获得2021年镇江市“银辉闪耀”老年人才服务项目三等奖。2个项目负责人分别作交流发言，丹徒区5个分中心、6个工作站项目组全体成员，局机关相关人员参加交流会。 (赵欣悦)

党史·地方志

【概况】 2022年，镇江市丹徒区史志办公室(简称丹徒区史志办)立足存史、育人、资政职能，推进党史地方志各项工作发展。年鉴编纂工作创新创优。党史方面，《中国共产党丹徒历史(第一卷)》完成编纂并送中共党史出版社审稿，该卷有3编11章，计27万余字；继续打磨《中国共产党丹徒历史(第三卷)》初稿，补充完善相关史料。地方志方面，按照省、市部署，推进镇村志编纂文化工程，11月宝堰镇启动《宝堰镇志》编纂工作。年鉴方面，细化年鉴编辑部内部分工，优化年鉴框架结构内容，提高彩页版面设计水平和图片质量，提升年鉴资料的层次水平和使用价值；分组召开年鉴业务交流推进会，与部分重点单位撰稿人面对面交流，在栏目设置和编写内容等方面给予指导，讨论常见问题和难点问题，促进年鉴稿行文的进一步规范和整体质量的提升；选派骨干参加全省综合年鉴培训会议等，把握年鉴编纂的最新规定和要求,学习年鉴框架设计、条目编写、装帧设计等方面好的经验做法和创新理念。12月,《丹徒年鉴(2022)》编纂完成。

协助丹徒区扶贫"三会"开展红色资源立碑挂牌工作,为全区28个地下交通站、3名人物故居、1个红色地名立碑挂牌。依托丹徒融媒体中心、丹徒发布公众号,开展"摸清红色'家底'、讲好老区故事"宣传活动,扩大红色资源影响力。 (李东东)

【《丹徒年鉴(2022)》编纂出版】 2022年12月,《丹徒年鉴(2022)》由方志出版社出版。该期年鉴是连续编辑出版的第30卷,全面系统记述丹徒区2021年政治、经济、社会、自然等方面的基本面貌、发展状况以及年度大事、要事、新事。该卷设有类目29个、分目151个、条目689个,表格58个,随文插图照103幅,计47.5万字。 (李东东)

【《宝堰镇志》编纂】 2022年10月18日,宝堰镇、丹徒区史志办在宝堰镇政府会议室召开《宝堰镇志》启动会议,宝堰镇、丹徒区史志办有关负责人,《宝堰镇志》编辑吕品、李国平出席会议。会上,与会人员学习江苏省、镇江市关于名镇名村志编纂要求,并就《宝堰镇志》框架结构、资料征集、进度安排等工作展开讨论,确定了丹徒区史志办负责业务指导、宝堰镇负责后勤保障的工作推进机制,确保《宝堰镇志》编辑部按序时、高标准完成编纂工作。 (李东东)

档 案

【概况】 2022年,镇江市丹徒区档案馆(简称丹徒区档案馆)加强档案服务利用效能建设,提高档案服务社会、服务民生能力。开展档案征集和接收进馆工作,构建突出丹徒地方特色的档案资源体系,全年接收婚姻档案2786卷、出生医学证明档案2363件、数字化副本6.46GB。全年接待查档4306人次,调阅档案3941卷(件),复制页数8743页。 (夏 欢)

【档案宣传】 2022年,丹徒区档案馆打造"丹徒档案·真情兰台"服务品牌,践行高效优质服务。在各镇(街道、园区)便民服务中心设立档案咨询服务点,方便群众查阅档案;在查档服务大厅开展"七心(暖心、放心、顺心、舒心、称心、省心、贴心)"优质服务,推行延时查档、预约查询、电话查档等惠民措施;结合"6·9"国际档案日,围绕"喜迎二十大·档案颂辉煌"主题开展档案文化宣传,增强市民档案法治意识。 (夏 欢)

【档案业务建设评价】 2022年,丹徒区档案馆对照业务建设评价标准,做好各项基础台账资料的准备工作,编制《业务建设评价自查报告》《业务建设评价资料汇编》4册,各类台账资料近百册。8月,通过镇江市档案馆组织的迎检测评工作,并获得较高评价。 (夏 欢)

【档案安全建设】 2022年,丹徒区档案馆严格执行《丹徒区档案馆安全保卫制度》《丹徒区档案馆火灾及外来灾害事故应急预案》等制度,安装红外报警系统,扩充监控存储容量,开展消防演练,确保档案库馆安全。对照"八防"(防高温、防潮、防盗、防火、防鼠、防光、防尘、防虫)要求,每天巡查库房并填写库房检查记录表,查看监控库房恒温恒湿系统工作情况,发现问题及时解决,确保档案安全。

(夏 欢)

【档案数字化建设】 2022年,丹徒区档案馆加强档案数字化加工质检工作,发现问题及时整改,确保档案数字化质量。全年新增全文数字化扫描47.57万页,馆藏档案累计全文数字化扫描747.51万页;新增目录著录0.3万条,累计著录案卷目录和卷内目录265.18万条。 (夏 欢)

丹徒区人民代表大会

综 述

【概况】 2022年，镇江市丹徒区第十七届人民代表大会常务委员会(简称丹徒区人大常委会)以习近平新时代中国特色社会主义思想为指导，学习贯彻中共二十大以及中央和省、市、区委人大工作会议精神，围绕丹徒区委十四届二次、三次全会提出的工作目标，依法履职尽责。年内举行常委会会议9次、主任会议12次，听取和审议“一府一委两院”专项工作报告25项，作出决议决定7项，依法任免“一府两院”工作人员42人次，组织视察、调研活动33次。重视建章立制工作，通过《丹徒区人大常委会规范性文件备案审查办法》。2022年末，丹徒区有全国人大代表1名、省人大代表3名、市人大代表40名、区人大代表202名、镇人大代表384名。（张 磊）

【依法履责】 2022年，丹徒区人大常委会采取多项举措，依法履职尽责。围绕高质量导向，服务经济社会发展。重点围绕生态环境改善，开展《中华人民共和国长江保护法》执法检查，调研农村人居环境长效管护工作，专题督办环保督察反馈重点问题整改落实情况以及中盐管道渗漏污染农田、农村电瓶车拆解行业废弃物污染河流等问题；围绕企业经营状况，开展助企纾困调研监督；调研长江岸线资源，提出提升岸线资源使用价值相关建议；审议国有资产管理情况，建立税费共治的机制；听取和审议审计查出问题整改情况的报告，首次向被审计单位提出建立案例指导、制度约束、信息互通等六大机制；专题调研高新技术企业培育以及省、市、区重点产业项目推进工作，督促政府高效统筹新冠肺炎疫情防控和经济社会发展，助力稳住经济大盘。

把握高品质要求，促进改善人民生活。建立农情联系点50个、经济监督联系点21个、“双减”(有效减轻义务教育阶段学生过重作业负担和校外培训负担)联系点3个。督促做好代表建议办理工作，推行“代表·局长”面对面督办制度，推动农业“接二连三”(“接二连三”相关内容见“议案和重要建议”分目中相关条目)、安置房建设等重点建议办理，落实丹徒区政府10件民生实事项目。丹徒区十七届人大一次会议上代表提出建议、批评、意见71件，办成45件，办成率63.38%。关注学有所教、病有所医、住有所居、居有所安，开展阳光体育学校建设情况视察，助推中小学“双减”工作。调研城市精细化管理工作，助力“残疾人之家”建设，提升群众幸福感。

围绕高效能治理，推进法治丹徒建设。制定专项工作评议和述职评议两个“五年方案”，组织召开五级人大代表专题询问会和法院、检察院“两院行”活动。依法任命人民陪审员155名，听取和审议丹徒区监委关于查处和整治群众反映强烈的突出问题专项报告，调研丹徒法院商事审判工作、丹徒区检察院涉案企业合规改革，审议企业破产审判工作、丹徒区检察院适用认罪认罚从宽制度的情况报告。听取全区安全生产专项整治情况汇报，督促丹徒区政府开展农村道路交通安全隐患整改，消除交通安全隐患599处，提升农村交通安全。（张 磊）

重要会议

【丹徒区十七届人大一次会议】 2022年1月21—24日，丹徒区第十七届人民代表大会第一次会议在丹徒会议中心召开。大会应到代表202名，实到代表197名，因事因病请假5名，组成代表团11个。丹徒区政府、区政协全体领导，区政府工作部门，区级机关各部门和有关单位负责人，区政协十一届一次会议全体与会人员，部分市人大代表，原担任过丹徒区人大常委会领导和委办负责人的部分老同志列席会议。

大会听取和审议丹徒区人民政府区长马振兵所作的《政府工作报告》、丹徒区十六届人大常委会主任李幸福所作的《丹徒区人民代表大会常务委员会工作报告》、丹徒区人民法院代理院长李平波所作的《丹徒区人民法院工作报告》、丹徒区人民检察院检察长黄卫群所作的《丹徒区人民检察院工作报告》。书面审查《丹徒区2021年国民经济和社会发展计划执行情况与2022年计划(草案)的报告》《关于丹徒区2021年财政预算执行情况和2022年财政预算草案的决议》，并作出相应决议。

会议表决通过《选举办法(草案)》和《民生实事项目票决暂行办法(草案)》。会议选举韩宏亮为丹徒区十七届人民代表大会常务委员会主任，选举贺文、李晓娟、程道云、江学军为丹徒区十七届人民代表大会常务委员会副主任，选举马振兵为丹徒区人民政府区长，选举张蕾、李庆丰、王军、胡光亮、杨忆宁、江达贤、盛莉莉为丹徒区人民政府副区长，选举左荣为丹徒区监察委员会主任，选举李平波为丹徒区人民法院院长，选举黄卫群为丹徒区人民检察院检察长，选举丁钢等为镇江市第九届人民代表大会代表，选举王飞雪等为丹徒区第十七届人民代表大会常务委员会委员。

会议期间，收到代表10人以上联名提出的议案11件。其中，属于生态治理方面的2件、交通建设方面的4件、产业发展方面的2件、乡村振兴方面的1件、水利建设方面的1件、卫生事业方面的1件。根据议案处理办法，经大会秘书长会议审查，主席团会议通过，以上议案转建议。其中，张云凤等10位代表提出的《关于加快推进农业“接二连三”融合发展助力乡村振兴的议案》、蒋伟代表提出的《关于尽快建立税费协同共治体系，促进我区财税收入稳健增长的建议》、朱明代表提出的《关于加快推进安置工作的建议》作为重要建议，交由丹徒区人大常委会主任会议处理。 （张　磊）

2022年1月21—24日，丹徒区第十七届人民代表大会第一次会议在丹徒会议中心召开 （丹徒人大）

【丹徒区十七届人大常委会会议】 2022年2月22日，丹徒区十七届人大常委会举行第一次会议，会议审议通过《镇江市丹徒区人民代表大会常务委员会会议议事规则》，讨论通过区人大常委会代表资格审查委员会及各工作委员会(街道、园区)组成人员名单，审议通过区人大常委会2022年工作要点和工作计划，审议通过《镇江市丹徒区人大常委会2022—2026年专项工作评议实施方案》。

3月31日，区十七届人大常委会举行第二次会议，会议听取和审议区人民政府副区长、区人民法院院长、区人民检察院关于2021年区人大常委会审议意见落实情况的报告并进行票决，听取和审议区人民政府副区长江达贤所作的关于《中华人民共和国环境保护法》实施情况及2021年度环境状况和环境保护目标完成情况的报告并进行票决，审议通过《丹徒区人大常委会规范性文件备案审查办法》。

5月26日，区十七届人大常委会举行第三次会议，会议集中学习《各级人民代表大会常务委员会监督法》，对丹徒区科技局等6个部门进行专项工作评议并进行票决，听取和审议区人民政府副区长杨忆宁所作的关于贯彻《江苏省奖励和保护见义勇为人员条例》情况的报告，审议通过区人大常委会关于撤销区、镇选举委员会的决定。

6月16日，区十七届人大常委会举行第四次会议，表决通过有关人事任免。

7月22日，区十七届人大常委会举行第五次会议，听取和审议丹徒区2021年财政决算草案和2022年上半年财政预算执行情况的报告，听取和审议2021年度区本级财政预算执行和决算草案及其他财政收支情况审计工作报告，表决通过《丹徒区人大常委会关于批准2021年度区级财政决算的决议》，听取和审议丹徒区2022年上半年国民经济和社会发展计划执行情况及下半年国民经济和社会发展执行意见的报告，听取和审议丹徒区人民法院关于企业破产审判工作情况的报告，听取和审议丹徒区人民检察院关于认罪认罚从宽制度适用情况的报告。

9月26日，区十七届人大常委会举行第六次会议，会议集中学习《中华人民共和国地方各级人民代表大会和地方各级人民政府组织法》，表决通过有关人事任免，听取和审议区监察委员会关于整治群众反映强烈问题工作情况的报告，听取和审议区人民政府关于区十七届人大一次会议代表建议办理情况的报告并进行表决，听取和审议区人民政府关于国有资产管理情况的综合报告和行政事业单位国有资产管理情况的专项报告，听取和审议区人民政府关于《农产品质量安全法》实施情况的报告，审议通过《中华人民共和国长江保护法》执法检查报告。

11月24日，区十七届人大常委会举行第七次会议，会议集中学习《中华人民共和国审计法》，听取和审议区人民政府关于《江苏省中医药条例》贯彻实施情况的报告，听取和审议区人民政府关于2022年审计查出问题整改情况的报告并开展专题询问，听取和审议区人大常委会关于规范性文件备案审查工作情况的报告，传达学习丹徒区委书记毛健在调研基层人大工作座谈会上的讲话精神，讨论召开区十七届人大二次会议筹备工作意见并作出相应决定。

12月21日，区十七届人大常委会举行第八次会议，会议集中学习《中华人民共和国全国人民代表大会和地方各级人民代表大会选举法》，听取部分市人大代表的述职报告并进行评议，听取部分政府组成部门主要负责人和“两院”副职的述职报告，进行政府工作部门和“两院”效能建设测评，讨论通过区人大常委会工作报告。

12月28日，区十七届人大常委会举行第九次会议，会议听取和审议区人民政府关于2022年1—10月预算执行情况和预算调整方案(草案)的议案， 听取和审议区人民政府关于2023年民生实事候选项目的报告，表决通过《丹徒区人大常委会关于批准丹徒区2022年财政预算调整方案的决议》，表决通过有关人事任免，补选市人大代表4名，讨论通过区十七届人大二次会议有关事项。(张　磊)

2022年丹徒区十七届人大常委会主任会议情况表

表3

时间	会议名称	会议内容
2月18日	区十七届人大常委会第一次主任会议	明确区人大常委会主任、副主任工作分工及挂钩联系基层人大及主要工作部门事宜，讨论通过《镇江市丹徒区人民代表大会常务委员会主任会议议事规则》，讨论《镇江市丹徒区人民代表大会常务委员会会议议事规则(草案)》、区人大常委会代表资格审查委员会及各工作委员会(街道、园区)组成人员名单(草案)、区人大常委会2022年工作要点和工作计划(草案)、《镇江市丹徒区人大常委会2022～2026年专项工作评议实施方案(草案)》，决定提交区十七届人大常委会第一次会议审议，讨论通过区十七届人大常委会第一次会议议程

续表 3

时间	会议名称	会议内容
3月30日	区十七届人大常委会第二次主任会议	讨论区十七届人大一次会议《关于加快推进农业“接二连三”融合发展助力乡村振兴》《关于尽快建立税费协同共治体系、促进我区财税收入稳健增长》《关于加快推进安置工作》等重要建议的交办意见，并就区十七届人大一次会议议案建议和2022年度民生实事项目督办工作作出安排，听取有关人事说明，传达镇江市九届一次人代会精神，讨论《丹徒区人大常委会规范性文件备案审查办法》，讨论通过2022年区人大常委会会议审议发言“1+2+X”方案，讨论通过区十七届人大常委会第二次会议议程
4月29日	区十七届人大常委会第三次主任会议	开展全过程人民民主专题辅导会
5月24日	区十七届人大常委会第四次主任会议	听取区人民政府关于丹徒区高新技术企业培育发展情况的报告，学习《中华人民共和国科技进步法》，讨论关于撤销区、镇选举委员会的决定（草案），听取有关人事说明，讨论区十七届人大常委会第三次会议议程
6月15日	区十七届人大常委会第五次主任会议	听取有关人事说明，讨论《关于提请任命吕朝霞同志担任丹徒区人民政府代理区长的议案》，集中学习《中华人民共和国长江保护法》，讨论《关于以政治建设统领全区人大工作的意见》（征求意见稿）、《区人大常委会党组关于开展“代表小组建支部 党旗引领迈新步”活动的意见》（征求意见稿），讨论通过《2022年度对各市、区、镇江新区党的建设人大工作事项考核实施办法丹徒区分解方案》，讨论《区人大常委会关于〈中华人民共和国长江保护法〉执法检查工作方案》、区十七届人大常委会第四次会议议程
6月21日	区十七届人大常委会第六次主任会议	听取政府关于长江禁渔工作情况的汇报，讨论《关于在区人大代表中开展“双联、双进、双推、双争”活动的实施意见》《丹徒区人大常委会关于推动全区义务教育“双减”工作方案》《2022年度区人大常委会党组对各镇（街道、园区）政治建设统领人大工作考核实施办法》
7月20日	区十七届人大常委会第七次主任会议	学习《中华人民共和国安全生产法》，学习习近平总书记在中共中央政治局第四十次集体学习时的重要讲话精神，学习李小敏在省委人大工作会议结束时的讲话精神，讨论通过区十七届人大常委会第五次会议议程
8月25日	区十七届人大常委会第八次主任会议	讨论2022年五级人大代表专题询问会暨新闻发布会方案，研究《进一步加强全区人大系统信息宣传工作的意见》，学习《中华人民共和国体育法》，审议《〈区人大常委会会议议事规则〉审查报告》
9月22日	区十七届人大常委会第九次主任会议	听取区政府关于省市区重点产业项目推进情况的汇报，学习《中华人民共和国农产品质量安全法》，听取有关人事说明，讨论区十七届人大常委会第六次会议议程

续表 3

时间	会议名称	会议内容
10月21日	区十七届人大常委会第十次主任会议	听取区人民政府关于十七届人大一次会议重要建议办理情况的汇报，讨论《镇江市丹徒区人大代表履职积分管理办法(试行)》《丹徒区人大常委会关于支持配合地方立法工作的实施意见》
11月22日	区十七届人大常委会第十一次主任会议	听取区人民政府关于“残疾人之家”建设情况的报告，学习《中华人民共和国残疾人保障法》，听取区十七届人大二次会议筹备工作意见汇报，讨论区十七届人大常委会第七次会议议程
12月19日	区十七届人大常委会第十二次主任会议	听取《2022年国民经济和社会发展计划执行情况与2023年国民经济和社会发展计划(草案)编制情况的报告》《2022年预算执行情况和2023年预算(草案)编制情况的报告》，学习《镇江市人民代表大会常务委员会关于加强长江江豚保护的决定》，讨论区人大常委会工作报告和区十七届人大二次会议有关事项，讨论区十七届人大常委会第八次、第九次会议议程

（张　磊）

重点工作

【专题询问会】 2022年9月7日，丹徒区人大常委会采用“政情通报+询问+新闻发布+满意度测评”模式，召开由全国、省、市、区、镇五级人大代表参加的专题询问会暨新闻发布会。丹徒区政府区长吕朝霞通报2022年1—8月丹徒区经济社会发展主要情况和下半年工作安排。会上，全国人大代表聂永平、市代表朱立荣、区代表李悦等9名人大代表和江苏卫视、新华日报等多家媒体围绕城市建设、营商环境、义务教育“双减”等10个方面，向丹徒区政府提出询问和提问，并由副区长回复代表和媒体的提问。会议还就各项询问答复进行满意度测评。（张　磊）

【五级人大代表统一接待选民活动】 2022年11月18日，丹徒区人大常委会组织开展人大代表统一接待选民活动，495名全国、省、市、区、镇五级人大代表来到全区61个选民接待点，零距离听取群众的意见和建议，接待选民1200人，收集意见建议558件，现场解答243件。（张　磊）

【专项工作评议】 2022年，丹徒区人大常委会根据《镇江市丹徒区人大常委会2017—2021年专项工作评议实施方案》，自3月起，启动刚性化专项评议工作，评议对象为丹徒区科技局、丹徒区信访局、丹徒区税务局、丹徒区住建局、丹徒区审计局、丹徒区行政审批局6个部门。评议过程中，各评议组提出建议、批评意见20余条。被评议部门坚持问题导向，直视问题和不足并加以改进。（张　磊）

【专项执法检查】 2022年6月，丹徒区人大常委会通过“常委会领导+委员+委办+专家”框架，组成执法检查组7个、专家组1个，开展《中华人民共和国长江保护法》执法检查。先后赴世业镇中央环保督察交办问题整改点、长江岸线清理整治项目等地开展实地检查，分别召开座谈会听取丹徒区政府和各部门贯彻实施情况的汇报并查看台账资料，通过一系列调研，查出问题19个，整合形成执法检查报告。（张　磊）

议案和重要建议

【概况】 2022年，丹徒区十七届人大一次会议期间，收到代表提出的建议60件、议案转建议11件，均全部答复代表。其中满意71件、基本满意0件，满意率100%；办成45件，办理中24件，难以办理2件，办成率63.38%。一批涉及生态治理、交通建设、产业发展、乡村振兴等方面，并与群众生产生活息息相关的热点难点问题得到有效解决。（张　磊）

【《关于加快推进农业“接二连三”融合发展助力乡村振兴的议案》】 2022年，张云凤等10名代表在丹徒区十七届人大一次会议上提出《关于加快推进农业“接二连三”融合发展助力乡村振兴的议案》被确定为重要建议。

建议主要内容：1.培育农业产业人才。注重研究培育本地45岁以下职业农民和家庭农场主的方式方法；研究制定特殊的人才引进政策；树立知识青年在农业领域成功创业的典型，引导大学生、退伍军人和其他年轻人回乡从事农业产业。2.做大培强和招引龙头企业。建立与主要农业龙头企业联系人制度，加强高标准农田建设、优势主导产业发展和乡村振兴涉农政策的研究，制定优化农业产业化扶持政策，化解农业用地瓶颈。重点招引农产品精深加工和新型农业综合体项目，与涉农龙头型企业共同推进精深加工、品牌战略转型升级。3.推进农业适度规模经营。强化基础设施建设，打造农业特色集群，提高社会化服务水平，推进产供销一体化，发挥专业合作社及家庭农场在推进农业适度规模经营方面的作用。4.提质拓展农业农村三产。考虑景观区域和休闲观光农业园区的旅游元素，依托特色田园乡村建设打造特色农庄，拓展农产品集散和市场建设的发展空间。5.建立农业发展大平台。争创省级农业产业示范园，建立优势主导产业示范基地，打造特色产业链，加快农业产业化，推进农村三产融合发展。（张　磊）

【《关于尽快建立税费协同共治体系　促进我区财税收入稳健增长的建议》】 2022年，蒋伟代表在丹徒区十七届人大一次会议上提出《关于尽快建立税费协同共治体系，促进我区财税收入稳健增长的建议》被确定为重要建议。

建议主要内容：建立税费协同共治体系是提升税费治理体系和治理能力现代化的重要举措，税费协同体系的建立，有助于完善税费监管体系，形成全社会税费齐抓共管的强大合力。近年来政府各部门在协同共治方面开展多方面合作，但仍存在一些问题，主要表现在体制机制不完善、各部门以信息化数据治理的理念没有完全树立、上下联动以及部门间联动不够顺畅、涉税涉费信息采集的范围不够明确等方面。建议尽快建立党政领导、部门协作、社会协同、公众参与、税务主责的税费协同共治体系。1.明确工作机制，构建协同共治组织架构，成立领导小组，负责该项工作的组织协调、统筹推进。2.落实部门职责，依法依规做好各项工作，做好税费协同管理服务和信息共享保障工作。3.推进网格管理，将共治内容融入全要素网格化管理，打造一体化管理体系。4.加强互通互联，建立涉税费信息共享机制，确保数据的准确、完整、实效、安全，各部门定期将数据使用情况通过经济分析报告等形式向政府报送。（张　磊）

丹徒区人民政府

综 述

【概况】 2022年，丹徒区坚持稳字当头、稳中求进，经济运行稳中有升。全年地区生产总值472.35亿元，比上年增长1.5%；一般公共预算收入23.15亿元；规模以上工业总产值538.42亿元，增长13.3%；规模以上工业应税销售555.31亿元，增长17.7%；进出口总额87.6亿元，增长29.1%。落实国家、省、市一揽子稳经济政策，为各类市场主体减税降费12亿元，安排各级涉企扶持资金1.33亿元，全年新增市场主体2180户，新增“四上”企业(规模以上工业企业、资质等级建筑业企业、限额以上批零住餐企业、规模以上服务业企业)96家。 (倪羽娟)

【产业项目】 2022年，丹徒区全年新签约1亿元以上项目31个、总投资80.6亿元，总数超额完成市定目标，总投资13亿元的奥联荣创产业园实现当年签约、当年开工、当年达效；总投资12亿元的联东U谷镇江丹徒科技企业港、10亿元的华润宝堰乡村振兴渔光互补等一批优质项目签约落户；荣炳盐穴综合利用、钱潮轴承等一批在谈重大项目加速推进。落实重大项目分级调度机制，对接服务“双百计划”(每年招引实施100个产业项目，完成100亿元产业投资)124个重点产业项目，总投资35亿元的海优威光伏胶膜项目开工建设，总投资11亿元的比泽尔旋转式涡旋式压缩机项目超额完成年度投资计划，总投资10亿元的原轼金刚石线锯二期项目加快推进。 (倪羽娟)

【营商服务环境】 2022年，丹徒区打造“合心宜”营商环境服务品牌，制定下发《丹徒区打造“合心宜”服务品牌优化营商环境二十条》，围绕落实惠企政策、优化服务保障、完善工作机制等方面，提升营商环境，促进高质量发展。制定涉企轻微违法行为免除行政处罚和一般违法行为从轻、减轻行政处罚“三张清单”，推出全市首个“营商环境面对面”对企沟通平台。开展“宜路有我，暖心助企”大走访活动，畅通政企沟通渠道。推行“拿地即开工”政策，崇佑欧华玛新型装饰材料项目首次实现“五证齐发”(不动产权证、建设用地规划许可证、建设工程规划许可证、施工许可证、审图合格证)。举办丹徒“金融惠企推进季”暨“金链行动”专场活动，全年帮助企业协调信贷资金19.26亿元。建成全市首家基层“苏服办”便民服务点，办理镇江首张“政银合作”营业执照，启用智慧办税服务厅，提升政务服务便捷高效水平。 (倪羽娟)

【城乡功能建设】 2022年，丹徒区编制完成国土空间分区规划初步方案，“三区三线”(“三区”，生态、农业、城镇三类空间；“三线”，生态保护红线、永久基本农田、城镇开发边界三条控制线)成果正式启用，完善“多规合一”(在一级政府一级事权下，强化国民经济和社会发展规划、城乡规划、土地利用规划、环境保护、文物保护、林地与耕地保护、综合交通、水资源、文化与生态旅游资源、社会事业规划等各类规划的衔接，确保“多规”确定的保护性空间、开发边界、城市规模等重要空间参数一致)体系。加快交通基础设施改造，服务保障312国道、346国道丹徒段改扩建工程建设，265省道镇江至荣炳(三期)工程建成通车，谷阳大道、长香路等重点路段完成维修。提档升级农村公路13条，镇、村两级农村公共基础设施信息化管护实现全覆盖。开展海绵城市、人防工程、水利工程建设，推进路灯节能智能化、校园灯光照明等改造工程，建设15条共34千米生态河道，水利投资和综合治理成效获江苏省人民政府督查激励。“美丽宜居城市”试点工作位居全市前列，城镇污水处理提质增效精准攻坚“333”行动(“三消除”，消除城市黑臭水体、消除污水直排口、消除污水管网空白区；“三整治”，整治工业企业排水、整治“小散乱”排水、整治阳台和单位庭院排水；“三提升”，提升城镇污水处理综合能力、提升新建污水管网质量管控水平、提升污水管网检测修复和养护管理水平)取得实效，完成2个达标区、5.46平方千米建设任务，完善小区内雨污水管网设施，改善园区污水管网空白区和“断头管网”现象。加快“美丽乡村”建设进程，完成3845座户厕改造任务和49个试点村农村生活污水治理项目，荣炳胜利村西谷里、东庄创建成为省级“特色田园乡村”，世业镇卫星村二十二圩、高桥镇四方桥村后街创建成为市级“特色田园乡村”，辛丰镇龙山村、宝堰镇宝堰村入围中国传统村落名录。深化“智慧城管”平台应用，提升集成化指挥管理水平，与大市同步推进“全国文明城市”创建工作。　（倪羽娟）

【乡村振兴】 2022年，丹徒区围绕粮食安全，持续做好涉粮巡视整改各项工作。划定1.69万公顷(25.37万亩)永久基本农田，落实最严格的耕地保护制度。面对历史罕见旱情，启动抗旱Ⅳ级响应，保障群众“米袋子”“菜篮子”；新建高标准农田1266.67公顷(1.9万亩)，粮食种植面积、总产量实现连续两年增长，世业镇“镇麦15号”创至2022年苏南亩单产最高纪录。开展银保业支持乡村振兴试点工作，在全市创新实施农业融资担保费补助。实施总投资16.43亿元“书记领航”强村项目177个，村集体经营性收入比上年增长10.8%。创成省、市级“名特优”食品小作坊各4家。重视培育示范家庭农场，获评省级“百佳家庭农场”2家，录入省级典型案例1家。创成江苏省农产品质量安全区、江苏省“平安农机”示范县，入选省级“现代农业产业高质量发展示范园区”创建单位。　（倪羽娟）

【民生建设】 2022年，丹徒区采取多项措施，办好民生实事，民生支出占一般公共预算支出比重75%。提供就业岗位1.3万个(次)，帮扶困难群体灵活就业359人，城镇登记失业率控制在4%以下，城镇和农村居民人均可支配收入分别为60150.7元、29811.7元，分别增长3.8%、5.5%。发放城乡低保、特困供养、残疾人“两项补贴”(困难残疾人生活补贴、重度残疾人护理补贴)、困境儿童生活补助等政策资金6591.5万元，保障困难群众1.25万人次。完善养老体系，建成农村区域性养老服务中心2家，打造特色社区居家养老服务中心示范点AAA级1家、AA级8家，世业镇世业村创建成为全国“示范性老年友好型社区”。完成长香水岸二期、景泉印象等安置项目竣工验收；综合施策“保交楼”，全力保障绿翠园、南山浅水湾花苑等4个项目交付。　（倪羽娟）

【外事工作】 2022年，丹徒区采取多项措施，强化外事工作。做好涉外新冠疫情防控工作，向全区各镇(街道、园区)推送入境人员信息230余人次，村、社区主动摸排信息30余条，确保入境人员应管尽管。做好在丹徒外籍人员服务管理。助力涉外企业稳经营稳发展，邀请外籍高管、技术人员到丹徒5批12人次。开展常态化疫情防控条件下的友好交往，开展线上对外交往，组织企业参加“韩国优秀投资项目线上洽谈会”等线上招商推介活动；参加线下合作对接，组织企业参加“江苏—韩国新能源汽车产业合作对接会”；深化中外文化交流，以“江苏这十年”——在江苏外国人摄影大赛活动为契机，发动外国友人用影像记录在丹徒的工作和生活，在丹徒的4名外国友人报送参赛摄影作品21幅，其中作品《早安，镇江》获三等奖。

（倪羽娟）

【政务公开】 2022年，丹徒区围绕“公开为常态、不公开为例外”的工作原则，拓宽政务信息获取渠道，强化政务公开工作基础，提升政务公开服务质量，致力于搭好与群众沟通的“桥梁”，主动公开涉及公众利益调整、需要公众广泛知晓或者需要公众参与决策的政府信息，确保法定主动公开内容公开到位。全年在丹徒区人民政府门户网站发布各类新闻、图片、资料及动态信息3396条，其中丹徒区政府文件、丹徒区政府办公室文件738件，丹徒区政府部门及镇(园区、街道)子站发布信息2658条。开设政务新媒体25个，按政务新媒体类型分类，其中有微信平台12个、微博平台11个、移动客户端1个、抖音平台1个；按开设主体分类，其中有丹徒区政府部门10个及镇(街道、园区)15个。（倪羽娟）

重要会议和活动

【丹徒区政府常务会议】 2022年，镇江市丹徒区人民政府(简称丹徒区政府)召开常务会议14次。1月5日，审议有关事项，研究并原则通过2022年政府工作报告。听取全区道路交通、群租房安全专项整治工作情况汇报等相关事宜 。1月24日，传达学习习近平总书记关于粮食安全的重要指示批示精神，听取全区粮食安全工作情况汇报，研究《丹徒区生态环境保护专项督察反馈意见整改方案》等相关事宜。2月25日，传达学习《信访工作条例》，听取和研究《2022年丹徒区耕地保护情况汇报》《全区“散乱污”企业整治进展情况汇报》《丹徒区2022年主要指标年度工作目标任务及分解》等有关事宜。3月25日，传达学习3月17日中央政治局常委会会议精神和全国“两会”会议精神，研究2022年《政府工作报告》重点任务和丹徒区政府民生实事任务分解方案等有关事宜。5月6日，传达学习《河南郑州“7•20”特大暴雨灾害调查报告》，听取全区安全生产工作情况汇报，研究《加强突出生态环境问题整改实施意见》《丹徒区长江保护修复攻坚战行动计划实施方案》《关于将悦山园幼儿园改造为茅以升实验学校分校》的相关事宜。5月19日，听取全区《防汛抗旱工作情况》《食品安全工作情况》等汇报，研究《丹徒区关于强化“三农”重点工作落实全面推进乡村振兴的实施意见(审议稿)》《镇江市丹徒区资产经营集团有限公司增资》等事宜；7月4日，传达学习习近平总书记在湖北武汉考察时的重要讲话精神和中国共产党江苏省代表会议精神，听取全区公安、生态环境、消防等工作情况汇报，研究《丹徒区城乡建设用地增减挂钩专项规划(2021—2023)编制》。7月28日，传达学习习近平总书记在新疆考察时的重要讲话精神，听取和研究《镇江市丹徒区安全生产重大风险防控责任体系建设方案》《镇江市丹徒区自然灾害和事故灾难应急救援责任体系建设方案》等相关事宜。8月12日，传达学习中央政治局会议精神和省委、市委、区委工作会议精神，研究《丹徒区深化农村公路管理养护体制改革实施方案》《镇江市丹徒区储备粮管理办法》《世业镇污水处理厂提升改造方案》等相关事宜。9月26日，传达学习中央、省、市关于安全生产工作的指示批示精神和要求，听取“百日攻坚”行动关键阶段工作情况汇报，研究《镇江市丹徒区“十四五”安全生产规划》《镇江市丹徒区行政规范性文件备案审查办法》等相关事宜。10月25日，听取2021年江苏省生态环境保护专项督察整改情况汇报，研究《丹徒区丧葬礼俗改革试点工作方案(2022—2024年)》《关于进一步加强统计基层基础建设打造现代化高素质统计队伍实施方案》等相关事宜。12月12日，传达学习12月6日中共中央政治局会议精神、中共江苏省委十四届三次全会精神和镇江市市长徐曙海在丹徒项目调度会上的讲话要求，研究《镇江市丹徒区“十四五”应急管理体系建设规划》《丹徒区有关职能部门食品安全监管事权清单》《关于建立健全分层分级精准防控末端发力终端见效工作机制 推动食品安全属地管理责任落地落实的实施方案》等有关事项。12月20日，传达学习中央经济工作会议精神，听取全区信访、食品安全、公安工作情况汇报，研究《丹徒区2022年国民经济和社会发展计划执行情况与2023年国民经济和社会发展计划(草案)的报告》《丹徒区2023年政府投资项目建设计划》等相关事宜。12月27日，传达学

习中央农村工作、省委经济工作会议精神和市委八届四次全会、区委十四届四次全会精神，审议2023年政府工作报告。（倪羽娟）

【国家级生猪产能调控基地建设】 2022年6月22日，丹徒区镇江希玛牧业有限责任公司、镇江市嘉园牧业有限公司获得国家级生猪产能调控基地授牌。自2020年恢复生猪生产政策实行以来，丹徒区采取多项措施，推动辖区内生猪养殖企业扩建增产，持续稳定生猪存栏量和能繁母猪保有量。截至2021年底，嘉园牧业生猪存栏15103头，能繁母猪679头；希玛牧业生猪存栏10807头，能繁母猪960头。2022年初，丹徒区镇江希玛牧业有限责任公司、镇江市嘉园牧业有限公司申报国家级生猪生产调控基地并通过验收。（倪羽娟）

【丹徒区首家国家级众创空间获批】 2022年6月28日，科技部公布2021年度国家备案众创空间名单，镇江材智汇创业服务有限公司运营的材智汇(丹徒)众创空间名列其中。近年来，丹徒区持续加大双创孵化载体平台建设力度，聚合人才、技术、资本、市场等创新创业要素，打造更具活力和竞争力的创新创业生态系统。作为丹徒区第一家国家级众创空间，该平台是市场化机制、专业化服务和资本化途径构建的低成本、便利化、全要素、开放式的创新创业孵化服务载体，为全区经济社会高质量发展培育和催生新动力。（倪羽娟）

【世业村获第四批全国乡村旅游重点村称号】 2022年12月9日，文化和旅游部公布第四批全国乡村旅游重点村和第二批全国乡村旅游重点镇(乡)名单，镇江丹徒区世业镇世业村入选。世业村位于镇江世业洲省级旅游度假区中部，交通区位优势明显，被南京、镇江、扬州三个“国家优秀旅游城市”环抱。作为省级“村庄整治示范村”，全村基本实现农村道路硬化、夜间路灯化、垃圾管理规范化、饮水卫生化，先后获得“全国民主法治示范村”“江苏省康居示范村”“江苏省绿化示范村”“江苏省生态村”“江苏省卫生村”等荣誉称号。近年来，世业村有机结合生态农业与乡村旅游，拥有AAA级旅游景区开心休博园、全国乙级旅游民宿又见浮玉精品民宿、洪家小院“红色乡村”旅游品牌、农家书屋等一批优质旅游项目和度假设施，先后组织梦幻灯光节、稻草人节、电音节等系列品牌节庆活动，吸引众多游客前来参观，成为集高品质农业生产、乡村休闲旅游、康养度假、红色教育基地于一体的江岛特色田园旅游乡村。（倪羽娟）

【丹徒区入选全国第五批“节水型社会建设达标县(区)”名单】 2022年12月29日，水利部公布全国第五批节水型社会建设达标县(区)名单，镇江市丹徒区榜上有名。近年来，丹徒区践行“节水优先、空间均衡、系统治理、两手发力”的治水思路，始终把加强需水管理、转变用水方式、促进经济发展方式转变作为主要目标，以生活、生产、生态三水融合为主线，在创成省级“节水型社会示范区”的基础上，推进国家级“节水型社会达标县(区)”建设，河湖水质持续优化，水资源利用水平持续提升。全区累计创成省、市、区三级各类节水载体141个，节水型学校实现全覆盖，通过以点带面，发动社会团体、民间组织等力量参与节水工作，在社会上形成“爱水、惜水、护水、节水”的良好风尚。（倪羽娟）

行政审批

【概况】 2022年，丹徒区行政审批局推进“放管服”改革向纵深发展，推进简化审批、提升质效、优化服务。推进“一窗工程”，在审批事项“一窗通办”先行先试的基础上，将进驻政务服务中心部门的审批事项纳入通办范畴，形成“前台零差别受理、后台透明工坊分类审批、统一窗口出件”的“一站式”政务服务新模式。深化“一件事”改革，关注民生领域高频事项，制定“一件事”动态管理清单，推动审批要素深度重组，推出全域范围适用的“一件事”政务服务标准。完善“重大项目服务专窗”建设，联合相关部门，落实全区重大产业项目推进工作机制，将50个丹徒区重点产业新建项目审批作为“一号工程”，专人专班负责跟进，实行全方位、全周期、全流程、全覆盖帮代办服务。提高重大项目审批服务能力。在项目准入阶段，与职能部门建立会商机制，为项目落户提供政策导向；在项目建设阶段，介入项目前期预研预审，建立“容缺预审+告知承诺+并联审批+全程网办”机制，推进工程建设项目实现“拿地即开工”。

服务中心全年窗口办件15.35万件，办结率100%；全年承办“12345”政府热线工单2.53万件，比上年降低21.1%，平均处理时长4.31天，综合满意率97.53%。公共资源交易中心完成建设工程类招投标项目20项，交易额1.38亿元，节约资金 1231万元，节约率8.18%；水利工程招标项目14项，交易额5206万元，节约资金118万元，节约率2.22%。政府采购类交易金额443.65万元，节约金额3.34万元，节约率约0.75%。完成全区农村产权交易1303笔(其中线上交易197笔)，交易面积1271.33公顷(19070亩)，交易金额1.47亿元。国有建设用地使用权网上交易宗地11宗，交易金额1.36亿元。 (黄思滢)

【“潮汐窗口”特色服务】 2022年，丹徒区行政审批局推出“潮汐窗口”特色服务，为群众提供快捷、灵活的办事体验。针对办事人流低谷期、高峰期差异较大的具体情况，采取临时增设窗口及增加服务人员的方式，适时将后台工作人员转为窗口服务人员，保持各个窗口业务高效运转状态，减轻窗口压力，持续快速为群众、企业办理业务，提升办事效率。年内，丹徒区行政审批局政务大厅设有“潮汐窗口”2个：在当天业务办理窗口排队人数较多的情况下，增设“潮汐窗口”，减少群众排队等待时间；在下班时间仍未办理完成的情况下，增设“潮汐窗口”并延时下班，避免出现群众多次跑腿的情况。该项举措平均为申请人节省等候时间90%。(施 露)

【丹徒区首家“五证齐发”项目】 2022年11月7日，丹徒区行政审批局、镇江市自然资源规划局丹徒分局、丹徒区住建局联合举办崇佑(中国)新材料有限公司欧华玛新型装饰材料建设项目“拿地即开工”暨“五证齐发”发证仪式，将镇江市重点项目——崇佑欧华玛新型装饰材料建设项目的建设用地规划许可证、不动产证、建设工程规划许可证、施工图审合格证、建设工程施工许可证5个证件现场发放给项目方。丹徒区行政审批局坚持“项目为王”理念，联系地方板块、自规、住建、消防、环保、水电气等部门，利用土地报批的窗口期，实行前期策划、业务协同、一网通办、告知承诺、容缺后补等措施，为企业提供“一对一”定制式“套餐组合”服务，从而首次在1个工作日内办齐建设用地规划许可证、不动产证、建设工程规划许可证、施工图审合格证、建设工程施工许可证5个证件，实现“五证齐发”。 (黄思滢)

2022年丹徒区政务服务中心办件情况表

表4

窗口	项目受理件数		
	受理件(件)	办结件(件)	收费(万元)
投资建设窗口	563	563	—
税务局窗口	13964	13964	659.27
自然资源和规划局	180	180	165.61
住建局窗口	102	102	—
交通局窗口	5846	5846	—
城管局窗口	58	58	127.48
财政局窗口	26	26	1098.37
银行归口收费	138	138	—
住房公积金中心	7568	7568	—
农业农村局窗口	521	521	—

续表 4

窗口	项目受理件数		
	受理件(件)	办结件(件)	收费(万元)
公安窗口	4600	4600	—
华润燃气窗口	8262	8262	—
自来水窗口	30218	30218	—
供电窗口	12200	12200	—
消防窗口	24	24	—
一窗通办窗口	14940	14940	—
烟草局窗口	757	757	—
应急管理局窗口	28	28	—
公交IC卡窗口	53350	53350	—
公共资源交易中心	28	28	10.64
农村产权交易窗口	120	120	—
合计	153493	153493	2061.37

说明：1—12月银行归口收费：3232.51万元，1—12月公积金中心支出20056.66万元，1—12月政务服务中心邮寄EMS 1381件

（黄思滢）

机关事务管理

【概况】 2022年，镇江市丹徒区机关事务管理中心对标高质量发展要求，采取多项举措，推进机关事务工作提质增效。重点推进丹徒区疫情防控指挥部后勤保障任务，完成丹徒区疫情指挥部改造，确保丹徒区疫情指挥部具备视频调度、集中办公等功能。实行专人专班，保障丹徒区疫情指挥部高效运转。做好省委第十一巡视组后勤保障工作，为巡视工作提供便利。（罗轶凡）

【公务用车管理】 2022年，丹徒区机关事务管理中心围绕江苏省事业单位公务用车示范点创建要求，系统梳理、总结全区事业单位公车改革，于10月通过江苏省机关事务管理局考核验收。按照江苏省委巡视组巡视反馈要求，梳理2018年以来丹徒区制定下发的公务用车管理文件，制定《丹徒区关于进一步加强公车管理的若干规定》。召开全区公务用车新平台操作培训会，确保公务用车信息化平台有效运转。按照“报一购一”要求，严格新车购买审批程序，全年报废公务用车27辆(含执法执勤车辆)，新购16辆(含新能源3辆)。（罗轶凡）

【办公用房管理】 2022年，丹徒区机关事务管理中心梳理核查全区办公用房，摸清底数。试点推进丹徒区行政中心大楼、丹徒区检察院业务大楼产权办理，理清堵点，为下一步产权办理明确方向；完成丹徒区退役军人事务管理局、丹徒区应急管理局、丹徒区档案馆、丹徒区总工会等8家单位办公楼产权租赁手续；审核丹徒法院、丹徒区民政局办公大楼维修改造项目。有序推进公物仓建设，起草《丹徒区区级行政事业单位公物仓管理实施细则》。（罗轶凡）

【公共机构节能】 2022年，丹徒区机关事务管理中心采取多项举措，推进公共机构节能。丹徒区经发局、丹徒区检察院等5家单位创建成为“国家节约型机关”，丹徒区司法局完成省级“节能示范单位”申报，全区区级机关创建“节约型机关”覆盖率100%。有序推进丹徒区行政中心大楼能源费用托管项目，完成区级层面准备工作。加强食品浪费和垃圾分类专项督查，全年开展专项检查2次。完成区级机关办公大楼雨污分流改造任务，并通过省市验收。建成丹徒区行政中心雨水收集装置，每周

可收集雨水近10吨，实现雨水二次利用。(罗轶凡)

信访工作

【概况】 2022年，丹徒区接待群众到访536批1982人次，批次比上年下降0.2%，人次比上年下降0.1%；其中集体到访101批905人次，批次比上年上升0.5%，人次比上年下降2.5%。全年群众反映的信访诉求主要包括：土地征用类，有88批272人次，占12.1%；城乡建设类，有160批452人次，占22%；劳动保障类，有66批248人次，占9.1%；农业农村类，有108批170人次，占14.8%；纪委监委类，有86批112人次，占11.8%；政法类，有77批216人次，占10.6%。(赵　洋)

【“信访突出问题攻坚化解年”行动】 2022年，丹徒区信访局开展“信访突出问题攻坚化解年”行动。丹徒区委常委会、区政府常务会议专题研究部署行动方案，审议实施意见、成立领导小组、明确包案领导，每季听取攻坚化解行动进展情况，重点了解包案领导工作推动情况，提出下阶段工作建议；丹徒区信访联席会议结合江苏省、镇江市攻坚化解行动最新要求，每月召开区级层面工作推进会，传达上级指示、研究落实方案，集中会办重点案件；工作专班落实“一案一策”，建立由包案领导负责、责任部门牵头、属地教育疏导、相关部门参与的协调联动化解工作机制；逐一研究所有交办信访事项问题成因，分析群众诉求，完善政策规定，落实工作措施，强化工作责任。对历史遗留问题，按照“有理有解”的原则，还原历史，重新认定，注重情感沟通，调整化解思路；对合理诉求确保解决到位，对诉求中的合理成分确保解决到位，对诉求缺乏法律依据但家庭生活确有困难的信访人实行专门救助；对涉及部门较多的复杂事项，报请区分管领导，依托丹徒区调度研判指挥平台集中会办；对时间跨度长、涉及人员多、化解难度大的复杂事项，纳入党政主要领导“百县千案”事项，予以重点推进。(赵　洋)

【《信访工作条例》宣传贯彻活动】 2022年，丹徒区信访局采取多项措施，宣传贯彻《信访工作条例》。丹徒区委常委会、区政府常务会议专题学习《信访工作条例》，一体推进党政机关学习贯彻活动，并纳入党组理论中心组集体学习和年轻干部岗位历练培训；创新宣传方式，拓展宣传渠道，在丹徒区人民来访接待中心大厅滚动播放宣传视频；开展“进街道、进社区、进企业”宣传活动，通过悬挂宣传条幅、发放宣传资料、现场答疑解惑等形式，帮助群众认识理解《信访工作条例》。开展“依法信访、理性维权”宣传活动，营造办事依法、遇事找法、解决问题用法、化解矛盾靠法的良好社会环境。(赵　洋)

【信访矛盾源头化解机制】 2022年，丹徒区信访局采取多项措施，建立健全信访矛盾源头化解机制。完善区、镇、村三级联调联动机制，分析汇总群众信访、治安动态情况，联合研判重要访情、预警信息和涉访舆情，推动矛盾风险早发现、早解决。将网格员日常巡查走访和群众来信、来访及网上信访事项纳入社会治理网格化平台，及时化解矛盾。重视初信初访，落实马上办、简易办、规范办、就地办、提质办“五办”工作模式，为信访人提供“受理、办理、评价、跟踪、督办、办结”全过程服务，做到合理诉求及时解决到位、无理要求耐心解释，把矛盾问题化解在初始和萌芽状态。(赵　洋)

【信访工作责任落实】 2022年，丹徒区采取多项举措，落实信访工作责任。丹徒区委常委会、区政府常务会议每季度听取信访工作情况汇报，提出改进工作建议；区分管领导结合社会态势适时研究信访举措，提出意见建议，定期会办、督办疑难复杂事项；其他区领导履行“一岗双责”，召集相关部门、镇(街道、园区)，共同研究分管领域内的疑难复杂信访问题，确保群众的合理诉求得到及时妥善处理。建立丹徒区委、区政府统一领导，丹徒区信访联席会议组织实施，相关职能部门共同参与的信访大督导工作机制，实施周调度、月分析、季通报。对信访工作中履职不力、存在严重问题的领导班子和领导干部，视情节轻重，由丹徒区信访联席会议进行约谈、通报、挂牌督办，责令限期整改。(赵　洋)

政协丹徒区委员会

综　述

【概况】 2022年，中国人民政治协商会议镇江市丹徒区委员会(简称丹徒区政协)坚持以习近平新时代中国特色社会主义思想为指导，学习贯彻中共二十大和习近平总书记重要讲话精神，贯彻落实区委各项决策部署，把握团结和民主两大主题，发挥专门协商机构作用，开创人民政协工作新局面，在丹徒现代化建设新征程中作出贡献。支持配合省委巡视工作，落实整改任务，营造风清气正的良好氛围。启动模范机关建设，围绕抓作风提效能，修订《丹徒区政协常务委员会工作规则》《丹徒区政协主席会议工作规则》等制度性文件，推动政协工作制度化、规范化、程序化。完善专门委员会通则、界别活动办法，建立各专门委员会和委员活动小组联系制度，发挥各专门委员会在重点课题调研、重点提案督办、联系界别和委员中的基础作用，强化各专门委员会工作的计划性、创新性和实效性。注重年轻干部培养，选派2名优秀年轻干部(“党旗‘镇’红、一线建功”工程是镇江市委部署的全市基层党建工作的总体安排)赴全区重点项目和招商一线历练，提高政协机关干部的综合能力。截至年底，丹徒区有政协委员175人。 (杨　印)

【委员培训】 2022年，丹徒区政协采取多项举措，强化委员培训。赴广西壮族自治区百色市举办十一届政协第一期常委培训班，集中参观中国工农红军第七军军部旧址、百色起义纪念馆，集体参加《继承先烈遗志　坚定理想信念》微党课教育，感悟伟大革命精神，汲取奋进力量；开展全体委员集中培训，推动新一届政协委员了解政协基本理论、性质定位，熟悉政协工作的规律和特点，掌握履职的形式和方法，帮助委员尽快进入角色；加强委员日常培训，围绕提案、社情民意信息等政协经常性工作开展专题授课，提升委员履职能力和水平。 (杨　印)

【委员服务管理】 2022年，丹徒区政协采取多项举措，强化委员服务管理。新一届委员全部编入各专门委员会，实现“全员入委”，增强委员归属感；加快“智慧政协”建设，对接委员需求，持续优化功能体验；制定委员履职管理考核办法，完善委员履职考核评分体系，细化、量化委员的管理、考核和激励机制，建立委员履职情况档案，实行日常考勤、实时统计，跟踪掌握并全面客观记载委员履职情况，推动委员履职提升质效；实行丹徒区政协常委提交年度履职报告制度，发挥政协常委在履职中的表率作用。 (杨　印)

重要会议

【丹徒区政协十一届一次会议】 2022年1月19—23日，中国人民政治协商会议镇江市丹徒区第十一届委员会第一次会议在丹徒会议中心举行。会议听取和学习讨论中共镇江市丹徒区委书记毛健在开幕式上所作的讲话。会议赞同丹徒区人民政府区长马振兵所作的政府工作报告。会议同意丹徒区十届政协主席黄子来所作的丹徒区十届政协常务委员会工作报告和丹徒区十届政协副主席任金华所作的丹徒区十届政协常务委员会关于提案工作情况报告。会议选举产生政协镇江市丹徒区第十一届委员会主席、副主席、秘书长和常务委员。会议号召，丹徒区政协各参加单位和全体政协委员要坚持以习近平新时代中国特色社会主义思想为指导，贯彻落实中央和省委、市委、区委的各项决策部署，在中共丹徒区委坚强领导下，围绕建设“殷实丹徒、活力丹徒、美丽丹徒、幸福丹徒”目标，勠力同心，团结奋斗，在丹徒现代化建设新征程中作出更大贡献，以优异成绩迎接中国共产党第二十次全国代表大会胜利召开。（杨 印）

【丹徒区政协常委会会议】 2022年，丹徒区政协召开常委会会议6次。1月23日，召开十一届一次常委会第一次会议，讨论通过《区政协十一届一次会议决议(草案)》《区政协十一届一次会议关于常务委员会工作报告的决议(草案)》《区政协十一届一次会议关于提案工作情况报告的决议(草案)》，讨论通过区政协十一届一次会议关于提案审查情况的报告(讨论稿)。同日，召开十一届一次常委会第二次会议，审议通过《区政协2022年工作要点》，审议通过《区政协委员履职管理考核办法(试行)》。

4月24日，召开十一届二次常委会会议，审议通过《政协镇江市丹徒区第十一届委员会各专门委员会组成人员名单》《关于政协镇江市丹徒区委员会委办联系委员活动小组和各民主党派、工商联、无党派人士联谊会的通知》，讨论并部署“共抓长江大保护、助推低碳经济发展”丹徒区政协委员主题履职实践活动。

8月18日，召开十一届三次常委会会议，听取丹徒区政府关于上半年国民经济和社会发展情况及下半年工作安排的通报，听取丹徒区政府关于“推进园区优化整合，探索园区共建共赢新模式”的情况通报，听取和讨论丹徒区政协课题调研组调研情况汇报。

10月28日，召开十一届四次常委会会议，听取丹徒区政府关于“非物质文化遗产的传承与发展”工作情况通报，听取和讨论丹徒区政协课题组调研情况汇报，听取“共抓长江大保护、助推低碳经济发展”丹徒区政协委员主题履职实践活动开展情况汇报。

12月9日，召开十一届五次常委会会议，听取和讨论丹徒区政府关于提案办理情况通报，完成部分提案办理情况民主评议。

12月29日，召开十一届六次常委会会议，审议通过有关人事事项，审议通过《区政协常委会工作报告》《区政协常委会关于提案工作情况的报告》，决定召开丹徒区政协十一届二次会议有关事项。（杨 印）

【丹徒区政府政协工作联席会议】 2022年12月23日，丹徒区政府政协工作联席会议在丹徒会议中心新闻发布厅召开，中共丹徒区委副书记、代区长吕朝霞，丹徒区政协主席黄子来出席会议并讲话。黄子来通报《区政协常委会工作报告(讨论稿)》《区政协2023年工作要点(讨论稿)》，丹徒区政府副区长王军通报丹徒区政府主要工作。丹徒区政府副区长韩豫，丹徒区政协副主席殷一斐、秘书长霍国庆参加会议。（杨 印）

参政议政

【概况】 2022年，丹徒区政协采取多项举措，推动参政议政各项工作。

协商建言方面。安排专题议政性常委会议，围绕“产业园区优化整合，探索园区共建共赢新模式”，从优化产业结构、提升营商环境、实现共建共享等方面，为产业园区优化整合献言献策。围绕“非物质文化遗产的传承与发展”深度调研，为非物质文化遗产植入景区、产业化发展等方面寻找新“活”法，提升区域发展优势和竞争优势。组织主席会议专题协商，围绕“城区公交智能化建设”，围绕通过“数字”赋能公交，提高城市交通效率，满足群众高效便捷的出行需求。

民主监督方面。围绕“万亩茶园生态旅游基地建设”“美丽宜居村庄建设”“农村电子商务发展”开展专题视察，形成多篇建言材料，为乡村振兴出谋划策，促进落实党政决策部署。选择“高中阶段教育”“丹徒新城城市管理”“网络食品安全监管”等群众关心关注的热点、难点开展民主监督，通过深入调研，摸清实际情况和问题，提出意见建议。组织调研丹徒公安工作，提出相关建议报告并得到丹徒区委主要领导批示肯定。

主题活动方面。开展“共抓长江大保护、助推低碳经济发展”丹徒区政协委员主题履职实践活动，丹徒区政协委员分为调研小组6个，每个小组挂钩项目3个，通过全员性、项目化、跟踪式履职，围绕绿色低碳发展、生态文明建设、突出环境问题、“美丽乡村”建设等方面，在制刷行业固废、危废集中收集处理中心，油漆集中配套加工中心，江心洲豚类保护区，天龙化工土壤及地下水修复项目现场，高资街道水台村等地开展调研，帮助相关单位发现问题、解决问题。（杨　印）

【提案和社情民意信息】 2022年，丹徒区政协采取多项举措，提高提案工作水平，民主评议提案办理工作的相关做法被《人民政协报》刊登报道，并在全省政协提案工作经验交流座谈会上作经验交流。坚持丹徒区领导领办督办重点提案，通过丹徒区委、区政府主要领导领衔督办的方式起到示范效应，提案办理成效明显；制定《区政协提案工作综合评价实施办法》，开展综合评价和民主评议，提高提案质量和提案办理质量；发挥社情民意信息“直通车”作用，选择具有代表性和倾向性的重点内容向江苏省政协、镇江市政协报送社情民意信息36条，其中《“一枝黄花”等外来物种入侵需要持续高度警惕》的社情民意信息被江苏省政协采用，《关于增强我市中小企业投资发展信心的政策建议》的社情民意信息获镇江市委马明龙书记批示。年内，向丹徒区委、区政府及相关部门报送《社情民意信息专报》3期，为决策制定提供更多角度、更多参考。（杨　印）

重要活动

【民生专题协商议事月活动】 2022年8月，丹徒区政协集中开展民生专题协商议事月活动，通过丹徒区政协主席会议成员联系指导、各专门委员会全程跟踪、委员广泛参与的形式，推动活动落到实处。活动期间，丹徒区政协以民生关切为首选议题，围绕群众的操心事、烦心事、揪心事，开展协商议事110场次，参与委员200余人次，解决民生问题180余个。上党镇数个村开展以“抗旱保收”为主题的协商议事，应对旱情影响，最大程度减少农户损失，缓解农户燃眉之急；世业镇卫星村开展“推广大豆玉米带状复合种植”协商议事，寻求村民利益“最大公约数”，助力乡村振兴。（杨　印）

【联系界别群众活动】 2022年，丹徒区政协制定《党员委员联系党外委员、委员联系界别群众工作实施办法》，调动委员深入基层、深入群众，就近就地开展群众工作。高温季节，开展免费义诊活动，服务环卫工人30余人、敬老院孤寡老人40余人；为丹徒区西麓中心小学师生捐赠书籍、体育器材；发动政协机关干部和委员参与“5•8”人道公益日、“9•9”公益日活动，筹集捐款1.3万元；开展“宜路有我　暖心助企”大走访、“深入走访委员•聚共识助发展”专题活动，帮助希西维轴承、宏联电工等企业解决“招工难”“用工难”问题。（杨　印）

【委员读书活动】 2022年，丹徒区政协制定“书香政协•同心筑梦”委员读书活动实施方案，建设委员加强思想政治引领、广泛凝聚共识的活动载体，以“书香政协”建设促进“书香丹徒”建设。在中国米芾书法公园的米芾书院成立同心书院，建立各专门委员会委员读书群，每月通过线上线下形式交流读书体会；常态化开展委员读书活动，为每位委员购买必读书籍至少3本，引导委员多读书、读好书、善读书；开展《人民政协提案工作70年》《茅以升评传》《全球化与国家竞争：新兴七国比较研究》等读书分享会，举办“学习新思想　喜迎二十大”诗歌朗诵活动。（杨　印）

纪检监察

综 述

【概况】 2022年，中国共产党镇江市丹徒区纪律检查委员会、镇江市丹徒区监察委员会(简称丹徒区纪委监委)学习贯彻习近平新时代中国特色社会主义思想，贯彻落实中共二十大精神，按照中央、省、市纪委和区委全会部署安排，提升监督办案工作质效，深化纪检监察体制改革，整治群众身边腐败和作风问题，推进全区党风廉政建设和反腐败工作。

纪检监察体制改革。探索实践“1+1+N”(1个纪检监察机构、1个重点监督课题、办理N起案件并做好“后半篇文章”)监督工作机制，融合推进监督办案与以案促改，围绕区域性、行业性、领域性突出问题，选取监督课题27项，推动问题立行立改117个，约谈提醒150人次，立案48件，完善制度机制40余项。用好小微权力“监督一点通”服务平台，拓宽举报渠道，构建群众广泛参与的社会监督机制。

纪检监察队伍建设。坚持自我净化、自我完善、自我革新、自我提高，锻造政治过硬、本领高强、纪律严明的纪检监察干部队伍。以政治建设为统领，开展“弘扬红船精神，传承红色基因”“大江见证，红色传承”等主题党日活动，传承建党精神，树牢理想信念；发挥党支部战斗堡垒作用和党员先锋模范作用，组织参与新冠疫情防控、文明创建志愿服务630余人次。以能力建设为支撑，开展全覆盖谈心谈话，召开年轻干部学习分享会，举办“丹清讲堂”10期，坚持岗位练兵，深化以案代训，开展“我的业务我来讲”活动，全年业务培训1700余人次，选派20余名年轻干部赴巡察、信访、办案一线跟班锻炼。以作风建设为保障，加强纪检监察干部警示教育，组织观看《扣好廉洁从政的“第一粒扣子”》专题片。贯彻镇江市纪委《全市纪检监察干部非工作时间“五倡导五规范十严禁”》文件精神，完善线索处置、办案安全、信息查询等内控机制。 (王墨池)

【执纪执法成效】 2022年，丹徒区纪委监委注重系统施治，一体推进“三不腐”(不敢腐、不能腐、不想腐)体制机制。全区纪检监察组织立案203件，其中乡科级干部18人，留置15人，移送司法机关14人。系统推进惩治、剖析、警示、建议、整改各项工作，全区制发纪检监察建议9份，推动召开警示教育会、专题民主生活会37场，完善制度机制16项，有针对性地强化防控措施。运用监督执纪“四种形态”处置366人次，前两种形态占比89.6%，抓早抓小、防微杜渐成为常态。制作年轻干部“警示录”系列漫画，拍摄警示教育片《迷航的“领头雁”》，观看人数1700余人次。打造“一江清心”廉洁文化宣教阵地，接待各级党组织参观学习30余批，参与沉浸式廉洁文化体验活动1100余人次。 (王墨池)

重要会议

【中共镇江市丹徒区第十四届纪律检查委员会第二次全体会议】 2022年1月29日，中共镇江市丹徒区第十四届纪律检查委员会第二次全体会议在丹徒区行政中心召开。丹徒区委书记毛健出席会议并讲话，丹徒区委副书记、区长马振兵出席会议，区委常委、纪委书记、监委主任左荣主持会议。全会审议通过左荣代表丹徒区纪委常委会所作的《努力建设人民满意的廉洁丹徒以实际行动迎接党的二十大胜利召开》工作报告。

【全区领导干部警示教育大会】 2022年12月27日，丹徒区召开全区领导干部警示教育大会。丹徒区委常委，丹徒区人大常委会、丹徒区政府、丹徒区政协负责人，丹徒区人民法院院长、丹徒区检察院检察长，丹徒区纪委常委、丹徒区监委委员、丹徒区委巡察组组长，各镇(街道、园区)党委(党工委)主要负责人，区级机关各部门、各直属单位主要负责人参加会议。会议现场播放警示教育片《迷航的“领头雁”》，开展警示教育。会议设主会场、分会场，主会场设在丹徒区行政中心，分会场采用视频形式与会。 （王墨池）

【区纪委常委会会议】 2022年，丹徒区纪委召开常委会会议18次。常委会会议围绕丹徒区纪委主要工作展开讨论，主要包括区纪委“三重一大”(重大事项决策、重要干部任免、重要项目安排、大额资金的使用)事项、立案情况、重要案件审理情况、纪检监察文件起草制定等。丹徒区纪委常委会、理论学习中心组集中学习习近平总书记重要讲话和指示批示精神13次，学习贯彻中共二十大精神，并召开专题学习会交流心得体会。 （王墨池）

审查调查

【概况】 2022年，丹徒区纪委监委立案203件，比上年增长10.9%，其中自办案件171件，占立案总数84.2%。其中纪委立案119件、监委立案100件、纪委监委双重立案16件，涉及乡科级领导干部17人。对15人采取留置措施，移送司法机关依法处理14人。 （鲁兆明）

【正风肃纪工作】 2022年，丹徒区全面从严治党群众满意度提升至95.58分，位居镇江市前列，接收信访举报比上年降低29.5%，呈现“一升一降”良性发展态势。持之以恒推进纠“四风”(形式主义、官僚主义、享乐主义、奢靡之风)树新风，防止“四风”反弹回潮、隐形变异，严惩餐桌上、车轮上、节日里的不正之风，查处违反中央八项规定精神问题34起53人，党纪政务处分49人，通报曝光12起15人。处理形式主义、官僚主义问题19起37人。围绕生猪检验检疫、残疾人补贴发放、养老机构管理等民生福祉领域，坚持“小切口”治理，推动问题立行立改62个，约谈提醒31人，立案19件，推动完善制度机制12项。持续开展农村“三资”(农村集体所有的货币资金、资产和资源)领域专项监督，围绕村组干部违法用地、农村土地欠缴租金等突出问题，查处群众身边腐败和作风问题31起55人，通报曝光7批13人。发挥派出监察员办公室前沿“监督哨”作用，立案63件，推动回笼陈欠租金近1700万元。 （王墨池）

【运用“四种形态”工作】 2022年，丹徒区运用监督执纪“四种形态”处置366人次。其中，第一种形态209人次，占57.1%；第二种形态119人次，占32.5%；第三种形态13人次，占3.6%；第四种形态25人次，占6.8%。在准确把握运用好后三种形态的同时，用好“第一种形态”，对发现的苗头性、倾向性问题，采用谈话提醒、约谈函询等方式，全年谈话函询93人次；对反映问题不实，但需防微杜渐的问题，全年提醒谈话68人次；对存在轻微违纪问题，综合考虑违纪性质情节和认错悔错态度，给予批评教育84人次、诫勉谈话39人次，使“红脸出汗”成为常态。 （鲁兆明）

监督执纪

【概况】 2022年，丹徒区各级纪检监察组织围绕新冠肺炎疫情防控、涉粮领域专项巡察反馈问题整改、生态环保、安全生产、违建清理、营商环境等重点工作，加大专项监督力度。监督新冠肺炎疫情防控，制发“问题交办单”22件、督查通报24期、专项分析报告1份，获丹徒区委主要领导批示5次，查处落实防控责任不力、违反防控管理规定等问题9件22人，通报曝光典型案例1件。推进涉粮领域专项巡察反馈问题整改，跟踪销号问题16个，推动立案查处基层粮食系统党员干部收受好处、挪用粮款等案件11件。查处生态环境安全相关问题线索38件，党纪政务处分27人，移送司法机关2人，运用"第一种形态"处理11人，保障生态环境安全，相关案件查办获镇江市委主要领导批示。督促压实安全生产监管责任，开展"四不两直"（不发通知、不打招呼、不听汇报、不用陪同接待，直奔基层、直插现场）督查132批次，立案查处4人，推动属地政府及相关职能部门压实责任。推进违建别墅清理整治，摸清底数，准确定性，党纪政务处分6人，运用"第一种形态"处理6人，推动拆除违建房屋1300余平方米，获江苏省、镇江市纪委领导批示。监督优化营商环境，重点惩治营商环境方面突出问题，丹徒区纪委班子成员牵头赴挂钩联系企业调研走访27次，开展专项监督22批次，推动问题立行立改7个，查处乱收费、乱摊派、违规借款等问题22件。（李　茂）

【政治监督强化工作】 2022年，丹徒区纪委监委采取多项举措，强化政治监督工作。协助丹徒区委制定年度全面从严治党"三张清单"，强化党内政治生活、落实党的路线方针政策、"一把手"履责等情况的监督检查，从严落实管党治党政治责任，约谈党组织（单位）主要负责人7人次，问责履责不力、作风不实、纪律不严的党组织4个、个人29人。开展监督优化工作，督促镇江市政治生态监测评估反馈的四个方面问题全部销号。落实"三个区分开来"（要把干部在推进改革中因缺乏经验、先行先试出现的失误和错误，同明知故犯的违纪违法行为区分开来；把上级尚无明确限制的探索性试验中的失误和错误，同上级明令禁止后依然我行我素的违纪违法行为区分开来；把为推动发展的无意过失，同为谋取私利的违纪违法行为区分开来）要求，容错纠错1人，回复廉政意见4560人次。强化派驻"嵌入式"监督，丹徒区纪委监委派驻机构立案19件，运用"第一种形态"处理14人次，净化机关部门政治生态。（王墨池）

巡察工作

【概况】 2022年，丹徒区委巡察工作坚守政治定位，围绕"三个聚焦"监督重点（聚焦党的理论路线方针政策和党中央重大决策部署在基层贯彻落实情况，聚焦群众身边腐败和作风问题，聚焦基层党组织建设情况），推动巡察向上联动、向下发力、向深拓展，增强巡察监督平台作用和联系群众纽带功能，全年完成区级机关部门常规巡察2个、镇（街道）及所辖19个村常规巡查4个，开展村级党组织"点穴式"巡察12个，开展个别谈话585人次，发现突出问题418个，向相关部门提出意见建议42条，监督立行立改问题16个，移送问题线索35件，立案15件17人。（赵望舒）

【巡察质效】 2022年，丹徒区委巡察机构对接保障江苏省委巡视，派出巡察组赴句容开展联动交叉巡察，发现突出问题47个，移交问题线索10件13人，推动立案查处3件，针对项目招引并购问题形成专题报告1份。加强巡察监督与其他监督贯通融合，推进巡察工作与纪检、审判工作联动协作，运用巡察与组织、信访等部门协作配合机制，共享共用信息、资源、力量和成果，增强监督合力，全年调取区委干部廉政档案273份、查阅信访信息261件次、收集相关政策文件30余份。注重从政治高度归纳提炼发现的问题，加强系统性、倾向性问题的分析研判，形成专题报告供丹徒区委决策参考。（赵望舒）

【巡察整改】 2022年，丹徒区委巡察机构优化巡察整改成果运用，在集中整改期间，会同丹徒区纪委监委相关职能室，开展整改方案会审，指导被巡察党组织制定整改方案、巡察整改进展情况报告，促进被巡察单位长效管理。根据《关于加强巡视整改和成果运用的意见》要求，强化纪检监察机关和组织部门整改监督责任，按期督促派出监察员办公室、派驻纪检监察组及镇（街道、园区）纪委定期报送巡察整改进展情况，提升巡察整改完成率。联合丹徒区纪委监委组建巡察整改专项督查组，专项督查巡察满1年的12家党组织整改落实情况，形成督查综合情况报告，并在全区范围内通报，确保巡察监督落地见效。（赵望舒）

民主党派·工商联

民革丹徒区基层委员会

【概况】 2022年，中国国民党革命委员会镇江市丹徒区基层委员会(简称民革丹徒区基层委员会)有支部2个、党员44人，在职党员32人，其中人大代表、政协委员11人，年内吸纳新党员3人。年中，民革丹徒区基层委员会及下属一支部完成领导班子届中调整工作。卫婕、殷亦逢获民革镇江市委会表彰，一支部被获民革镇江市委会评为“2022年度优秀支部”。 (民革丹徒区基层委员会)

【支部活动】 2022年，民革丹徒区基层委员会以中国共产党明确提出统一战线政策100周年和学习中共党史、中共二十大主题教育为契机，组织2个支部党员开展多种形式的学习活动。通过“疫情之下，助农上行”“阅见成长•同心筑梦”主题培训等活动，强化党员责任担当、同心圆梦的意识，增强党员凝聚力和向心力；督促鼓励党员通过“江苏民革”“镇江民革”微信公众号学习宣传贯彻中共二十大、民革十四大、全国“两会”精神，激发基层组织活力。

开展各类特色活动。8月16日，举办学习会学习《台湾问题与新时代中国统一事业》白皮书，以及时任中共江苏省委书记吴政隆和中共镇江市委书记马明龙关于经济发展的讲话精神；9月30日，组织党员参加丹徒区“百年同心共风雨，携手奋进新征程”——纪念中国共产党明确提出统一战线政策100周年图片展活动，重温光辉历程，体会统一战线法宝作用；10月20日，在丹徒区委统战部召开基层委员扩大会议上，党员学习习近平总书记在中国共产党第二十次全国代表大会开幕式上的重要讲话精神。

(民革丹徒区基层委员会)

【参政议政】 2022年，民革丹徒区基层委员会履行参政议政职能，建言献策。镇江市“两会”期间，提交《关于整合资源、加强管理，推进全市土地节约集约利用的建议》《关于尽快处理镇江市涉企历史招商遗留问题的提案》等提案建议10件；丹徒区“两会”期间，提交《关于关注老年人健康提升老年健康服务的建议》《关于完善多层级社会救助体系的建议》等提案建议7件，报送《关于工程建设项目“一体化验收”的建议》等社情民意信息共计8篇。年内，提出的《关于提高物管能力，和谐业主关系的建议》被评为丹徒区政协十届三次会议优秀提案；连续2年获市人大“一号议案”和多项重要建议案。一支部围绕“推动医疗服务与养老服务深度融合”课题，形成《关于社区嵌入式居家养老模式的思考》《积极构建养老服务体系新模式》2篇调研报告。

(民革丹徒区基层委员会)

【社会服务】 2022年，民革丹徒区基层委员会弘扬博爱精神，开展社会服务活动。开展“博爱相伴•与星同行”“星月交辉，情满丹徒”等多场主题活动，5月30日，二支部与镇江市红十字会爱心妈妈志愿服务队等公益组织到镇江市京口区小星星儿童康复中心，陪伴35名孤独症儿童共度“六一”国际儿童节；6月10日，一支部到丹徒区宜城街道长山村慰问秸秆禁烧工作一线值守人员，并赠送慰问品。年内，民革丹徒区基层委员会整合全区资源，持续开展“送教下乡”“送法下乡”“送技术下乡”等活动，累计参与人数800余人次，受益群众3万余人。 （民革丹徒区基层委员会）

民盟丹徒委员会

【概况】 2022年，中国民主同盟镇江市委丹徒委员会(简称民盟丹徒委员会)有盟员53人，年内新发展盟员3人；盟员中有教师22人、政府机关及事业单位工作人员21人、民营企业从业人员11人，有市人大代表1人、市政协委员1人，有丹徒区政协常委2人、委员7人。年内，民盟镇江市委员会授予束银辉、吴文方、徐俊、盛景俊“2022年镇江市优秀盟员”称号，授予汪梦卉“组织工作先进个人”称号，授予凌茜“宣传工作先进个人”称号；授予丹徒二支部“参政议政工作先进集体”称号。 （凌 茜）

【支部活动】 2022年，民盟丹徒委员会开展“矢志不渝跟党走、携手奋进新时代”主题教育活动并贯穿全年，先后组织参加座谈会、征文等活动，发动盟员撰写统战理论文章、理论学习心得体会6篇，坚定对中国共产党领导和中国特色社会主义的政治认同、思想认同、理论认同、情感认同；组织盟员参观江心洲生态农业园区林庆龙党史馆，重温中国共产党光辉历史，坚定听党话、跟党走的信念决心，增强盟员履职尽责的政治定力，肩负起新时代赋予民盟的使命和担当。 （凌 茜）

【参政议政】 2022年，民盟丹徒委员会坚持履行参政议政职能，发挥人大代表、政协委员作用，围绕全区重大决策的贯彻落实以及人民群众普遍关注的热点、难点问题，提出高质量的提案和意见建议。年初，肖涛、吴文芳、吴丹等11名盟员参加“两会”，听取区政府工作报告、区人大常委会工作报告、区人民法院工作报告、区人民检察院工作报告，并参与分组讨论，就民生、教育、卫生、文化建设、文旅融合、乡村振兴、城建和各自履职作发言，共提交建议和提案10件。 （凌 茜）

【社会服务】 2022年，民盟丹徒委员会依托“盟员之家”平台，深化“同心共盟”社会服务品牌建设，定期组织盟员开展走访慰问、爱心助学等活动。引导盟员企业家开展“关爱老兵在行动”活动，在春节、端午节和烈士纪念日等重要节日，走访慰问困难现役、退役军人，认领1名复员老兵“微心愿”2个；联合丹徒区退役军人事务局、丹徒区住建局、丹徒区市场监管局和镇江福顺燃气管理有限公司，为全区退役军人中54户低保户、“五保户”开展“送燃气、送安全、献爱心”活动，逐户检查安全用气情况、宣传用气安全知识，并向辖区内10户灶具存在安全隐患的低保、“五保”退役军人用户免费赠送新的燃气灶具和报警器。 （凌 茜）

民建丹徒区基层委员会

【概况】 2022年，中国民主建国会镇江市丹徒区基层委员会(简称民建丹徒区基层委员会)组织会员开展中共党史学习教育，学习贯彻习近平新时代中国特色社会主义思想、中共二十大精神，凝聚思想共识。截至年底，共有会员72人，全日制研究生1人，高级职称13人，其余均为本科学历或中级职称；担任区人大代表2人、政协委员15人、区政协常委3人，担任副科级以上领导职务5人。 （魏 宾）

【支部活动】 2022年，民建丹徒区基层委员会按照《中国民主建国会章程》要求，全年组织开展全体会员活动4次。3月8日，开展全体会员活动，组织学习中共党史及传达“两会”精神，总结2021年工作和确定2022年工作要点，并宣读表彰2021年度先进组织和优秀会员，同时召开换届工作动员部署会；6月2日，召开民建丹徒区基层委员会第三次会员代表会议，选举产生民建丹徒区基层委员会第三届委员会，温守信当选为主委，蔡正飞、王宏景、杨毅当选为副主委；8月3日，组织全体会员到上党敖毅黄桃产业基地、谷阳镇槐荫村学习调研，了解新时代乡村经济发展模式；10月16日，组织收看和学习习近平总书记代表十九届中央委员会向大会所作工作报告，学习和领会中共二十大的会议精神。（魏　宾）

【参政议政】 2022年，民建丹徒区基层委员会履行政治协商、民主监督、参政议政的职能。在区“两会”期间，民建丹徒区基层委员会及担任政协委员的14名会员、2名人大代表共提交集体提案并立案9件，提案内容包括教育科技、城建交通、经济资产、民生和社会保障等方面；集体提案《关于盘活丹徒区国有(集体)闲置资产的建议》被列为区委书记督办提案。 （魏　宾）

【社会服务】 2022年，民建丹徒区基层委员会继续发挥民建密切联系经济界的优势，动员会内外力量开展形式多样的社会服务活动。8月3日，组织全体会员到上党敖毅黄桃产业基地采购黄桃助力当地特色农产品销售，会员企业家主动认购，当日助销万余元黄桃；8月23日，组织会员参加“同心共富”工程筹集善款活动，在腾讯公益捐赠平台上捐款49次，参与率70%。 （魏　宾）

民进丹徒支部

【概况】 2022年，中国民主促进会镇江市丹徒支部(简称民进丹徒支部)以“发扬民主精神、推进中国民主政治之实践”为宗旨，吸收丹徒区内教育文化传媒及相关科学技术领域的高、中级知识分子加入，壮大组织力量。截至年底，共有会员13人。年内，史海华获评“镇江市学科带头人”“镇江市特级教师后备人才”，朱顺云向镇江实验学校、丹徒实验学校、镇江市慈善总会合计捐赠30万元。（史海华）

【支部活动】 2022年9月28日，民进丹徒支部组织会员参观丹徒区统一战线百年图片展，该次图片展旨在纪念中国共产党统一战线政策提出100周年，从新民主主义革命时期、社会主义革命和建设时期、改革开放和社会主义现代化建设新时期、中国特色社会主义新时代4个历史篇章、近百张照片，展示丹徒区统一战线风雨同舟、同心向党、砥砺奋进的光辉历程，展现丹徒区统一战线奋发进取有担当、同心共筑中国梦的精神风貌；通过活动，激励会员立足岗位、砥砺前行，以实际行动迎接中共二十大召开。 （史海华）

农工党丹徒区基层委员会

【概况】 2022年，中国农工民主党镇江市丹徒区基层委员会(简称农工党丹徒区基层委员会)有党员68人，其中副科职干部1人、市人大代表1人、区人大代表3人、区政协委员10人、区政协常委1人，新发展党员6人。全年开展支部活动7次，到会率90%以上。年内，殷飞获丹徒区“三八红旗手标兵”称号，李建华获丹徒区“三八红旗手”称号。

（戴文妍　郝　欣）

【参政议政】 2022年，农工民主党丹徒区基层委员会党员中的人大代表、政协委员参加区“两会”，提交《关于丹徒城区范围内道路设置停车位管理的建议》《关于提升乡镇中小学课后服务质量和效能的建议》《关于建设丹徒“渔光互补”产业一体化的建议》3件集体提案，其中《关于提升乡镇中小学课后服务质量和效能提案》被列为区政协重点提案。

以专题调研为参政议政的基础，围绕“双碳”(碳达峰、碳中和)工作、乡村振兴发展和长江经济带高质量发展，开展重点考察调研。1月，组织部分党员到镇江一诺能源有限公司实地考察，专题调研丹徒区低碳发展新路径；6月，组织党员到上党镇古洞村坞庄参加“推进美丽乡村建设，助力乡村振兴发展”专题调研活动，深度了解“农文旅体”一体化乡村振兴发展模式，为推动乡村振兴战略建言献策积累经验；年内，调研论文《从长江“共抓大保护、不搞大开发” 浅析长江岸线规范发展》获中国农工民主党江苏省委员会组织的2022年度“长江生态环境保护”农工论坛征文三等奖。

（戴文妍 郝 欣）

【社会服务】 2022年，农工民主党丹徒区基层委员会热心公益事业，组织开展走访慰问、义诊、助学活动。1月，组织到丹徒区世业镇开展春节前走访慰问困难群众，赠送大米、面条、食用油等生活用品和慰问金；10月国庆、重阳节，组织四组党员分别走访慰问结对帮扶孤寡老人，赠送大米、食用油、面条、牛奶等生活用品。3月5日，组织医卫支部部分党员在丹徒区人民医院门诊楼大厅开展“3•5学雷锋”义诊活动，免费为广大市民和部分患者讲解专科咨询、治疗策略等相关知识；6月23日，党员张开凤和李叶红分别到丹徒区人民广场和宜城街道郁金香养老院开展义诊活动，为30余名广场环卫工人和40余名养老院孤寡老人提供测量血压、血糖和听诊心肺、体格检查等免费医疗服务，普及慢性病防治、夏季日常保健等知识，并针对健康咨询给予专业的指导建议；9月5日“第五届全国胃食管反流病宣传周”启动日，副主委张卫新带领一支部部分党员组成专家团队在丹徒区人民医院门诊楼大厅开展“迎中秋”义诊活动，免费为广大市民和胃食管反流病患者提供专科咨询和治疗策略；年内，开展“三年帮扶”计划，定向资助江苏省大港中学2名困难学生，帮助其完成学业。 （戴文妍 郝 欣）

致公党丹徒区基层委员会

【概况】 2022年，中国致公党镇江市丹徒区基层委员会（简称致公党丹徒区基层委员会）有支部3个、党员43人，其中处级职务1人、科级职务2人、新发展党员4人；有镇江市政协委员1人，丹徒区人大代表2人，丹徒区政协委员11人，丹徒区政协常委2人。年内，致公党丹徒区基层委员会被致公党江苏省委会评为先进集体，王长江获评“2021年度镇江市政法网军工作优秀个人”。 （陈亚敏）

【支部活动】 2022年，致公党丹徒区基层委员会定期召开例会，组织学习，通报情况。年内，致公党江苏省委会主委王学锋率队到丹徒区开展党务工作调研，实地考察党员企业，现场听取致公党丹徒区基层委员会的工作汇报；致公党江苏省委会专职副主委米其智开展“走基层”活动，实地走访党员企业，在致公党丹徒区基层委员会“致公之家”召开调研座谈会；致公党丹徒区基层委员会协助致公党镇江市委会“乡村振兴工作站”落户荣炳园区曲阳村，致公党江苏省委会专职副主委米其智、致公党镇江市委会主委张红娣、中共丹徒区委书记毛健共同为“乡村振兴曲阳工作站”揭牌。3月，致公党丹徒区基层委员会贯彻落实丹徒区产业强区暨优化营商环境大会精神，考察调研企业2家；4月，开展全国“两会”、省“两会”精神专题学习活动，并传达致公党镇江市委八届三次全委会会议精神；8月，开展“侨望长江水 共抓大保护”主题调研，学习贯彻习近平总书记在推动长江经济带发展座谈会上的讲话精神；同月，围绕“新形势下政府融资平台发展趋势及转型建议”调研课题赴盐城东方集团、大丰区开展调研，并与致公党盐城总支座谈交流党务工作；10月，召开中共二十大报告专题学习会，深学细悟中共二十大精神。 （陈亚敏）

【参政议政】 2022年，致公党丹徒区基层委员会履行参政议政职能，向致公党镇江市委会提交调研报告4篇。其中，陈亚敏撰写的调研课题《新形势下融资平台发展趋势研究与转型建议》入选致公党江苏省委会重点课题；刘刚撰写的《关于促进民宿产业健康发展的提案》被致公党江苏省委会提交江苏省政协，并被列为江苏省政协重点督办提案。区“两会”期间，致公党丹徒区基层委员会共提交人大议案3件、政协提案30件(集体提案3件、个人提案27件)；政协提案中，金云霞撰写的《关于推进物业管理与社区管理融合的建议》《关于发展服务型制造业的建议》和陶胜撰写的《关于我区农村耕地非农化、非粮化问题的建议》作为集体提案被立案。全年有69篇社情民意被采用，其中戴毅、陶胜、王杰、於刚撰写的4篇社情民意被致公党江苏省委会采用；年内，向丹徒区委统战部提交社情民意18篇。（陈亚敏）

【社会服务】 2022年，致公党丹徒区基层委员会对接项目，参与社会服务。疫情期间，响应组织号召，组织党员参与疫情防控工作；5月，联合丹徒区侨办、丹徒区人大民宗侨台委、丹徒区政协港澳台侨委、丹徒区侨联开展“‘五侨联动’共推乡村振兴”调研活动，实地考察镇江三明生物工程有限公司，探讨交流为乡村企业解决问题；同月，坚持为侨服务理念，联合丹徒区委统战部、丹徒区侨办、丹徒区侨联等涉侨部门在高资街道西斛村举办丹徒归侨侨眷代表人士座谈会，为新侨就业创业提供信息政策服务等；9月，联合丹徒区委统战部、丹徒区侨办、丹徒区行政审批局、丹徒区侨联举办侨企帮办代办服务专项活动，现场办公解决侨资企业反映的问题；同月，响应镇江市委统战部开展的“同心共富工程”慈善募捐活动，完成线上捐款。（陈亚敏）

九三学社丹徒支社

【概况】 2022年末，九三学社镇江市丹徒支社(简称九三学社丹徒支社)有社员17人，其中博士1人、硕士4人，副处级职务1人、副科级职务1人，具有高级职称7人，本科以上学历90%以上。

年内，九三学社丹徒支社引导广大社员学习和领会中共二十大会议精神，坚定走中国特色社会主义政治发展道路的信心和决心，加强政治素养和履职能力，弘扬九三学社爱国、民主、科学的优良传统。严慧被九三学社江苏省委员会评为“2022年组织工作先进个人”“2022年第八届委员会组织建设模范”，邱明建被九三学社江苏省委员会评为“2022年社会服务先进个人”；周文婧被九三学社镇江市委员会评为“组织建设先进个人”，徐洁被九三学社镇江市委员会评为“参政议政先进个人”，尹网泉被九三学社镇江市委员会评为“2022年度思想宣传先进个人”，吕福殿被九三学社镇江市委员会评为“社会服务先进个人”。（孙 婷）

【参政议政】 2022年，九三学社丹徒支社履行参政议政职能，围绕“产业强区”工作开展走访调研，建言献策；在丹徒区“两会”上反映社会热点和难点问题，提交的《关于保障我区粮食安全》《加快我区农业科技孵化器建设和推广》等提案被列为区重点提案，为提升全区农业现代化水平、加速农业科技成果转化做贡献。组织开展企业走访调研活动，实地考察了解企业用工情况及自主创新实力，并就重点、难点问题进行研究和提出建议。（孙 婷）

【社会服务】 2022年3月29日，九三学社丹徒支社关爱帮扶贫困留守儿童，与丹徒区妇联到丹徒区黄墟中心小学开展“织爱行动，益童成长”活动，向该校品学兼优、家庭贫困的学生发放助学金和学习、生活用品。年内，发挥民主党派联系广泛和科

2022年3月29日，九三学社丹徒支社到丹徒区黄墟中心小学联合开展“织爱行动，益童成长”活动
（九三学社丹徒支社）

技优势，拓展科技服务乡村振兴的范围和力度，探索“服务团+服务点+基地”的科技服务新模式，助力开展世业洲科技兴农服务对接活动，与世业镇政府、九三学社科技团队、涉农相关部门及高校合作，并建立精准服务的长效结对合作机制，推动实现世业镇农业高质高效、乡村宜居宜业、农民富裕富足的乡村振兴目标。 （孙　婷）

丹徒区工商联

【概况】 2022年，镇江市丹徒区工商业联合会(简称丹徒区工商联)履行商会职能，服务非公经济健康发展。学习贯彻中共二十大精神，组织丹徒区工商联副主席、副会长执委企业召开高质量发展研讨会，针对企业反映的突出问题，及时向政府职能部门反映，寻求商量解决办法；开展以“喜迎二十大　永远跟党走”为主题的红色教育活动，组织基层商会秘书长参观茅山新四军纪念馆和宝堰四县抗敌总会纪念馆。开展“五送五助·春风暖企”(为企业送服务，助发展；送政策，助落地；送科技，助创新；送法律，助诚信；送保障，助亲清)专项行动走访调研，了解企业困难，倾听民企诉求，提振企业发展信心、凝聚发展合力。 （钟雪花）

【民营企业服务保障】 2022年，丹徒区工商联联合丹徒区人民法院成立丹徒区商会调解中心，建立由12名基层商会秘书长组成的专兼职调解员队伍，调解委员会设在丹徒区工商联，调解中心设在丹徒区人民法院。联合丹徒区司法局举办“百所千人助万企”专项活动“法治大讲堂”，组织35家生产制造型企业和5家商会参加，邀请江苏钟山明镜(镇江)律师事务所律师宣讲。联合咨询机构赴江苏联海通信股份有限公司、江苏苏宏建设工程有限公司等民营企业，对有上市意愿公司开展一对一服务，送政策、解难题。组织部分商会、协会和相关小微企业、个体工商户共计200余人，参加镇江市工商联、镇江市地方金融监督管理局联合举办的“助小微　惠民生”金融服务日活动。与丹徒区人社局组织区内企业、丹徒区工商联执委企业参加市劳动关系协调员培训、考试、发证工作。 （钟雪花）

【丹徒区非公经济综合服务中心揭牌】 2022年5月18日，丹徒区非公经济综合服务中心揭牌，并与丹徒区政务服务中心、丹徒区税收维权协会、江苏诚和律师事务所、江苏长香咨询服务有限公司4家单位签订合作协议。该中心下设经济服务部、商会服务部和法律服务部3个工作部，主要职能是为民营企业、侨资企业、台资企业提供商标注册、专利申请、资质体系认证、高新技术企业认定、各类项目申报等一站式服务，为企业排忧解难；搭建各类平台、创造条件，推动区域、行业、商会、企业间的协作交流和协同发展，扩大统战工作向非公经济组织的有效覆盖；发挥商会调解中心作用，推进企业合规建设工作，帮助企业纾困解难、预防法律风险，优化区域营商环境。 （钟雪花）

【苏陕扶贫协作】 2022年，丹徒区工商联根据丹徒区对口支援工作领导协调小组办公室《关于印发2022年丹徒区东西部协作任务指标分解计划的通知》，落实苏陕扶贫项目，引导全区非公经济人士和民营企业参与澄城县扶贫工作，共筹集价值约15万元的疫情防护物资于11月送达澄城县。

（钟雪花）

群众团体

丹徒区总工会

【概况】 2022年末，丹徒区有基层工会组织653家，工会会员7万余人，基层工会组织覆盖面74.2%，职工入会率89.8%；建会企业建立集体协商制度472家，达到应建数98.9%，在餐饮、裘皮、机械制造、笔刷等8个行业推进工资集体协商，覆盖企业624家。年内，镇江市丹徒区总工会(简称丹徒区总工会)举办各类职工培训1100余人次，有250名职工实现技能晋级；帮助1526人实现创业和再就业，参加职工互助保障2.7万余人，赔付人数130余人，赔付金额25万余元。

深化党建带工建、工建服务党建机制，开展“工会组建百日攻坚”“返还经费企业回访”“农民工集中入会”等行动，推动工会组建和职工入会工作，全年新建新业态工会3家，企事业单位工会67家，新发展会员3288人；推进“网上职工之家”建设，实现工会会员实名制管理2.9万余人；主动融入宝龙商务区“红色联盟”，在宝龙米德宝餐厅设立“工会大食堂”，为周边新业态劳动者和职工会员发放就餐优惠券。

坚定扛起引领职工群众听党话、跟党走的政治责任，在宜城街道组织开展“思政教师进企业”主题宣讲活动1场，参加职工90余人；4月29日，承办丹徒区庆祝“五一”大会，会上表彰先进模范，弘扬劳模精神、劳动精神和工匠精神，向全区职工发出“劳动最光荣，一起向未来”倡议，号召全区职工在丹徒高质量发展中建功立业；开展“劳动精神大家谈”主题征文活动，并在“丹徒职工之家”上发布优秀征文6篇；在“丹徒职工之家”微信公众号平台开设“职工之声”栏目，宣传党的方针政策和基层工会、职工风采；设立“丹徒劳模榜”，宣传生产一线、乡村振兴中有代表性劳动模范事迹和在生产建设、生活发展等方面做出的突出贡献；加强工会新媒体建设，开展“网聚职工正能量，争做中国好网民”主题活动，初步形成网上网下思想引领的格局。

走进基层、企业开展“联系职工心连心、服务职工心贴心”“到基层一线、到职工身边”等活动，访职工、解难题、办实事。加强监督和服务职能，经审工作向村(社区)工会延伸覆盖，获全省工会财务会计工作竞赛二等奖和全市工会经审规范化建设一等奖等荣誉。

（王　纲）

【助力乡村振兴行动】 2022年，丹徒区总工会深化创业者“领航”行动、“工会就在身边——促创业带就业”、农村劳模“帮带项目”等工作，树立创业带就业典型10个，建立和培植农业示范项目6个，解决职工就业岗位622个，扶持农户加入农村合作社2639户，带动就业1526人。依托戴网成、付玉香、汪月霞3个农民劳模创新工作室，举办新型职业农民技术培训16期，参训人员760余人次。与壹零捌茶叶合作社、天之成畜禽合作社联合建立农民绿领教育培训实训基地，参与举办乡村振兴培训班，开设培训农村技术、农业创新等课程，着力打造“新丹徒农匠”队伍。

（王　纲）

【产业工人队伍建设】 2022年，丹徒区总工会以“当好主力军、建功新丹徒”为主题，在200余家企业开展岗位练兵、技术攻关、发明创造和技能竞赛等活动；通过“走近职工·共话发展”主题活动，把产业工人队伍建设改革由“纸面宣传”转移至“生产现场”，发挥宣传引领导向作用。“名师带高徒”活动结成师徒对子250组，带动一批职工提升技能、练就技艺。丹徒区宜瑞建筑工程质量检测有限责任公司1项科技成果获评镇江市职工十佳“技术创新成果”，江苏盛行汽车科技发展有限公司(壮强)1种工法获评镇江市职工十佳“先进操作法”。(王 纲)

【职工维权服务】 2022年，丹徒区总工会与职能部门成立协调劳动关系工作组，分6个片区对226家企业开展劳动合同、集体合同、集体协商专项督查行动；与德升汇律师事务所建立线上免费法律咨询、法律援助服务，与丹徒区人民医院建立线上心理咨询服务，全年开展线上法律咨询180余人次。组织工会劳动法律服务团队开展“劳动法律监督活动”4场，普法宣传活动6场，服务农民工群体300余人。 (王 纲)

【职工生活保障】 2022年，丹徒区总工会筹集帮扶资金61.94万元，用于“送温暖”、“金秋助学”、医疗救助、生活救助等精准帮扶活动，受助职工885人次，解困脱困30余户。整合爱心企业资源，推进“员工特殊困难关爱行动”，在10余家企业为特殊困难员工设置爱心专栏，针对职工困难需求开展爱心捐助活动、困难职工申请等。开展工地农民工、环卫工人、交通卫生一线工作人员等群体慰问活动，重点开展疫情防控一线医护人员、交通卡口值勤人员、新就业形态劳动者普惠服务活动，共慰问665人，慰问物资16万余元。推进职工互助互济保障工作，参保职工2.4万人，受助职工130人，发放保障金25万元。 (王 纲)

共青团丹徒区委员会

【概况】 2022年末，丹徒区基层团组织781个，共青团员6090人。年内，共青团镇江市丹徒区委员会(简称丹徒团区委)巩固和拓展党史学习教育成果，推动共青团组织和青少年事业发展，团结引领全区团员青年投身丹徒区现代化建设，当好高质量发展生力军，以实际行动喜迎中共二十大、庆祝中国共产主义青年团成立100周年。2月13日，丹徒区青年商会第一届第五次理事会召开，丹徒区委书记和丹徒区青年商会会长、副会长等20余人参加会议；会议总结青商会阶段工作情况，并重新制定相关制度。11月21日，共青团镇江市丹徒区第二十次代表大会召开，全区各条战线、各个领域、各个行业的100余名青年代表参加会议；会上表彰中国共产主义青年团镇江市丹徒区第十九届委员会优秀委员，听取共青团镇江市丹徒区第十九届委员会《青春善为立潮头　踔厉奋发新征程——以火热实践在丹徒现代化建设的新赛道上跑出更好成绩》工作报告；大会选举产生团区委第二十届委员、候补委员42人和出席共青团镇江市第十八次代表大会代表22人，选举产生共青团镇江市丹徒区第二十届委员会常委、书记和副书记。(赵文雯)

【“喜迎二十大”线下学习交流活动】 2022年，丹徒团区委做好青年思想引领工作，开展青年大学习活动，迎接中共二十大召开；镇江市公安局丹徒分局团委围绕习近平总书记《论党的青年工作》书中的四个篇目，并联系丹徒青年民警工作实际与各级团委书记作分享交流；上党镇团委举办“传承红色基因　奋力建功一线”红色记忆主题党课活动，青年代表分享基层工作感悟，感悟红色记忆，赓续红色血脉；江心园区团工委推出“喜迎二十大·青年说”网络专栏，表达对祖国的敬爱之情和美好祝愿。

(赵文雯)

【庆祝中国共产主义青年团成立100周年活动】 2022年5月10日，丹徒团区委组织全体成员和全区各镇(街道、园区)、各直属团组织团委书记收听收看在北京人民大会堂举行的庆祝中国共产主义青年团成立100周年大会实况直播，学习习近平总书记重要讲话精神。5月21日，丹徒区举行学习贯彻习近平总书记在庆祝中国共产主义青年团成立100周年大会上的重要讲话精神座谈会，28名与会人员观看《丹徒区喜迎二十大、永远跟党走、奋进新征程——庆祝中国共产主义青年团成立100周年》视频；会上，丹徒区6名团干部代表分别从招商引资、乡村振兴、保卫家园、疫情防控等方面作交流发言。（赵文雯）

2022年5月21日，丹徒区召开学习贯彻习近平总书记在庆祝中国共产主义青年团成立100周年大会上的重要讲话精神座谈会（丹徒团区委）

【“驿路青春”快递行业青年座谈会】 2022年7月28日，丹徒团区委在丹徒区政府会议室召开“驿路青春”快递行业青年座谈会，旨在加强对广大快递行业青年的联系、服务与引导，帮助解决“快递青年”需求，同时让其感受到团组织的关爱。座谈会上，快递行业青年代表对本行业的工作环境、人员招聘、政策解读等方面提出建议，丹徒团区委和志愿者向快递行业青年代表赠送清凉包。丹徒团区委全体成员及丹徒区部分快递公司青年代表6人参加座谈会。（赵文雯）

丹徒区妇女联合会

【概况】 2022年，镇江市丹徒区妇女联合会(简称丹徒区妇联)为妇女岗位建功、妇女维权机制建设、家庭文明创建、困境妇女儿童帮扶等活动提供服务，推动妇女儿童事业高质量发展。9月2日，丹徒区妇女第十六次代表大会开幕暨第一次全体会议召开，会议回顾总结过去丹徒区妇联工作，研究部署未来五年工作目标任务，选举产生丹徒区妇联第十六届执委会委员及新一届妇联领导班子。11月23日，丹徒区妇女儿童工作会议召开，会议贯彻落实男女平等基本国策和儿童优先原则，总结交流“十三五”规划实施以来全区妇女儿童工作的成绩和经验，研究部署下阶段全区妇女儿童工作。年内，丹徒区妇联获江苏省妇联举办的“第四届江苏女性融媒体创意大赛”优秀组织奖，“融”为“联”赋能——“宜城姐妹花”巾帼微宣讲被江苏省妇联评为“2022年度全省优秀妇联媒体工作案例”。（袁　瑶）

【“巾帼心向党　喜迎二十大”专题系列活动】 2022年，丹徒区妇联开展“巾帼心向党　喜迎二十大”专题系列活动。组织妇联干部、执委参观“镇江很有前途”红色路线，了解近现代镇江抗争史、解放史和发展史；邀请三八红旗手标兵宣讲，分享在平凡岗位上的专业成就、成长经验和心路历程；开展“巾帼红　颂党恩”剪纸活动，剪纸作品主题鲜明、寓意丰富，表达对中共二十大召开的期盼和对祖国繁荣富强的祝福；拍摄“巾帼心向党　喜迎二十大‘我奋斗　家国美’故事汇”，邀请世业镇世业村居民洪家勇回忆习近平总书记2014年到其家中视察的情景和嘱托，讲述近年来个人、家庭和镇村的发展变化；引领各行各业女性参与“第四届江苏女性融媒体创意大赛”，征集报送短视频、随手拍、微信推文等图文作品44件；组织各界妇女学习领会中共二十大精神和习近平总书记重要讲话，引领广大妇女听党话、跟党走。（袁　瑶）

【关爱妇女儿童】 2022年，丹徒区妇联多举措关爱妇女儿童，维护家庭和睦和社会稳定。1月，组织各级妇联组织、爱心单位和“社会妈妈”开展“把爱带回家”关爱留守儿童新春“四送”(送家风故事、送家教服务、送法治安全、送社会关爱)活动，

2022年3月8日，丹徒区妇联召开“携手并进复兴路　接续奋斗共荣光”丹徒区巾帼结对帮扶牵手座谈会（丹徒区妇联）

向全区100余名孤儿、困境留守流动儿童赠送装有护眼台灯、帽子围巾手套三件套和《中华人民共和国家庭教育促进法》宣传册及心理关爱服务卡的“新春大礼包”。3月8日，开展“携手并进复兴路　接续奋斗共荣光”丹徒区巾帼结对帮扶牵手座谈会，全区各行各业20名优秀女性和结对帮扶姐妹参加会议，并邀请丹徒区妇计中心副主任医师钱秋菊与心理咨询师蔡懿在会后开展健康义诊与心理咨询。6月1日，开展“关爱女孩，呵护成长——妈妈对我说”庆“六一”活动，活动邀请丹徒区妇幼保健院心理咨询师蔡懿在丹徒区辛丰中心小学开展以“我的成长我做主”为主题心理健康讲座，授课内容为“成长是每个孩子的权力”“孩子，安全第一”“如何分辨坏人”“为什么我们要学会控制玩乐”四个内容；丹徒区民政局、丹徒区税务局、丹徒区公安局巾帼文明岗的“社会妈妈们”现场为50名女学生代表发放礼品，并通过屏幕播放祝福寄语小视频。同日，联合丹徒法院举行“关爱留守儿童　促进家庭教育”新闻发布会暨“家庭教育指导站”揭牌仪式，旨在宣传贯彻《中华人民共和国家庭教育促进法》，加强未成年人合法权益保障，关注留守儿童身心发展和健康成长。10月26日，联合丹徒区教育局、丹徒区宜城街道妇在茅以升实验学校开展“你说，我们在听”解忧信箱进校园活动，向学校赠送“心语”解忧信箱，并参观未成年人心理咨询室；通过设立解忧信箱，鼓励学生线上、线下倾诉学业压力、网络游戏、校园欺凌、家庭或人际关系等方面的困扰，由各级妇联主席、执委和学校心理老师、宜城姐妹花志愿者、社会妈妈等组成的“心语”姐姐给予回复并帮助及时寻求解决办法。（袁　瑶）

【维权普法宣传】 2022年，丹徒区妇联推进“一法一条例”（《中华人民共和国家庭教育促进法》和《江苏省家庭教育促进条例》）贯彻实施，营造促进未成年健康成长、增进家庭幸福社会和谐的良好氛围。2月24日，联合丹徒区检察院、丹徒区司法局、丹徒区教育局和高资街道妇联在丹徒区石马中心小学召开《中华人民共和国家庭教育促进法》贯彻落实座谈会，旨在提高教师开展家庭教育的能力和水平，提升家长的家庭教育意识和能力，教师、家长代表50余人。5月13日，镇江市妇联联合镇江市委政法委、丹徒区妇联等部门在丹徒区上党镇墅山村举办“送法进万家　家教伴成长——镇江市老妈妈普法宣讲进家庭”以案说法活动，旨在提升“国际家庭日”认知度，增强家庭法治观念、维护妇女合法权益，促进家庭和睦、幸福和进步；宣讲团成员围绕《中华人民共和国家庭教育促进法》，《中华人民共和国民法典》婚姻家庭编、继承编和《江苏省反家庭暴力条例》等法律法规，通过具体案例分享法律知识，引导群众提升法治意识、家庭意识和维权意识，现场发放《中华人民共和国家庭教育促进法》《中华人民共和国妇女权益保障法》《中华人民共和国反家庭暴力条例》和《中华人民共和国民法典》婚姻家庭编折页纸等法律宣传品近200份，参加活动村民近50人；该次活动在江苏政法微博号、镇江政法视频号、镇江女性视频号同步直播，共6000余人次观看。6月24日，丹徒区妇联举办“法护成长路——《中华人民共和国家庭教育促进法》及《中华人民共和国未成年人保护法》解读”专题讲座，旨在贯彻落实习近平总书记关于注重家庭家教家风建设重要论述和宣传贯彻《中华人民共和国家庭教育促进法》，邀请江苏丹正律师事务所、“同行公益”律师团队成员仲梅授课，围绕家庭责任、国家责任、妇联的责任、社会协同、法律责任5个方面解读《中华人民共和国家庭教育法》的重要内容，参加活动妇联干部50余人。

（袁　瑶）

【巾帼志愿服务】 2022年，丹徒区妇联发挥牵头作用，与相关部门联合开展内容丰富、紧贴生活的志愿服务活动，为服务妇女群众需求和服务社会经济发展贡献巾帼力量。3月1日，丹徒区妇联开展“巾帼文明岗”志愿服务暨反家暴宣传活动，旨在更好发挥“巾帼文明岗”典型示范引领作用，全区有9家巾帼文明岗参与活动。年内，做好驰援上海医护人员家庭帮扶慰问工作，与丹徒区卫健委对接掌握援沪医护家庭信息和困难需求，建立关爱台账，上门走访每户家庭并送上慰问信和暖心大礼包、关爱卡。（袁　瑶）

【服务女性创业就业】 2022年，丹徒区妇联统筹利用各种社会资源，多渠道、多领域助力女性创业就业，帮助妇女实现自身价值和社会价值。1月14日，召开菁英女性联谊会暨丹徒区女企业家创业智慧分享会，旨在激发全区菁英女性工作热情，为丹徒区高质量发展贡献巾帼力量；会上，5名优秀菁英女性代表分享创业心得和人生感悟；会后，开展丹徒区巾帼企业家产品推介会与插花活动，现场展示镇江唐唐匠心陶瓷技术有限公司、四季春高效农业园、镇江市水木年华现代农业科技有限公司、镇江和诚鞋业有限公司、镇江市天成农业科技有限公司和江苏银行丹徒支行的特色产品。3月1日，联合丹徒区人社局在丹徒区宝龙广场举办2022年“春风行动”专场招聘会，现场设立女职工普法宣传与女性创业就业服务咨询台，现场接待咨询人数50余人，发放普法宣传资料、企业用工信息等宣传资料300余份，为广大妇女群众送法律、送岗位、送信息、送政策。6月21—23日，举办巾帼电商直播培训班，旨在帮助和引导妇女拓宽就业、创业渠道，助力巾帼共同富裕和丹徒区乡村振兴事业发展；活动邀请宜城科创园电商培训专家授课，从基础知识、实操锻炼、个人心态建设、直播沟通技巧、账号创建、视频剪辑等方面解读电商销售新技能，巾帼创业者、直播爱好者、家庭农场经营者、残疾人士60余人参加活动。7月13—15日，以“创”字号巾帼系列活动为契机，为镇江市水木年华现代农业科技有限公司搭建展示推介平台，助力抹茶发展新道路，在丹徒区会议中心举办“巾帼助力乡村振兴　抹茶研发产品推介品鉴活动”，现场推介抹茶荷花酥、抹茶流心月饼、抹茶千层、抹茶提拉米苏、抹茶粉等抹茶新品种，吸引群众咨询和购买。10月26—27日，联合丹徒区农业农村局开展丹徒区高素质女农人培训班，旨在团结引领更多农村妇女参与乡村振兴建设，提升全区乡村振兴农业队伍整体素质，参加活动女农人100余人；培训班为期2天，采用理论和实训相结合方式授课，培训内容主要是农产品质量安全、茶产相关知识、现代高效农业生产管理、稻鸭共作技术推广学习等，通过培训帮助女农人开阔视野、创新思路，提升创业能力。

（袁　瑶）

丹徒区科学技术协会

【概况】 2022年，镇江市丹徒区科学技术协会(简称丹徒区科协)立足“四服务一加强”(服务科技工作者、服务创新驱动发展战略、服务公民科学素质提高、服务党委政府科学决策、加强自身建设)工作职责，实施《丹徒区2022年度全民科学素质行动计划》。年内，召开丹徒区科协系统党性修养培训会暨务虚会，基层科协、区级学会(协会)及丹徒区科协全体干部共20余人参加，旨在提升丹徒区科协系统廉政意识；助力防疫志愿服务，组织干部职工到社区开展“敲门行动”和核酸检测等志愿服务。

（魏　游）

【基层科协组织力"4+1"工作】 2022年，丹徒区科协贯彻落实省、市科协系统改革要求和《丹徒区科协系统深化改革实施方案》精神，推进"4+1"〔"4"是指吸纳医院院长、中小学校长、农技推广部门负责人和科技型企业家四类人群(简称"四长")入科协组织任职、兼职、挂职发挥作用；"1"是指加强上级科协对下级科协的指导〕工作，通过强组织、搭平台等举措，凝聚"四长"力量。规范基层组织建设，新成立宜城街道科协1家，全区10个镇(街道、园区)30名"四长"担任基层科协副主席或委员，实现 "四长"进入基层科协组织的全覆盖。下发《丹徒区科协提升基层科协组织力"4+1"工作质效评估办法(试行)》文件，推动全区"4+1"工作规范化常态化。调动"四长"服务发展，融入全区新时代文明实践中心建设，组建科技志愿服务队，打造科技志愿服务实践平台。 (魏 游)

【科普宣传】 2022年，丹徒区科协制定下发《丹徒区2022年度全民科学素质行动计划》，围绕五大重点人群各成员单位形成80余项行动内容。5月，组织开展丹徒区第34届科普宣传周活动，以"走进科技 你我同行"为主题，基层科协、成员单位举办活动15场次，活动受众人数2000人；其间，全区各中小学开展系列科普活动10余场，全区举办线上科普宣传周知识有奖竞答活动2场，23602人次参与答题。8月，与丹徒区教育局联合举办丹徒区第四

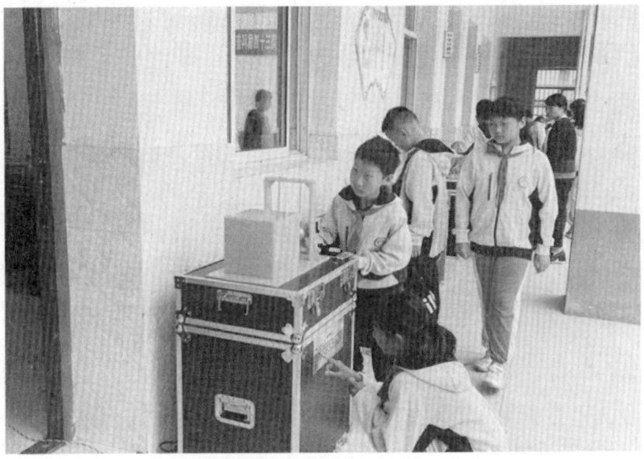

2022年5月26日，丹徒区第34届科普宣传周期间开展科普大篷车进校园活动 （丹徒区科协）

2022年8月12日，丹徒区第四届青少年科技活动之系列活动"电子百拼"比赛现场 （丹徒区科协）

届青少年科技节活动，包括科技知识讲座、"电子百拼"比赛、魔方训练营、参观镇江科技馆以及伞降火箭制作与发射等系列活动，全区近百名小学生参加。9月，"全国科普日"活动期间，丹徒区科协在丹徒实验学校承办镇江市"科普进校园 共筑强国梦"全国科普日启动仪式；举办科普大篷车进校园活动，丹徒区宝堰小学、丹徒区三山中心小学百余名学生参加；区农村专业技术协会在丹徒区水木年华现代农业科技有限公司举办"全国科普日"乡村科普行活动，全区农技协会员、各镇(街道、园区)科协秘书长共20余人参加，开展茶叶种植技术培训与交流。年内，与丹徒区应急管理局联合开展慧安科普"五进"(进企业、进乡村、进社区、进学校、进家庭)活动，联合丹徒区住建局等单位在宝龙广场、建筑工地举办专题宣传活动2场次；邀请省安全生产科学研究院研究员级高级工程师匡蕾、东南大学副教授王少康一行走进丹徒举办"危化品科普及居家安全科普"和"2022版中国居民膳食指南解读"专题科普讲座2场次。 (魏 游)

【学会能力建设】 2022年，丹徒区科协完善学会考核机制，调动全区学会工作积极性，推动学会工作创新发展，制定下发《丹徒区2022年度学会服务科技创新能力提升计划实施方案》，对区级学会进行考核测评，评选并表彰区税务学会等4家学会为先进单位。服务党委政府科学决策，组织发动学会

会员、企业科技工作者参与建言献策活动，向市科协申报“镇江市2022‘建言献策’研究课题”2篇。区税务学会撰写税收科调研论文46篇和“镇江市2022‘建言献策’研究课题”论文1万余字，并开展税收政策宣传活动；区老科协组织老科技工作者召开企业专题座谈会，围绕“丹徒区高新技术企业发展状况”对60余家企业开展专题调查问卷工作，形成专题调查报告1篇。（魏　游）

【科普惠农助企服务】 2022年6月，丹徒区科协陪同农技专家赵亚夫及“亚夫团队”成员、市科协领导考察调研江心洲五套村柑橘生长情况，剖析农户种植存在的相关问题，并对当地农户柑橘种植提供现场指点和帮助。7月，承办中日现代农业技术线上交流活动，推动海智工作，服务乡村振兴，为全区农业发展提供技术参考。实施2022年丹徒区基层科普行动计划，经各镇(街道、园区）科协组织审核推荐，丹徒区科协实地抽查、召开专家评审会，对丹徒区高资水月雨家庭农场等9家单位进行命名表彰并实施分类奖补。开展2021—2025年度丹徒区科普示范村(社区）创建奖励工作，高桥镇康泰村等10个村(社区）创建成为2021—2025年度丹徒区科普示范村(社区)。开展先进争创和推优工作，镇江市水木年华现代农业科技有限公司等4家单位创建成为镇江市科普惠农服务站，镇江农谷农业科技园科普教育基地、丹徒区江心洲五套村柑橘科普教育基地获市基层科普行动计划先进单位。服务全区创新驱动发展，推动科协组织向企业延伸，开展企业走访8次；推动落实企业成立科协组织，新成立江苏联海通信股份有限公司科协等6家。（魏　游）

【科技工作者服务】 2022年，丹徒区科协对王俊等11名获2021年度“丹徒区最美科技工作者”颁发荣誉证书，并择优在丹徒电视台、“丹徒科协”微信公众号宣传报道。开展科技工作者评优推荐工作，孔啸被省科协评为“科创江苏”企业创新达人和宣讲代表，孔啸、肖涛分别被市科协评为“杰出创新工程师”和“科技标兵”。以庆祝“全国科技工作者日”为契机，通过走访慰问、座谈交流等形式，与科技工作者开展一对一、点对点的互动交流。（魏　游）

丹徒区归国华侨联合会

【概况】 2022年，镇江市丹徒区归国华侨联合会(简称丹徒区侨联)凝聚侨心、汇聚侨力，为丹徒区高质量发展贡献力量。开展第三轮“微侨家”创建申报工作，丹徒区河汇家庭农场和联友历代服饰工艺品有限公司创建“微侨家”获市侨联批准；开展江苏省华侨文化交流基地创建申报工作，中国米芾书法公园于10月20日获省侨联批准，创建成为丹徒区第二家“亲情中华——江苏省海外华人华侨文化交流基地”。依托“微侨家”基地，举办养身、厨艺、读书等群众性公益讲座8场，归侨侨眷属、留学生亲属200余人次参加。

发挥侨界优势，履行参政议政职能，推荐江苏省侨联第八次代表大会代表3人、委员1人，其中1人获“全省侨联系统先进工作者”称号，1人获“江苏省归侨侨眷先进个人”称号；推荐镇江市侨联第七次代表大会代表10人、委员6人、先进个人5人，推荐2人当选为丹徒区十一届政协委员。做好信访接待工作，全年接待来访群6人次，来电来信5人次，满意率和结案率100%。（姜健俊）

【困难归侨侨眷慰问帮扶】 2022年，丹徒区侨联做好困难归侨侨眷慰问帮扶工作。3月，联合镇江市侨联开展向困难归侨送健康活动，帮扶困难归侨及遗孀20人，共发放帮扶金17700元，其中困难归侨17人(每人900元)、困难归侨遗孀3人(每人800元)；6月，参加镇江市侨联走访慰问日本归侨活动，并送上慰问金1000元；端午节期间，慰问归侨侨眷9人，发放粽子、咸鸭蛋、牛奶等慰问品共计2000余元；春节前，按时发放困难归侨生活定补23160元、慰问金1.2万余元。（姜健俊）

【侨法宣传月活动】 2022年 5月，丹徒区侨联开展侨法宣传月活动。活动期间，召开侨法座谈会1次，30余人参加；举办侨法讲座1次，40余人参加；在高资街道、宜城街道、谷阳镇等重点侨乡开展侨法知识宣传，悬挂横幅12条，张贴宣传标语30余张，橱窗宣传版面8个。 (姜健俊)

丹徒区文学艺术界联合会

【概况】 镇江市丹徒区文学艺术界联合会(简称丹徒区文联)下辖8个专业艺术家协会(作家协会、美术家协会、书法家协会、摄影家协会、戏剧曲艺家协会、音乐家协会、舞蹈家协会和丹徒印社)。2022年，丹徒区文联聚焦新时代历史性成就、历史性变革和全区经济社会发展的重大成果，以迎接宣传贯彻中共二十大为主线，采取理论学习、专题研讨、志愿服务等形式，引导文艺工作者创作文艺精品，开展系列文艺活动和文艺惠民活动。开展“党建强·文艺兴——新担当、新作为、新风貌”主题活动和“强国复兴有我，赓续红色基因”群众性主题教育活动；承办程默摄影图片暨“程默杯”全国摄影赛获奖作品展，协办“新时代颂”2022江苏美术摄影主题联展丹徒区美术摄影展，策划举办“盛世华容——巫惠渊中国画展”，举办“翰墨写真情，挥笔共抗疫”和“以艺抗疫”网络书画展，联合润州书协举办学习宣传中共二十大精神主题书法展，举办“党的光辉照我心，童心喜迎二十大”第二届少儿绘画大赛、“百花杯”乡村振兴全市大众篆刻邀请赛等；邀请知名策展人、制片人、省摄影家协会新文艺群体工作委员会秘书长蒋澍到丹徒区专题讲授摄影思维。3月，“跟着农民拍 帮着农民销”公益摄影项目获第七届江苏志愿服务展示交流会文明实践志愿服务项目大赛铜奖和全省文联工作创新提名奖。11月，丹徒区书法家协会刘凌霞、谭小丽2名女性会员加入江苏省书法家协会；年内，推荐2名丹徒区作家协会会员参加江苏省作家协会培训，1人入选市文艺人才培养计划。 (巫智勇)

【文艺精品创作】 2022年，丹徒区文联立足丹徒地域特色，推进各艺术门类文艺精品创作，记录和讴歌新时代。完善重点文艺作品创作扶持机制，推出徐金通创作的长篇小说《唐陵之恋》，按期出版获镇江市委宣传部重点扶持的文学作品《茅以升评传》(蔡永祥)。持续实施“文艺新秀工程”，培养优秀文艺人才，于6月在丹徒美术馆推出“回望”——吴煜明中国画展。 (巫智勇)

【文艺惠民活动】 2022年，丹徒区文联面向基层、服务群众，开展文艺惠民活动。坚持送文化、种文化、传精神相结合，注重各方协同联动和线上线下融合，统筹“三下乡”、“书法进机关”、高雅艺术进校园、文艺播种计划等工作载体，优化“跟着农民拍，帮助农民销”文艺志愿服务助力乡村振兴品牌活动机制，开展“红色文艺轻骑兵”文艺志愿服务。继续组织书法、摄影小分队到各镇(街道、园区)开展“新春送福”活动，并在上党敖毅黄桃基地举办“顶棚影展”活动；邀请省内4名中国“梅花奖”获奖演员参加“送戏进丹徒”活动，组织“喜迎二十大，讴歌新时代”送戏下乡演出12场。 (巫智勇)

【“新时代颂”2022江苏美术摄影主题联展丹徒区美术摄影展】 2022年10月31日至11月10日，“新时代颂”2022江苏美术摄影主题联展丹徒区美术摄影展在丹徒区美术馆举行。该次展览以“礼赞新时代 奋进新征程”为主题，由江苏省委宣传部、江苏省文化和旅游厅、江苏省文学艺术界联合会主办，丹徒区委宣传部、丹徒区文体广电和旅游局、丹徒区文联、丹徒区文化馆、丹徒区美术家协会、丹徒区摄影家协会协办。“礼赞新时代 奋进新征程——新时代颂2022江苏美术摄影主题联展”是一次“全员、全域、全程”参与、省市县三级联动办展的活动，在江苏省美术馆、江苏省现代美术馆设主展，在各设区市及所属市县美术馆、新时代文明实践中心(所、站）和公共文化空间、公共服务空间、商业综合空间等设分展馆，共200余家展馆参与展陈活动，丹徒区美术馆为该次联展的分展馆之一。丹徒区美术摄影工作者聚焦丹徒区“经济实力、民生福祉、城乡区域发展、生态环境质量、社会文明、从严管党治党”六个方面，用画笔描绘“强富美高”新丹徒，用镜头记录“丹徒模样”时代步伐。该次展览共展出作品100余幅，参观展览人数300余人。 （巫智勇）

【程默摄影图片暨“程默杯”全国摄影赛获奖作品展】 2022年5月23—31日，程默摄影图片暨“程默杯”全国摄影赛获奖作品展在丹徒区美术馆举行。该次展览作为迎接中共二十大“强国复兴有我，赓续红色基因”群众性主题教育暨纪念毛泽东《在延安文艺座谈会上的讲话》发表80周年系列活动内容之一，由镇江市委宣传部、镇江市文联、镇江市文广旅局和丹徒区委宣传部举办，丹徒区文联、丹徒区文体广旅局和镇江市摄影家协会承办，共展出程默摄影图片30余幅、“程默杯”全国摄影作品展获奖作品50幅，参观展览人数500余人。 （巫智勇）

【盛世华容——巫惠渊中国画展】 2022年12月13—20日，盛世华容——巫惠渊中国画展在丹徒区美术馆举行，参观展览人数400余人。该次展览以“践行二十大永远跟党走”为主题，由丹徒区委宣传部、丹徒区文联主办，丹徒区美术家协会、丹

2022年12月13—20日，盛世华容——巫惠渊中国画展在丹徒区美术馆举行 （丹徒区文联）

图夏加儿艺术教育中心承办，共展出巫惠渊1959—2022年创作的美术作品86件，其中中国画66件，作品题材多为牡丹、墨菊，也有山水、人物，较为突出的展品是10米长卷《太白观泉图》和临摹的《清明上河图》。其间，举办巫惠渊艺术创作座谈会1场。 （巫智勇）

【回望——吴煜明中国画展】 2022年6月15—21日，回望——吴煜明中国画展在丹徒区美术馆举行。该次展览由丹徒区文联、丹徒区美术家协会、丹徒区文化馆联合举办。吴煜明现为江苏省美术家协会会员、丹徒区美术家协会理事、镇江画院特聘画家，从小自学国画，1999年由丹徒县文联选送到镇江中国画院进修，跟随画家罗勇来学习一年；1998年作品《山情》入选“江苏美术节——中国画大展”（省文化厅），2001年作品《云之畅想》入选“第二届江苏省山水画作品展”（省美术家协会），2013年作品《山水八章》获“新京江画派”中国画作品展金奖。该次展览共展出山水、花鸟、人物等各类作品100余幅，参观展览人数300余人。 （巫智勇）

丹徒区残疾人联合会

【概况】 2022年，镇江市丹徒区残疾人联合会（简称丹徒区残联）加强残疾人社会保障体系和服务体系建设，履行“代表、服务、管理”职能，维护残疾人合法权益，推进残疾人康复、教育、就业、扶贫等各项工作。11月18日，召开丹徒区残疾人联合会第六次代表大会，共121人参加会议；会上，丹徒区残联理事长窦峰云代表第六届丹徒区残联执行理事会作《砥砺前行勇作为　踏实奋进开新篇　努力推进残疾人事业高质量发展》工作报告。

年末，丹徒区有持证残疾人7754人，占总人口2.7%。重度残疾人数3860人，占残疾人数49.8%；重度智力残疾人数384人，占重度残疾人数9.9%；重度肢体残疾人数1596人，占重度残疾人数41%；重度精神残疾人数533人，占重度残疾人数13.8%。

（王　秀）

【残疾人精准康复服务】 2022年，丹徒区残联按照公开、公平、公正、惠民的原则，做好办证残疾人的审核、甄别工作，并告知办证流程和相关政策；开展上门评残活动，送评残服务进社区(村)，帮助残疾人解决实际困难。全年完成新评残疾人证347人，上门评残服务31人次；新增办理贫困精神残疾人免费用药卡32例，白内障患者复明20例，假肢安装13例，0—14岁残疾儿童康复训练124人，辅具适配575人次。按照“两优先”(优先考虑特困残疾人家庭、优先考虑重度残疾人家庭)原则，完成低收入家庭无障碍改造任务60户。 (王 秀)

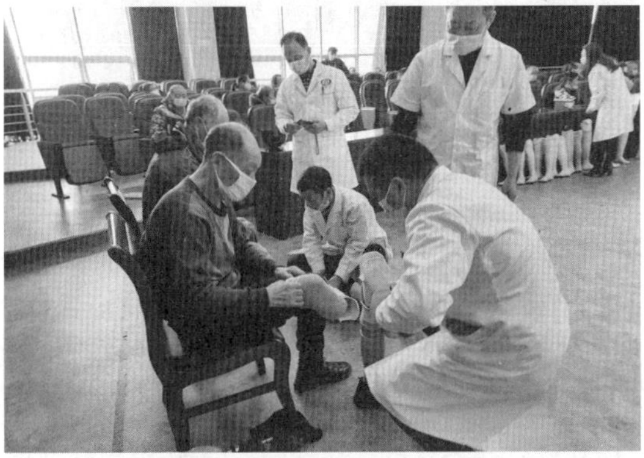

2022年，丹徒区残联开展假肢安装工作 (丹徒区残联)

【残疾人教就工作】 2022年，丹徒区建设运营的“残疾人之家”共21家，宜城街道槐荫村“残疾人之家”创建成为省级示范点，宜城街道“残疾人之家”、谷阳镇“残疾人之家”创建成为市级高质量运营点。根据省、市下达的残疾人托养任务数，完成残疾人托养服务461人次。联合丹徒区人力资源产业园打造助残就业直通车，为残疾人提供就业岗位，经培训，推荐12名残疾人进入企业就业，并建立就业“一人一档”，开展就业心理疏导培训6人。结合区域特点开展辅助性就业，宜城街道槐荫村等5家“残疾人之家”引进多个辅助性就业项目，帮助48名困难残疾人实现灵活就业，人均月收入增加400元；荣炳盐资源区“好幸福残疾人之家”搭建“饲养小舞台”，开展“送苗鹅居家就业”等就业帮扶活动，向残疾人家庭赠送苗鹅500余只，帮助每户年收入增加约5000元。全区完成年审企业有69家，审核通过集中安置残疾人就业351人。按照自愿申请、应发尽发的原则，为贫困残疾学生和困难残疾人家庭发放补助5.8万元。

(王 秀)

2022年5月13日，丹徒区残联组织志愿者向荣炳盐资源区蒲圩村残疾人家庭赠送鹅苗 （丹徒区残联）

【残疾人宣传文体工作】 2022年，丹徒区残联利用镇江市“金山网”、丹徒区政府门户网站、“丹徒残联”微信公众号等媒体平台宣传残疾人事业，全年投稿39篇。在“全国爱耳日”“全国助残日”“全国残疾预防日”等残疾人重要节日，邀请保健专家开展健康知识讲座。组织参加江苏省第十一届残疾人运动会田径项目比赛，全区4名残疾人运动员共获五金一银一铜，其中，张奥运获铅球金牌、标枪金牌，王蓉获铅球金牌、铁饼银牌、标枪铜牌，溪海洋获铁饼金牌，谭盼获标枪金牌。

(王 秀)

【残疾人合法权益保障】 2022年，丹徒区残联聘请丹徒法院“郭正英调解工作室”为全区残疾人提供维权调处服务，并与丹徒法院协调为残疾人开通立案、诉调“绿色通道”，采取快立、快调、快审、快结的高速运转机制，在最短时间内解决残疾人的司法需求，维护残疾人合法权益，全年受理案件5件，均予以解决。全年处理“12345”政府热线投诉71件、来信来访2件，办件率100%。 (王 秀)

丹徒区红十字会

【概况】 2022年，镇江市丹徒区红十字会(简称丹徒区红十字会)弘扬“人道、博爱、奉献”的红十字精神，广泛动员和凝聚人道力量，依法履职尽责，加强应急救援体系建设和博爱家园建设，助推丹徒区红十字事业高质量发展。8月26日，丹徒区红十字会第三次会员代表大会召开，会议审议通过丹徒区红十字会第二届理事会工作报告，选举产生丹徒区红十字会第三届理事会、监事会，选举盛莉莉为丹徒区红十字会会长，并在会上表彰全区红十字会工作先进集体、先进个人和优秀基层组织。

（丹徒区红十字会）

【应急救援体系建设】 2022年，丹徒区红十字会主动融入区政府突发自然灾害应急救援体系，3月，与丹徒区应急管理局签订防灾减灾救灾工作机制合作协议；5月，成立丹徒区红十字救援队，与丹徒区应急管理局、丹徒区消防救援大队等单位联合开展救护培训和演练。推进救护培训工作，年初制定《2022年应急救护培训工作方案》，明确救护培训“五进”(进机关、进学校、进社区、进农村、进企业)工作要求，截至年底，组织初级救护员培训1045人次、普及性培训6020人次。6月，在中国米芾书法公园建立全区首个红十字救护站。8月，组织参加镇江市应急救护技能竞赛获团体二等奖，1人获评“镇江市五一技术标兵”，2人获评“镇江市红十字应急救护能手”。 （丹徒区红十字会）

【“博爱家园”建设】 2022年，丹徒区红十字会依托“博爱家园”在村(社区)开展红十字运动知识宣传、救灾救助、养老照护等志愿服务。年内新建2个村(社区)“博爱家园”(宝堰镇前隍村、宜城街道崇文社区)，截至年底，丹徒区有“博爱家园”4个。11月，在江苏省红十字会举办的“全省博爱家园系列报道暨优秀评选活动”中，丹徒区崇文社区博爱家园获评省“优秀博爱家园”(全省100个)，选送文章《打造群众身边的博爱家园》获评省“优秀作品”(全省40篇)。 （丹徒区红十字会）

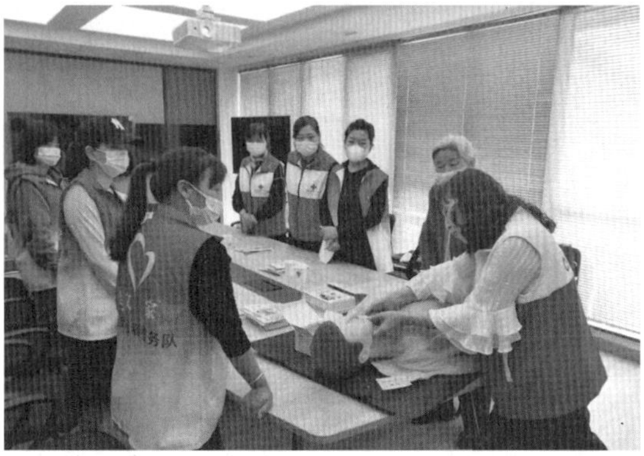

2022年5月7日，宜城街道崇文社区红十字“博爱家园”揭牌当日开展应急救护培训 （丹徒区红十字会）

【博爱“助老、助医、助困”活动】 2022年，丹徒区红十字会继续开展博爱“助老、助医、助困”活动。自筹价值7万元的大米，结合省、市红十字会下拨的食用油、大米等物资，发放给各镇(街道、园区)贫困群众，受益人数约2000人。走访慰问全区现有麻风病困难家庭52户，共发放大米104袋、食用油104桶；对上门求助的46个贫困家庭和大重病患者发放人道救助金，共计7.2万元。组织“博爱健康行志愿服务队”多次到村(社区)、养老照护中心、敬老院等地开展免费义诊活动。

（丹徒区红十字会）

【“三献”工作】 2022年，丹徒区红十字会走进镇、村(社区)和企业开展“三献”〔无偿献血、造血干细胞捐献、遗体(器官)捐献〕知识宣传活动，共发放宣传资料500余份。7月，在全省红十字会系统“喜迎二十大建功新时代”征文比赛中，丹徒区选送的造血干细胞捐献者事迹文章获二等奖1个、优秀奖1个。年内，造血干细胞成功捐献1例(丹徒区第7例)，遗体捐献登记314人。 （丹徒区红十字会）

法 治

政法委及综治

【概况】 2022年，丹徒区政法系统推进平安丹徒、法治丹徒建设，持续提升基层社会治理效能，履行维护国家安全、社会安定、人民安宁的责任，推动新发展格局和新安全格局互促，实现高质量发展和高水平安全共进。围绕“经济要稳住”，聚焦产业强区和“六稳”（稳就业、稳金融、稳外贸、稳外资、稳投资、稳预期）、“六保”（保居民就业、保基本民生、保市场主体、保粮食能源安全、保产业链供应链稳定、保基层运转）等关键环节，推进《丹徒区政法系统助力优化营商环境保障民营企业健康发展的八条意见》落实。围绕“发展要安全”，完成重大活动安保维稳任务，运用“四分机制”攻坚化解信访突出问题的经验做法得到市委肯定。

（高建臣）

【平安丹徒建设】 2022年，丹徒区先后完成全国“两会”、北京冬奥会、北京冬残奥会、中共二十大等安保维稳任务。常态化开展扫黑除恶斗争，坚持防控标准不降低，全区刑事发案、侵财发案、涉恶九类案件呈现低发态势，社会风气持续向好。滚动开展道路交通、重点车辆、化工企业、“九小场所”（小型学校或幼儿园、小医院、小商店、小餐饮场所、小旅馆、小歌舞娱乐场所、小网吧、小美容洗浴场所、小生产加工企业）、群租房、高层建筑等安全隐患专项整治，排查整治各类安全隐患1563处，全区未发生有影响的安全事故。严厉打击整治电信网络诈骗，电信网络诈骗立案数、经济损失数比上年下降8.2%、12%。维护特殊群体合法权益，开展特殊困难群体救助帮扶和妇女儿童权益保障问题专项排查整治工作。

（高建臣）

【法治丹徒建设】 2022年，丹徒区加强对破坏市场竞争秩序新类型、新形态犯罪研究和打击工作，维护各类市场主体权益。综合运用破产重整、破产和解等程序，探索预重整制度等创新举措，助力企业解困。落实商事案件繁简分流，提升商事案件审判效率，简易程序案件平均审理天数降至39.76天。强化公共法律服务供给，向基层延伸法律援助触角，新建完成丹徒区人武部、丹徒区住建局、丹徒经济开发区、丹徒高新园4家法律援助工作站。联合丹徒区生态环境局、公安丹徒分局、丹徒区城管局等部门开展环保领域联合执法行动，针对餐饮油烟、“散乱污”整治、固废倾倒等领域开展联合执法行动10次，立案查处10件，处罚金额182.98万元。

（高建臣）

【基层社会治理】 2022年，丹徒区加强社会矛盾纠纷源头治理，在全市率先制定《关于开展矛盾纠纷诉前委派调解工作的实施办法(试行)》，明确基层调解工作责任。建成社会矛盾纠纷调处一体化平台，推动区镇两级、部门之间的信息数据共享，实现调处一体化、信息集成化、成果可视化。实施“精网微格”工程，全区细划微网格1619个，配备微网格员1619人。依托网格工作室，开展各类矛盾纠纷调解、村民议事等工作，相关经验做法被中央政法委《长安评论》和《江苏法治》宣传报道。年内，高桥镇获评“镇江市社会治理现代化先进镇”，35个村(社区)获评“丹徒区平安法治先进村(社区)”。

（高建臣）

2022年1月，丹徒区高桥镇网格工作室网格员接待来访村民（丹徒区委政法委）

法治政府建设

【概况】 2022年，丹徒区坚持以习近平新时代中国特色社会主义思想为指导，贯彻落实中共二十大精神和中央全面依法治国工作会议精神，多措并举推进法治政府建设水平提升。

健全法治建设体系，落实各级党委(党组)理论学习中心组学习习近平法治思想常态化机制，将法治专题学习纳入区委理论中心组学习计划和区政府常务会议学法计划，部署开展习近平法治思想专题学习研讨；加强党对法治政府建设的全面领导，明确党政主要负责人履行推进法治建设第一责任人职责；丹徒区委于8月召开全面依法治区工作会议，专题部署依法治区和法治丹徒建设工作，在区委常委会和区政府常务会议上专题听取法治政府建设年度报告和重大决策事项专题汇报；加强法治专题学习，区委常委会上开展习近平法治思想、中央政法工作会议精神、党内法规等方面专题学习研讨，区政府常务会上开展《中华人民共和国乡村振兴促进法》《信访工作条例》《中华人民共和国反垄断法》《中华人民共和国退役军人保障法》等法律法规学习，区委党校将习近平法治思想纳入全区新提拔干部能力提升培训、乡科级干部轮训、驻村第一书记培训等教育培训内容，分层分级开展法治工作队伍全战线、全覆盖培训轮训；聚焦法治督察工作要点，督促各镇(街道、园区)和各部门对法治政府建设再学习、再检视和整改提高，推动法治丹徒建设向纵深推进。全年开展民法典宣讲活动及报告会120场次，举办专题法律咨询36场次，开展“法企对接”公共法律服务进园区活动；“12348”法律服务队开展企业宣讲活动36场次，发放宣传手册5万余份。全年新创建省级民主法治示范村(社区)3个(宝堰镇宝堰村、辛丰镇山北村、宜城街道崇文社区)。

推进信息化平台建设，推动线上线下深度融合，提升网上政务办理覆盖率，统筹维护全区各部门权力事项和公共服务事项认领率，落实每月考核通报制度，推动政务服务平台高效运用。全年事项认领率85.8%，二次录入办件数据22548条。推进“互联网+监管”系统应用，统筹做好监管数据报送工作，推进“互联网+监管”体系的规范统一、协调联动，逐步实现对监管对象的全覆盖、监管过程的全记录。协调区级部门和镇村做好权力事项动态维护工作，全区12个部门按时完成193个省定标准公共服务事项认领任务。加强部分重点监管领域数据归集，督促各相关部门定期报送监管数据，及时处理风险预警信息，运用大数据打通部门网格化信息通道。丹徒区全年上报监管数据12289条。

（薛成州）

【“放管服”改革】 2022年，丹徒区持续深化“放管服”改革，印发《丹徒区2022年网上中介超市工作实施方案》和《丹徒区网上中介超市运行跟踪监督机制(试行)》，先后两次召开工作推进会，协调审批部门把好“入口关”。推进26个区级部门和8个镇级政府及时认领行政许可事项，汇总形成共包含249个事项的《丹徒区行政许可事项清单(2022年版)》。开启“政银合作”新模式，在全市率先实行企业注销“一件事”改革，加强一体化在线政务服务平台应用。推进电、水、气业务报装“一窗受理”工作。实现政府采购全流程电子化，提供保证金电子保险保函服务，全年开出电子保函49单，为企业释放流动资金762.17万元。保障外地务工人员随迁子女享有平等的受教育权利，义务教育阶段共接收安置外来务工人员随迁子女6275人。

（薛成州）

【优化营商环境】 2022年，丹徒区落实《镇江市打造“镇合意”服务品牌优化营商环境的工作方案》和《丹徒区进一步优化营商环境的十条规定》要求，探索包容审慎柔性执法方式，优化调整《丹徒区涉企一般违法行为行政处罚“轻微违法首次免罚”事项清单》，制定《丹徒区涉企一般违法行为从轻行政处罚事项清单》和《丹徒区涉企一般违法行为减轻行政处罚事项清单》。严格执行《长江三角洲区域税务轻微违法行为“首违不罚”清单》《税务行政处罚“首违不罚”事项清单》《第二批税务行政处罚“首违不罚”事项清单》，全年税务部门实施免予处罚814户次，免缴罚款共计40700元；加大非法营运、旅游包车、危货运输车辆、超限超载车辆及道路运输企业专项监管和整治力度，全年查处非法营运车辆10辆次、旅游包车1辆次、超限超载车辆543辆次；开展运河港口码头扬尘污染防治专项执法检查，依法查处违法行为1起，下发环境问题整改通知书8份；推进交通工程建设领域排查治理专项执法行动，累计检查项目6个，下发整改通知书5份。

（薛成州）

【规范性文件管理】 2022年，丹徒区加强政府法律顾问日常工作考核管理，组织法律顾问参与长江大保护、散乱污环境治理等专项行动，为全区在政府投资、民生服务等领域的重大决策提供科学合理的法律意见。全年政府法律顾问参加政府涉法事务124次，对78件政府协议及重大行政决策开展审查，出具相关法律意见书75份。健全完善行政规范性文件合法性审查工作机制，定期清理区政府及各部门的规范性文件，继续保留有效规范性文件10件。印发《丹徒区行政规范性文件合法性审查工作规范》《丹徒区行政规范性文件备案审查办法》，为规范全区备案审查工作提供制度支撑。制定下发《镇江市丹徒区地方政府储备粮管理办法》，印发《全区重大行政决策目录管理事项的通知》，将增设停车泊位、打造“阳光体育”校园两个民生实事项目纳入目录管理。确定《基层推进“三重三书”合法性审查工作方案》（“三重三书”即重要决策、重要文件、重要行政合同，履职申请答复书、政府信息公开申请答复书、影响当事人权利义务告知书），在上党镇开展基层合法性审查规范化试点，推进基层备案审查工作规范化标准化建设。

（薛成州）

【行政权力制约监督】 2022年，丹徒区政府及各部门自觉接受各界监督，落实重大事项向人大报告制度，重视人大、政协对政府专项工作的调研，做好人大建议和政协提案办理工作，自觉接受司法监督，确保行政权力运行合法化、规范化。实现重大行政决策、行政规范性文件、行政合同协议等合法性审查全覆盖，并及时向市政府和区人大报备规范性文件。将行政诉讼、行政复议案件情况纳入全区高质量发展综合考核范围，加大督查考评力度。严格执行《政府信息公开条例》，围绕“公开为常态、不公开为例外”原则，完善政府信息公开机制，创新拓展信息公开的方式和渠道，推进决策、执行、管理、服务、结果“五公开”，提升政务公开工作实效。定期组织开展全区政府信息公开工作评议，通报政务公开的基本情况、存在问题和改进措施。全年通过丹徒区政府门户网站发布各类政务信息3396条，做到政府信息应公开尽公开。支持人民法院依法审理行政案件，全年以丹徒区政府为被告的已开庭审理的行政诉讼案件，行政机关负责人出庭应诉率100%；尊重并执行人民法院生效判决，及时向法院、检察院反馈在城市管理、教育、交通、生态环境治理等领域的司法建议采纳情况，年度办复率100%。做好全区规范性文件备案审查工作，全年备案审查78件，出具法律意见书75份；受理行政复议案件38件，直接纠错率25%。依据《丹徒区区级预决算信息公开工作方案》，重点关注村级财务审计、重点项目推进等政策落实，促进资金到位、项目落地、政策生效。全年完成计划审计项目28个，其中财政审计项目9个、民生审计项目3个、经济责任审计项目6个、自然资源审计项目1个、农业农村审计项目2个、固定资产投资审计项目3个、企业审计项目4个。审计查摆问题123个，向社会公示审计结果6篇。（薛成州）

【行政执法监督】 2022年，丹徒区推行行政执法"三项制度"（行政执法公示制度、执法全过程记录制度、重大执法决定法制审核制度）有效落实，各镇（街道、园区）、区级行政执法部门实现行政执法"三项制度"全覆盖，严格落实事前事中公示，对全区基层综合执法、推行证明事项告知承诺制、重点领域行政执法及"两法衔接"（行政执法与刑事司法衔接）等工作情况开展专项监督检查，全年开展重大执法决定法制审核699件，"两法衔接"17件，行政指导37874件，提升行政执法监督工作质效，营造公平正义的执法环境。将亲商理念、柔性举措融入涉企行政执法过程中，推动包容审慎柔性执法改革，完善涉企行政处罚"三张清单"（涉企不予行政处罚事项清单、从轻行政处罚事项清单、减轻行政处罚事项清单），全年组织丹徒区各行政执法部门及时调整变更一般涉企行为"轻微违法首违免罚"事项清单56项，梳理制定从轻处罚事项清单11项和减轻处罚事项清单11项。成立案卷专家评审组，对全区各部门报送的62份行政执法案卷进行评查，梳理案卷整改问题95条，发出行政执法监督建议书24份。做好全区行政执法人员证件管理工作，组织460名应试人员参加全市集中换证考试，注册、审核行政执法证件700余份。深化行政执法体制改革，推行跨领域跨部门综合执法，持续提高行政执法机关依法履职尽责能力，全年城管、公安、市场监管、农业农村等部门对整顿城区停车秩序、打击非法捕捞、整治城市噪声污染等领域开展联合执法6次；联合丹徒区财政局开展政府购买服务协议专项清理整治行动，杜绝行政执法权力违规外包行为；开展基层综合执法规范化建设专项行动，举办专项执法实务培训班4场次，旨在提升乡镇综合行政执法人员执法能力和水平。（薛成州）

【社会矛盾化解】 2022年，丹徒区发挥矛盾纠纷多元化解机制作用，畅通社会矛盾非诉化解渠道，健全非诉中心和非诉分中心，深化交通事故、劳动争议、婚姻家庭、消费纠纷、物业纠纷等重点领域的人民调解组织规范化建设，形成社会多层次多领域齐抓共管的解纷合力，依法防范和化解社会矛盾。推广运用"苏解纷"非诉服务平台，提高解纷工作质效，全年调解矛盾纠纷8010件，其中在"苏解纷"平台上办理563件。持续深化行政复议体制改革，打造标准化行政复议听证室，探索"复议+听证"审理模式，发挥行政复议公正高效、便民为民的制度优势和化解行政争议的主渠道作用，推进行政争议实质性化解。全年受理行政复议案件38件，比上年增长158%，直接纠错率25%，实质性化解率16%，依法调解政府信息公开、工伤认定等领域的行政复议案件，努力实现法律效果和社会效果有机统一。（薛成州）

公 安

【概况】 2022年，镇江市公安局丹徒分局（简称丹徒公安分局）围绕中共二十大安保维稳主线，实施"主动警务"战略，部署启动"市县主战、派出所主防"实战化职能体系改革，推动各项工作高质量发展和体制机制现代化升级。完成中共二十大安保等年度系列维稳任务。针对征地拆迁、房地产、农村电影放映员等重点矛盾和特殊利益群体，持续开展矛盾纠纷排查化解、信访矛盾攻坚化解工作，超前预警、妥善处置涉众事件。组建运行"大案战队”，配套实行“118+X”合成体系(1个中心全要素入驻，1名局领导统领，图侦、反诈、反恐、网侦、经侦、治安、情报研判、刑事技术8支专业战队按“AB”岗24小时全天候对各类要素开展深度合成研判，同时加强研侦一体化常态运转，坚持以案扩案，不断裂变拓展线索，全天候全流程服务支撑实战)，侦破一批重大案件，全区刑事发案、侵财发案、电诈发案、涉黑恶等九类案件均比上年下降，执法质量综合考评居全市第一。投入1200余万元升级改造“情指行”一体化实战化中心，并于10月投入实体化运作，在镇江市公安局大数据建模竞赛中获团体第一名、个人第一名；升级数字化派出所建设、村镇智慧警务室建设，数字化样板派出所初信初访调解率95%以上，信访总量比上年下降40%；严打涉企突出犯罪，制定细化服务企业十项措施，深化“警企一警通”机制、“一窗通办”等政务服务改革，分局民警在户籍窗口技能比武竞赛中分获第一名、第二名。坚持从严治警，贯彻执行相关纪律规定，组织全体民警、辅警签订责任状976份，未发生违规情况；实施“暖、润、励”三项措施，健全完善新时期从优待警机制行；加大典型选树，向上级推举表彰42个集体、66名个人。

（姚 欢）

【智慧合成作战体系】 2022年，丹徒公安分局创新“情指行”五位一体智慧战防新模式，形成智慧合成作战体系，立足大案引领、智慧合成、机制改革、数据强基四个维度，实现警务资源高度融合、专业打击效能跃升、全域防控高能精准、基层板块减负增效等多赢成效。整合刑侦、经侦、网侦、扫黑、反诈、食药环侦等多警种职能和手段，创新建立由精锐警力集成的“大案战队”，开展各类大要案件、重大线索、重大突发事件等方面的研判侦办处置工作，并根据案件需要，动态聚合基层所队的警力资源，提高大案攻坚的专业性和集约性，2起案件被江苏省公安厅网安总队评为重大案件。针对新型违法犯罪活动高位运行的实际情况，配套实行大案战队“118+X”合成体系，严厉打击电信网络诈骗、养老诈骗、侵害妇女儿童权益等突出违法犯罪，抓获电诈犯罪嫌疑人410人，比上年提升285.6%，电诈案件立案数、经济损失数比上年分别下降8.2%、12%；侦破强奸、猥亵儿童现行案件8起，破获强奸幼女和引诱组织未成年人卖淫隐案，抓获团伙成员12人；侦破沈阳弘大中医院养老诈骗专案，案值近2亿元，采取强制措施人员20人，冻结涉案资金1300余万元；打击食药环领域违法犯罪，侦破三明生物污染环境案、生产销售假烟案等系列案件25起，公诉嫌疑人48人。

（姚 欢）

【防控效能提升】 2022年，丹徒公安分局深化智慧警务引领下的基层板块联勤联动、融合共治，提升防控效能。坚持智慧导防、动态布防，巡特警、铁骑队、交警、派出所巡防警力、机关夜巡队、社会义务巡逻队等常态化控网巡格，加强主城区数字化街面警务站建设，全天候接收合成中心下达的指令，对各类案事件、突发情况进行秒级响应、精准布防、及时处置，提升街面见警率、管事率和治安控制力，全区刑事案件、侵财案件发案比上年分别下降5.4%、8.2%。立足派出所主防职能，深化“警网融合、警综共治”，升级数字化派出所建设、村镇智慧警务室建设，确保分局统筹有力、派出所运转高效、基层警格夯实；以城区派出所、高资派出所为样板，建成集社会治理现代化指挥中心、网格化服务管理中心、综合指挥室、“平安前哨”指挥室“四位一体”的基层派出所融合型指挥室，与属地综治部门联勤联防；数字化样板派出所初信初访调解率95%以上，信访总量比上年下降40%，辖区刑事发案数比上年下降16.6%。常态化开展集中清查行动，加密夜间设卡临检，加强重点行业场所检查管控力度，全年完成“黄赌娼”公诉32人，公诉10人以上团伙案件、5人以上团伙案件共4起。

（姚 欢）

【执法服务效能提升】 2022年，丹徒公安分局推进警务现代化改革，升级改造“情指行”一体化实战化中心，集情报指挥中心、合成作战中心、反诈中心、大数据支援服务中心于一体，实现手段、力量、功能等高度融合，破解数据资源权限壁垒、合成作战深度不够、基层防控支撑不足等难题，提升县级公安机关统筹指挥重大安保维稳、防范化解重大风险隐患和应对处置重大案事件的能力水平。提升执法办案质效，建成智能化一体化执法办案中心，推进执法三级联动一体化执法办案管控平台、政法协同系统、智能笔录系统等智能化系统应用，同步推进场所应用、案件办理、人员管控、财物管理等智能化规范化运行，分局执法质量考评居全市第一，在全市公安法制练兵竞赛中获第一名。推进大气污染治理、打击固废行动、文明城市创建等专项工作，深化“警企一警通”机制和“一窗通办”“一网通办”等政务服务改革，全区所有派出所率先实现交管业务“一站式”办理，全部完成综合服务窗口建设，打造优质营商环境、就业环境。

（姚　欢）

【旅馆业管理】 2022年，丹徒公安分局按照镇江市公安局差别化管理要求，将易被违法犯罪分子利用、落脚、活动的旅馆业场所作为管理重点，创新推行实施“一二三四五”工作法。即织密“一张网”：不间断对辖区115家旅馆逐家逐户开展滚动排查，梳理核实旅馆内部管理、安防设施、从业人员等基础数据并备案登记，做到底数清、情况明，同时在前台登记员、楼层服务员等人员中选择物建信息员，核查凌晨回旅馆住宿、白天睡觉夜间外出等可疑人员；把好“两道关”：在受理新开设旅馆行政许可申请时，严格把好“指导关”和“审核关”，上门指导旅馆业治安管理信息系统及物防、技防等设施的安装使用，同时建立派出所与消防、治安等部门联动机制，对旅馆的软硬件建设现场联合审查，对不符合条件的提出整改意见并跟进复检复核；明确“三级责任”：按照“谁主管，谁负责”原则，明确属地派出所分管所长、社区民警、治安大队专管领导为旅馆业管理第一、第二、第三责任人，形成一级抓一级、层层抓落实的工作体系；落实“四必查措施”：违法违规经营问题突出的必查，治安问题多发的必查，安全防范措施不落实的必查，安全隐患整改不到位的必查，对于多次检查中发现的问题、拒不落实整改的一律依法顶格处罚；完善“五项制度”：指导旅馆业主建立健全内部安全管理、通道值守、访客登记、信息录入上传、可疑情况报告五项制度，通过“点对点”“一对一”“以会代训”等形式，不间断对旅馆进行跟踪培训指导，并上门开展针对性辅导，规范旅馆业经营活动。（姚　欢）

【打击治理电信网络诈骗犯罪行动】 2022年，丹徒公安分局以保平安、护稳定、压发案为目标，开展打击治理电信网络违法犯罪行动，构筑反诈屏障。制定实施《镇江市公安局丹徒分局细化落实〈全市公安机关打击治理电信网络诈骗犯罪十项措施〉工作清单》，细化落实25项具体任务，逐一明确具体措施、进度安排、责任局领导、牵头部门、协同部门和主要责任人；推进分局反诈中心建设，研究全区涉网新型犯罪的发案态势、犯罪手段、打防策略和法律支撑等问题，及时掌握电诈犯罪新动向、新手段，推送打防治理新战法、新机制；统筹刑警、治安、经侦、内保、网安、情指、法制等警种力量同步上案、捆绑作战、快速联动，落实每案必侦、每日会商制度，健全情报研判、数据侦查、落地抓捕等机制，围绕资金流、通信流、网络流等方面，加强信息采集分析和深度研判，开展全链条打击，全年抓获市级重点电诈案件嫌疑人5人，抓获关联犯罪嫌疑人25人；将打防电诈工作纳入全区平安建设考核，实效运行打击治理电信网络诈骗犯罪联席会议制度，重视预警劝阻工作，借助“云脉”等平台工具，在接到指令后立即采取电话劝阻，在对方无法接通情况下利用各项技术手段明确人员位置，发挥社区民警、网格员、村(社区)干部及志愿者作用，逐人管控和见面劝阻，最大限度实现精准拦截，全年接收部级预警13119条、省级预警6215条；联合电信、银行等部门，全时段开展查控，建立报警人、“110”、反诈中心“三方通话”机制，第一时间接报警情获取涉案线索信息、与银行联动止付涉案资金，提高止付时效，全年冻结涉案卡355张。结合阶段性发案形势和特点，发动全警进机关、进社区、进校园、进企业，通过集中宣讲、入户走访、张贴发放等方式做好反诈宣传工作；建成全区首家以AR互动体验为主题的沉浸式安防教育馆，以图文资料、多媒体、人机互动等多种形式宣传反诈知识；发挥数字传播影响力，实现重点场所反诈宣传动态化、视频化；针对高校学生、个体业主、财会人员等重点群体，宣传最新诈骗类型、诈骗手段等反诈防骗知识；联盟快递网点、商圈商家等组建反诈联盟，通过吸纳商户签订防诈骗承诺书、张贴快递防诈提示单、引导群众参与反诈宣传消费折扣等形式，推进全民反诈工作见成效。（姚 欢）

2022年6月17日，丹徒公安分局党员民警在丹徒新城宝龙广场开展反诈宣传活动 （丹徒公安分局）

【打击侵害妇女儿童权益违法犯罪专项行动】2022年，丹徒公安分局开展打击侵害妇女儿童权益违法犯罪专项行动，先后组织召开全局性部署会、推进会和调度会，及时传达贯彻上级部署要求，明确目标任务分析研判形势，研究解决问题困难，部署落实打防措施，确保与上级同频同步；成立局主要领导为组长的专项领导小组，从线索摸排、警情梳理、打击整治、宣传发动等方面细化落实各警种、部门工作职责，形成以小组牵头、部门联动、全警参与的打击整治工作格局；在刑警大队设立办公室，从各警种、各派出所抽调精干警力成立专班，24小时实体化运转，每周碰头会商、研判调度推进，对摸排发现、上级交办的重点案源线索及在手专案，建立情报联通、线索联查、案件联侦机制，实现无缝沟通对接，实时联动运转；结合敲门行动、入户调查、清查整治开展高密度排摸，依托物业、街道、社区、村组宣传法律政策，并畅通举报渠道，行动期间共走访居民8万余户。针对易滋生侵害妇女儿童权益的重点部位、群体和场所开展核查工作，组织警力走访重点娱乐场所、劳务市场和厂矿企业，搜集线索信息；专项排查残疾、流浪、智障等妇女儿童，逐人核查见底，确保情况清、底数明；依托大数据、刑事技术手段，落实专人梳理涉及侵害妇女儿童的历年警情、案件，利用DNA、人像等专业数据库拓展案源线索，对排查发现的疑似人员全部采样、入库比对，构建数据模型，实施精准打击。坚持见疑必查、循线追踪、一查到底，对在手线索，逐案落实专门力量，深度经营查证；加强与相关单位沟通协作，及时会商研究各地、各部门移送的线索、通报的情况和提出的问题，协调开展打击整治；对在侦案件线索，加强与检法沟通对接，通报案件情况，专题研究会商，统一执法办案思想，做到快侦、快捕、快诉、快判。强化宣传发动机制，深入群众、下沉社区，依托电视台、报纸、网络等媒介及悬挂标语、摆设展板等形式全覆盖宣传，并制定奖励措施，激发群众参与积极性；其间，在全区89个居民小区和主要街道路口悬挂横幅83条，摆设展板95个，发放宣传资料3500余份，刊发宣传报道10余篇。（姚 欢）

【“夏季攻势”专项行动】2022年5月10日至6月30日，丹徒公安分局组织开展“夏季攻势”专项行动，提升主业绩效整体质态，解决当前存在的短板和弱项。其间，坚持定向打击、联动防控、区域整治等措施，共完成公诉24人，比上年增长27.6%，新增抓获44人；其中，涉枪犯罪公诉、食药犯罪公诉、危害森林犯罪公诉、涉危犯罪公诉、查处网络行政案件中网络义务类案件平台备案数5项实现破零，刑事技术基础工作、网安行政案件办理、打击涉枪涉危犯罪、追逃工作、打击防控经济犯罪、侵犯知识产权犯罪公诉、“三非”行政案件办理7项指标全市排名前列。（姚　欢）

【夏季社会治安打击整治“百日行动”】 2022年，丹徒公安分局开展夏季社会治安打击整治“百日行动”，持续稳定社会面治安秩序。结合“宜安行动”全警大走访，开展“百万警进千万家”“梳网清格”矛盾纠纷大排查大化解活动，落实区级联合维稳调度机制；严厉打击突出犯罪，推进常态化扫黑除恶、打击整治电信网络诈骗等专项斗争，抽调精锐力量实体化运行“大案战队”，向上级挂牌和当地研判的各类重大线索、大要案件开展集中攻坚，侦破引诱组织卖淫案、非法经营案、侵犯公民信息专案等一批重大案件；坚决惩处侵害弱势群体违法犯罪，侦破养老诈骗案件2起，为20余名老年人挽回经济损失，侦破猥亵儿童现行案件4起，巡线深挖破获强奸幼女和引诱组织未成年人卖淫隐案；严厉打击固废倾倒违法犯罪，查处刑事案件7起，抓获嫌疑人29人；筑牢公共安全屏障，落实社会面等级巡防勤务，结合夏季治安特点优化巡防布局，加大治安复杂区域武装巡逻守护，强化显性用警、屯警街面，落实“1、3、5分钟”快速响应机制，加强党政机关、水电油气等重点单位和夜间酒吧、烧烤摊、夜排档等人员聚集部位巡逻防控。（姚　欢）

【“人民至上110，勇毅护航新征程”主题宣传日活动】 2022年1月10日，丹徒公安分局在丹徒区宝龙广场设立宣传点，组织开展“人民至上110，勇毅护航新征程”主题宣传日活动。活动现场，围绕110接处警、交通安全、治安管理、反诈宣传等方面，通过大屏滚动播放镇江110宣传片、设置宣传展板、现场答疑、发放宣传资料等形式，向居民群众宣传110报警常识和社会联动机制，引导正确使用有限的110应急处突资源；其间，在各镇(街道、园区)中心位置均开展110宣传活动。活动期间，共设立宣传展板80余块，发放宣传资料3000余份，赠送新年台历200余份，接待群众1600余人次。（姚　欢）

2022年1月10日，丹徒公安分局在丹徒区宝龙广场开展“人民至上110，勇毅护航新征程”主题宣传日活动
（丹徒公安分局）

检　察

【概况】 2022年，镇江市丹徒区人民检察院(简称丹徒区检察院)依法履行宪法法律赋予的法律监督职责，服务保障丹徒经济社会高质量发展。年内，该院先后获评“全省检察机关扫黑除恶斗争先进集体”“江苏省文明单位”，6件案件入选省级以上典型案例；22个集体和个人受市级以上表彰。

依法惩治各类刑事犯罪，批准逮捕59人，提起公诉401人；贯彻中央关于严厉打击“养老诈骗”犯罪决策部署，批准逮捕3人；严厉打击新型网络犯罪，开展“断卡”(指为了打击治理电信网络新型违法犯罪，依法清理整治涉诈电话卡、物联网卡以及关联互联网账号的行动)、“净网”(即“净化网络环境专项行动”，是全国“扫黄打非”工作小组办公室、国家互联网信息办公室、工业和信息化部、公安部为依法严厉打击利用互联网制作传播淫秽色情信息行为的一次特别行动)、“反洗钱”(指为依法打击治理洗钱违法犯罪活动，进一步健全洗钱违法犯罪风险防控体系，由中国人民银行、公安部等11部门联合开展的打击治理洗钱违法犯罪三年行动)

等专项行动，提起公诉电信网络诈骗、黄赌毒、侵犯公民个人信息等犯罪58人，办理林某等22人通过直播平台以恋爱为名实施诈骗、涉案金额700余万元的网络犯罪案件；严惩涉众型经济犯罪，依法对以互联网为平台发展会员近11万人、吸纳资金8300余万元的组织、领导传销活动案提起公诉，并自行追赃挽损近470万元。坚持少捕慎诉慎押刑事司法理念，围绕保民生、保就业、促发展，对情节轻微、认罪认罚、积极整改的14家涉案企业及27名企业人员依法作出相对不起诉处理；对5家涉案企业开展合规工作(指检察机关对于办理的涉企刑事案件，在依法做出不批准逮捕、不起诉决定或者根据认罪认罚从宽制度提出轻缓量刑建议等的同时，针对企业涉嫌具体犯罪，结合办案实际，督促涉案企业作出合规承诺并积极整改落实，促进企业合规守法经营，减少和预防企业犯罪，实现司法办案政治效果、法律效果、社会效果的有机统一)，帮助建章立制，助力企业健全完善内控机制，并采取主动走访、召开企业家座谈会等方式了解企业经营现状，提升依法合规经营管理水平。主动融入区域社会治理，注重从个案、类案中发现问题，发出社会治理检察建议13份，回复采纳率100%；落实最高人民检察院“八号检察建议”(2022年2月，最高人民检察院针对当前安全生产监管工作中存在的突出问题，向应急管理部制发安全生产溯源治理方面的检察建议)，会同应急管理、市场监管、消防等部门建立安全生产“4+N”(即从信息互通、主题宣讲、联防整治、织密法网四方面推动构建多部门协同联动工作格局)诉源治理工作机制，合力筑牢安全生产防线。依法推进反腐倡廉建设，受理监委移送职务犯罪案件8件15人，决定逮捕5人，提起公诉16人；对受贿2000余万元、造成国家和集体损失逾1500万元的王某依法提起公诉，指控的犯罪事实和提出的量刑建议获法院全部采纳；针对办案中发现的监督缺失、管理漏洞等问题，及时向有关单位提出防范对策建议，并获评“全省检察机关十佳职务犯罪检察建议”。

严厉打击破坏环境资源犯罪，提起公诉7件16人，办理的某药业公司等6家单位、16名个人污染环境案入选全省检察机关环境资源犯罪典型案例；组织开展深入打击危险废物、非法处置废水偷排直排等环境违法犯罪专项行动，依法办理公安部挂牌督办的“8•18”跨省倾倒固体废物案，办案团队获江苏省生态环境厅、江苏省检察院、江苏省公安厅联合表彰；牵头自然资源、生态环境等部门建立“丹心护绿”一体联动工作机制，畅通案件线索发现、信息共享、环境损害赔偿渠道，形成保护合力；

2022年2月21日，丹徒区检察院提前介入一起盗伐农田防护林木案 （王运喜 摄）

针对上级环保督察发现的问题，协同环保部门梳理大气污染、土地污染等29项问题清单，制定发出环境治理督促履职检察建议16份，推动落实整改；践行恢复性司法理念，在高资街道设立检察公益生态修复基地。坚持民有所呼、检有所应，开展农民工讨薪专项监督，对2起群体性讨薪纠纷及时介入，助力42名农民工追讨工资款70万余元；与丹徒区慈善总会建立协作机制，拓宽困难群体救助渠道，向50名因案致贫返贫的当事人及其近亲属发放救助金26万余元；加强当事人诉讼权利和律师执业权益保障，监督纠正阻碍律师依法行使诉讼权利案件2件，入选全省检律协作典型案例1件。将心比心对待群众信访，落实7日内程序回复、3个月内办理过程或结果答复的要求，办理来信来访125件，对12件首次信访全部由院领导包案，11件已办结案件均无再次申诉，领导包案工作经验被江苏省

检察院转发；对因民间纠纷引发的轻微刑事犯罪，开展刑事和解，制定个性化调解方案，邀请社区代

2022年9月1日，丹徒区检察院工作人员上门开展刑事和解工作（王运喜　摄）

表、律师等共同推动和见证案件调解，共促成和解20件；对案件处理等方面存在较大争议的案件，邀请人大代表、政协委员、人民监督员等社会公众人士担任听证员，开展公开听证23件，听证案件纠纷化解率100%；组织“检察官进网格”活动，开展法治宣传和带案下访活动23次。结合办案推进诉源

2022年10月14日，丹徒区检察官进网格开展“检察蓝”守护“夕阳红”活动（王运喜　摄）

治理，针对大学生“两卡”犯罪(指非法出租、出售、买卖手机卡、银行卡等的违法犯罪活动)问题，向相关院校制定发出检察建议，并受邀为该校新生开展法治教育；坚持民事、公益诉讼检察同向发力，对未成年人打赏主播案支持起诉，帮助追回打赏款6500元；通过“线上+线下”方式开展“检察官进校园”“法治进乡村”等法治宣传活动11次，受众近5000人次；以黄墟中心小学为试点，依托法治副校长培育孵化“法治小卫士”，协助开展法治教育、普法宣传等工作，逐步实现全覆盖。

2022年5月26日，丹徒区检察院在黄墟中心小学开展“携手落实‘两法’ 共护祖国未来”检察开放日活动（王运喜　摄）

以质量建设年为契机，与公安机关建立侦查监督与协作配合机制，共监督立案、撤案43人，纠正漏捕、漏诉11人，提出侦查活动书面纠违意见14件；加强刑事审判活动监督，对违法不当情形提出纠正意见4件，提请抗诉2件，获改判；会同法院、公安机关建立一站式简案快办工作机制，并在全市率先设立速裁法庭，推行集中受理、批量移送、批量开庭审理模式，依托该机制办案147件，速裁和简易程序适用率82.8%；贯彻宽严相济刑事政策，对犯罪情节较轻、社会危害性较小的犯罪嫌疑人依法从宽处理，决定不批捕23人，不起诉127人；强化刑罚执行监督，监督纠正不当情形23件，对2名严重违反社区矫正规定人员监督收监执行；对矫正巡回检察中发现的20余个问题督促整改。提出再审检察建议10件，监督纠正违法不当情形25件；持续开展虚假诉讼专项监督，2件再审检察建议获法院支持，为当事人挽回经济损失33万元。持续做实行政检察，32件行政非诉、审判违法、行政违法检察建议被采纳；开展行政检察小专项行动，排查出征收社会抚养费、行政罚款和刑事罚金重复处罚等案件55件，向多部门制定发出类案检察建议，以行政争议案件实质性化解(检察机关通过履行对行政诉讼实行法律监督等法定职权，运

用监督纠正、公开听证、引导和解、司法救助等多种方式，促进解决行政机关在实施行政管理等活动中与行政相对人产生的争议，最终实现案结事了、政通人和）推动社会问题深层次治理，相关做法在江苏省检察院重点工作推进会上作经验交流。拓宽公益诉讼检察监督领域，共办理涉及公民信息、生态环境保护等领域的公益诉讼案件28件，其中“散乱污”渗坑排放有毒有害废水生态环境损害赔偿磋商案入选江苏省检察院典型案例；发挥公益诉讼检察职能，助力无障碍环境建设，将监督范围扩大到银行、超市等场所，办理的督促整治公共停车场无障碍环境建设行政公益诉讼案入选最高人民检察院公益诉讼“千案展示”案例；针对省级非物质文化遗产“董永传说”保护不到位问题，邀请文化领域专家、人民监督员参加座谈、现场听证，督促相关单位依法履职；推进英烈设施保护，针对部分烈士纪念墓管理不到位等问题，督促相关单位将5座烈士纪念墓全部迁入丹徒区烈士陵园，被《检察日报》头版刊发。（许 欣）

【《关于在追索劳动报酬案件中加强协作配合的实施意见》】 2022年1月，丹徒区检察院联合丹徒区根治拖欠农民工工资工作领导小组办公室、丹徒区人力资源和社会保障局制定《关于在追索劳动报酬案件中加强协作配合的实施意见》，就建立劳资纠纷联动调处机制，以及线索移送、信息通报、邀请介入、日常联络、联席会议等具体事项作出细化规定。（许 欣）

【《关于健全侦查监督与协作配合机制的实施意见》】 2022年2月，丹徒区检察院与丹徒公安分局会签《关于健全侦查监督与协作配合机制的实施意见》，依托双方联合设立的侦查监督与协作配合办公室，成立该项工作领导小组，实行检察长、公安局长“双组长”负责制，检侦双方指派办案组或专员常驻开展工作，建立实质介入、规范监督、意见交流、定期会议、信息互通、同堂培训6项机制，细化案件繁简分流、简案快办制度和标准，并明确双方都应将侦查监督与协作配合机制及办公室建设情况纳入绩效考核，同步科学设置考核项目。（许 欣）

【《侦查监督与协作配合办公室“一站式”简案快办工作办法》】 2022年3月，丹徒区检察院与丹徒公安分局、丹徒法院联合会签《侦查监督与协作配合办公室“一站式”简案快办工作办法》，明确对危险驾驶、交通肇事等适用速裁程序及简易程序案件适用“一站式”简案快办速裁程序，在上述案件立案侦查、移送审查起诉、社区矫正等过程中，公检法三家均应简化工作流程、缩短办案周期，实现侦查、起诉、审判无缝衔接。（许 欣）

【社会抚养费非诉执行专项监督】 2022年4月，丹徒区检察院根据代表联络工作中发现的线索，针对“三孩”生育政策实施后社会抚养费非诉执行问题部署开展专项监督，并依法制发类案检察建议，推动49件未执结案件执行终结，为28名被执行人恢复征信，34名被执行人依法解除限制消费等强制措施，办案成效获江苏省检察院肯定。（许 欣）

【《关于进一步加强民事、行政法律监督工作的实施意见》】 2022年6月，丹徒区检察院会同丹徒法院制定《关于进一步加强民事、行政法律监督工作的实施意见》，突出民事、行政领域虚假诉讼、非诉执行、破产审理、拒不执行判决裁定4项监督重点，明确调阅相关案件正副卷、旁听案件庭审、监督法院执行活动等6种监督方式，在设立派驻法院法律监督办公室基础上，检法双方建立联席会议、线索移送、联合听证等长效协作机制。相关做法被江苏省检察院转发。（许 欣）

法 院

【概况】 2022年，镇江市丹徒区人民法院（简称丹徒法院）履行宪法法律赋予的职责，为推动丹徒区高质量发展提供司法服务和司法保障。全年受理各类案件9857件，办结8719件，比上年分别上升

7.28%和6.49%，法官人均结案290件。年内，丹徒法院1篇案例入选最高人民法院大力弘扬社会主义核心价值观典型民事案例，2名干警分别被江苏省高级人民法院评为“全省法院立案信访工作先进个人”“全省法院办公室工作先进个人”。

2022年，丹徒法院采用互联网方式开庭审理一起劳动争议案件（丹徒法院）

全年受理刑事案件260件，审结233件，判处人犯291人。依法打击危害人民群众生命、财产安全犯罪，受理盗窃、抢劫等传统型侵犯公民人身与财产安全犯罪41件63人，结案36件48人。持续推进打击治理电信网络诈骗犯罪工作，参与“断卡”和“净网”行动，共审结14件18人涉电信网络诈骗、侵公、帮信等犯罪案件。始终保持对腐败犯罪的高压态势，依法审结职务犯罪案件7件13人。依法打击村“两委”干部职务犯罪，共受理涉村“两委”干部职务犯罪4件8人。开展常态化扫黑除恶斗争“打财断血”专项行动，依法处置涉黑恶财产。开展打击整治养老诈骗专项行动，向金融监管机构发出首份涉养老诈骗司法建议书，通过“小课堂”、播放宣传视频、发放宣传资料等方式，维护老年人合法权益，守好老年人“钱袋子”。强化新类型案件审理能力，审理高空抛物行为独立成罪后的首起高空抛物案件，严厉打击危害群众生命财产安全的不法行为，守护人民群众“头顶上的安全”。

全年受理各类民商事案件4721件，审结4050件，以调解撤诉方式结案1774件，调撤率43.8%。依法妥善审理涉“三农”（农业、农村、农民）纠纷，保障农民农村土地承包权、宅基地使用权、集体收益分配权。审慎审理建设工程、房屋买卖等涉不动产纠纷，为“保交楼、保民生、保稳定”工作提供司法保障，全年审结建设工程、房屋买卖、房屋租赁、土地使用权等纠纷290件。倡导诚信经营，维护契约自由，平等保护各类市场主体合法权益，审结买卖、承揽、借款、担保等合同纠纷案件1372件。加大人格权保护力度，依法审理利用网络侵犯名誉权、隐私权、信息权等侵权行为，全年审结侵犯名誉权案件18件。深化家事审判改革，用好心理辅导干预、家事调查、诉前调解、审后回访等措施，加大人身保护令制度落实，保障妇女、儿童、老人及困难群体、特殊群体的人身安全和人格尊严。全年审结婚姻家庭、继承、赡养等家事纠纷340件。

全年受理执行案件4698件，执结4148件，执结标的23.72亿元。转变执行工作理念，努力用“真金白银”兑现当事人胜诉权益。加强执行资产管理，加大资产处置力度，案拍比4.08%，执行标的到位率21.3%。完善执行工作机制，制定实施执行工作单独序列绩效考核办法，提高执行案件质效。加大强制执行威慑力，实施“见‘镇’执行”“丹心照执行”等系列集中执行行动，常态化开展凌晨、夜间、假日执行，组织开展集中执行行动34次，依法拘传221人，拘留9人，强制搜查97次，强制腾退清场12次，“纳失”（纳入失信被执行人名单）、“限高”（限

2022年11月9日，丹徒法院开展“丹心照执行”系列集中执行行动。图为对一起民间借贷纠纷案件所涉房屋开展强制清场（丹徒法院）

制高消费)2901人次。加强执行作风建设,执行案访比明显下降。加强执行氛围营造,直播强制执行行动12次,网络围观群众295万人次,最高单场直播观看98.2万人次。(吴安娜)

【法治营商环境】 2022年,丹徒法院践行"法治是最好的营商环境"理念,制定实施《优化营商环境评价指标提升工作方案》,提升司法服务水平。推进商事纠纷多元化解,引导商事案件当事人优先选择商会调解等途径解决纠纷。6月,与丹徒区工商联联合设立商事调解工作室;截至年末,接收商事调解案件291件,成功率51%。全年商事案件诉前分流率84.84%,诉前调解成功率52.13%。落实商事案件繁简分流,提升商事案件的审判效率,简易程序案件平均审理天数降至39.76天。联合丹徒区人社局、丹徒区劳动人事争议仲裁委员会举办规模企业劳动法律法规培训活动,为企业发展保驾护航。开展"优化法治化营商环境执行年'1+4'"专项行动(指以企业信用修复"暖企"行动为牵引,以市场主体出清"助企"行动、善意文明执行"护企"行动、推进政务诚信"惠企"行动、执行信访突出问题攻坚化解"安企"行动为支撑,坚持公正高效规范文明执行,综合运用信用修复、教育督促、"执行转破产"、失信约束等措施,与政府相关部门紧密配合,对失信企业进行专项治理)开展信用修复工作,符合条件的纳失企业全部清理完毕,全年退出失信企业95家。常态化开展"暖心助企"大走访活动,增强企业的法律意识和维权能力,共走访企业35家、企业家人大代表45人次,开展各类宣讲10场。(吴安娜)

2022年,丹徒法院开展"暖心助企"大走访活动。图为实地走访企业家人大代表 (丹徒法院)

【乡村振兴服务】 2022年,丹徒法院依法稳妥审理镇(街道、园区)在推进产业发展、集镇改造、环境整治中发生的各类纠纷,正确把握执行政策和依法办案的关系,妥善化解矛盾纠纷,推动村镇建设正常有序开展。坚持调解优先、突出释法明理、妥善化解各类土地纠纷,全年审结涉农土地承包流转类纠纷案件52起。针对辛丰镇、高桥镇、江心洲生态农业园区小微企业较多,存在用工不合法、管理不规范、法律知识不完备等问题,主动提供司法服务,开展各类法律宣讲,增强小微企业法律意识,预防和减少法律风险。(吴安娜)

【便民司法服务】 2022年,丹徒法院坚持群众需求导向,持续深化完善"互联网+诉讼服务"新模式,推动诉讼服务转型升级,提供现场立案、邮寄立案、网上立案、跨域立案、网上调解和24小时自助立案等诉讼服务,用最短时间、最低成本满足群众急难愁盼司法需求。全年网上立案3044件,网上调解2463件,网上开庭530件。借助智慧法庭平台,加大案件速裁力度,确保简案快审快结,全年适用该机制快速审结案件3833件。回应残障人士司法需求,与丹徒区残联在诉讼服务中心联合设立残疾人法律救助服务站。(吴安娜)

【民生司法保障】 2022年,丹徒法院开展"根治欠薪"专项行动,由丹徒区委政法委牵头,调解并追回群体信访的48名职工劳动报酬270余万元。依法保护未成年人合法权益,打造"天平护雏鹰"司法品牌,向网络打赏主播案少年的家长发出家庭教育指导令,与丹徒区妇联在宝堰镇鲁溪村蓝梦成长中心设立家庭教育指导站,召开"关爱留守儿童,促进家庭教育"新闻发布会,发布典型家事案件5例。开展司法救助,全年为当事人缓、减、免诉讼费7.74

万元，向11名符合救助条件的刑事案件被害人和道路交通、人身侵权、劳动争议等执行案件申请人发放救助金44万余元。（吴安娜）

【外部监督机制】 2022年，丹徒法院依法接受人大法律监督、政协民主监督，丹徒区人大常委会专题听取审议破产审判工作情况报告。组织开展“请代表监督、让人民满意”工作，先后召开企业家人大代表座谈会、镇村人大代表座谈会、人大代表见证执行会，听取社会各界对司法工作的意见建议，全年邀请各级人大代表、政协委员参加视察、座谈、旁听庭审、见证执行212人次。在全市法院首家设立法庭“人大代表联络工作室”，与辖区人大共同打造“庭审+代表”的监督平台、“法庭+代表”的汇集民意平台和“法官+代表”的化解矛盾纠纷平台。与丹徒区检察院联合制定《关于进一步加强民事、行政法律监督工作的实施意见》，并在法院设立法律监督办公室。自觉接受群众监督，坚持院领导轮流接访制度，全年接待群众来访221人次，92件来访问题得到解决。（吴安娜）

【基层社会治理】 2022年，丹徒法院参与丹徒区委、区政府疫情防控、文明城市创建等中心工作，累计抽调一线干警351人次，参与宜城街道全员核酸检测、入户筛查、上党镇疫情封控等行动。开展调解平台“三进”（进乡村、进社区、进网格）工作，与丹徒区委政法委、丹徒区司法局联合印发《关于开展矛盾纠纷诉前委派调解工作的实施办法(试行)》，依托“江苏微解纷”调解平台，整合基层社会治理资源，全年调解“三进”平台共处理纠纷270件。深化“法官进网格”工作，结对网格干警深入网格开展矛盾纠纷源头排查处理756人次，开展普法宣传52场，指导调处矛盾纠纷168件。开展“天平护航乡村治理行动”，与党委政府、小微企业和基层群众互动，与辖区派出所、司法所等部门签订“和谐共建”协议，协同排查化解突出矛盾纠纷，多元解纷成效明显。（吴安娜）

2022年10月28日，丹徒法院党员干警在丹徒区宝龙广场开展“蒲公英”普法活动　（丹徒法院）

司法行政

【概况】 2022年，丹徒区司法局立足“一个统筹、四大职能”（统筹全面依法治区，履行行政立法、行政执法、刑事执行和公共法律服务等职能），贯彻落实中央和省、市、区决策部署，强化内部管理、提升工作效能、打造特色亮点，持续深化政法队伍教育整顿成果，推动全面依法治区和司法行政各项工作取得新发展。

深化全面依法治区工作，召开丹徒区委全面依法治区工作会议，明确年度工作要点和协调机构的年度工作计划；制定《丹徒区贯彻落实省委依法治省办“四个专项行动”的实施方案》；压实党政主要负责人履行推进法治建设第一责任人职责；制定下发规范性文件《镇江市丹徒区地方政府储备粮管理办法》，将增设停车泊位、打造“阳光体育”校园两个民生实事项目纳入全区重大行政决策目录管理；落实行政规范性文件合法性审查工作机制，审查政府文件、投资协议78份，对现行有效的规范性文件开展定期清理；发挥政府法律顾问参谋作用，全年政府法律顾问共参加政府涉法事务124次，出具法律意见书75份；开展全区基层综合行政执法人员专场培训4次，组织460人参加全市集中换证考试，审核注册行政执法证件700余件；确定《基层推进“三重三书”合法性审查工作方案》（“三重三书”

即重要决策、重要文件、重要行政合同，履职申请答复书、政府信息公开申请答复书、影响当事人权利义务告知书），在上党镇开展基层合法性审查规范化试点，推进基层备案审查工作规范化标准化建设；深化行政复议体制改革，打造标准化行政复议听证室，探索“复议+听证”工作机制，发挥行政复议公正高效、便民利民的制度优势和化解行政争议的主渠道作用，行政复议案件实质性化解率16%，取得“审结一案”“规范一片”的良好社会效果；推进法治惠民实事项目落实，宝堰镇“百姓名嘴”传法治之声项目被评为市级优秀法治惠民项目；完善城乡基层“援法议事”机构建设，全区94个村（社区）实现“援法议事”全覆盖。

推进“八五”普法实施，开拓“驿路普法”法治服务新路径，聚焦全区快递、物流、外卖等新业态新就业群体的难点堵点问题，织密依法治理服务网络；当年新遴选培育“法律明白人”325人，全区现有“法律明白人”721人，实现三级网格全覆盖、1个网格2名“法律明白人”的任务目标，助力提升基层依法治理的实际成效；发挥新媒体普法效能，改版升级“丹徒司法”微信公众号，阅读量比上年增长39.02%，扩大司法行政品牌影响力；新增省级民主法治示范村（社区）3个（宝堰镇宝堰村、辛丰镇山北村、宜城街道崇文社区），推进乡村自治法治德治融合发展，提升基层社会治理法治化水平。

（张 磊 许洁茹）

2022年8月16日，丹徒区司法局为叮咚买菜平台骑手进行普法宣传活动 （丹徒区司法局）

【公共法律服务】 2022年，丹徒区司法局深化公共法律服务体系建设，聚焦群众多元化法律需求，落实助企纾困各项举措，推进企业矛盾纠纷集中攻坚行动，先后开展“送法进商圈”“百所千人助万企”“法企同行”等专项服务活动，累计走访企业200余次，开展涉企法治讲座28场，收集排查企业法律风险、服务需求180项。在世业镇成立丹徒区首家丹心惠农公共法律服务站，加快构建便捷高效、质优普惠的公共法律服务体系。拓展法律援助服务效能，延伸法律援助触角，新建人武部、住建局、高新技术产业园、经济开发区4个法律援助工作站；截至年末，全区建成23个法律援助工作站和3个法律援助联络点，实现重点领域重点群体法律援助全覆盖。全年受理法律援助案件457件，其中刑事案件58件、民事案件399件，帮助农民工挽回经济损失900余万元，接待来访群众咨询2900余人次，免费代写法律文书700余份。（贡 超 苏冬冬）

2022年8月30日，世业镇丹心惠农公共法律服务站成立活动现场为当地农户提供法律咨询 （丹徒区司法局）

【基层法律服务】 2022年，丹徒区司法局以规范司法所建设为契机，打造司法所“一地一品牌”项目，强化“一所五站点”（在司法所设立立法民意收集点、法律援助代办点、仲裁业务联系点、公证协办点、行政复议受理点五个窗口）职能，为基层群众提供“一站式”法律服务，拓展基层法律服务的维度和广度。完善以区人民调解协会为统筹、各行业性专业性人民调解组织为支撑的“1+X”调解模式，在全区6个法律服务所、4个律师事务所设立“宜和”法律服务调解工作室，在3个社区成立家事调解社区工作室；截至年末，全区设立15个特色性个人调解工作室和33个专业性行业性调解工作室。建立一支由1个区中心、10个镇(街道、园区)、N名调解志愿者组成的一体化调解队伍，加强“苏解纷”非诉服务平台建设，开展矛盾纠纷“大排查、大化解、促和谐”专项行动，完善“网格+调解”模式，促进矛盾纠纷就地化解、就近化解。全年受理矛盾纠纷8010件，其中在“苏解纷”平台上办理563件，调解率100%，未发生重大涉访涉诉案件。持续推进基层法律服务行业规范化建设，对全区6家基层法律服务所和24名基层法律服务工作者进行“双随机、一公开”(在监管过程中随机抽取检查对象，随机选派执法检查人员，抽查情况及查处结果及时向社会公开)检查，重点检查接案收费、档案管理、规章制度的建立和执行、投诉举报等情况。强化基层法律服务队伍建设，加强基层法律服务工作者的政治教育和执业道德教育，以党建引领推动法律服务行业规范、健康、有序发展。(景平平)

【特殊人群监管】 2022年，丹徒区司法局聚焦执法架构管理，融合“中心+分中心”运作模式，形成社区矫正管理局管全面、盯重点和受委托司法所抓日常的管理体系。聚焦监督管理质效，开展“社区矫正执法规范化建设提升年”活动，落实《镇江市社区矫正档案标准》；联合区检察院制定实施《关于构建社区矫正联动监督机制的意见》，明确督查检查重点内容，推动社区矫正工作依法、公正、规范开展。聚焦教育帮扶效果，细化“三项教育”(主题教育、分类教育、个别教育)。围绕“一县一特色”项目建设，与人社部门开展“共建共治聚合力、帮教帮扶促新生”主题活动，签订“四双”(“信息交流+政企协作”双平台，“培训资源+就业愿望”双清单，“人才帮扶+跟班学习”双机制，“就业+创业”双帮扶服务)帮扶合作协议，创建“携手人力资源产业园，助力社区矫正对象就业创业”特色项目，实现服务能力和管理水平双提升。完善刑满释放人员衔接、安置工作，落实重点安置帮教对象“必接必送”制度。集中开展安置帮教重点对象大排查大走访活动，摸排人户分离情况，确保人员在管在控。落实解戒人员后续照管工作，健全完善跟踪回访、教育帮扶机制，召开亲属座谈会6场，开展禁毒宣传活动1场，组织爱国主义专题教育活动1场，为照管对象亲属开展团体心理辅导1次。宜城后续照管服务站贯标示范品牌项目“宜燕来”照管工作室通过验收并投入运营。

(袁敏鑫)

【律师行业管理】 2022年，丹徒区司法局注重提高律师队伍整体素质和服务能力，对律师事务所规范收费和风险告知落实情况等开展专项检查，主要检查律师事务所建设、业务档案管理、律师遵守职业道德和执业纪律、办案质量、文明诚信服务等情况。组织开展“争做党和人民满意的好律师”“公共法律服务进园区”“百所千人助万企”活动和“尊法守法·携手筑梦”服务农民工公益法律服务行动等，参与江苏省第二批律师公益法律服务品牌选树活动，持续开展“一村一法律顾问”和“三官一律”进网格工作。截至年底，全区有律所7家，律师112人。 (贡　超)

2022年9月5日，丹徒区司法局开展“百所千人助万企”法治大讲堂活动 (丹徒区司法局)

军 事

丹徒区人武部

【概况】 2022年，镇江市丹徒区人民武装部(简称丹徒区人武部)牢固确立习近平强军思想指导地位，以军事任务准备为核心，聚焦练兵主业，同步推进疫情防控和训练备战，全面建设过硬国防动员和后备力量，完成上级赋予的各项工作任务。年内，坚持学习习近平新时代中国特色社会主义思想和习近平强军思想，引导专武干部和民兵领会内涵实质，筑牢思想根基；将开展“学习强军思想、建功强军事业”教育实践活动作为一项重大政治任务，深化“学习贯彻习近平新时代中国特色社会主义”主题教育，提升政治理论学习质量；推进国防教育工作，组织开展“全民国防教育日”活动，激发全区人民群众崇军尚武的政治热情和家国情怀。 (孙 铭)

【练兵备战】 2022年，丹徒区人武部贯彻习近平主席训令指示，围绕“平时应急、战时应战”要求，突出部首长机关、乡镇专武干部、民兵营长、应急连排和专项任务分队“三级五类”人员，分专业、批次和层级开展针对性训练，每月同步参加江苏省军区指挥技能领训，每年集中组织应急连轮训备勤和干部文员基础体能、专业技能考核，每逢战备节日组织值班分队拉动训练。组织基干民兵训练，完成年度军事训练任务；采取基层推荐和集中考核的方式，从民兵中遴选人员开展封闭式集训，邀请镇江武警支队优秀教练员指导帮带，提升民兵教学水平；年内，丹徒区民兵在代表镇江市参加省比武竞赛中获总成绩第一。 (孙 铭)

【兵员征集】 2022年，丹徒区人武部贯彻落实国家和省、市关于征兵工作的指示精神，以提高新兵质量为核心，利用多种媒体开展征兵宣传进校园、领导干部走家入户精准宣传等活动；严把征兵体检关、政治考核关、思想意志关、廉洁纪律关、集体定兵关，落实日常监督工作，按照“模拟化建制、正规化训练、封闭式管理、全程化淘汰”组织役前训练，坚持择优定兵原则，完成年度新兵征集任务。 (孙 铭)

【拥政爱民】 2022年，丹徒人武部推进拥军优属工作，坚持开展“立功送喜报”“慰问军烈属”等活动，营造“爱我人民爱我军”的社会氛围。坚持以国防教育宣讲为主渠道，结合主题演讲、知识竞赛、节日仪式、红色场所参观等形式，综合运用广播、电视、“两微一端”、短信橱窗等新阵地，开展“国防知

2022年4月26日，丹徒区组织民兵防汛抗洪点验
(丹徒区人武部)

识巡回展”“双拥杯国防知识竞赛”“英烈雕塑揭牌仪式”等活动，持续打造丹徒区国防教育特色品牌。发动全区民兵参与地方经济建设和社会治理，助力疫情联防联控，巩固拓展脱贫攻坚成果，协助石马中心小学通过国防教育示范学校复核，创建“省双拥模范区”九连冠。（孙　铭）

人民防空

【概况】 2022年，镇江市丹徒区人防办公室(简称丹徒区人防办)以提高人防指挥通信能力和推进人防工程建设为重点，推动丹徒区人防事业高质量发展。持续拓展宣传教育途径，利用报刊、微信、网络等媒体，在防灾减灾日、安全生产日等重要节点宣传人防法律法规、人防工程维护管理及开发利用、人防车位使用等知识。推进人防专业力量建设，组织专业队伍参与人防各项活动，提高人防队伍隧行任务和应急保障能力，并通过“传帮带”促进新人的能力提升。12月，丹徒区人防办获“江苏省人防工作区级先进单位”称号。（凌雅婷）

【人防信息化建设】 2022年8月，丹徒区人防办完成主城区新增防空警报器安装工作；9月18日，圆满完成防空警报试鸣任务，全区防空警报器完好率100%。根据年初训练计划，按照“依纲施训、依法施训、联合精干、多能高效”目标，组织机动指挥所赴处地参加跨区域机动训练，提升全区人防信息保障能力。（凌雅婷）

【人防工程监管】 2022年，丹徒区人防办加强人防工程质量监管，全年开展人防工程建设工地监督检查120余人次，对发现的质量问题落实整改；从推行网上报监手续、规范交底协调会、严格现场质量监督、组织技术培训、把好竣工验收备案关五个方面，对新开工项目实行流程式管理，确保人防工程建设质量不留隐患。加强人防工程安全生产监管，按照《中华人民共和国安全生产法》和“三管三必须”(管行业必须管安全、管业务必须管安全、管生产经营必须管安全)原则，落实安全生产责任，分别明确在建人防工程和竣工人防工程的主体责任单位，并做好监督检查；规范安全生产制度，建立健全各项安全管理制度、值班值守和事故信息报告制度，制定人防工程专项《安全事故应急救援预案》，明确专项救援预案报备后方可开工，并纳入竣工资料中管理；加强学习培训，组织召开人防工程安全生产和技术培训会，重点学习贯彻习近平总书记关于安全生产工作重要指示精神和国务院安委会关于加强安全生产工作十五条硬措施的落实情况；加大安全隐患排查，组织开展安全生产大检查，并针对整改要求统一制作模板发给各单位，全年出动检查150余人次；做好人防工程疫情防控工作，3月成立检查小组2个，年内开展全区住宅小区内人防工程疫情防控和安全工作检查，重点督查人员流动较大、车辆停放密集的商业配套人防工程，制定并发放《丹徒区人防工程疫情防控须知》和疫情防控宣传海报。（凌雅婷）

退役军人事务

【概况】 2022年，镇江市丹徒区退役军人事务局(简称丹徒区退役军人事务局)贯彻落实中共二十大精神，学习领会习近平总书记关于退役军人事务工作的重要论述，推进退役军人服务保障事务。该局获评“2022年度全省退役军人宣传工作先进单

2022年，丹徒区退役军人事务局工作人员告知退役军人报到须知流程　　（丹徒区退役军人事务局）

位”和“2022年度权益维护工作先进集体”，1人获评“2022年退役军人宣传工作先进个人”，1人获评“2022年度全省权益维护工作先进个人”；组织参加全市退役军人事务系统岗位练兵比武获团体赛一等奖、优秀组织奖，2人分获最佳表现奖、优秀表现奖；组织参加全省退役军人事务系统岗位练兵总决赛，1人入选镇江市退役军人事务局团队获团体赛一等奖、个人三等奖，并被授予2022年度镇江市“五一技术标兵”、2022年度全区“十佳效能标兵”称号，3人获该赛个人优秀奖。（凌 茜）

【移交安置】 2022年，丹徒区退役军人事务局完成转业人员岗位安置工作，确保安置率、满意率100%。创新退役军人就业创业机制，成立镇江市退役军人就业创业促进会丹徒分会，组织退役军人专场招聘会4场、网络推介岗位10余次、参加市级现场招聘会3场；自主就业退役士兵稳岗就业率全市领先，镇江刘恒记食品有限公司获评“2022年度镇江市退役军人就业创业示范基地”，神农氏农业开发有限公司获第三届镇江市退役军人创业创新大赛三等奖。（管小明）

【优抚褒扬】 2022年，丹徒区退役军人事务局及时足额下拨各类优抚经费，持续为全区重点优抚对象购买大病住院商业保险，组织优抚对象免费体检及重点优抚对象短期疗养，完成全区优抚对象数据核查审定工作，完成60周岁以上部分农村籍退役士兵、老年烈士子女和调评残人员的审核上报工作。建立困难退役军人“一本账”制度，组织社会各界人士结对烈士家属和困难退役军人，开展节日慰问、困难帮扶、“点亮微心愿”等活动。加强全区烈士纪念设施管理维护，持续开展清明祭扫和“烈士纪念日”“国家公祭日”等活动，组织开展“陪烈士父母过中秋”“向烈军属赠送年夜饭”等活动。在宜城街道开展退役军人优待证申领发放试点工作，打造“宜城经验、丹徒样板”，全区办理率、发放率在省、市领先。（姚玉琴）

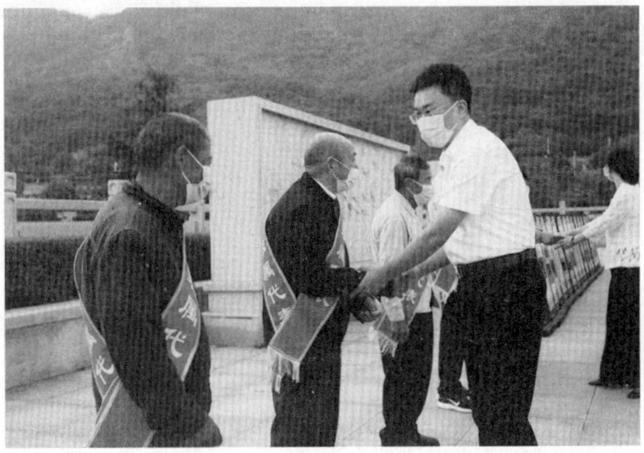

2022年，丹徒区开展烈士家属代表慰问活动
（丹徒区退役军人事务局）

【军休所】 2022年，丹徒区军队离休退休干部休养所足额发放军休干部离退休费，并发放遗属补助；全年拨发军休干部工资，下拨无军籍职工地方性津补贴。组织每月上门慰问老干部12次、高温慰问8人次、住院慰问3次，发放春节、“八一”建军节慰问金和住院慰问金等，发放困难补充、医疗补助。组织军休干部开展拓展活动4次，并做好休养所基础设施维护工作。（蒋殷颖）

【双拥工作】 2022年，丹徒区退役军人事务局加强国防教育，深化“军地议事园”机制，建立拥军支前机制，开展军地互办实事活动，解决部队难点问题。邀请烈士家属、参战老兵走进学校、社区开展宣讲活动30余场，在石马少年军校命名建设“英烈班”。持续开展“军事日”活动，开展“情系边海防官兵”走访活动和“新兵欢送”“立功送喜报”等活动，举办“第六届国防知识辩论赛”和“优秀兵妈妈”“最美拥军人物”“好军嫂”等评选活动。丹徒区实现省级双拥模范区创建“九连冠”，1人获评“全省双拥工作先进个人”。（张千里）

综合管理

宏观经济运行管理

【概况】 2022年，镇江丹徒区经济发展局(简称丹徒区经发局)坚持稳中求进总基调，统筹新冠肺炎疫情防控和经济社会发展，落实“疫情要防住、经济要稳住、发展要安全”要求，推进经济和社会发展保持总体平稳态势。

主要经济指标。地区生产总值472.35亿元，比上年增长1.5%；一般公共预算收入23.15亿元，全市排名第三；规模以上工业应税销售收入555.31亿元，增长17.7%，增幅全市排名第二；进出口总额87.6亿元，增长29.1%。

第一产业。全年粮食播种面积1.9万公顷(28.55万亩)，总产量13.4万吨，比上年分别增加346.67公顷(0.52万亩)、0.07万吨。19个省级以上农业农村重大项目完成投资8.27亿元；全区有农业网上营销主体710家、网店714家、自建平台49个，农产品网上销售额15.92亿元，增长14.97%。

第二产业。规模以上工业总产值538.42亿元，增长13.3%，增幅全市排名第三；规模以上工业增加值增长5.9%，增幅全市排名第三；全区工业“50强”企业完成应税销售410.4亿元，增长24.1%。

第三产业。完成第三产业增加值201.74亿元，增长1.3%。全区规模以上服务业企业实现营业收入35.94亿元，下降3.6%。列入核算的28家服务业企业实现营业收入13.06亿元，下降9.1%。6个市级重点服务业项目完成投资13.2亿元，完成年度计划的140.28%。租赁和商务服务业快速增长，信息传输、软件和信息技术服务业稳定提升。

重点项目建设。建立产业项目全过程评审机制，规范项目招引扶持政策，加强招商合同规范管理，提升全区招商引资质量和效益，总投资较上年同期增长6.62%。全年新签约1亿元以上项目31个、总投资80.6亿元，总数超额完成市定目标；全年备案项目282个，总投资444.37亿元，其中1亿元以上项目95个。

创新驱动发展。高端装备制造、新材料、食品医药、绿色建材、汽车及零部件五大主导产业支撑作用明显，其中高端装备制造、新材料、食品医药、汽车及零部件应税销售分别增长18.8%、28.2%、16.1%、58.3%，绿色建材应税销售降低7.6%。全年新增市场主体2180户，新认定高新技术企业72家，净增27家；新增省级“星级上云”企业5家。科技型中小企业入库215家，入库完成率126.5%，全市排名第一。分别创成省、市级“专精特新”企业10家、12家，总数比上年翻番。材智汇(丹徒)众创空间获国家级备案，成为丹徒区首家国家级众创空间。

社会事业发展。全年提供就业岗位1.39万个(次)，新增城镇就业5782人，城镇登记失业率控制在4.0%以内。城镇和农村居民人均可支配收入分别为60150.7元、29811.7元，分别增长3.8%、5.5%。民生类财政支出占一般公共预算调整支出比重为75%。（李　柏　凌秀华）

【能源管理】 2022年，丹徒区经济发展局以“能耗双控”为工作主线，促进产业转型升级。确保电力系统安全运行和稳定保供，鼓励煤电、热电企业机组开展节能提效工作，全年非电行业煤炭消费量67.8万吨。结合节能降耗、绿色化改造，推动“绿色工厂”创建，镇江赛维尔环保纤维有限公司创成市级“绿色工厂”，江苏振光电力设备制造有限公司创成省级“绿色工厂”。推广太阳能分布式光伏发电，鼓励渔光互补、分布式屋顶光伏等绿色能源项目，支持可再生能源发展，促进电力就地消纳，增强能源利用效率。（强 欣）

【散装水泥工作】 2022年，丹徒区水泥总产量841万吨，比上年减少67.7万吨，降低7.5%，其中散装水泥产量808万吨，减少64.1万吨，降低7.4%，水泥散装率96%。5家预拌砂浆企业全年生产销售预拌砂浆33.68万吨，其中干混31.08万吨、湿拌2.6万吨，全区预拌混凝土企业全年产量137.99万吨。

（韦 刚）

自然资源管理和规划

【概况】 2022年，丹徒自然资源和规划分局持续推进“优空间、护资源、促发展”，为经济社会高质量发展提供自然资源支撑和保障。对接全区经济发展部署，开展土地市场交易和供应。全年挂牌上市交易土地9期14宗(520.42亩)，土地出让金额1.62亿元。全区完成土地供应20宗(1501亩)，总价9.31亿元。其中，出让供地13宗(274亩)，划拨供地4宗(982亩)，市级上市供地3宗(245亩)。常态化推行“三证齐发”(《不动产权证书》《建设用地规划许可证》《建设工程规划许可证》)服务，5个重点项目同步领取“三证”，实现交地和开工“双同步、零时差”。围绕重大项目建设进度和产业发展需求，确保报批保障工作全程跟进，高效有序。全年完成区级以上重点产业及配套道路等基础设施项目报批3个批次(488.61亩)。开展“清零行动”违法整改地块组卷报批6个批次(459.802亩)，加快跟进落实。推进丹徒区2022年2个土地征收成片开发方案(共11个片区)编制工作报审。完成临时用地审批备案3宗(168亩)，保障312国道改扩建等工程临时用地需求。加强耕地保护，同步推进耕地数量保护和质量提升。编制《丹徒区耕地后备资源调查评价工作报告》。确定1.69万公顷(25.4万亩)永久基本农田试划方案，并随“三区三线”(生态、农业、城镇三类空间；生态保护红线、永久基本农田、城镇开发边界三条控制线)划定同步完成上图和报审。调查核实并分析研究全区耕地“非粮化”图斑，并提出耕地流出整改及开展进出平衡编制工作意见。完成设施农业用地备案7宗(293亩)，保障翰雅等高效设施农业建设需求。联合农业农村部门开展涉农项目审查，提前介入选址申报，确保项目合法用地。实施占补平衡项目44个，涉及34个村、214个地块，净增耕地41.67公顷(625亩)。按照新增“零容忍”、存量“严整改”原则，加强违法用地治理，全年查处34宗存量及1宗新增违法用地，移送刑事违法案件3宗。强化执法共同责任，通过督促镇(街道、园区)协办整改、移送丹徒区纪委监委线索、按季度向丹徒区政府汇报等方式，形成违法整治合力。按照党政牵头、上图作战、分类处置的方法，推进“清零行动”(2020年，江苏省自然资源厅将历年来卫片、督查专项行动中未整改到位的土地违法违规问题逐一建立台账，要求2023年6月底前，完成“清零”任务)、“三年行动”(2019年，省自然资源厅根据动态巡查、省部单独下发卫片发现的违法用地行为，要求用2019年5月到2022年5月三年时间开展违法用地综合整治三年行动，并于2022年5月31日整改到位)、“动态清零”(2021年省自然资源厅在“清零行动”后，通过省部卫片和督查发现的新增违法用地，要求当年实现动态清零。探索一条“早发现早制止”的新思路)等专项整改任务落实。（沈 涛）

【空间规划编制】 2022年，丹徒自然资源和规划分局加强过渡期规划管理，完成新增空间规模10%指标的分配布局和上图入库工作，规范指导经济社会发展及重大项目建设，有序衔接国土空间规划编制工作。10月14日，“三区三线”划定成果正式启用。启动辛丰镇德胜村等6个村庄规划编制，其中谷阳镇湖马村和庄泉村、上党镇盘荣村初步成果通过专家论证。开展“共绘苏乡”规划师下乡行动，荣炳曲阳工作站“扎根式、沟通式、陪伴式”乡村规划服务被学习强国、“江苏自然资源党员e家”微信公众号等平台报道。（沈　涛）

【生态保护修复】 2022年，丹徒自然资源和规划分局推进林长制改革，完善建立区、镇、村三级林长体系，压实地方党政保护发展森林资源主体责任。国土绿化工作取得成效，全年完成绿化造林合格面积199.67公顷(2995亩)。持续推进长江(丹徒段)防护林体系建设，两岸成片造林334.3公顷(5014亩)。推进村庄绿化建设，荣炳曲阳(上坝)等4个省级“绿美乡村”建设完成。全区义务植树(含折算)41.2万株。打击非法猎捕和经营利用野生动物行为，救护野生动物18起。巩固湿地保护小区建设成果，配合开展江豚保护，按计划完成13.33公顷(200亩)湿地修复任务。打击矿产资源盗采行为，全年开展巡查140余次，查处非法开采案件2起。（沈　涛）

【节约集约用地】 2022年，丹徒自然资源和规划分局开展全区低效闲置土地清理工作，处置盘活土地12宗(1041.977亩)。持续加强国有建设用地批后监管，完成国有建设用地项目竣工验收7宗(645.5亩)，核查监管抵押、转让土地142宗(5315.39亩)。全年约谈督促20余家用地单位依据合同约定开工建设，完成自然资源部、江苏省自然资源厅网络监管项目实时线上巡查和开竣工处置41宗(3478.2亩)。开展土地储备监测监管系统升级工作，同步录入项目用地数据158宗(8425.5亩)，加强储备规模及土地上市监管。落实市下达批而未供处置任务，做好南徐船舶等拟收储项目前期调查，推进土地资源高效配置和经济可持续发展。（沈　涛）

【不动产登记服务】 2022年，丹徒自然资源和规划分局深化打造“智慧登记”服务品牌，提升优化全区营商环境。在丹徒区不动产登记中心服务大厅上线服务评价系统，实时反馈办事群众满意度，全年满意率在99.9%以上。常态化实现存量房转移登记与抵押登记合并办理，人均办理时长提速至0.5个工作日。推进应用“线上苏小登”平台，有序常态运行产权查询及相关登记业务，办理首例涉税类跨城通办一手房登记服务。研发上线新型自助打证终端，实现户型图打印及出证成功率100%，打通“全业务全时段”智能自助服务。全年办理“交地即发证”业务14宗29.17万平方米，助力企业及时投产达效。（沈　涛）

【依法保障民生权益】 2022年，丹徒自然资源和规划分局坚持以人民为中心的理念，解决群众急难愁盼问题，保障群众合法权益。依法公正公开实施征地工作，保障农民土地用益物权。全年发布征地公告8份(1239.981亩)，实施征地补偿11宗(883.272亩)，拨付补偿资金12374.7万元，安置农业人口616人。加大不动产登记历史遗留问题日常排查力度，全年发现并解决437户住宅及2家企业共2.2万平方米历史遗留问题。丹徒区政府制定《丹徒区不动产历史遗留问题处置暂行办法》，基本覆盖除小产权房外的历史遗留问题。推进部分情况复杂宅基地确权登记工作，加快解决落实。加大登记录入工作力度，做到“应登尽登”，确保完成“房地一体”农村不动产确权登记发证工作。开展农村集体土地所有权确权登记成果更新汇交工作，基本完成外业调查核实和内业建库工作，调查宗地1.3万宗。严格信访受理办理流程，落实重点信访领导包案制度，全年受理信访320件，办结率100%。（沈　涛）

【灾害防范】 2022年，丹徒自然资源和规划分局按照早部署、早排查、早处理的方法，推进地质灾害防治工作。全区排查地质灾害隐患点、危险点45处，其中列入省、市备案隐患点13处，确保汛期防治责任、措施精准落实。开展林业有害生物防控，全年治理松材线虫病病死树2688株(3796.8亩)，完成三代美国白蛾防治45753亩次。加强杨舟蛾、桑天牛等病虫害预测预报，指导用药防治，达成有虫无灾的目标。通过微信"防火码"、护林员包干巡查、实战消防演练等举措，实施以水灭火等系列基础设施建设，加强森林防灭火安全工作。（沈 涛）

【基础调查】 2022年，丹徒自然资源和规划分局开展2021年度国土变更调查工作，掌握2021年度地类、面积、属性及相关图层属性信息变化情况，完成县级国土调查数据库更新。有序实施2022年城市国土空间监测工作。核查全区140个历史遗留矿山图斑，为遗留矿山综合利用提供科学依据。完成区域内地质灾害潜在风险普查。（沈 涛）

市场监督管理

【概况】 2022年，镇江市丹徒区市场监督管理局(简称丹徒区市场监管局)强化市场监管责任担当，推动改革创新，保持全区市场安全稳定态势。全区2021年度企业年报公示率99.02%，列全市第三名。丹徒区市场监管局本级组织"双随机"(随机抽取检查对象、随机选派执法检查人员)抽查市场主体788户次，全区27个涉企监管部门联合组织"双随机"抽查市场主体5545户次，27个涉企部门登录市场监管信息平台并上传各类信息3.75万条。开展涉企违规收费专项整治，开展粮食收购、殡葬领域等价格专项检查，整治"雪糕刺客"、"天价"月饼。10月，公平竞争审查智慧化检测评估平台上线，实现丹徒区全覆盖。（纪光菊）

【食品安全】 2022年，丹徒区市场监管局开展"守查保"专项行动，排查辖区食品生产销售单位、餐饮经营单位和学校食堂等地风险隐患，排查风险问题2万余条，问题整改完成率100%。建立健全分层分级精准防控末端发力终端见效工作机制，推动落实食品安全"两个责任"(食品安全属地管理责任、食品生产经营单位主体责任)。培育8家小作坊创建成为"江苏省'名特优'食品小作坊"，2家小作坊创建成为"江苏省食品安全示范小作坊"。全年完成食品快检1万批次、食品监督抽检2800批次，加强食品(农产品)安全检测列入丹徒区政府十件民生实事项目。年内，丹徒区未发生重大食品安全事故。（纪光菊）

2022年8月24日，丹徒区市场监管局在宝龙广场商户开展月饼包装和价格检查并进行食品安全监督抽检（纪光菊）

【药品药械安全】 2022年，丹徒区市场监管局开展全区零售药店监督检查，开展中药饮片、医疗器械、化妆品等专项检查。推进开药店"一件事"改革，从受理模式、核查流程和发证方式等环节简化药品零售企业开办流程。在全市率先成立丹徒区药品安全委员会，成立丹徒区集中打击整治危害药品安全违法犯罪工作领导小组，发挥药品安全协调机制作用。开展药品化妆品不良反应和医疗器械不良事件监测与报告，持续推动家庭过期失效药品回收活动。年内，丹徒区未发生重大药品药械安全事故。（纪光菊）

【特种设备安全】 2022年，丹徒区市场监管局开展全区市场监管领域安全专项大检查、特种设备安全大起底、大排查、大整治"百日攻坚"行动等10余项专项整治工作，检查特种设备使用单位389家次，检查特种设备783台，发现安全隐患问题532条，整改率98.68%。推广应用特种设备智慧监管平台，丹徒区液化石油气瓶充装单位全部接入"阳光充装"监管服务平台。年内，丹徒区未发生重大特种设备安全事故。（纪光菊）

【质量安全】 2022年，丹徒区市场监管局多项举措守护质量安全。开展危险化学品，燃气灶具，电动三、四轮车等10类重点工业产品质量安全排查整治；开展成品油、农资等专项监管与抽查，开展重点消费品质量合格率调查；开展小微企业质量管理体系认证提升行动，开展集贸市场、加油站、商超等场所计量器具监督检查。江苏蓝圈新材料股份有限公司获2022年度江苏省质量信用AA级等级认定，镇江恒顺米业有限责任公司获2022年第二批"江苏精品"认证获证企业，镇江市科瑞制样设备有限公司获批2022年江苏省战略性新兴产业标准化试点项目。（纪光菊）

【消费维权】 2022年，丹徒区市场监管局受理消费维权相关咨询、投诉、举报2378件，办结按期处理率100%，满意率在93.5%以上，为人民群众挽回经济损失42.6万元。推行线下实体店"无理由退货"承诺制度，全区34家实体店承诺"无理由退货"。全年发展消费维权站10家、ODR(在线纠纷处置)成员企业4家。（纪光菊）

【市场监管综合执法】 2022年，丹徒区市场监管局查办案件265件，罚没款合计113.58万元。镇江市佳果食品有限公司涉嫌生产超范围使用食品添加剂食品案被列入首批江苏省市场监督管理局督办案件。查处1起商标侵权净水器反渗透膜案件，案值1000余万元，并捣毁在丹徒制假窝点。开展民生领域案件查办"铁拳"行动、粮食领域专项执法行动、打击整治养老诈骗专项行动、禁售长江非法捕捞渔获物专项整治行动，确保市场稳定有序。（纪光菊）

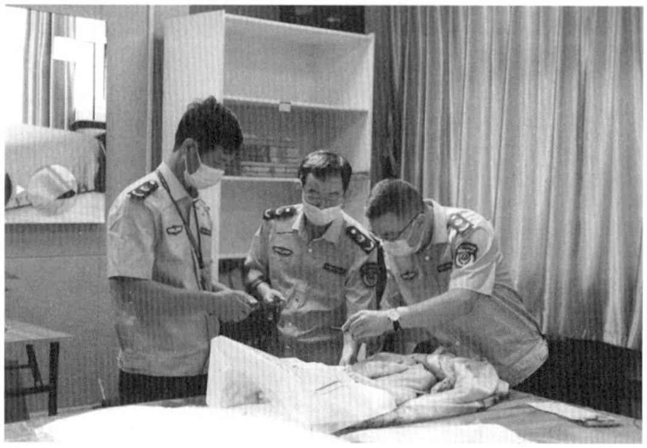

2022年6月22日，丹徒区市场监管局聚焦涉老产品，开展"打击整治养老诈骗"专项行动（纪光菊）

价格管理

【概况】 2022年，丹徒区经发局完善价格监测网络，扩大市场监测范围，提高监测频次，加大市场监测巡视力度，保障人民群众生产生活。3月17日，上党镇敖毅村被划定为新冠肺炎疫情社会防控高风险区域。3月18日，丹徒区经发局启动应急价格监测日报告制度，关注粮、油、肉、蛋、菜、奶等重要民生商品生产、运输、销售、成本和价格动态，做好涉及人民群众必需的疫情防护用品和食、蛋、肉、果、蔬共计5类33个品种的商品应急价格监测工作。12月4日上党镇、宜城街道上麓村等地被划定为新冠肺炎疫情社会防控高风险区域。12月5日，丹徒区经发局启动应急价格监测日报告制度，扩大市场监测范围，监测品规由原来的食、蛋、肉、果、蔬5类33个品种扩大到食、蛋、肉、果、蔬、医药6类45个品种，提高监测频次，加大市场监测巡视力度，确保价格稳定。开展重要民生商品价格监测工作，编报丹徒监测简报12期以及分析报告15篇，上报丹徒区政府和镇江市发展和改革委员会。按月逢5、逢10发布价格监测的商品市场价格信息，回应社会关切和群众需求。（潘建荣）

【价费环境】 2022年，丹徒区经发局开展清费减负、促进经济发展相关工作，优化价费环境。做好教育系统春秋季开学前收费审核备案工作，督查开学后全区中小学、幼儿园收费情况，会同丹徒区市场监督管理局开展教育收费“双随机”（随机抽取检查对象、随机选派执法检查人员）检查工作，做好义务教育阶段学科类校外培训收费监管相关工作；做好新冠肺炎疫情期间相关行政事业性收费减免优惠政策落实工作；完成丹徒区收费统计年报工作，在强化事中、事后监管，规范收费行为，服务全区经济发展等方面发挥作用；推进完善国有景区门票价格形成机制，强化节假日期间监管，调研景区门票优惠政策执行情况；做好“12345”政府热线及各相关收费单位的收费政策咨询和投诉件回复工作，回复率、办结率均为100%。（马　莉）

【商品房价格监管】 2022年，丹徒区经发局推进商品房价格监管相关工作。完成华珊豪庭一期1号楼、4号楼，璟院1—2号楼、5—6号楼，康宜茗苑1—10号楼，美澜园一期17幢等9个楼盘12个批次17.77万平方米商品房销售价格报备工作。（潘建荣）

【物业收费监管】 2022年，丹徒区经发局执行《镇江市市区物业服务收费管理实施办法》规定，规范前期物业收费备案程序。全年完成湖畔花苑、幸福城、绿之缘等12个片区的前期物业收费报备工作，完成湖畔花苑、绿之缘等6个小区的停车收费报备工作，确保审批合理准确。（潘建荣）

【供热定价成本监审工作】 2022年4—7月，丹徒区物价局根据《政府制定价格成本监审办法》《江苏省定价成本监审目录》《江苏省供热定价成本监审办法》等规定以及镇江市发展和改革委员会《关于委托开展供热定价成本监审的通知》，完成镇江宏顺热电有限公司、镇江发电有限公司2家供热企业成本监审工作，在第三方中介机构独立专项审计基础上，推进企业加强管理、降低成本。（潘建荣）

【困难群体价格补贴发放工作】 2022年，丹徒区经发局联合有关部门，落实社会救助和保障标准与物价上涨挂钩联动机制，全年发放各类价格补贴37.73万元。其中，丹徒区民政局向困难群体发放价格补贴20.65万元，丹徒区退役军人事务局向优抚对象发放价格补贴10.18万元，丹徒区人社局向失业人员发放价格补贴6.9万元，惠及人口5469人次，缓解价格上涨对困难群体基本生活的影响。制定涉及民生价格政策，同步配套保障措施，落实特困职工家庭和低保家庭供水、供电、供气价格优惠政策。（潘建荣）

统　计

【概况】 2022年，镇江市丹徒区统计局(简称丹徒区统计局)坚持以提高统计数据质量为中心，围绕高质量发展新形势、新要求，提升统计监测预警水平和统计服务能力，为推动全区高质量发展提供统计支撑。围绕“数海扬帆党旗红，精准服务谋新篇”党建主题，创新教育培训模式，将“党建+法治+业务+反馈”贯穿于培训工作全过程，获全市“党旗飘扬，国测秋粮”暨2022年实割实测技能大赛综合排名一等奖和单项比赛三等奖。强化项目闭环管理链条的延伸和拓展，从项目签约落地、开工建设、入库列统到竣工投产，全区统计系统20余人全过程参与项目建设。利用“丹徒统计”微信公众号、市农商行电子平台、丹徒统计网站等媒介载体，加大统计数据对外发布的频率和内容，全年发布相关信息230余条，满足社会各界对统计信息的需求。开展“大走访、大调研、大落实”活动，走访调研企业9家，走访、回访村(社区)居民19户，推动解决实际问题矛盾10余项。强化“四上”单位(规模以上工业、限额以上批零和住餐业、资质以上建筑业和房地产开发经营业、重点服务业)、大个体、样本单位进、退、转、调良性循环机制，确保高效运行。加强“准四上”单位跟踪监测，建立“新增企业”培育库、“退库企业”关注库、“变动单位”转化库。全年新增“四上”单位94家，净增72家。加大板块统计数据质量管控力度，梳理各类企业精准分类情况，明确关注方向。年内，丹徒区统计局获全区“项目服务先进单位”“科技与人才工作先进集体”荣誉称号，1人获“商务工作先进个人”荣誉。发挥统计部门参谋助手作用，全年完成经济分析、调研材料34篇，其中13篇获区委主要领导批示。（陈　岑）

【统计数据质量】 2022年，丹徒区统计局贯彻落实习近平总书记关于统计工作重要指示批示精神，采取多项举措，提升统计数据质量。做好江苏省统计督察备查工作，实施“双随机”（随机抽取被检查对象、随机抽取执法人员）统计执法检查行动，开展全区工业企业“双随机”执法检查20家；将统计法律法规纳入丹徒区委党校领导干部教育培训必修课，开展统计法律法规进党校3次；推进统计法治广场建设，基本实现统计法治广场全覆盖；通过江苏省统计局统计造假不收手不收敛专项纠治执法检查。（陈　岑）

审　计

【概况】 2022年，丹徒区审计局围绕全区发展大局，履行审计监督职能，发挥审计“免疫系统”功能。召开丹徒区委审计委员会第七次、第八次会议，传达学习中央、省、市三级审计委员会会议精神，把握审计监督方向，履行审计监督职责，提升审计工作质效。全年完成审计项目29个，其中预决算执行类项目8个、专项资金审计（调查）项目3个、经济责任审计项目6个、自然资源审计项目1个、固定资产投资审计项目7个、企业审计项目4个，查出管理不规范金额5.98亿元。撰写各类信息文章37篇，被区级以上媒体采用14篇（次）。（李　芸）

【区级财政预决算审计】 2022年，丹徒区审计局开展区本级预算执行和决算草案及财政收支审计，关注财税政策贯彻落实情况、预算收支管理情况、专项资金安排使用和预算绩效管理情况、盘活财政存量资金情况、政府性债务风险防控情况等，提高审计监督的针对性，发挥审计建设性作用。全年查处问题14个，提出审计建议3条，促进财政资金依法、规范管理。（李　芸）

【经济责任审计】 2022年，丹徒区审计局依法履行审计监督职责，加强党政领导干部监督工作。全年安排并完成经济责任审计项目6个，重点围绕领导干部及所在单位财政财务收支情况、遵守有关法律法规和财经纪律情况、国有资产管理情况、内控制度建立与执行情况等方面开展审计，查出管理不规范资金3855.43万元。（李　芸）

【固定资产投资审计】 2022年，丹徒区审计局完成丹徒区教育局新建丹徒区茅以升实验学校工程，丹徒区长山文化发展公司米芾书法公园景观提升改造工程，丹徒经济开发区管委会、丹徒高新园管委会基础设施改造工程等7个项目的固定资产投资审计，送审结算总造价63287.70万元，审定结算造价60019.66万元，核减造价3268.04万元，平均核减率5.16%。（李　芸）

【村级财务专项审计调查】 2022年，丹徒区审计局开展徐巷等8个行政村（社区）2021年度财务收支情况审计调查和丹徒区2021年度环保专项资金审计，规范村级财务管理、专项资金使用，为丹徒区委、区政府科学决策和加强经济建设提供依据。（李　芸）

人力资源和社会保障

综　述

【概况】 2022年，镇江市丹徒区人力资源和社会保障局(简称丹徒区人社局)聚焦主责主业保民生，助推全区高质量发展。全年城镇新增就业人数5782人，帮助企业失业人员实现再就业2663人，帮扶困难人员就业359人，扶持成功创业3118人，创业带动就业11464人，城镇登记失业率控制在4%以内。全年引进各类人才3235人，其中大学专科1915人、大学本科1221人、硕士97人、博士2人，完成年度任务目标的123%。推进社会保险参保征缴，全区企业养老保险登记参保单3952户，参保人员41193人，灵活就业参保人数15382人，新开工建设项目工伤保险参保率100%，城乡社会保险参保率稳定在99%以上。全年受理各类案件1118件，其中立案进行处理的111件、通过协调进行解决的1007件，为2126名劳动者追讨工资1062.9万元；立案受理仲裁案件419件，结案419件，涉案金额2356.14万余元，结案率100%，超过江苏省人社厅要求的90%目标任务。

年内，丹徒区人社局被丹徒区委、区政府评为“2022年度区级统战工作先进集体”“年度科技与人才工作先进集体”，被镇江市人社局评为“2022年度全市人社系统信息宣传工作先进单位”。(李　芸)

【人才政策宣传活动】 2022年5月30日，丹徒区人社局组织10余名业务骨干及党员志愿者入驻宝龙广场，开展“送政策、解难题、促商圈和谐发展”主题活动，为宝龙商户纾困解难，精准助力商圈发展；活动当天发放宣传资料300余份，现场接受咨询100余人次，走访商户50余户。7月22日，丹徒区人才中心“党员服务先锋队”在宝龙广场永辉超市入口处设置咨询台，为居民群众提供人才政策咨询服务，现场发放政策宣传手册400余份。8月3日，丹徒区人才中心“党员服务先锋队”走进崇文社区开展“喜迎二十大 政策进社区”丹徒人才政策宣传月活动，在宜东铭苑等小区设立咨询台，为社区群众提供人才政策咨询服务。(李　芸)

2022年5月30日，丹徒区人社局“送政策、解难题、促商圈和谐发展”主题活动现场　（丹徒区人社局）

就业创业

【概况】 2022年，丹徒区人社局以实现更高质量和更充分就业为目标，围绕促进就业帮扶创业，多举措推进政策落实全覆盖，通过举办线下专场招聘活动及线上“春风行动”，并借助镇江“人才在线”、“生态丹徒”网站、丹徒人社微信公众号、移动“点对点”信息发送、基层人社服务平台等发布企业招聘信息，将就业服务落实到人，常态化开展就业帮扶行动，全年举办线上线下招聘活动15场，组织462家企业提供就业岗位13856个次，进场求职21480人次，达成就业意向1627人。 （李 芸）

【直播带岗活动】 2022年1月12日，丹徒区人社局举办“边走边播”人社局长直播带岗活动，线上助力求职群体。活动邀请丹徒区人才中心主任张林霞走进中兴药业推送优质高薪岗位，在线解答相关人才政策，分别从租房补贴、生活补贴、社保补贴、就业见习补贴、来镇就业创业购房补贴、创业贷款等方面解答网友提出的问题，直播间同时在线观看近500人次。 （李 芸）

【线下专场招聘会】 2022年2月25日，丹徒区人社局在宝龙城市广场举办“春风送温暖　就业送真情”线下专场招聘会，通过镇(街道、园区)、村(社区)人社服务平台向辖区内缺工企业征集用工岗位，共有56家企业参加，提供岗位1696个。 （李 芸）

2022年2月25日，“春风送温暖　就业送真情”线下专场招聘会现场 （丹徒区人社局）

【“云招引”活动】 2022年2月，丹徒区启动企业人才需求征集工作，对接多所高校，确保“云招引”活动有序开展。其间，丹徒区人才中心通过“丹徒人社”微信公众号发布各项人才政策实施细则，“丹徒人才”抖音官方号发布政策宣传视频。3月18日，丹徒区委、区政府主办首场云宣讲活动“相约福地　才聚镇江”2022大学生企业云宣讲，通过中国移动“和商务”“丹徒人才”抖音号双直播平台上线，在线推介丹徒区社会经济发展情况和风情风貌、宣讲丹徒人才政策；其间，江苏恒顺集团有限公司、江苏希西维轴承有限公司、江苏中兴药业有限公司3家丹徒品牌企业通过直播间“云上送岗”，提供岗位需求179个，整场直播吸引近8000人点击观看。“云招引”活动旨在发挥丹徒“云上送岗”品牌效应，为企业和人才搭建优质“云平台”，提升丹徒人才政策知晓率和影响力。（李 芸）

2022年3月18日，“相约福地　才聚镇江”2022大学生企业云宣讲直播现场 （丹徒区人社局）

【菁英创业大赛丹徒选拔赛】 2022年8月8日，2022中国·镇江国际菁英创业大赛丹徒选拔赛在西安市举办。大赛由丹徒区人民政府主办，丹徒区人社局、丹徒区人才工作领导小组办公室承办。该次以“才聚菁英　智汇丹徒”为主题，选拔赛涵盖新能源汽车、高端装备制造、新材料、食品、绿色建筑五大特色产业，以及生命健康、数字经济、高性

2022年8月8日，2022中国·镇江国际菁英创业大赛丹徒选拔赛现场 （丹徒区人社局）

能材料等领域，组委会共收到报名项目60个，经过专家初审，筛选出20个项目入围路演比赛。（李　芸）

【劳务协作】 2022年8月11—14日，丹徒区人社局跟随镇江市人社局赴陕西省渭南市参加专场招聘活动，并签订劳务合作协议，集中为就业困难人员送岗位、送服务、送政策、送温暖，帮扶当地困难人员实现就业。全区有6家企业参加，共提供就业岗位485个，现场吸引当地镇(街道、园区)数百名求职者来招聘洽谈，有16人达成初步就业意向。（李　芸）

2022年8月11—14日，丹徒区人社局参加陕西省渭南市专场招聘活动现场　（丹徒区人社局）

【人才夜市招聘会】 2022年8月25日晚，第三届丹徒区人才夜市招聘会在丹徒区一期人民广场举办。该次招聘会吸引北汽蓝谷麦格纳、省交工集团、比泽尔、捷诚车载、德晴新材等36家丹徒区重点企业参加，提供各类工程师、行政人事、财务会计、销售采购等岗位需求共计722个，活动现场累计入场求职者超2000人次，达成初步就业意向200余人。（李　芸）

2022年8月25日，第三届丹徒区人才夜市招聘会现场　（丹徒区人社局）

【就业援助暖心活动】 2022年9月15日，“丹徒区就业援助暖心活动”专场招聘会在镇江市运河路苏南人力资源市场举办。丹徒区人社局为加大对失业人员、残疾人等重点群体的就业服务力度，依托基层平台向辖区内10个板块征集20余家重点缺工企业岗位信息，并通过张贴公告、微信公众号、人社官网等渠道广泛宣传，共吸引求职者百余人。（李　芸）

社会保障

【概况】 2022年，丹徒区人社局强化信息化建设，通过数据共享和信息比对，确保社保基金安全运行，推进各类人员全面、持续参保。全区企业养老保险登记参保单位3952户，参保人员41193人，灵活就业参保人数15382人，企业养老保险参保扩面人数4865人，退役士兵养老保险补缴续保6人，新开工建设项目工伤保险参保率100%。机关事业养老保险、城乡居民基本养老保险参保人数分别为6878人、25447人，1670名建档立卡低收入人员通过财政全额代缴参保，城乡社会保险参保率稳定在99%以上。（李　芸）

【阶段性缓缴社保费政策落实】 2022年，丹徒区人社局扩大阶段性缓缴社保费政策实施的困难行业范围，在原餐饮、零售等5个特困行业的基础上，新增农副食品加工、纺织等17个行业，同时延长缓缴实施期限，全年有3家单位申请缓缴，合计缓缴3项社保费78.22万元，其中养老保险68.34万元、失业保险3.12万元、工伤保险6.76万元。（李　芸）

【工伤认定工作】 2022年，丹徒区人社局提高服务效能，做好工伤认定工作，维护劳动者合法权益。

全年受理工伤认定申请647件，比上年增加56件；完成工伤认定624件，工伤认定终止8件，行政复议5件，行政诉讼应诉11件，劳动能力鉴定395人。
（李　芸）

【基础养老金调整工作】 2022年，丹徒区机关事业单位退休人员4997人，发放养老金39886.51万元；城乡居民待遇领取人员61966人，发放养老金21619.67万元。按照省、市统一部署，做好机关事业单位退休人员基本养老金和城乡居民基础养老金调整工作，其中，机关事业单位退休人员基本养老金人均调增每人每月204元，城乡居民基础养老金最低标准提高到每人每月243元。（李　芸）

【被征地农民基本生活保障】 2022年，丹徒区享受被征地农民基保待遇共17765人，全年发放123亿余元生活费等各项待遇；全年新增安置项目16个，新增安置被征地农民795人，其中劳动年龄段512人、养老年龄段283名；7月，全市城乡低保标准上涨至每月820元，被征地农民个人账户标准随之上调至每人125378元；被征地农民养老年龄段待遇标准为每月902元。（李　芸）

【社保基金安全维护】 2022年，丹徒区人社局通过警示教育、数据比对、资格认证、内控检查等形式，做好疑点数据核查、违规领取追缴工作，建立常态化长效化管理机制，维护社保基金安全。稽核共追缴疑似死亡、服刑人员、重复领取150人，追回冒领及重复领取待遇23万余元。（李　芸）

人力资源

【概况】 2022年，丹徒区人社局共推荐申报大师工作室4家、大师示范工作室1家、示范基地1家，其中，正高级乡村振兴技艺师戴网成获评丹徒区首个省级乡土人才大师示范工作室。全年开展补贴性职业技能培训6414人，完成率128%；新增高技能人才300人，其中技师25人，每万名高技能人才数1057人；新型学徒制培训人数155人，完成率172%；职业技能鉴定取证人数(含职业技能等级认定)2467人，完成率146%；新增职业技能等级认定备案机构数2家，完成率100%。全年申报高级乡村振兴技艺师2人、乡村振兴技艺师3人、助理乡村振兴技艺师1人，审核推荐125份高级、290份中级专业技术资格评审材料，共6批、202人经初定取得初级专业技术资格。做好大学生报到登记、档案转接、户籍返籍落户、党组织关系转接等服务，全年办理档案转入1092份、档案转出672份，办理报到登记73人，利用系统“大数据”平台提供档案查询服务1000余人次。（李　芸）

【校企联动】 2022年，丹徒区人社局强化校企深度融合，组织开展镇江高等专科学校学前教育专业“就业见习线上双选月”活动，延续与“江苏科技大学材料科学与工程学院”的战略合作，组织145名学生走进江苏希西维轴承有限公司、江苏镇安电力设备有限公司等7家企业开展生产实习活动，同时推荐指导丹徒区人民医院申报“2022年镇江市女大学生创业就业实践基地”，帮助提升女大学生等重点青年群体创业就业能力。（李　芸）

【人才补贴政策落实】 2022年，丹徒区人社局多举措加大对“聚镇”“归雁”“才荟丹徒”等人才补贴政策宣传，落实各项人才补贴政策。全年拨付高校毕业生社保补贴3.7万元、生活补贴175.77万元、租房补贴74.62万元、留镇学费补助12.8万元、购房补贴122.775万元，拨付“才荟丹徒”大专生生活补贴4.12万元、租房补贴0.76万元，共计拨付补贴资金394.55万元，发放1431人次。（李　芸）

【乡土人才信息库建立】 2022年，丹徒区人社局建立乡土人才信息库，推进乡土人才队伍建设。联合丹徒区人才办、丹徒区农业局、丹徒区文体广旅局等部门在全区范围开展乡土人才摸底调查，通过多

渠道挖掘，共征集到156名人才信息，纳入乡土人才信息库，并实施人才分类培养。（李 芸）

【人才工作站建设】 2022年，丹徒区人社局强化人才工作站建设，服务企业促全区经济发展。推荐11家企业申报人才工作站，有10家企业获评镇江市人才工作站。截至年底，丹徒区共建有镇江市人才工作站(企业、园区站)30家。（李 芸）

劳动维权

【概况】 2022年，丹徒区人社局立足职能构筑和谐劳动关系，维护劳资双方合法权益。全年受理各类案件1118件，其中立案进行处理的111件、通过协调进行解决的1007件；办理拖欠工资类案件654件，为2126名劳动者追讨工资1062.9万元。共立案受理劳动仲裁案件419件，结案419件，结案涉及劳动者423人，涉案金额 1438 万元，结案率100%(江苏省人社厅要求90%)；其中，调解结案320件，调解率76%（江苏省人社厅指标为60%），其他32件，裁决67件（一裁终局案件19件）。分5期检查全区216家规上工业企业劳动合同情况，确保签订率达到99.99%的要求。（李 芸）

【农民工欠薪争议案件处置】 2022年，丹徒区人社局提高欠薪案件处置效率，维护农民工劳动权益和辖区劳动关系和谐稳定。全年处理4起涉及89名农民工群体欠薪案件，均当庭达成调解协议，其中1起现场支付、3起按约定支付。（李 芸）

【"欠薪隐患体检"夏季专项行动】 2022年9月，丹徒区人社局在全区范围内开展在建工程项目"欠薪隐患体检"夏季专项行动，组织丹徒区根治欠薪领导小组19家成员单位，排查全区在建工程项目，重点是项目基本管理信息、实名制管理、农民工工资专用账户、总包代发工资、工资保证金、工程款支付担保、维权信息告示牌及农民工工资支付等制度落实情况，建立每个在建工程项目欠薪隐患清单。（李 芸）

2022年9月，丹徒区开展在建工程项目"欠薪隐患体检"夏季专项行动（丹徒区人社局）

【首次新就业形态劳动者薪酬调查】 2022年，丹徒区人社局在全区范围内首次开展新就业形态劳动者薪酬调查，按时保质完成18个行业、90个大类、29家样本单位的调查工作，维护劳动者劳动保障权益，促进平台经济规范健康发展。该次调查主要针对顺丰、申通、琼花、百润、天天、罗文供应链等7家快递平台企业，调查对象是跨城市运营的网约货运司机，重点对依托互联网平台就业的新业态劳动者的薪酬结构、组成、数量等20项构成要素开展调查工作。丹徒区人社局借助前期企业薪酬调查经验，及时召集上述单位的财务人员，集中学习调查口径、明确调查时间、掌握职业代码，指导平台企业按照指标解释采集劳动者相关情况，核实后完成数据填报。（李 芸）

【使用特殊工时企业监管】 2022年，丹徒区人社局先后对全区19家使用特殊工时企业实施监管，加强对审批后企业的调查管理，监督、指导企业严格执行标准的特殊工时制度，保障员工身体健康和合法权益，确保建立全员劳动合同制度、集体合同制度，确保日连续工作时间不超11小时，实施周期内月平均加班时间不超36小时，确保工资支付周期不超1个月、加班工资占工资总额比例合理，不得存在劳务派遣超比例、假外包真派遣、异地转移人员、代发工资代缴保险、以派遣形式使用实习生等违规行为。（李 芸）

农业·农村

综 述

【概况】 2022年，镇江市丹徒区农业农村局(简称丹徒区农业农村局)以全面实施乡村振兴战略为重点，落实高质量发展要求，转变农业发展方式，推动农业农村现代化，全年各项重点工作发展态势稳中向好，在2022年全省推进乡村振兴战略实绩考核中获得县(市、涉农区)综合排名第一等次。

农业生产　新建高标准农田1266.67公顷(1.9万亩)，全年粮食种植面积1.9万公顷(28.55万亩)，总产量13.40万吨。世业镇小麦高质高效创建示范片的“镇麦15号”实现亩单产576.1千克，创截至2022年长江以南小麦最高亩产纪录；蔬菜种植面积3913.33公顷(5.87万亩)，总产12.29万吨；年出栏生猪5.31万头、羊0.41万只、家禽1349万羽；水产养殖面积1886.67公顷(2.83万亩)，总产1.60万吨；实现农林牧渔业总产值45.05亿元，比上年增长5%。

乡村产业　全区有农业龙头企业52家，其中省级以上农业龙头企业销售额29.24亿元，增长9.63%。实施省级以上农业农村重大项目19个，完成投资总额8.27亿元，年度投资完成率100.89%。全区有休闲农业经营主体187家，全年接待游客人数约220万人次，实现休闲农业综合收入4.95亿元，增长6.4%；全区有农业网上营销主体710家、网店714家、自建平台49个，完成农产品网上销售额16亿元，增长15.03%。

农村环境　持续落实村庄环境卫生“红橙黄榜”长效管护机制，开展月暗访、季考评、年总评，全年发现各类村庄环境卫生问题3434个，年内全部整改完成，销号率100%。开展“厕所革命”，全年改厕任务数3845户，截至年底，全部改造完成。

富民强村　落实乡村振兴“书记领航”强村项目，探索村级党组织领办合作社“丹徒模式”，实施扶持村集体经济项目5个。落实省级衔接推进乡村振兴补助资金项目、市级富民强村帮促行动专项资金项目，总投资5146.12万元。全区村集体经营性收入总额1.19亿元，村均增长11.93%。确定上党镇、宝堰镇、高桥镇为乡村互助医疗试点镇，成员参与率36.8%，筹资总额131.41万元。开展消费扶贫，全区集中购买经济薄弱村农产品378.9万元。(岳晨暄)

【粮食生产】 2022年，丹徒区全年粮食生产面积19030公顷(285450亩)，总产量133991吨。其中夏粮5410公顷(81150亩)，总产量25763吨；秋粮13620公顷(204300亩)，总产量108228吨。其中小麦5120公顷(76800亩)，总产量24837吨；元大麦60公顷(900亩)，总产量288吨；蚕豌豆230公顷(3450亩)，总产量638吨；水稻10140公顷(152100亩)，总产量92218吨；玉米2140公顷(32100亩)，总产量12182吨；豆类993公顷(14900亩)，总产量1950吨；薯类347公顷(5200亩)，总产量1878吨。（王建军）

【园艺生产】 2022年，丹徒区有蔬菜播种面积3913.33公顷(5.87万亩)、果园1121.6公顷(16824亩)、茶园1100公顷(1.65万亩)、花卉44.67公顷(670亩)。全区完成园艺总产量13.47万吨，其中蔬菜产量12.29万吨，比上年增长1.91%；茶叶产量353.6吨，增长2.1%；瓜果产量4516吨，增长5.22%；花卉总产量121.05万盆，降低0.12%。全区完成园艺总产值13.02亿元，增长6.7%，其中蔬菜10.51亿元、茶叶1.35亿元、水果1.06亿元、花卉1021.82万元。（凌须美）

【园艺农产品成果】 2022年，丹徒区上党三泉茶场选送的三泉牌长山剑毫绿茶和丹徒区壹零捌茶叶专业合作社选送的墅香牌长山剑毫绿茶在江苏省第二十届“陆羽杯”名特茶质量评价活动中分别获得特等奖和一等奖。丹徒区辛丰亿润家庭农场选送的幸水梨、镇江曲家农业生态发展有限公司选送的翠冠梨在江苏省第四届优质早熟梨品鉴推介活动中分别获得银奖。在2022“苏韵乡情”乡村休闲旅游农业（镇江）专场推介暨第四届丹阳“杏虎仙桃”采摘旅游节期间举办的镇江市优质桃评比活动中，丹徒区半岛绿色农业发展（镇江）有限公司选送的白凤品种水蜜桃获银奖，丹徒区江心洲壹玖柒玖家庭农场选送的白凤品种水蜜桃获优秀奖。（凌须美）

【生猪生产】 2022年，丹徒区农业农村局围绕市级下达能繁母猪存栏5000头目标，加大政策落实力度，开展重大动物疫情防控，实现稳定生猪生产目标任务。年内，镇江希玛牧业有限责任公司、镇江市嘉园牧业有限公司创建成为国家级生猪产能调控基地。截至年底，全区生猪存栏5.78万头，其中能繁母猪5796头。全年生猪累计出栏5.35万头，猪肉产量4958吨。（田万祺）

【组队参加江苏省首届评茶员职业技能大赛】 2022年9月，由江苏省人力资源和社会保障厅指导，江苏省茶叶协会、镇江市人力资源和社会保障局、镇江市农业农村局、句容市人民政府共同主办的江苏省首届评茶员职业技能大赛在句容举行，来自全省13个地级市的106名选手展开角逐。丹徒区选派的选手刘星星（丹徒区上党三泉茶场）以全省第一名的成绩获得大赛一等奖，并由江苏省人力资源和社会保障厅授予“江苏省技术能手”称号；丹徒区选手虞德飞（镇江市丹徒区叶蜻蜓茶叶专业合作社）以第十名的成绩获得大赛一等奖。（凌须美）

【农业龙头企业】 2022年，丹徒区根据江苏省、镇江市、丹徒区有关动态监测和申报认定的要求，完成区内农业龙头企业结构优化调整。截至年底，全区有农业龙头企业52家，其中国家级1家、省级6家、市级19家、区级26家，比上年净增4家，市级以上龙头企业保持稳定，区级龙头企业净增4家。7家省级以上龙头企业全年完成销售额29.24亿元，比上年增长9.66%，带动农户数11.36万户，增长5.66%。（朱平义　王思捷）

【农村创业创新项目】 2022年7月，丹徒区组团参加镇江市第六届农村创业创新项目创意大赛，获得成长组一等奖和初创组三等奖。成长组一等奖获得者为镇江大成渔业发展有限公司总经理孙爱义，参赛题目为大成渔业规模化温室甲鱼养殖项目。初创组三等奖获得者为江苏翰雅生态农业有限公司总经理助理周思琦，参赛题目为“旧时稼轩”共享农场。9月，孙爱义代表镇江市参加第六届江苏省农村创业创新项目创意大赛，获优胜奖。（朱平义）

【农业项目建设】 2022年，丹徒区立项申报各类财政支农资金项目103个，包括市级财政支农项目45个，争取市级财政支农资金619.47万元，省级以上农业发展项目58个（其中现代农业发展项目33个、农业公共服务项目9个、农业科技创新与推广项目7个、农业生态保护与资源利用项目9个），争取省级及以上财政支农资金1461.3万元。（童根永）

【绿色优质农产品】 2022年，丹徒区认定绿色食品基地1746.67公顷（2.62万亩）、有机农产品基地36.33公顷（545亩），省级绿色优质农产品基地折算6993.33公顷（10.49万亩），绿色食品养殖业折算349.6公顷（5244亩），全区绿色优质农产品比重为52.19%。（吴俊雅）

【肥药管控】 2022年，丹徒区围绕农药化肥减控总体目标，以新技术推广为重点，开展农药化肥减量工作。全年施用化肥7073吨，较上年降低0.70%；使用农药187吨，较上年降低0.53%。打造示范典型和应用亮点16个，建设农药化肥"三新"（新药肥、新机械、新技术）技术集成试验示范点9个，开展专题技术培训600人次，完成典型户农药化肥施用量调查。开展水稻、梨病虫绿色防控示范区建设，建成示范面积140公顷(2100亩)，辐射面积1400公顷(2.1万亩)，示范区内绿色防控产品使用面积占比100%，化学农药亩使用量较常规防治区平均降低40%，达到减量控害目的。 （王建军）

【标准化生态健康养殖】 2022年，丹徒区推行标准化生态健康养殖。年内，全区有规模养殖场37家，其中1家停养。正常运营的36家养殖场中，有省级畜牧生态健康养殖示范场13家、市级生态技术推广考评合格场22家。年内，新创建成为省级畜牧生态健康养殖示范场1家，省级畜牧生态健康养殖示范场复检通过4家，基本实现全区畜禽生态健康养殖全覆盖。 （田万祺）

【"智慧畜牧"检疫模块推广应用】 2022年，丹徒区农业农村局持续推广应用"智慧畜牧"检疫模块暨"江苏省无纸化检疫出证系统"，确认乡镇区划9个，完善机构队伍管理，并做好官方兽医权限分配及关联设置、订购检疫证章标志、导入监管对象、开展业务培训等工作，为全区全面推广使用该系统奠定基础。 （苟灵俏）

【秸秆综合利用】 2022年，丹徒区粮油种植面积2.29万公顷(34.42万亩)，全年秸秆可收集总量为13.10万吨，全区秸秆机械化还田面积为夏季8600公顷(12.9万亩)、秋季8373.33公顷(12.56万亩)，消耗秸秆9.56万吨。通过秸秆饲料化、肥料化、原料化和燃料化等形式，消耗秸秆3.17万吨。全年秸秆综合利用率为97.19%。 （孙 瑶）

【废旧农膜回收利用】 2022年，丹徒区强化一膜两用技术、新型强化膜使用技术推广力度，形成设有废旧农膜回收总站1个、废旧农膜回收站9个的回收体系，实现各镇(街道、园区)回收站点全覆盖。召开废旧农膜回收利用相关工作观摩、培训班9期，培训320余人次。加大宣传力度，张贴废旧农膜回收相关宣传挂图100余张，悬挂宣传横幅88条，发放宣传手册3500余份、宣传手袋500余个。丹徒区农业农村局联合丹徒区市场监督管理局，开展农膜销售拉网式执法检查4次，确保全区29家农膜经销点合规经营。全区全年回收废旧农膜106.84吨，回收率为90%。 （刘 颖）

【农产品质量安全】 2022年3月26日，丹徒区被江苏省食品安全委员会命名为第三批"江苏省农产品质量安全区"。自2021年始，丹徒区农业农村局围绕"农产品质量安全水平明显提高、监管制度体系完善、监管能力显著加强、群众满意度不断提升"的目标要求，开展省级"农产品质量安全区"创建工作，全年组织1223家生产主体加入江苏省农产品质量追溯管理平台，推进"网格化管理、三定一考核、一岗双责"监管模式，落实镇级农产品监管员29人、村级协管员82人，试点建设村级服务站5个。开展区、镇、村监(协)管员培训班，人均累计学时超过40小时。累计完成农产品质量抽检样品5.58万个，其中定量检测628个、区级定性检测6170个、各乡镇定性检测4.90万个。通过创建活动，全区农产品质量全程监管机制逐步完善，农产品质量安全监管能力大幅提升。 （陈建军）

【长江禁捕工作】 2022年，丹徒区长江禁捕工作取得明显的阶段性成效，并进入常态化管理模式。渔政部门严格执行《中华人民共和国长江保护法》《中华人民共和国渔业法》《江苏省渔业管理条例》等法律法规，按照《丹徒区长江禁捕退捕工作实施方案》开展工作。新增大型渔政执法船1艘，全年开展联合执法行动12次，出动执法船25次、执法车辆128次、执法人员550余人次，清理残留废弃网具100余条、“三无”船舶(无船名船号、无船舶证书、无船籍港)2条，办结非法垂钓、捕捞行政处罚案件97起，电捕鱼案件5起，网捕案件6起，移交公安部门刑事侦办案件1起，罚没款2.68万元，查获非法捕捞渔获物64千克，劝阻违规大规模向长江放生外来泥鳅行为1起。（吴晓东）

【农村人居环境整治与长效管护】 2022年，丹徒区落实农村人居环境卫生“红橙黄”榜长效管护机制，村级每周开展巡查，镇级每月开展核查、抽查，区级每月开展暗访，每季度开展考评，全年发布村庄环境卫生长效管护工作简报11期，通报发现的各类村庄环境卫生问题3434个。建立问题发现、交办、督查、回访、销号机制，问题销号率100%。全区全年处理生活垃圾9.54万吨，无害化处理率100%，开展垃圾分类，建设有机易腐垃圾处置中心，清理畜禽养殖粪污等农业生产废弃物34.18万吨。完成13条农村生态河道申报评估，长度30.6千米。完成农村户厕改造3845户，其中新建改造1739户，整改达标2106户。按照农业人口每人50元标准，拨付2022年全区84个行政村(社区)村庄环境卫生长效管护补助资金1141.11万元、考评奖励资金92万元，各镇(街道、园区)按1：1的比例落实配套资金。全年创建成为省级“生态宜居美丽示范镇”1个、“生态宜居美丽示范村”6个，新增区级“美丽宜居村庄”61个，实现“美丽宜居村庄”建成率100%。宝堰镇宝堰村、辛丰镇龙山村被列入第六批中国传统村落名录，荣炳园区胜利村西谷里创建成为省级“特色田园乡村”。（吴如成）

【“一事一议”财政奖补项目】 2022年，丹徒区组织实施省级公益事业“一事一议”(指对农民通过一事一议筹资筹劳开展的村办道路、农田水利、村容村貌及村民通过民主程序议定需要兴办且符合有关规定的其他公益事业建设项目，国家按规定给予奖补)财政奖补项目37个，拨付省、市补助资金共542万元，项目涉及全区10个镇(街道、园区)计37个行政村。完成项目总投资876.24万元，其中项目村“一事一议”筹资筹劳90.45万元，集体自筹243.787万元，建成村内道路27条、桥梁1座，实施路灯亮化工程9个。（吴如成）

【惠农补贴】 2022年，丹徒区发放惠农补贴3870.02万元，其中农业支持保护补贴(耕地地力保护)2112.01万元、3次种粮农民一次性补贴742.49万元、稻谷生产环节补贴778.82万元、玉米大豆带状复合种植示范补贴89.60万元、粮食生产抗旱救灾补贴147.10万元。（王建军）

【农民培训】 2022年，丹徒区开展高素质农民培训21期，总人数1094人，完成民生实事高素质农民培训850人任务数的129%，涉及粮食生产培训286人、农民手机应用技能培训人数286人，发放满意度调查1094份，满意度100%。（马　莹）

【新型农业经营主体培育】 2022年，丹徒区培育省级示范家庭农场6家、市级示范家庭农场11家、区级示范家庭农场12家，培育国家级农民合作社示范社1家、省级农民合作社示范社9家。镇江市丹徒区高资水月雨家庭农场入选2022年江苏省家庭农场典型案例，镇江市丹徒区茗缘茶叶专业合作社入选2022年江苏省农民合作社典型案例；镇江市丹徒区陶竑利家庭农场、镇江市丹徒区江河汇家庭农场获2022年江苏省“百佳家庭农场”称号。（孙　杰）

【农村集体产权制度改革】 2022年，丹徒区稳妥推进“政经分离”改革试点工作，完成宜城街道诈输社区、姚庄社区，荣炳盐资源区曲阳村，江心洲生态农业园整镇改革试点各项工作，在明晰集体资产产权基础上，稳步推进村民委员会与集体经济组织账户分设，实现财务分开。各试点村探索党组织领办股份经济合作社“丹徒模式”，取得一定成效。丹徒区全年实现村集体经营性收入1.19亿元，比上

年增长11.93%，为推进乡村振兴和共同富裕提供物质基础和制度保障。（彭生林）

水 利

【概况】 2022年，镇江市丹徒区水利局(简称丹徒区水利局)积极学习宣传贯彻党的二十大精神，在区委、区政府的领导下，坚持认真贯彻落实上级各项工作部署；坚持咬定目标不放松，凝心聚力抓落实；坚持攻坚克难快推进，以“跑起来”的姿态迎难而上、加压奋进，推进丹徒水利“补短板、强监管、提质效”。全年完成水利总投资约2170万元，实施了坞庄村美丽移民乡村建设、石马小流域综合治理等工程；创成了大套河生态清洁型小流域，真正改善了河湖环境面貌，造福周边群众。面对旱情，科学调度，长山提水站累计开机2809台时，提水量829万方；区抗排队调拨前置42台套设备协助抗旱，确保工农业生产正常。年内，丹徒区创成国家节水型社会建设达标县；作为水利建设投资落实好、省水利基本建设投资计划完成率高、水利综合治理成效好的地方，获省政府表彰；丹徒区水利局被镇江市水利局表彰为2022年度“防汛抗旱工作先进单位”“长江岸线清理整治工作先进单位”“水资源管理工作先进单位”和“农村水利及水土保持工作先进单位”；被区委、区政府授予2022年度“实施乡村振兴战略行动先进集体”和“污染防治工作先进集体”称号。（杨晓斌）

【农田水利建设】 2022年，丹徒区总投资400万元，实施石马小流域综合治理工程，对高资环山河进行整治；建成农村生态河道13条30.27千米；实施宝堰镇团结村、上党镇古洞村、辛丰镇黄墟村、荣炳园区胜利村塘坝整治4个市级农水补助项目；创建成大套河生态清洁型小流域；开展丹徒区农村水利规划编制工作。同时，成功申报投资约1230万元的后马灌区节水配套改造工程和投资约290万元的世业中心河小流域二期综合治理工程。（刘艳明）

【水利工程管理】 2022年，丹徒区投入省骨干河道、水库、湖泊及长江堤防维修养护经费565.6万元(省级200万元、市级185.7万元、区级179.9万元)。其中，主要投资291万元，完成坞庄村美丽移民乡村建设工程；投资220万元，实施丹徒区2022年度中央水利发展资金小型水库(丰城水库、西湾水库)维修项目。同时，继续进一步强化水库精细化管理，年内，张寺水库、文龙水库等11座水库成功创建成江苏省精细化管理二级工程。（庄锋雷）

【水资源管理】 2022年，丹徒区在第三十届“世界水日”、第三十五届“中国水周”、“城市节水宣传周”、“宪法日”等时间节点，举办节水宣传进企业、进学校、进社区活动；开展长江非法采砂专项整治行动，共出动“丹徒”执法艇260航次、执法人员792人次、工作人员860人次，配合省、市开展联合专项行动4次；牵头推进丹徒区长江干流岸线利用项目清理整治工作，顺利完成2022年68处整治任务；完成2022年丹徒区最严格水资源、节约用水管理制度考核和省、市水资源、节约用水监督检查，全力推进节水型载体建设，在创成国家级节水型达标县(区)的同时，创成水利部节水型高校1家、省级节水型学校1家、省级节水型机关1家、省级节水型高速服务区1家、市级节水型企业1家、市级水效领跑者1家。（王 龙）

【防汛抗旱工作】 2022年汛期，丹徒区梅雨期19天，较常年偏短，梅雨量65毫米，不到常年的3成，以晴热高温天气为主。6月下旬长江上游来水持续减少，8月长江大通平均流量20900立方米/秒，最小流量13900立方米/秒，9月长江大通流量仅维持10000立方米/秒，最小流量8490立方米/秒，均为历史同期最低，主要河道、水库均保持低水位运行状态，全区出现了轻中度的气象干旱，各地农作物均不同程度受旱。面对旱情，区防办深入一线，及时掌握各地受旱情况，因地制宜制定引水补水措施，8月8日18时，区防指发布干旱Ⅳ级(蓝色)预警，启动抗旱Ⅳ级应急响应，长山提水站累计开机2809台时，提水量829

万立方米；区抗排队累计前置42台套设备协助抗旱。同时，各地利用水库、河道、塘坝等资源做好引补水工作，截至汛期结束，累计调配水源约7600万立方米，有效缓解了旱情，确保了工农业生产。受第12号台风“梅花”影响，区防指启动防台风Ⅳ级、Ⅲ级应急响应，但由于台风后续路径偏移，仅对丹徒区产生较小影响，无任何灾情发生。（丁幸国）

【河湖长制工作】 2022年，丹徒区区级河长共巡河85人次，召开专题会议50余次；镇级河长共巡河1854人次；全面开展妨碍行洪突出问题整治，共排查整治问题2处，拆除建筑物8500平方米；持续开展“两违、三乱”专项整治行动，排查出的23处问题全部整治到位；联合区委督查室，对河湖长制工作开展专项督查，并印发通报，报送区级总河长，形成高位推动，助力河长制工作深入推进；建成高资大干水库、上党坞庄叁汲塘、宝堰墓东水库溢洪河三处河长制公园，进一步拓展水文化展示空间；打造张露河、大干水库、茹墅河、三叉河、御隆河、人民沟、文龙水库排涝河、槐荫河、四支河9条幸福河湖，切实提高群众获得感、幸福感；充分发挥“丹徒区河长制”信息化系统及App应用平台作用，对河长履职情况进行具体量化，实现巡河电子化、数据实时化、管理无纸化、资料集中化；利用政府门户网站、融媒体、“丹徒治水”公众号等平台开展河湖长制宣传，共推送各类信息59篇，营造全民参与河湖保护的氛围。（李化宁）

农机

【概况】 2022年，丹徒区落实农机购置补贴政策，使用农机购置补贴资金730.12万元，其中包括中央、省级财政资金568.12万元，市级农机化发展资金129.4万元，区级农机化发展资金32.6万元，补贴机具395台，享受补贴273人次。全区稻麦种植面积1.77万公顷(26.62万亩)，投入大中型拖拉机785台，配套大型秸秆还田机700余台。全年稻、麦享受秸秆机械化还田补贴面积1.03万公顷(15.5万亩)，其中夏季享受省级秸秆机械化还田补贴面积5960公顷(8.94万亩)，秋季享受省、区级秸秆机械化还田补贴面积4373.33公顷(6.56万亩)，全年还田率58%。（魏文洁）

【农机安全监理】 2022年，丹徒区深化农机安全生产专项整治，开展农机隐患排查治理，检查各类单位122家，排查农机事故隐患4项，整改率100%；持续开展“铁牛卫士”农机安全执法行动，组织执法检查50人次，打击各类违法违规行为，全年办理农机行政处罚案件22起；加强拖拉机联合收割机和驾驶人牌证管理，开展送检下乡便民服务，全年办理拖拉机注册登记107台次，变更登记2台，转移登记11台，补领牌证4台，年度检验439台，注销41台；办理联合收割机注册登记23台次，转移登记11台，补领牌证1台，年检116台，注销登记11台次；拖拉机联合收割机驾驶证初次申领16人，增驾准驾机型8人，有效期满换证42人，恢复驾驶证3人，违章审验4人，注销驾驶证88人次。在检上道路拖拉机交强险投保率100%，道路外未发生较大以上农机事故。开展“平安农机”示范区创建，落实农机安全生产责任制，完善农机安全监管网络，构建“政府负责、农机主抓、部门协作、群众参与”的农机安全监管长效机制。年内，丹徒区创建成为省级“平安农机”示范区，5个镇(街道、园区)创建成为市级“平安农机”示范镇，5家合作社创建成为市级“平安农机”示范合作社。（符荣良）

农业气象

【概况】 2022年，镇江市丹徒区气象局(简称丹徒区气象局)联系气象部门工作实际，聚焦监测精密、预报精准、服务精细等方面，为保障生命安全、生产发展、生活富裕、生态良好提供优质服务，发挥气象防灾减灾第一道防线作用。地面气象综合观测业务质量达到中国气象局标准，在全省排名靠前。拓宽气象预警信息发布渠道，与丹徒区文体广旅局合作，利用全区1000个应急广播发布预警信息，覆盖所有10

个镇(园区、街道)、83个行政村，提升预警信息快速高效传播能力。贯彻落实全省气象部门安全生产大检查工作精神和防雷与升放气球安全大检查相关工作的具体部署，细化检查流程，统筹做好年度行政检查工作。年内，丹徒区气象局获得“2019—2021年度江苏省文明单位”荣誉称号，完成2019—2021年度区级文明单位申报工作。（黄　璐　邢钰媛）

【水稻种植与气象】 2022年，丹徒区水稻从播种至成熟历时176天，期间≥0.0℃的积温4418.9℃，比历年平均偏多697.4℃，比上年偏多421.1℃；降水量444.4毫米，比上年减少375.8毫米；日照时数1073.5小时，比上年偏多310.9小时。水稻全生长发育期间，农业气象条件总体利弊相间。秧苗期(5月中旬至6月上旬)：水稻秧苗期光温水配置总体较好，利于水稻的播种和出苗。水稻出苗快，长势好，秧苗总体素质好。5月下旬至6月上旬气温偏高，降水偏少，光照充足，温光资源较好，利于水稻壮秧培育。移栽分蘖期(6月中旬至7月中旬)：水稻移栽后，肥水协调，返青活棵快。6月23日入梅，7月11日出梅，梅雨量偏少，多高温天气，促使水稻生育进程加快，分蘖旺盛，气象条件总体有利于水稻生长。拔节孕穗期(7月下旬至8月下旬)：7月下旬到8月下旬以高温干旱天气为主，持续的高温导致水稻养分消耗多，营养消耗多，水稻穗形变小、结实率降低。抽穗成熟期(8月下旬至10月下旬)：8月下旬至9月下旬，气温偏高，降水偏少，光照充足，不利于水稻抽穗扬花。10月上中旬气温突然大幅度下降，气温持续偏低，不利于水稻灌浆充实，水稻结实率和空秕率上升，成熟期推迟。10月下旬温度偏高，降水偏多，光照不足，不利于水稻灌浆、籽粒充实。收获期多阴雨天气，不利于水稻收割和晾晒。（黄　璐　邢钰媛）

2022年丹徒区温、光、水与历年平均值比较情况表

表5

项目		12月	1月	2月	3月	4月	5月	6月	7月	8月	9月	10月	11月	12月	全年值	常年值
平均气温（℃）	历年	5.1	2.7	4.7	8.9	14.9	20.5	24.3	27.8	27.2	23.2	17.7	11.2	5.1	—	15.7
	本年	5.4	4.3	4.2	12.6	16.9	20.7	27.5	30.0	30.5	23.4	17.2	14.0	3.1	17.0	—
极端最高气温（℃）		—	—	—	—	—	—	—	—	40.3	—	—	—	—	40.3	39.5
≥35℃高温日（天）		—	—	—	—	—	—	—	—	—	—	—	—	—	—	—
极端最低气温（℃）		—	—	—	—	—	—	5	15	19	0	2	—	—	41	11.5
≤0℃低温日（天）		—	—	—	—	—	—	—	—	—	—	—	—	—	—	—
降水量（毫米）	历年	33.5	50.7	55.1	82.9	76.8	85.1	171.5	206.3	147.8	76.5	57.8	62	33.5	—	1106.0
	本年	2.7	90.1	34.1	140.6	125.8	9.2	73.3	208.7	50.9	24.9	77.4	70.7	13.8	919.5	—
梅雨量（毫米）		—	—	—	—	—	—	73.3	4.9	—	—	—	—	—	78.2	251.8
日照时数（小时）	历年	153	140.2	130.8	150.3	174.1	202.5	165.7	199.3	204.8	175.5	172.1	157.4	153	—	2025.7
	本年	208.2	107	101.9	182.6	196.9	209.7	207.3	218.1	198.8	129.4	195.5	101.5	165.3	2014	—

说明：表中第一个“12月”指2021年12月，历年为1981—2010年月平均值，常年值为1981—2010年平均值

（黄　璐　邢钰媛）

工　业

综　述

【概况】 2022年，丹徒区规模以上工业企业完成产值538.42亿元，比上年增长13.3%。按行业类型分，采矿业产值6.65亿元，增长59.4%；制造业产值487.5亿元，增长13.8%；电力、热力、燃气及水生产和供应业产值44.3亿元，增长3.8%。按经济类型分，国有独资公司工业产值18.31亿元，增长3.5%；其他有限责任公司工业产值69.36亿元，增长11.4%；股份有限公司工业产值17.81亿元，增长6.5%；私营独资企业工业产值3.12亿元，降低39.9%；私营有限责任公司工业产值253.43亿元，增长5.1%；私营股份有限责任公司工业产值18.52亿元，增长35.4%；港澳台商投资企业工业产值43.07亿元，降低21.7%；外商投资企业工业产值114.8亿元，增长74.4%。18家大中型工业企业产值229.9亿元，增长28.3%。规模以上工业企业实现销售收入555.31亿元，增长17.7%。实现利税总额30.58亿元，降低20.3%，其中利润总额19.2亿元，降低26.8%。规模以上工业企业亏损面为21.5%，较上年扩大3个百分点。 （丹徒区统计局）

【工业产品】 2022年，丹徒区主要工业产品产量中，食醋27.18万吨，比上年增长0.7%；起重机4267.65吨，增长7.6%；水泥844.7万吨，降低6.9%；小麦粉3.1万吨，增长12.3%；饮料酒79319千升，增长10.9%；酱油2397吨，增长6.5%；原盐146.4万吨，降低6.6%；方便面13075吨，增长3.4%；商品混凝土46.1万立方米，降低6.5%；滚动轴承5445万套，降低21.2%；新能源汽车18016辆，增长188.7%。

（丹徒区统计局）

【销售超1亿元企业】 2022年，丹徒区有应税销售超1亿元以上企业77家，比上年净增2家，其中销售额1亿—5亿元的企业55家，销售额5亿—10亿元的企业7家，销售额10亿—20亿元的企业9家，销售额超20亿元的企业6家。全区“50强”企业实现应税销售410.4亿元，比上年增长24.1%，占全区应税销售总额的65%。 （陈　银）

区属工业

【丹徒区工业资产管理总公司】 2022年，镇江市丹徒区工业资产管理总公司(简称丹徒区工业总公司)克服新冠疫情、经济下行等不利影响，推进国有资产监管、企业环境治理、信访维稳、民生服务等工作平稳发展。按照“以党建促业务、以业务强党建”理念，发挥党员争当“学习先锋、管理先锋、服务先锋”的示范引领作用，打造“先锋在一线　合力促发展”党建品牌。全年优化调整企业党总支2家，28名退休党员党组织关系完成转属地管理。受理信访件12件，受理“12345”政府热线23件，办结率100%。接待到访群众300余人次。完成镇江市机械密封件有限公司厂部、生活区下水管道疏通及道路维修施工工程，推进丹徒化肥厂生活区住户转供电改直供电改造工程。年前，以统一打卡的方式向7家特困企业发放解困金150万元。其中，慰问各类企业困难职工48人，发放困难补助7.88万元。

（张　君）

【企业环境治理】 2022年，丹徒区工业总公司开展企业环境治理各项工作。6月24日，天龙化工退役地块土壤生态修复项目通过风险管控阶段性效果评估及地下水修复竣工专家评审会；完成镇江市乙炔气厂土壤初调项目土壤前期初步调查工作。

（张　君）

【国有资产监管】 2022年，丹徒区工业总公司开展国有资产监管各项工作。5月，完成下属12家企业房屋信息核查登记，筛查生产办公类房屋44幢、居住用房55幢，其中居住用房涉及住户360余户。完成丹徒化肥厂生活区6幢3069平方米公租房危房鉴定工作，根据鉴定报告，落实其中一幢D级危房解危措施。截至年底，D级危房解危工作基本结束。（张　君）

主导产业

【概况】 2022年，丹徒区围绕“十四五”规划构建先进制造业产业体系指导思想，坚持产业强区“第一战略”，重点打造“3+2”先进制造业产业体系。壮大发展新材料、新能源汽车及零部件、高端装备制造三大战略性新兴产业，把握产业高质量发展内涵，构建一批各具特色、优势互补、结构合理的战略性产业增长引擎；提升绿色建材和食品医药两大传统产业，聚焦产业升级与创新赋能，推动传统产业高端化、智能化、绿色化和融合化发展。（陈　银）

【“3+2”先进制造业产业体系】 2022年，丹徒区“3+2”先进制造业产业体系发展初具规模，完成应税销售493.5亿元，占全区应税销售总额的78.5%。

高端装备完成应税销售158.5亿元，比上年增长18.8%，占全区应税销售比重25.2%，重点企业有振光电力、希西维、大力液压马达等。

新材料产业完成应税销售150.5亿元，增长28.2%，占全区应税销售比重为23.9%，重点企业有原轼新材、中铸新材、苏亚迪碳材等。

绿色建材产业完成应税销售80.3亿元，降低7.6%，占全区应税销售比重为12.8%，重点企业有鹤林水泥、帝高力、蓝圈新材等。

新能源汽车及零部件产业完成应税销售63.4亿元，增长58.3%，占全区应税销售比重为10.1%，重点企业有北汽蓝谷麦格纳、合力汽车、先锋汽车。

食品医药产业完成应税销售40.9亿元，增长16.1%，占全区应税销售比重为6.5%，重点企业有恒顺醋业、健力宝、中兴药业等。（陈　银）

项目建设

【概况】 2022年，丹徒区经济发展局、丹徒区重大项目服务中心贯彻落实产业强区“第一战略”，围绕“十四五”规划，结合国家和省、市的投资方向，谋划一批对丹徒区发展大局起重大支撑作用的项目，为经济高质量发展提供动力和保障。年内，68个区级以上重点产业项目完成投资56.1亿元。对照2022年产业项目投资目标任务，落实产业项目周调度、月梳理制度，压实产业项目保障、推进工作责任，年中做好省、市、区重点产业项目替换工作，确保全年产业项目按期投产达效。制定《丹徒区产业项目全过程评审工作办法》，牵头组织、召开产业项目全过程评审工作会议，严格把握准入关，提高资源利用效率和投入产出率，做好项目落地前各项服务保障工作。发挥统筹协调职能，定期梳理项目建设问题清单，加强与相关部门、属地板块联动服务机制，推进项目建设。

建立产业项目全过程评审机制，规范项目招引扶持政策，加强招商合同规范管理，提升全区招商引资质量和效益，全年新签约1亿元以上项目31个，总投资80.6亿元，总数超额完成市定目标。全年124个产业项目实际完成投资65.4亿元，总投资13亿元的奥联荣创产业园实现当年签约、当年开工、当年达效，总投资35亿元的海优威光伏胶膜中心工厂项目开工建设，总投资11亿元的比泽尔旋转式涡旋式压缩机项目超额完成年度投资计划，总投资10亿元的原轼金刚石线锯二期项目进展明显。全年备案项目282个，总投资444.37亿元，其中1亿元以上项目95个。 （姚 亮）

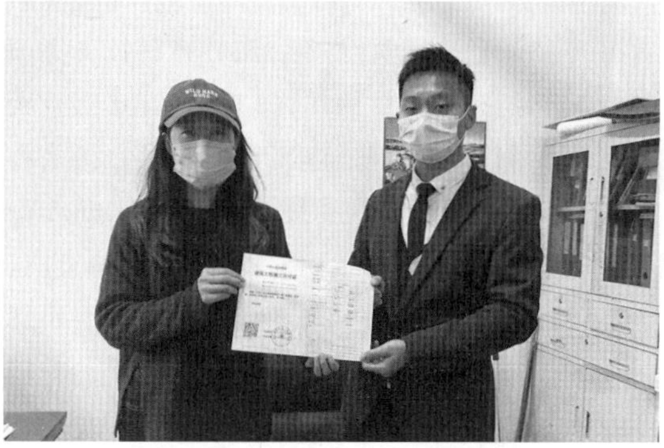

2022年12月，奥联荣创产业园项目在完成土地款缴纳，法定公示期结束后，领取不动产权证、建设用地规划许可证、建筑工程规划许可证、建筑工程施工许可证，成为丹徒区首个实行施工图审查豁免的重点项目，实现“拿地即开工”。图为奥联荣创产业园项目有关负责人领取施工许可证 （丹徒区委宣传部）

【项目评估机制】 2022年6月，丹徒区经济发展局、丹徒区重大项目服务中心制定《丹徒区产业项目评审工作办法》并予以试行。该办法旨在加强项目准入管理，推进项目决策科学化和管理规范化，保障生产要素向重点项目倾斜，并从产业政策、投资实力或成长性、科技含量、投资规模、产出效益、能源和环境、资源节约集约利用、带动效益8个方面出发，规定项目综合评价方法。该办法试行至年末，丹徒区共举办评估会议4期，完成产业项目综合评估8个。 （姚 亮）

【项目日常跟踪管理】 2022年，丹徒区经济发展局围绕项目建设，加大日常服务推进力度。推进区领导挂钩产业项目制度、重大办统筹推进制度、属地主体责任制度、部门并联审批制度，确保在项目推进过程中遇到的问题实现第一时间处理、第一时间解决、第一时间反馈。坚持每月通报、季度督查，了解项目进度，查摆存在问题，加强部门协调，帮助协调解决项目推进中的难题。 （姚 亮）

重点项目选介

【镇江海优威光伏胶膜中心工厂项目】 镇江海优威光伏胶膜中心工厂项目由镇江海优威应用材料有限公司投资建设。项目总投资35亿元，项目计划新增用地38.52公顷(577.8亩)，分三期建设。其中，一期建设中心工厂项目，通过租赁厂房方式建设年产1万吨光伏胶膜母料生产线，同时新增用地5.14公顷(77.1亩)，建设生产厂房、仓库，购置安装各类生产线24条，形成年产2亿平方米光伏胶膜封装材料产能；二期建设研发展示中心及中心仓库项目，研发展示中心用地15.49公顷(232.4亩)，中心仓库项目用地11.87公顷(178亩)，达产后可为年产50GW光伏组件配套全系列光伏胶膜、年产汽车装饰革和汽车用复合功能膜50万平方米；三期建设车用功能复合膜及人造革项目，计划用地6.02公顷(90.3亩)，达产后可形成年产1000万平方米车用功能复合膜和车用人造革生产能力。2022年，该项目租赁部分投入生产。 （姚 亮）

【比泽尔旋转式、涡旋式压缩机生产项目】 比泽尔旋转式、涡旋式压缩机生产项目由江苏德澳压缩机制冷技术有限公司投资建设，由江苏德澳压缩机制冷技术有限公司、德国比泽尔集团成立合资公司运营。比泽尔是全球领先的独立压缩机制造商，总部位于德国辛德芬根，从事设计及制造压缩机、冷凝机组和压力容器逾85年。该项目计划总投资11亿元，计划用地14.33公顷(215亩)，建设生产车间、仓库、办公楼等设施，新增建筑面积8.82万平方米，购置组装加工机械等国外设备40台(套)、电泳等国产设备160台(套)，安装旋转式压缩机生产线4条，建成后可形成年产500万套旋转式压缩机的产能。2022年，该项目基本竣工并部分投产。 （姚 亮）

【高性能沥青材料及配套仓储项目】 高性能沥青材料及配套仓储项目由晋得工程材料有限公司投

资建设。该项目计划总投资10.9亿元，总用地面积18.13公顷(272亩)，新建卷材仓库、高性能防水卷材车间、沥青卷材环保装置、沥青装置控制室锅炉房等设施。项目建成达产后可形成年产橡胶改性沥青7万吨、SBS改性沥青23万吨、高性能防水卷材8000万平方米的产能。2022年，该项目一期开始建设，累计投资近9000万元。（姚　亮）

重点企业选介

【中铸新材工业(江苏)有限公司】 中铸新材工业(江苏)有限公司是专业从事不定形耐火材料制造的高新技术企业，有不定形耐火材料生产线9条，年产能6万吨，产品覆盖七大类200余种，为客户提供安全、可靠及高性能的耐火材料解决方案。2022年，该企业被江苏省工业和信息化厅认定为2022年度江苏省专精特新中小企业。（陈　银）

2022年9月，中铸新材工业（江苏）有限公司在上海会展中心参加第二十届国际铸造博览会、第十六届国际压铸工业展览会＆第十六届国际有色及特种铸造展览会　（丹徒区委宣传部）

【镇江大力液压马达股份有限公司】 镇江大力液压马达股份有限公司主要从事摆线液压马达及其配套阀、制动器、减速箱、转子泵的生产和销售，产品应用于各类主机、设备、行走车辆的驱动和回转机构，是机械产品实现机电液一体化、智能型控制中不可缺少的控制执行元件。该公司先后获国家高新技术企业、国家级专精特新“小巨人”企业、国家级“制造业单项冠军示范企业”认定，拥有专门从事摆线液压件研发与制造的专业团队，先后承担国家火炬计划项目3项、江苏省科技支撑项目2项、镇江市科技支撑项目1项、镇江市级重大科技成果转化项目1项，1项新产品获得江苏省科技进步二等奖，2项新产品获得镇江市科技进步一等奖。该企业与中国科学院兰州化学物理研究所、上海交通大学、江苏省机械设计研究院等科研院所合作，建成江苏省工程技术中心、江苏省企业技术中心、高可靠性摆线液压马达研发中心3个省级研发平台，自主研发的大扭矩高压力级摆线液压马达产品被认定为江苏省首台(套)重大装备及关键部件，并独家起草修订JB/T10206-2010《摆线液压马达》行业国家标准。2022年，该公司生产能力、年销售量位居国内同行业第一、世界第二，国内市场占有率33%左右、国际市场占有率14%左右。（陈　银）

【北汽蓝谷麦格纳汽车有限公司】 北汽蓝谷麦格纳汽车有限公司是北汽集团和麦格纳国际下属的北汽新能源和麦格纳斯太尔联合打造的高端新能源汽车制造基地，位于镇江市汽车生态产业园，项目总投资60亿元，年规划产能30万辆高端新能源汽车。2022年11月16日，“中国心”2022年度十佳新能源汽车动力系统评选结果向社会发布，极狐阿尔法T的极锋动力(α-power)获“中国心”十佳新能源汽车动力系统大奖。10月8日，经中国十佳底盘评选组委会评选，极狐阿尔法T车型获“2022中国十佳底盘”及“最佳绿色”两项大奖。（陈　银）

特色园区

江苏丹徒经济开发区

【概况】 2022年，江苏丹徒经济开发区(简称丹徒经济开发区)有规模以上企业74家，其中工业48家、批零13家、服务业6家。全年完成应税销售收入236.44亿元，其中工业应税销售210.27亿元，比上年增长3.45%；规模以上工业产值187.43亿元，增长6.4%；社会固定资产投资19.08亿元，其中制造业投资9.91亿元；完成公共财政预算收入3.32亿元。年内，江苏丹徒经济开发区坚持新发展理念，调优调轻产业格局，推动产业转型升级。截至年底，园区拥有江苏苏润高碳材股份有限公司、二重(镇江)重型装备有限责任公司、江苏鹤林水泥有限公司、中盐镇江盐化有限公司、建华科创园(江苏)有限公司、镇江建科建设科技有限公司、中铸新材工业(江苏)有限公司等骨干规模企业，形成以绿色建筑、新材料、重型装备制造、港口物流为特色的产业集群，是省级装备制造业特色基地、省级临港物流特色园区。12月，完成镇江李长荣高性能材料有限公司关停并通过专家验收，完成金海宏业(镇江)沥青有限公司每年60万吨、每年80万吨沥青生产装置拆除工作，切实保护长江环境。同月，集约化可视化安全生产监管信息平台建设完成。年内，兑付资金1.7亿元，回购350户、494套安置房，保障群众利益。 (侯 飞)

【项目建设】 2022年，丹徒经济开发区围绕重点产业，以延长产业链条、加强产业集聚为目标，开展项目建设。总投资1.9亿元的赛维尔二期项目，设备调试结束，投入试生产；鹤林水泥智能化水泥粉磨站项目总投资5.06亿元，完成桩基施工；中熔智能装备项目、鑫泰绝缘新型绝缘材料生产项目总投资分别为1.2亿元、1.1亿元，完成土地摘牌及施工准备；建华科创园工程建设高性能复合材料项目总投资50亿元，完成大桩车间建设；船港物流生产资料智能集散中心综合技改工程项目总投资5.3亿元，年内建成投产；晋得工程高性能沥青材料及配套仓储项目总投资10.9亿元，完成仓储节能审查；智农食品现代农业综合开发项目总投资1亿元，2号厂房主体施工结束；先锋植保新型制剂复配自动化生产线及智能化升级改造项目总投资1.1亿元，完成设备采购。 (侯 飞)

【科技创新】 2022年末，丹徒经济开发区有高新技术企业19家，全年实现产值76.96亿元，完成销售78.15亿元。完成专利申请量超过800件，每万人发明专利拥有量为35件，年内获发明专利授权16件。中铸新材入选江苏省“专精特新”中小企业，先锋植保、赛维尔新材料入选镇江市“专精特新”中小企业；利德尔获省级工程技术研究中心认定，万特福建筑、久一智能、水木年华3家企业入选镇江市工程技术研究中心项目；中铸新材、华夏制漆等5家企业获镇江市重点研发计划立项，二重(镇江)重型装备有限责任公司、苏润高碳材股份公司、先锋植保获市级企业技术中心认定，赛维尔获市级“绿色工厂认定”，宏顺热点的2#汽轮机抽改背节能技改项目、建科建设的预制构件产能提升项目、华夏制漆的去产能项目获市级工业和信息化专项资金补助。入选镇江“金山英才”计划（“金山英才”计划是镇江市实施的高技能领军人才计划）1人。（侯　飞）

【园区建设】 2022年，丹徒经济开发区采取多项举措，加强园区各项建设。推进312国道快速化改造工程管（杆）线迁改工程，3条35千伏以上高压线路完成2条，31条10千伏线路完成11条；完成自来水临时管道迁改21条，铺设正式管道2.5千米；完成天然气管道迁改90%工作量，扫尾工作有序推进。开展民营工业园区环境整治，清理梓里路等4条道路沿线杂物、垃圾，修缮雨水边沟排水系统，增设绿化设施、停车位，打造节点景观，改善园区环境。

（侯　飞）

2022年丹徒经济开发区重点项目情况表

表6

序号	项目名称	项目实施单位	主要建设内容	投资总额（万元）	实际完成投资进度（万元）
1	▲赛维尔二期项目	镇江赛维尔环保纤维有限公司	利用原有土地，引进2.5万吨食品级再生PET切片生产线和1万吨食品级再生HDPE切片生产线	19000	19000
2	◆智能化水泥粉磨站项目	江苏鹤林水泥有限公司	项目存量用地2.5公顷，建设智能化水泥粉磨系统2条及配套设施	50600	20000
3	◆光伏发电项目	华润（集团）有限公司	项目占地53.33公顷，建设智慧能源系统、分布式光伏电站、储能电站等能源项目	20000	10000
4	◆ALC建材和建安总部项目	江苏天容新材料有限公司	项目存量用地5.33公顷，建设ALC生产线2条，设计年产50万立方米加气混凝土（ALC）板材	35000	20000
5	◆中熔智能装备项目	中熔智能装备（江苏）有限公司	项目存量用地2.27公顷，设计年产能智能设备500套、新材料4万吨	12000	8000
6	◆新型绝缘材料生产项目	镇江鑫泰绝缘材料有限公司	项目存量用地2公顷，主要建设层压木、环氧板、纸绝缘等系列产品生产线	11000	5000
7	沥青混凝土设备购置技改项目	江苏省交通工程集团有限公司镇江分公司	沥青混凝土生产线增加采购铣刨料剥离机进行冷剥离	1000	1000
8	镇江港龙门港区船港物流码头港池泊位技改工程项目	江苏船港物流有限公司	项目不新增建设用地，设计年吞吐量95万吨，年通过能力100万吨	4791	4791
9	金属机械制造项目	镇江市红宝机械制造有限公司	钢材加工成零部件，配备电控设备	1750	1750
10	重装码头及公共平台项目	镇江重装产业园开发有限公司、镇江港发集团、中圣集团等	项目存量用地9.33公顷，建设5000吨级挖入式港池1座、640吨龙门吊2台及公共重装通道等设施	20000	5000
11	建华建材华东物流总部项目	建华建材物流集团	租赁长三角化工拆除后的6.67公顷场地作为大型停车场，征用2公顷土地作为建华区域物流总部的营销中心、信息平台和综合办公，并购置运输车辆、智能平台等设备设施	10000	10000
12	建华科创园物流公共码头及仓储物流项目	建华（江苏）港口服务有限公司	项目新增用地13.33公顷，规划建设5万吨级码头2座、5000吨码头1座、3000吨级公共码头1座及环保型全封闭智能化仓储设施	80000	10000
续建项目					
1	▲工程建设高性能复合材料项目	建华科创园（江苏）有限公司	项目计划用地65.33公顷，主要建设大桩、钢棒加工、PC构件、环保装备生产线及港口物流设施	500000	50000

续表6

序号	项目名称	项目实施单位	主要建设内容	投资总额(万元)	实际完成投资进度(万元)
2	▲生产资料智能集散中心综合技改工程项目	江苏船港物流有限公司	项目存量用地10公顷，主要建设干散货装卸、输送、储存设施及智能化控制系统	53000	25000
3	▲高性能沥青材料及配套仓储项目	晋得工程新材料有限公司	项目盘活用地18.13公顷，建设高性能沥青材料加工及配套仓储物流项目	109000	59000
4	▲现代农业综合开发项目	镇江市智农食品有限公司	项目用地1.87公顷，规划年产能特色经济植物组培苗1000万株、全谷物方便食品8000吨、休闲食品1000吨，并建设物流电子商务系统	10000	6000
5	◆新型制剂复配自动化生产线及智能化升级改造项目	镇江市先锋植保科技有限公司	项目建设农药制剂复配自动化生产线及配套仓库、工程中心等，规划年产能9000吨	11000	10500
6	粮食机械项目	镇江经纬输送装备有限公司	主要生产农业机械配件、粮食机械设备、传输设备	3000	2000
7	转运站环保治理项目	江苏华元焦化有限公司	建设环保封闭大棚1座	1200	700
8	年产400台混凝土搅拌设备项目	镇江鑫天鸿机械科技有限公司	项目主要生产混凝土搅拌设备	1500	500
9	1300千瓦分布式光伏发电项目	镇江隆城新能源有限公司	项目租赁镇江市龙城包装有限公司厂房屋顶1.2万平方米，规划年平均发电量106.6万千瓦时	1000	500
10	15万吨电厂用烟气脱硫石灰石粉项目	镇江市德佳建材有限公司	项目用地2500平方米，主要生产电厂烟气脱硫用石灰石粉，年产能15万吨	2000	500
11	码头工程砂石装卸技改项目	二重(镇江)重型装备有限责任公司	通过码头技术改造，码头砂石类建材装卸能力提升至800万吨左右	6500	4500
12	新建两座建材生产厂房项目	建华科创园(江苏)有限公司	项目占地6.13公顷	10000	5000
13	绿色装配式建筑构件扩产技改项目	中建科技镇江有限公司	新引进德国进口艾巴维预制构件生产线1条，生产双面叠合墙、预制叠合板等水泥预制件	10000	1000

说明：“▲”为市重点项目，“◆”为区重点项目，市重点项目同为区重点项目

（侯　飞）

丹徒高新技术产业园

【概况】 2022年，镇江市丹徒高新技术产业园(简称丹徒高新园)克服经济运行下行、新冠肺炎疫情反弹等多重不利影响，落实各项经济指标和重点任务。全年完成一般公共预算收入5.09亿元；固定资产投资15.98亿元，比上年下降34.9%；制造业投资14.12亿元，下降28.6%；工业应税销售收入231.04亿元，增长14.2%；规模工业总产值206亿元，增长11.2%。净增规模以上工业企业12家、规模以上服务业企业1家。

（汤　颖）

【招商选资】 2022年，丹徒高新园开展各类招商活动100余场，新签约1亿元以上制造业项目9个。其中，10亿元以上项目1个，为总投资12亿元的联东U谷·科技企业港项目；其余8个1亿元以上项目分别为恒欣绿色循环项目、长江窗饰新型木质窗饰建设项目、艺高儿童座椅生产项目、大明可可巧克力可可制品展示及学术交流中心项目、爱

康50兆瓦分布式能源项目、澳盛汽车年产21万件碳纤维汽车零部件项目、发展公司车灯总成生产项目、大力液压马达年产150万台摆线液压马达及其配套产品生产线智改数转及迁建扩能项目。加快盘活存量资源，先后盘活南徐船舶、金和环保、弘毅锅炉、金苹果4个项目闲置土地13.6公顷(204亩)、厂房4.9万平方米。（汤　颖）

【项目建设】 2022年，丹徒高新园(含谷阳镇)计划建设产业项目35个(其中区级以上重点产业项目27个)，年度计划投资30.1亿元，全年实际完成投资21.5亿元，其中开工和在建项目11个，分别是海优威、欧华玛、原轼、施普瑞、润合智能、惠灵顿、宇鑫汽车、发展公司车灯总成、恒顺酒业、蔻伊斯、恒顺香醋黄酒扩产等项目；建成投产9个，分别是力凡胶囊、大自然机动车、信立隆、富又康、蓝圈新材、大力液压马达、大陞新材、比泽尔、田信光纤等项目。（汤　颖）

【科技人才】 2022年，丹徒高新园采取多项举措，推进科技创新。推进高新技术企业培育入库工作，全年申报高新技术企业入库41家，通过32家，其中申报省级高新技术企业入库16家，通过12家。截至年底，园区净增高新技术企业11家，总量77家。科技型中小企业入库93家，获省级工程技术中心认定的企业有2家，获市科技创新资金项目立项的企业有11家；申报江苏省“双创”(创新、创业)人才项目6项、镇江市“金山英才”人才项目14项；材智汇创建成为国家级众创空间；举办第五届丹徒新材料创新创业大赛，20个项目入围总决赛，为园区发展集聚创新动能。（汤　颖）

【基础建设】 2022年，丹徒高新园采取多项举措，加强基础建设。加大张巷村、镇南村拆迁扫尾工作力度，中欧产业园拆迁工作全部完成，全年调节特困家庭提前安置住宅100套，缓解逾期压力。景泉印象二期安置房项目室外雨污水管网、水电气配套工程基本结束，小区道路、铺装、海绵、景观绿化有序进行；光明景园28#楼水电、燃气、道路等配套工程完成，做好竣工交付准备。推进园区基础设施配套建设，完成污水断头管网整治和张露河东侧污水管道排查、疏通、清淤及修复改造工程，妥善解决一批群众关切的“急难愁盼”问题。（汤　颖）

【安全环保】 2022年，丹徒高新园按照“三管三必须”(管行业必须管安全，管业务必须管安全，管生产经营必须管安全)的要求，围绕建筑施工、冶金工贸、交通运输等重点领域，开展“百日攻坚”以及消防安全、自有建筑安全隐患整治等专项工作，检查企业119家，排查安全隐患571处，已完成整改571条，整改率达到100%。实施环保攻坚行动，加强挥发性有机物管控，完成挥发性有机物涉排重点企业摸排和建档立卡55家，确保大气污染指数达标。上报固体废物排查企业72家、“散乱污”企业31家，整改率100%；强化扬尘监管，安装监控摄像头22个；完成中央环保督察信访件八批次9件销号工作。（汤　颖）

2022年丹徒高新园重点项目情况表

表7　　单位：万元

序号	项目名称	项目实施单位	主要建设内容及规模	投资总额	实际完成投资进度
1	★镇江海优威光伏胶膜中心工厂项目	上海海优威新材料股份有限公司	项目计划新增用地38.52公顷，分三期建设：一期建设中心工厂项目，租赁厂房建设年产1万吨光伏胶膜母料的生产线，形成年产2亿平方米光伏胶膜封装材料产能；二期建设研发展示中心及中心仓库项目；三期建设车用功能复合膜及人造革项目	350000	8000

续表 7

序号	项目名称	项目实施单位	主要建设内容及规模	投资总额	实际完成投资进度
2	▲欧华玛(OWA)新型装饰材料建设项目	崇佑(中国)新材料有限公司	项目新建生产厂房及办公生活配套用房等，总建筑面积24276平方米(计容建筑面积为35676平方米)。项目拟购置多边折弯机、全自动滚轮机、主龙骨设备、精密型整平机等各类先进生产设备共计36台(套)，组建欧华玛(OWA)轻钢龙骨生产线，年产量4000万米	16000	6000
3	▲可可制品生产加工及可可文化博物馆项目	上海大明可可制品有限公司	项目计划用地4公顷，建设工业厂房及可可文化博物馆。年加工可可豆20000—30000吨，年产可可粉8000—12000吨、可可白脱(可可脂)8000—12000吨、巧克力及巧克力制品6000—8000吨	30000	4900
4	▲年产4000万KM高强度金刚石线锯项目(二期)	镇江原轼新型材料有限公司	项目占地面积约3万平方米，建筑面积约5.6万平方米。主要购置金刚石制线设备907台、重绕机45台、母线湿拉机106台	102000	80000
5	▲电子专用材料制造项目	镇江中垒新材料科技有限公司	项目建设用地2公顷，年产热压缓冲材料50万平方米、硅质垫片50万平方米、新能源阻燃材料25万平方米	10800	5000
6	▲智能电力设备制造项目	江苏施普瑞电力科技有限公司	项目计划用地约2.67公顷，建筑面积约2.1万平方米。主要产品包括智能电网控制设备、高低压电力成套开关设备(环保型中压气体的绝缘开关柜)、计量表箱、母线槽、智能仪表、配电箱、电缆桥架，年产量2万台套	11800	5000
7	▲生物质胶囊技改扩产项目	江苏力凡胶囊有限公司	项目为技改项目，新建建筑面积1055平方米(按1460平方米计容)，改造建筑面积3715平方米，项目实施分二期建设。(一期)为新增普鲁兰多糖生产车间1座，年产普鲁兰多糖胶囊原料200吨，新增胶囊生产线3条，增加生物质植物胶囊年产能25亿粒。(二期)为原12条线胶囊生产车间技改项目，增加到高速生产线14条，增加胶囊年产能21亿粒	13000	8000
8	▲70000台/年通用设备组装生产项目	江苏润合智能装备有限公司	项目计划用地2公顷，总建筑面积2.8万平方米。建成后，年组装生产小型汽油发动机水泵机组20000台、柴油发电机组20000台、轻型建筑机械30000台	10000	4200
9	▲反渗透膜、纳滤膜生产项目	镇江市惠灵顿膜业有限公司	项目计划用地2.67公顷，总建筑面积约4.57万平方米。项目建成达产后，年产反渗透膜、纳滤膜262.62万支	18915	8000
10	◆高端特种电线电缆制造项目	易初特种电线电缆(昆山)有限公司	项目计划用地9公顷，规划建设高标准办公楼、研发中心、厂房建筑面积共10万平方米，主要产品有拖链电缆、机器人电缆、起重电缆等，可应用于机器人、新能源等行业	50000	—

续表7

序号	项目名称	项目实施单位	主要建设内容及规模	投资总额	实际完成投资进度
11	◆年产2000万平方米电子薄膜材料、1亿平方米高分子特种膜项目	上海海优威新材料股份有限公司	项目计划用地5.33公顷，新建建筑面积5.02万平方米。购置各类特殊保护膜生产线4条、电子薄膜材料生产线2条、各类高分子特种膜材生产线40条及RTO环保设备1套，年产电子薄膜材料2000万平方米、高分子特种膜1亿平方米	38558	8000
12	◆润祥研发生产基地项目	江苏润祥建设集团有限公司	项目计划用地13.33公顷，项目主要包括办公研发楼、钢结构厂房、新型建筑材料，项目建设内容为房屋建设施工、钢结构加工制作、新型建筑材料的仓储中转等设施	70000	—
13	◆杜拓跨境电商综合基地项目	南京杜拓信息科技有限公司	项目计划用地2.4公顷，主要从事跨境电商软件研发、家居产品研发、国际化品牌智能化设计包装，年品牌包装出货量300万件	12000	—
14	◆5万套智能多参数环境空气质量气体微型监测站项目	江苏汉鼎华傲科技发展有限公司	项目计划用地2公顷，总建筑面积约2.3万平方米，主要生产智能多参数环境空气质量气体微型监测站	12000	—
15	◆低温容器及配套项目	张家港保税区汇燃低温装备有限公司	项目计划用地2公顷，主要从事低温绝热气瓶、工业气体空温式气化器、天然气气化撬及天然气调压设备、小型低温贮罐及相关配套设备的生产及研发	18000	—
16	◆IBC集装桶配件生产项目	镇江远海包装有限公司	项目计划用地2公顷，经营范围包括：包装容器(危险品除外)的生产销售，生产销售吨桶底盘及其配件	12000	—
17	◆包装机械生产项目	上豪包装机械(镇江)有限公司	项目计划用地3.33公顷，经营范围主要包括：纸袋机械、信封机械、纸品及塑料包装机械、印刷机械、气泵及机械零件的生产、销售和售后服务	18000	—
18	◆车辆智能电机电控系统项目	埃法电机制造(镇江)有限公司	项目计划用地2.67公顷，主要从事电机电控的研发、生产、销售等	15000	—
19	◆冷却设备制造项目	意塔冷却技术有限公司	项目计划用地2公顷，主要从事制冷设备、冷却设备的研发、生产、销售等	10500	2000
20	◆年产100万件制动泵、工业齿轮泵、液压阀项目	镇江沃尔夫重工部件有限公司	项目新增用地1.2公顷，总建筑面积1.3万平方米，年产制动泵、工业齿轮泵、液压阀100万件	7000	2000

续表7

序号	项目名称	项目实施单位	主要建设内容及规模	投资总额	实际完成投资进度
21	◆机动车资源循环利用基地项目	江苏大自然机动车回收拆解有限责任公司	项目计划用地3公顷，总建筑面积2.7万平方米。项目主要拆解回收报废汽车，年拆解约1.5万辆	16425	11000
22	LNG超低温阀门项目	上海廷本流体控制有限公司	项目计划用地约1公顷，主要从事安全阀、截止阀及阀门配件的生产、研发	5000	—
23	年产2000吨热塑性塑料制品	江苏信立隆新材料科技有限公司	项目占地面积4273平方米，建筑面积约2377平方米，主要产品为共享单车手握、宠物玩具、鞋底等橡胶塑料制品	2300	1000
24	汽车车灯总成生产项目	镇江宇鑫汽车配件有限公司	项目占地约1.33公顷，新建厂房2.54万平方米，新建生产辅助用房922平方米，年产高位制动灯、侧标志灯、侧转向灯、踏步灯、前顶灯等各类汽车车灯总成56.26万个	8172.72	1500
25	车灯总成生产项目	丹徒新区建设发展公司	项目总建筑面积3.98万平方米，全部为生产厂房。建成达产后，年产高位制动灯、侧标志灯、侧转向灯、侧转向灯、踏步灯等各类汽车车灯总成57.76万个	9763.49	5000
26	智能化立体仓库及空瓶仓库项目	镇江恒顺酒业有限责任公司	项目占地面积8300平方米，总建筑面积9300平方米	3600	5900
27	PVC地板膜印刷技改项目	镇江富又康新型装饰材料有限公司	项目不新增用地，在原有生产区完成改造，不新增产能	1000	1000
28	环保型新型轻质建材生产线的技术改造项目（不扩能）	江苏蓝圈新材料股份有限公司	在原有厂房内部分生产车间进行局部改造和装修，实现产品性能应用升级，不增加产能	1000	1000
29	◆高性能无石棉密封垫板项目	蔻伊斯密封科技有限公司	新建厂房7600平方米，年产高性能无石棉密封垫板2000吨	10500	10980
30	年印刷1200万平方米彩膜项目	江苏镇江大陛新型环保材料科技有限公司	项目租用宏美工业园厂房1500平方米，购置印刷机、复卷机等设备，利用水性油墨在塑料板上印刷彩膜	1200	1395
31	▲比泽尔旋转式、涡旋式压缩机生产项目	江苏德澳压缩机制冷技术有限公司	项目新增用地14.33公顷，新建建筑面积8.82万平方米，购置安装旋转式压缩机生产线4条，形成年产500万套旋转式压缩机的产能	110000	11000
32	▲年产10万吨高端香醋和年产10万吨料酒黄酒扩产项目	江苏恒顺集团有限公司	项目存量用地2.33公顷，主要建设香醋及料酒黄酒生产过程所需的高速灌装线、智能化立体仓库等设施	56000	10000

续表7

序号	项目名称	项目实施单位	主要建设内容及规模	投资总额	实际完成投资进度
33	◆塑料光纤光缆研发、生产项目	江苏田信塑料光纤有限公司	项目用地3.33公顷，总建筑面积5.62万平方米，购置光纤押出机(拉丝机)、多米诺喷码机等生产设备221台(套)，主要从事塑料光纤光缆、光通信、传感线缆产品的研发、生产和销售	17509	16800

说明：1.“★”为省重大项目，“▲”为市重点项目，“◆”为区重点项目

2.省重大项目同为市重点项目，市重点项目同为区重点项目

（汤　颖）

镇江生态汽车产业园

【概况】 镇江生态汽车产业园位于镇江市丹徒区上党镇，北至上党大道，南至沪蓉高速，西至镇荣公路，东至北汽大道，核心区占地面积4平方千米。2022年末，镇江生态汽车产业园区有北汽麦格纳、麦格纳卫蓝、海拉电子、中都物流、北汽动力系统等企业落户，在建项目3个，完成供地开发170公顷。2022年，镇江生态汽车产业园区实现应税销售收入49.4亿元，完成固定资产投资3亿元。（胡　焘）

【北汽蓝谷麦格纳汽车有限公司】 北汽蓝谷麦格纳汽车有限公司是北汽集团和麦格纳国际下属的北汽新能源和麦格纳斯太尔联合打造的高端新能源汽车制造基地，位于镇江市汽车生态产业园，项目总投资60亿元，年规划产能30万辆高端新能源汽车。2022年11月16日，“中国心”2022年度十佳新能源汽车动力系统评选结果向社会发布，极狐阿尔法T的极锋动力(α-power)获“中国心”十佳新能源汽车动力系统大奖。10月8日，经中国十佳底盘评选组委会评选，极狐阿尔法T车型获“2022中国十佳底盘”及“最佳绿色”两项大奖。（姚　亮）

高桥临港经济产业园

【概况】 镇江市高桥临港经济产业园(简称高桥临港经济产业园)位于镇江市丹徒区东北部，南连长江与镇江新区大港港口隔江相望，东邻长江与扬中市新坝镇遥望，西接长江与江心洲生态农业园区毗邻，北倚扬州新区与江广新城相连。高桥临港经济产业园作为镇江的“后花园”和扬州的“南大门”，区位独特，拥有长江深水岸线15.1千米。高桥临港经济产业园陆域部分规划为荷花池作业区和三益桥作业区。荷花池作业区包含散货泊位区、通用及船舶装备制造区，有5万吨泊位4个、2万吨泊位2个、万吨级以下泊位14个。三益桥作业区包含液体散货、杂货泊位区，有3万—7万吨级液体散货泊位5个、3万—7万吨级通用泊位9个。2022年末，园内有各类企业400余家，其中规模骨干企业18家，以现代能源物流、雪地靴制作、机械电器、船舶修造、特色水产等为主导产业。（芦玉杰）

【孟家港国际物流园】 孟家港国际物流园是经中华人民共和国国家发展和改革委员会等多部委批复的超大型港口物流园项目，由孟家港国际储运发展有限公司投资建设。该项目选址在江苏镇江市丹徒区高桥镇，总投资38.69亿元。以建设“双碳”(碳达峰、碳中和)生态绿色的港口物流园为目标，该项目规划建设5万吨(水工结构按7万)泊位3座及陆域相关生产设施，年吞吐量4000万吨，静态仓储能力450万吨，年加工能力1000万吨，构建集储运、加工、交易、金融服务、物流配送于一体的现货和期货、线下和线上兼具的长江大宗散货交易市场。该工程是华东五市经济示范区重点示范工程、长江经济带重点实施工程、江苏省重点工程、镇江市重点工程。2021

年末，该项目完成重载调试。 (芦玉杰)

【润祥油气物流园】 润祥油气物流园包含镇江港高桥港区三益桥作业区润祥油品码头工程项目、镇江港高桥港区液化天然气加注站和接收站工程2个项目。

镇江港高桥港区三益桥作业区润祥油品码头工程项目位于镇江港高桥港区三益桥作业区液体散货码头区内，项目总投资10.5亿元，规划建设50000DWT油品码头1个，泊位长度284米，码头设计吞吐量为每年260万吨，库区工程规划建设34×104立方米成品油储罐及配套设施。2022年末，项目一期工程建成4.2×104立方米储罐及配套设施并开港试运营，项目二期21.2公顷(318亩)土地组卷报批工作有序推进。

镇江港高桥港区液化天然气加注站和接收站工程项目是交通运输部长江干流江苏段水运行业应用液化天然气示范试点项目，其中加注站工程是被交通运输部等四部委列入《全国港口与船舶污染突出问题治理方案》的重点实施项目。项目总投资30.5亿元，占用长江岸线840米，主要建设加注站1座，包括2个1万吨级液化天然气动力船加注泊位、2个250立方米液化天然气储罐及相关配套设施，码头设计加注能力为每年27万吨液化天然气；接收站1座，包括2个3万总吨液化天然气泊位、2座10万立方米液化天然气储罐及相关配套设施，码头设计通过能力为每年150万吨液化天然气。2022年末，加注站泊位完成建设，陆域工程完成库区设计、场地平整，25.13公顷(377亩)土地挂牌上市工作有序推进。(芦玉杰)

江苏省镇江世业洲旅游度假区

【概况】 世业洲位于镇江市西郊，四面环江，南与镇江市区一水之隔，北与扬州市隔江相望，为长江中第三大岛。全岛呈“元宝状”，东西长16.5千米、南北宽3.5千米，总面积53平方千米，其中陆域面积30平方千米，四周筑有防洪大堤26.5千米，岛上有120公顷的自然式开放公园和湿地景观。润扬长江公路大桥横跨世业洲南北，并在世业洲东部建有双向互通，北与扬州市相连，南与沪宁高速、宁杭高速、312国道、沿江高等级公路相连，区域交通优势突出。世业洲环境幽静、空气清新、河道纵横，是名副其实的江中绿岛、生态之岛。

2022年，江苏省镇江世业洲旅游度假区(简称世业洲旅游度假区)完成地区生产总值10.41亿元，其中第一产业增加值1.73亿元、第二产业增加值0.17亿元、第三产业增加值8.51亿元。2022年，世业洲旅游度假区采取多项举措，创建旅游品牌，世业洲旅游度假区获得江苏省自驾游协会颁发的“自驾游最佳目的地”，总书记视察路被南京大学终身教育学院授牌为现场教学点，世业村获评“全国乡村旅游重点村”称号，开心休博园创建成为国家AAA级旅游景区。截至年底，世业洲旅游度假区有19座厕所通过旅游厕所等级评定，其中AA级厕所6座、AAA级厕所4座。(王潇亚)

【镇江淘文化演出活动】 2022年7月9日，镇江淘文化网演出——走进世业镇活动在开心休博园文化广场举办。该次活动由镇江市文化广电和旅游局主办，世业镇新时代文明实践所、镇江市京口区俏夕阳艺术团承办，世业镇老年人体育协会、开心休博园协办。该活动旨在庆祝中国共产党101周年，迎接中共二十大召开，并丰富世业镇群众文化生活。整场活动持续约2小时，为群众带来舞蹈表演、旗袍秀、乐器演奏、京剧等精彩节目。镇江“淘文化网”演出是镇江市推动的公共文化服务社会化发展举措，实行“自下而上、以需定制”的互动式公共文化服务购买模式，通过“群众点单、政府买单”的方式满足群众对文化生活的多元化需求。 (王潇亚)

镇江高校园区

【概况】 2022年，镇江市高校园区建设稳步发展，高校办学有序推进。江苏科技大学、江苏大学京江学院、镇江高等专科学校、江苏省交通技师学院、镇江技师学院5所高校和镇江市委党校入学总人数近6万人。其中，江苏科技大学本科招生6794人、研究生招生1615人、留学生招生200人，合计8009人，毕业本科生4661人、研究生1187人、留学生148人，合计5996人；江苏大学京江学院招生3666人，毕业3310人；镇江高等专科学校招生3502人，毕业2663人；江苏省交通技师学院招生2015人，毕业1046人；镇江技师学院招生1775人，毕业人数1170人。招生人数较上年增加1300余人。丹徒区人社局等有关部门与各学校对接，为学校提供就业信息，并为应届毕业生与当地企业牵线搭桥，促进毕业生平稳就业。各学校围绕镇江、丹徒产业发展，针对性开展技能培训和岗前训练，做好产学研对接活动，形成学校、地方双赢模式。（朱　添）

【服务保障】 2022年，丹徒区高校园区建设指挥部采取多项措施，做好镇江高校园区服务保障工作：配合丹徒公安分局、丹徒区交通运输局加强镇江高校园区节假日、上下班高峰期交通管制，打击黑车、取缔非法运营，做好镇江高校园区交通安全管理工作，保障交通秩序；督促丹徒区市场监督管理局长山分局加强各学校食堂安全、食品卫生等定期检查和检测等工作，保障广大师生饮食安全和身体健康；协同镇江高校园区城市管理办公室加强流动摊贩、外卖、快递规范管理，开展违法违规专项治理，维护镇江高校园区生活环境；配合长山派出所加强流动、暂住人员的户籍管理，开展校园学生反诈宣传工作，妥善处理突发事件，保障学生财产不受损失，确保治安稳定。推进基础设施建设，完善水、电、路、交通、电信设施及市场服务。（朱　添）

丹徒区长山文化产业园

【概况】 2022年，丹徒区文化产业园各项工作有序推进。长山文化产业发展有限公司推进国企改革三年行动，围绕完善旅游配套设施、加快推进旅游产业项目洽谈，推动各项工作协调发展。在公司治理中全面加强党的领导，发挥党组织“把方向、管大局、促落实”作用，制定《党委前置研究讨论重大事项规程及事项清单》《党委会议事决策事项清单》等规章制度，持续把制度优势转化为治理效能。健全绩效评定机制，推行经理层成员任期制和契约化管理，实行“一人一策”，实行全员绩效考核制度。（张　娟）

【文化产业发展】 2022年，长山文化产业发展有限公司采取多项举措，推进丹徒区长山文化产业园产业发展。举办“米芾杯”国际青少年书法大会活动，调整活动形式和内容，强化品牌影响力；巩固华夏汉字研学馆、米芾书院文化建设成果，建成“情系米园”展厅，开展对外推广运营各项工作；推进言恭达艺术馆筹建工作，打造优质文化传承平台；推进区域文化新地标——福因阁工程建设，深化福因阁内部展陈方案，启动展陈设计工作，编制景观方案。一是策划丰富多彩的旅游节庆活动，五一“米园之春”春季游园会、中秋“月雅茶香　丹青戏墨”中秋雅集活动、国庆“南宫瑞墨　米颠再拜”汉服展演活动，不断提升公园的传播度和美誉度。二是持续增强米芾文化的创新活力，推出文房四宝礼盒、红木书签礼盒、云龙砚台、米公卡纸扇等具有地域特质的文创产品，线上线下同频联动，助力文创产品提升品牌、拓展销路。三是挖掘人文资源，主动对接相关旅行社和景点，开发具有市场竞争力的旅游线路。积极参加国家及省、市专题旅游推介活动，拓展周边旅游市场。（张　娟）

【园区项目建设】 2022年，长山文化产业发展有限公司采取多项举措，加快推进项目建设。加大项目招商力度，总投资5000万元的长山国际航空飞行营地签约落户；编制中医体育文化旅游综合体项目国土空间规划，重新论证投资方项目方案；完善园区基础设施建设，米芾书法公园西入口改造工程、安防提升工程、消防泵房工程、米芾书院景观工程竣工，建成长山旅游配套游步道1.8千米。（张　娟）

交通·通信

综　述

【概况】 2022年，丹徒区公路总里程1028.084千米，其中国道19.513千米、省道37.896千米、县道185.25千米、乡道454.902千米、村道330.523千米；一级公路96.537千米、二级公路86.599千米、三级公路111.208千米、四级公路733.74千米。农村客运站2个，公交枢纽站1个，城市公交首末站15个。长江汽渡2家，渡口2道。航道总里程45.98千米，其中三级航道10.26千米、七级航道18.53千米、等外级航道17.19千米。港口生产用码头泊位26个，非生产用码头泊位3个，其中千吨级泊位1个，码头岸线总延长843米。

继续实施农村公路提档升级工程，完成乡村道提档升级工程9条，通车里程约11.21千米，总投资1234.1万元。全年完成农村公路危桥改造12座，总投资832.02万元。长江汽渡方面，五峰山汽渡(镇江市丹徒区五峰山汽渡有限公司)全年投资309.66万元，其中广陵道路维修投入200万元、传达室新建16.63万元，两岸码头维修93.03万元；江心汽渡(镇江市丹徒区江心汽车轮渡有限责任公司)全年投入55万元，其中岸基监控系统升级维护6万元、船舶通信系统更新7万元、更换老旧消防救生设备2万元、冬季航道疏浚18万元，安全生产投入22万元。

丹徒区境内公路客运量150万人次，旅客周转量8144万人千米；全区货运量1260万吨，货物周转量15.54亿吨千米；水路货物运输量12.6万吨，货运周转量146200万吨千米，港口货物吞吐量134万吨。

(车　雯)

2022年丹徒区农村公路建设项目情况表

表8

序号	镇(街道、园区)	项目名称	行政等级	技术等级	路基宽度(米)	路面宽度(米)	新改建道路情况				
							技术等级	新改建(千米)	路基宽度(米)	路面类型	路面宽度(米)
1	江心园区	五墩路(8—9组)	村道	四级公路	4.5	3.5	四级公路	0.62	6.5	沥青混凝土	5.5
2	江心园区	五墩路(7组)	村道	四级公路	4.5	3.5	四级公路	1.04	6.5	沥青混凝土	5.5
3	江心园区	江益线	乡道	四级公路	6	3.5	四级公路	0.5	6.5	沥青混凝土	5.5
4	高资街道	高西线	乡道	等外公路	3.5	3	四级公路	0.5	6.5	沥青混凝土	6
5	宝堰镇	刘庄三路	村道	等外公路	5	3.5	四级公路	0.88	6.5	沥青混凝土	6

续表8

序号	镇(街道、园区)	项目名称	行政等级	技术等级	路基宽度(米)	路面宽度(米)	新改建道路情况				
							技术等级	新改建(千米)	路基宽度(米)	路面类型	路面宽度(米)
6	宝堰镇	鲁禄线	村道	等外公路	5	3.5	四级公路	1.15	6.5	沥青混凝土	6
7	谷阳镇	黄镇路	村道	四级公路	6	5	四级公路	2.58	7	沥青混凝土	6
8	谷阳镇	湖滨路	村道	四级公路	7	5	四级公路	2.36	7	沥青混凝土	6
9	荣炳园区	前官线	村道	四级公路	5	3.5	四级公路	1.58	7	沥青混凝土	6

（丹徒区交通运输局）

2022年丹徒区农村危桥建设项目情况表

表9

序号	镇（街道、园区）	桥梁名称	所属行政村	老桥情况			新改建桥情况		
				桥长（米）	桥宽（米）	技术等级	桥长（米）	桥宽（米）	上部结构类型
1	宝堰镇	刘庄庙桥	徐巷村	8	5.6	5类	10	7	预应力空心板梁
2	上党镇	东沛村小桥	东沛村	7.7	4.7	5类	13	5	预应力空心板梁
3	宝堰镇	官塘桥	东后亭村	15	5.2	5类	10	7	预应力空心板梁
4	宝堰镇	蒋岗东头木桥	蒋岗村	16	2	5类	13	7	整体现浇板
5	宝堰镇	大陆片8号桥	岗下村	20	7	5类	13	7	预应力空心板梁
6	上党镇	板桥	上党村	36	3.4	5类	20	7	预应力空心板梁
7	辛丰镇	北头辛黄庙便桥	辛丰村	7.5	3.2	4类	7.5	3.2	整体现浇板
8	世业镇	新河桥	兴隆村	24	10.6	4类	24.8	6.8	普通钢筋砼空心板
9	世业镇	东大坝桥	兴隆村	24	10.6	4类	24.8	6.8	普通钢筋砼空心板
10	谷阳镇	团结河陆村桥	陆村村	16	3.8	5类	22	3.5	预应力空心板梁
11	谷阳镇	江吴桥	湖滨村	25.7	3.4	4类	32	3.5	预应力空心板梁
12	谷阳镇	谢巷桥	陆村村	13	4.2	5类	13	7	预应力混凝土板

（丹徒区交通运输局）

交通管理

【概况】 2022年，丹徒区交通运输局共受理各类许可157件，新增车辆277辆，无一起违规发放许可案件。截至年底，有5辆车以上(含)道路货运企业65家，水路货运企业4家，质量信誉考核率100%；有道路危化品运输车辆56台，水路运输企业资质核查业户4家，水路运输企业“两证”审验(换证)船舶26艘，年审率100%。全年各类投诉举报均在规定期限内办结，结案率100%，合理投诉处理满意率100%。全年查处各类违章92起，结案92件，罚款39.18万元，未发生1起“三乱”(乱收费、乱罚款、乱摊派)、败诉案件。督查辖区内较大汽修企业和多家汽修门店，其中包含一类维修企业8家、二类维修企业13家、汽车快修1家。

开展打击非法营运专项整治行动，共出动执法人员630人次、执法车辆207辆次，检查车辆428辆，处理非法营运相关投诉27个，处罚非法营运车辆10辆。开展路域环境集中整治“织网”行动，共出动执法人员615人次，执法车辆213辆次，处理道路管理相关投诉26个，清理非标51块，堆积物75立方米，清除摊点58处。加强对超限超载车辆治理，共出动执法人员(含交警、交通综合执法大队)2043人次，检测车辆4958辆次，查处超限超载车辆543辆次，其中包含“百吨王”12辆，公安查处违法驾驶员543人，处罚金额592700元，驾驶证记分541分；治超中队监督卸载超限超载货物9272.73吨。 (车 雯)

2022年8月31日，丹徒区交通执法人员在大学城开展打击非法营运车辆执法检查 (丹徒区交通运输局)

【公路管理】 2022年，丹徒区公路事业发展中心以“示范养护、精细养护、科学养护、安全养护”为宗旨，构建具有丹徒特色的现代化养护管理体系；推进“四好农村路”建设，将农村公路与农村环境融合，提升农村公路交通服务水平，营造“畅通、安全、舒适、优美”的公路通行环境；坚持“安全、环保、舒适、和谐”理念，完善公路服务设施，保障人民群众安全便捷出行；严格按照“党政同责，一岗双责、失职追责”和“管行业必须管安全、管业务必须管安全、管生产经营必须管安全”的原则，做好公路安全生产工作；围绕“精美丹徒、品质交通”发展定位，打造“丹心向党，一路通途”党建品牌，实现党支部建设与农路项目建设同步同频，先后争创镇江市丹徒区“文明单位”、“三型”党支部示范支部等荣誉。

养护科按照四季道路运营特点开展“四季养护”专项工作，春季针对病害修复、绿化遮挡、排水系统疏通清淤等重点，开展“综合治理养护”工作；夏季利用高温天气实施养护大中修工程项目，开展“路况提升养护”行动；秋季针对汛期后道路和桥梁受损情况，开展“安全防治养护”行动；冬季针对冰雪灾害应急处置需求，开展“应急保障养护”行动。年内，在346国道、265省道应用四新技术，投资约2500万元，对243省道、346国道、233国道水毁路段、338省道、265省道实施大中修工程。

农路科坚持打造“‘丹心通途’四好农路”品牌，推进全区农村道路提档升级，投资250余万元，完成县道30座桥梁一般隐患整改工作，优化处置X103宝堰集镇段积水问题，提档升级X103、X211等13条县乡道105千米(580处)生命安全防护工程；参与区政府组织的农村人居环境整治工作，并牵头对镇(街道、园区)进行季度考评和暗访工作。

服务设施科及时维修和更换辖区内公路损坏、变形、缺失标志及安全设施，维修标志标线和安防设施144处；完成233国道与星棋路口渠化隐患整改一期主线部分工作。全年办结行政许可案件2件，施工路段备案1件；推进行政许可档案电子化工作，整理2002年以来的行政许可文书138卷，并逐份生成电子档案。

路网应急科组织开展安全生产大检查8次、职能部门日常检查40余次、内部安全检查10次，共自查安全隐患84处、整改84处，整改率100%。编制《丹徒区公路事业发展中心公路突发事件综合应急预案》，组织开展公路防汛防台突发事件应急演练，提高应对突发事件快速处置能力。（车　雯）

2022年，农村公路高西线完成改造升级
（丹徒区交通运输局）

【航道管理】 2022年，丹徒区交通运输局加强航道赔(补)偿费收取工作，全年收取航道赔(补)偿费6.8万元。开展航道巡查40余次，航道通航率100%。开展大运河边坡垃圾清除工作，全年清运运河边坡垃圾30立方米，改善大运河沿线环境。开展船舶碰撞桥梁隐患专项整治工作，于5月消除通济河、高资河上船舶碰撞桥梁安全隐患。组织召开安全工作会议16次，开展安全检查54次，查出、整改安全隐患7处，整改率100%。（车　雯）

【港口管理】 2022年，丹徒区交通运输局开展"既有建筑安全隐患排查""港口经营资质""安全生产百日攻坚行动"等安全生产活动，对企业的人员资质证书、特种操作证、设备检验证书及企业各项内部管理制度进行覆盖性检查，掌握港口码头的真实情况。其中，"安全生产百日攻坚活动"围绕特殊作业、应急问题、危险货物港口经营人"五必查"(车辆是否具有有效行驶证和营运证；驾驶人、押运人员是否具有有效资质证件；运输车辆、罐式车辆罐体、可移动罐柜、罐箱是否在检验合格有效期内；所充装或者装载的危险货物是否与危险货物运单载明的事项相一致；所充装的危险货物是否在罐式车辆罐体的适装介质列表范围内或者满足可移动罐柜导则、罐箱适用代码的要求)、夏季高温和汛期安全、外协外包等方面内容，明确5个重点19项工作任务，为中共二十大期间安全稳定保驾护航。全年开展安全专项检查15次，需整改项34项全部完全整改，确保港口码头安全生产不留死角，依法维护港口安全、有序的经营环境。

推进内河港口环境综合整治工作。1.开展内河港口环境综合整治驻点行动，建立每日问题清单制，总计53项环保问题，做到日查日清。2.开展非法码头整治工作，通济河沿线双照物流和祝国生2家码头无法完善环保相关手续，予以取缔；码头设施设备、附属设施等邻水设施拆除工作完成，并恢复自然岸坡。3.开展蓝天保卫战百日攻坚"利剑"行动，共组织专项检查4次，检查点位17个，发现环境问题5项，全部完成整改。

截至年底，共接收船舶生活垃圾2.74吨，船舶生活污水176.03吨，含油污水3.8吨。岸电使用370艘次，接电时间2234小时，用电量2630.72千瓦时。（车　雯）

【汽渡管理】 2022年，丹徒区有长江汽车渡运单位2家，全年渡运航次5.8万个，渡运车辆153.5万辆，运营收入4849万元，比上年下降30.18%。（车　雯）

2022年，江心汽渡运行正常　（丹徒区交通运输局）

通 信

【电信】 中国电信股份有限公司丹徒分公司(简称丹徒电信)为中国电信集团有限公司镇江分公司下属子公司,2022年有员工90余人。近年来,丹徒电信围绕丹徒区委、区政府“产业强区、创新驱动、融合发展”三大战略,推进“智改数转”(智能化改造和数字化转型)、乡村振兴、通信线路整治等工作,为丹徒区高质量发展贡献力量。以建设网络强国和数字中国、维护网信安全为使命,深化转型,提升云网能力,推进5G建设,落实提速降费要求,按需提供携号转网服务;开展数字乡村建设,加快农村地区网络覆盖,增强农村地区信息化水平;应对自然灾害、疫情防控、重大活动等急难险重任务,从网络保障、服务提升、志愿服务三方面为地方保驾护航。电信营业厅结合文明城市创建工作和“我为群众办实事”实践活动,打造暖心服务窗口;推出适老化服务特色项目,配置充电、雨伞、轮椅等便民设施和老年人爱心台席,并坚持开展“暖心微讲堂”志愿服务,帮助老年客户掌握手机基本操作、微信常用操作和了解电信防诈常识。

2022年,丹徒电信坚持“用户至上、用心服务”理念,以党政客户、公众客户、企业客户为重点提升用户满意度,规范市场、资费及收费行为,加强用户信息安全、网络安全和信息化建设。截至年底,丹徒区域安装并开通5G室外站351个、5G室内分布站点118个,总投资约5400万元;在丹徒区域实施光网配套、优化、千兆宽带能力覆盖及5G建设,总投资约1600万元;天翼移动网络覆盖丹徒区各镇(街道、园区)和自然村,以及境内高速公路、国道和省道;融合有线宽带、5G、Wi-Fi等多种接入方式,完成区域内千兆光纤网络建设,宽带接入速率能力达到100兆—2000兆全覆盖,实现“天地一体化”通信服务。

(何　羽)

【移动】 2022年,中国移动通信集团江苏有限公司丹徒分公司(简称丹徒移动)现有员工69人,拥有移动用户约26万户;实现运营收入约2亿元,比上年增长11%。丹徒移动助力乡村振兴发展,在农村搭建农业大数据平台,投入监控、大屏、电视等资源约200万元,并联合宝堰村打造江苏省数字乡村示范村;在城区打造智慧社区,投入门禁、道闸等资源230余万元,建成智慧社区92家,完成50个小区梯控建设。推进5G网络建设,助力企业信息化发展,推动5G及700兆网络建设,截至年底,建成5G站点900余个、700兆站点1000余个,资源投入约3800万元,实现丹徒全域5G网络全覆盖;“5G+工业互联网”方面,完成10家企事业单位5G智慧应用建设,完成95家企业“智改数转”(智能化改造和数字化转型)方案诊断,为企业信息化建设提供解决方案。疫情期间践行社会责任,组织300余人次参与门磁安装及云视讯保障;联合丹徒公安分局、丹徒区网信办等部门开展电信防诈宣讲20余场,发送提醒反诈知识信息50余万条,语音服务5000分钟。丹徒移动被江苏省总工会评为“江苏省工人先锋号”,被中国移动通信集团工会江苏省委员会评为“省先进分工会”;被中国移动通信集团江苏有限公司镇江分公司委员会评为“先进基层党组织”,被镇江市放心消费创建活动领导小组办公室评为“镇江市放心消费创建活动示范单位”;被丹徒区委、区政府评为“2022年度垂直管理部门优质服务奖”。

(李　君)

城市建设

城镇建设

【概况】 2022年，镇江市丹徒区住房和城乡建设局(简称丹徒区住建局)完成省级“特色田园乡村”建设1个、市级“特色田园乡村”建设2个，基本完成区级“美丽宜居村庄”建设61个，申报国家级传统村落3个、省级传统村落6个。持续推进海绵城市建设，完成项目建设方案审查验收58个，实施海绵改造面积3.56平方千米。开展黑臭水体治理专项行动，实施“333”行动(“三消除”，消除城市黑臭水体、消除污水直排口、消除污水管网空白区；“三整治”，整治工业企业排水、整治“小散乱”排水、整治阳台和单位庭院排水；“三提升”，提升城镇污水处理综合能力、提升新建污水管网质量管控水平、提升污水管网检测修复和养护管理水平)，强化水环境治理，启动实施谷阳湖支河劣V类水体消除工程，落实高资中心河黑臭消除任务，新增管网18.7千米、污水泵站4座。组织实施农村生活污水治理提升行动，完成涉及8个镇、49个自然村、4900户的分散式农村生活污水处理管网和配套设施建设。开展地下管网安全生产专项整治行动，成立检查组2个，完成管道检查34条，发现一般隐患91项，全部完成整改。全年更换、安装防坠网68个。推进排水许可监管，参与验收项目18个，办理竣工验收手续6个，发放排水许可证5个，办理车库安装自来水11个，审核海绵方案12个。开展自建房等既有建筑安全隐患排查整治行动，排查城镇自建房4088栋、农村自建房14299栋。开展“信访突出问题攻坚化解年”行动，压实建设单位责任，巩固“清薪360”项目建设成果(镇江市丹徒区住建局开展建筑工地“清薪360”服务品牌创建工作，以根治建筑工程领域欠薪问题，持续保障农民工合法权益)。统筹推进治理重复信访、化解信访积案以及住建重点领域信访问题整治，维护经济社会发展稳定大局。年内，丹徒区住建局获得“江苏省防震减灾工作县级优秀单位”“地震应急响应保障和科技工作先进单位”“‘合心宜’优质服务品牌——‘清薪360’”“城乡建设先进集体”等称号。（凌雅婷）

【“美丽宜居村庄”建设】 2022年，丹徒区住建局牵头组织实施区级“美丽宜居村庄”61个。截至年底，高桥镇四方桥村六圩、谷阳镇华村村前韦、宝堰镇团结村唐巷等61个村庄参照江苏省三星级“康居乡村”要求，从村庄风貌、环境卫生、配套设施方面入手，完成建设任务并通过区级验收。

（凌雅婷）

【“特色田园乡村”建设】 2022年，丹徒区住建局采取多项举措，推进“特色田园乡村”建设。世业镇卫星村二十二圩开展村口改造、河塘整治提升、彩虹长廊改造、农户院落改造等13个子项目，根据特色引领、产业拓展、农旅融合的产业发展思路，以鲜食玉米、油菜、水稻种植为主，发展鲜食玉米特色产业。高桥镇四方桥村后街在区级“特色田园乡村”基础上，围绕打造老街、水环境整治等环节，重点提升村庄旅游服务水平，扩大农产品产业品牌和销售渠道，增加村级集体收入。（凌雅婷）

【海绵城市建设】 2022年，丹徒建成区总面积为19.38平方千米，按照海绵城市建设要求，参照《镇江市海绵城市管理办法》，有序开展海绵城市建设。审查及验收新建、扩建、改建项目的海绵城市建设方案，全年完成项目54个，完成海绵城市改造面积3.47平方千米，为丹徒建成区海绵城市目标面积的17.9%。 （凌雅婷）

【高资中心河治理工程】 2022年，丹徒区住建局制定高资中心河“一河一策”整治方案，实施内源治理、驳岸修复和安装净水设备等工程。截至年底，完成高资集镇污水管网建设一期、二期、三期工程，新增管网18.7千米、污水泵站4座；实施高资街道污水处理厂尾水利用工程，推进河道水体生态修复项目。 （凌雅婷）

【建筑市场监管】 2022年，丹徒区住建局强化建筑市场监管，完成各项审批服务工作。全年办理项目登记编码73件，消防线上审查合格13项，消防验收13项，办理特殊建设工程消防设计审查23件。完成江心洲敬老院、荣炳园区幼儿园、乐达广场、京江学院等20余个项目消防审验跟踪管理，开展现场技术交底、现场答疑指导50余次。丹徒区政务服务中心住建窗口全年办件138件，办结率100%，五星好评率100%，获评区级机关“红旗窗口”嘉奖3次。质量监督覆盖率城区100%、乡镇97%以上，竣工验收建筑面积82.63万平方米、单体119个，创建江苏省优质工程奖“扬子杯”获奖项目4个、镇江市优质工程奖“金山杯”获奖项目33个、镇江市优质结构工程20个。检查建筑工地960余人次，出具隐患整改单152份，查处各类隐患501个，基本完成整改。全年组织各类燃气执法检查48次，开具隐患整改通知书74份，排查一般问题隐患287处，整改287处；企业自查自改问题隐患459处。 （凌雅婷）

【建筑工程检测】 2022年，宜瑞建筑工程质量检测有限责任公司签订检测合同89份，出具检测报告2.7万余份，检测收费2155.3万元。年内，宜瑞建筑工程质量检测有限责任公司加入江苏省房地产业协会和江苏省土木建筑学会，获江苏省土木建筑协会颁发的“优秀检测单位”称号，获江苏省质量工作宣传活动组委会颁发的“江苏省重合同守信誉AAA级诚信检测机构”称号，获镇江市检测协会颁发的“先进检测单位”称号。 （凌雅婷）

【绿色节能建筑】 2022年，丹徒区住建局推进绿色节能建筑各项工作。完成墙体分项检查项目5个，涉及建筑面积2万平方米；完成分部检查项目6个，涉及总建筑面积36万平方米；完成绿色建筑图审20.8万平方米，其中住宅14.9万平方米、公共建筑5.9万平方米、太阳能光热发电设施7.5万平方米。 （凌雅婷）

【既有建筑安全隐患排查整治】 2022年，丹徒区住建局采取多项举措，推进自建房等既有建筑安全隐患排查整治。全年排查城镇自建房4088栋、农村自建房14299栋，上报疑似结构安全隐患城镇自建房49栋、农村自建房143栋。围绕排查情况，落实农村住房条件改善行动，超额完成省、市下达的改善任务。 （凌雅婷）

【招标投标管理】 2022年，丹徒区住建局规范招投标市场秩序，完成招投标管理各项工作。完成项目标段总数70个，其中公开招标项目标段28个，标底价3.59亿元，中标价3.31亿元，节约率7.8%。直接发包标段42个，总额6.51亿元。与上年相比，公开招标合同价降低26%，直接发包合同价降低36%。 （凌雅婷）

【拆迁安置】 2022年，丹徒区住建局采取多项举措，协调推进保障房建设。推进城区安置房建设项目4个，涉及安置房总量2398套。落实拆迁安置任务，完成宜东四期及城区提前安置、高资片区协议回购843套和长山大学城片区679套安置工作，保障群众利益。 （凌雅婷）

【地震监测】 2022年，丹徒区住建局开展防震减灾知识“进校园”“进社区”“进企业”等活动，在社会面普及防震减灾知识。参加镇江市地震应急处置演练，完成丹徒区1.9级地震应对工作，做好中共二十大期间地震安全保障工作。建立常态化监测机制，排除荣炳地震观测站、辛丰宏观观测点远程监控设备故障，确保地震宏观观测系统正常运转。完成丹徒区第一次全国自然灾害综合风险普查房屋建筑和市政设施调查工作，并通过国家核查。

（凌雅婷）

2022年丹徒区省级建筑施工标准化文明示范工地情况表

表10

序号	项目名称	建设单位	建筑面积	施工单位
1	光明景园28号楼	丹徒新区建设发展公司	11158平方米	江苏协兴建筑安装工程有限公司
2	景泉印象安置房13—16号楼及地下车库	镇江市丹徒区兴城建设开发有限公司	38080平方米	贵州建工集团第八建筑工程有限责任公司
3	高可靠、长寿命特种精密轴承的研发和生产项目9号、10号厂房	江苏希西维轴承有限公司	39877平方米	华新建工集团有限公司
4	香醋扩产续建项目厂房	江苏恒顺醋业股份有限公司	32668平方米	镇江建工建设集团有限公司
5	生产资料智能集散中心综合技改工程干散货储存及输送	江苏船港物流有限公司	—	镇江建工建设集团有限公司
6	生产资料智能集散中心综合技改工程干粉货储存及输送、干粉货汽车散装	江苏船港物流有限公司	—	镇江建工建设集团有限公司
7	2020-3-2(D2005)地块长山安置房(二期)项目1—9号楼、1号变电站、1号开关站、2号变电站、18号垃圾收集房	江苏明兴置业发展有限公司	93230平方米	江苏明兴建设集团有限公司

（凌雅婷）

2022年丹徒区市级建筑施工标准化文明工地情况表

表11

序号	项目名称	建设单位	建筑面积	施工单位
1	2020-3-2(D2005)地块长山安置房(二期)项目10—17号楼、地下室、门卫室、2号开关站、4号变电房、3号变电站、生活水泵房工程	江苏明兴置业发展有限公司	18.42万平方米	江苏明兴建设集团有限公司
2	医疗器械产业园二期七号车间	江苏美科医疗设备有限公司	6082平方米	镇江市江泰建筑安装有限公司
3	防汛抢险物资储备设施拆除重建工程	江苏省公共工程建设中心有限公司	8710平方米	江苏广兴集团有限公司
4	高可靠、长寿命特种精密轴承的研发和生产项目9号、10号厂房	江苏希西维轴承有限公司	3.99万平方米	华新建工集团有限公司
5	香醋扩产续建项目厂房	江苏恒顺醋业股份有限公司	3.27万平方米	镇江建工建设集团有限公司

续表 11

序号	项目名称	建设单位	建筑面积	施工单位
6	生产资料智能集散中心综合技改工程干散货储存及输送	江苏船港物流有限公司	—	镇江建工建设集团有限公司
7	生产资料智能集散中心综合技改工程干粉货储存及输送、干粉货汽车散装	江苏船港物流有限公司	—	镇江建工建设集团有限公司
8	2020-3-2(D2005)地块长山安置房(二期)项目1—9号楼、1号变电站、1号开关站、2号变电站、18号垃圾收集房	江苏明兴置业发展有限公司	9.32万平方米	江苏明兴建设集团有限公司
9	智能电力设备制造项目1号厂房	江苏施普瑞电力科技有限公司	1.06万平方米	江苏威亚达建设有限公司
10	上党派出所执法执勤用房建设项目1号受案中心、2号执勤楼	镇江市公安局丹徒分局	4122平方米	句容市银鹏建设有限公司
11	车灯总成生产项目三号厂房	丹徒新区建设发展有限公司	3.98万平方米	江苏广兴集团有限公司
12	2021-3-3(D2103)地块开发建设项目5号住宅、7—10号住宅	江苏康华投资集团有限公司	5.33万平方米	江苏兴厦建设工程集团有限公司
13	2021-3-3(D2103)地块开发建设项目1—4号住宅、6号住宅、11号配套用房、15号生活水泵房、16号地下机动车库	江苏康华投资集团有限公司	82397平方米	江苏万宣建设工程有限公司
14	10万吨黄酒、料酒建设项目(扩建)智能化立体仓库	江苏恒顺酒业有限公司	6267平方米	江苏华旺建设集团有限公司
15	年扩产15万平方米节能标准系统门窗项目5号、6号、7号厂房	江苏日上环保节能新材料科技有限公司	4460平方米	江苏日上建设安装工程有限公司

（凌雅婷）

2022年丹徒区优质结构工程情况表

表 12

序号	工程名称	建设单位	建筑面积	施工单位
1	2020-3-2(D2005)地块长山安置房(二期项目)10号住宅物业邮政	江苏明兴置业发展有限公司	1.09万平方米	江苏明兴建设集团有限公司
2	2020-3-2(D2005)地块长山安置房(二期项目)13号住宅	江苏明兴置业发展有限公司	8666平方米	江苏明兴建设集团有限公司
3	2020-3-2(D2005)地块长山安置房(二期项目)15号住宅	江苏明兴置业发展有限公司	8666平方米	江苏明兴建设集团有限公司
4	2020-3-2(D2005)地块长山安置房(二期项目)17号住宅	江苏明兴置业发展有限公司	9561平方米	江苏明兴建设集团有限公司
5	智能制造工业互联协同平台研发及产业化项目一号厂房	江苏网商精益管理软件有心公司	1.54万平方米	江苏明兴建设集团有限公司

续表12

序号	工程名称	建设单位	建筑面积	施工单位
6	生产资料集散中心综合技改工程干粉货储存及输送、干粉货汽车散装	江苏船港物流有限公司	9693平方米	镇江建工建设集团有限公司
7	恒顺香醋扩产续建项目	江苏恒顺醋业股份有限公司	3.27万平方米	镇江建工建设集团有限公司
8	省水利防汛物资储备中心镇江分中心防汛抢险物资储备设施拆除重建项目	江苏省公共工程建设中心有限公司	8687平方米	江苏广兴集团有限公司
9	景泉印象安置房13号楼	镇江市丹徒区兴城建设开发有限公司	6441平方米	贵州建工集团第八建筑工程有限公司
10	医疗器械产业园二期七号车间	江苏美科医疗设备有限公司	6081平方米	镇江市江泰建筑安装有限公司
11	2020-3-2(D2005)地块长山安置房(二期项目)2号楼	江苏明兴置业发展有限公司	1.33万平方米	江苏明兴建设集团有限公司
12	2020-3-2(D2005)地块长山安置房(二期项目)3号楼	江苏明兴置业发展有限公司	1.05万平方米	江苏明兴建设集团有限公司
13	2020-3-2(D2005)地块长山安置房(二期项目)5号楼	江苏明兴置业发展有限公司	1.45万平方米	江苏明兴建设集团有限公司
14	2020-3-2(D2005)地块长山安置房(二期项目)6号楼	江苏明兴置业发展有限公司	1.16万平方米	江苏明兴建设集团有限公司
15	2020-3-2(D2005)地块长山安置房(二期项目)7号楼	江苏明兴置业发展有限公司	1.14万平方米	江苏明兴建设集团有限公司
16	2020-3-2(D2005)地块长山安置房(二期项目)8号楼	江苏明兴置业发展有限公司	8672平方米	江苏明兴建设集团有限公司
17	生产资料集散中心综合技改工程干散货储存及输送	江苏船港物流有限公司	3625平方米	镇江建工建设集团有限公司
18	高可靠、长寿命特种精密轴承研发和生产项目10号厂房	江苏希西维轴承有限公司	3.91万平方米	华新建工集团有限公司
19	智能电力设备制造项目1号厂房	江苏施普瑞电力科技有限公司	8794平方米	江苏威亚达建设有限公司
20	车灯总成生产项目3号厂房	丹徒新区建设发展有限公司	3.98万平方米	江苏广兴集团有限公司

（凌雅婷）

丹徒城投

【概况】 2022年，镇江市丹徒区城建投资有限公司(简称丹徒区城投公司)注重加强班子建设，完善人才队伍结构，充实管理人员力量，完善职工各项工作考核制度，各项中心工作有序开展。采取多项举措，在推进民生项目建设、“三集”(集中、集聚、集约)园区管理、企业内部管理、新冠肺炎疫情防控、网格管理等方面取得成效，完成全年目标任务。(郑仲凌)

【张露河滨水景观提升工程】 2022年，丹徒区城投公司推进丹徒区张露河景观提升改造项目。该项目北起长香东大道向南至恒顺大道路北，沿恒顺大道向东至盛园路，综合治理实施河道淤积、排污等治理，围绕水系建设慢行步道、广场节点及绿化工程。项目建成后，可形成一条生态滨水风光带，总面积8.92公顷，其中河道2840米、步道2290米、绿化面积约3.4公顷。 (郑仲凌)

丹徒建投

【概况】 2022年，镇江市丹徒区建设投资有限公司(简称丹徒区建投公司)围绕市场化运作、实体化转型发展，强化产业发展、资产整合和精准高质量投资，优化结构布局，细化资产管理，推进乡村振兴项目、生态治理项目、红色旅游项目建设。2022年是国企改革三年行动收官之年，丹徒区建投公司发挥好国有企业“顶梁柱”“压舱石”作用，根据国企改革行动方案要求，分解、落实各项任务41大条32小条，出台《经理层任期制和契约化管理办法》，聘任外部董事，接轨市场，提高公司整体经济活力，优化结构布局和现代企业制度，推进国有资产管理精细化，超前完成目标任务，做好迎检准备工作。 (任 瑾)

【民生工程建设】 2022年，丹徒区建投公司落实丹徒区委、区人民政府决策部署，推进各项民生实事工程。推进长香水岸安置房二期、长盛翠庭、蔡巷茗苑安置房项目建设；优化公共服务设施建设，完成丹徒区公安分局执法执勤训练基地项目、丹徒区人民医院院感防控能力提升工程、智能交通系统建设更新项目；解决群众关注的民生工程问题，完成古堰新居外墙维修改造项目并交付使用。(任 瑾)

【投资项目建设】 2022年，丹徒区建投公司采取多项举措，推进投资项目建设。跟进“上海金浦临港智能科技股权投资基金”合作项目，拓展企业发展空间；以有限合伙人身份出资2000万元，参与投资镇江银河扬帆计划先锋基金壹号；出资3000万元，增资江苏镇江信用融资担保有限公司，改善小微企业融资环境，缓解全区小微企业融资难、融资贵问题。 (任 瑾)

城市管理

【概况】 2022年，丹徒区城市管理局(简称丹徒区城管局)围绕文明城市、卫生城市、优秀管理城市创建等工作，以“美丽丹徒”建设为重点，构建科学、规范、长效的城市管理体系。开展“净化、美化、绿化、亮化”行动，增添城市亮色。围绕群众反映强烈的流动摊点、违规户外广告、毁绿种菜、小区违建等热点难点问题，实行“集中整治+长效管理”。加强管理权限下放，推进管理力量下沉，提升城市管理精细化水平。城管窗口严格操作规范，实行AB岗工作制度，公开审批事项、审批依据、审批程序、承诺期限、收费依据、收费标准。受理行政许可事项时，对申请材料不全或不符合法定形式的，当场一次性告知申请人并开具《材料补正通知书》，对符合条件的在有效工作日内按承诺时限办结，群众满意率100%。全年受理行政许可57件，其中广告48件、渣土9件。年内，丹徒区城管局获丹徒区“城乡建设先进集体”“污染防治工作先进集体”荣誉称号。 (蒋泽茜)

【人民广场管理】 2022年，丹徒区城管局采取多项举措，强化人民广场管理。建立广场分片责任人制度，派专人每日不定时检查广场、公厕及水域环境卫生，发现问题及时解决。抓好摊点管理，严格控制超范围摆摊、乱摆摊、占道经营行为。全面检修人民广场市政设施，修复损坏设施，解决安全隐患。投入49.5万元，完成装配式生态环保公厕改建1个。

（蒋泽茜）

【市容环境】 2022年，丹徒区城管局全年收运生活垃圾96160.74吨，全部送往垃圾焚烧发电厂完成无害化处置，镇村生活垃圾集中收运率在90%以上，城市生活垃圾无害化处理率100%。全年清除乱贴乱涂小广告4563处，发送限期整改短信38条，报送停机号码11个。规范店牌店招设置，拆除大型户外广告169处(8628平方米)、店牌店招14处(182平方米)、戗牌112块、横幅466条、道旗148杆，拆除陈旧公益广告320杆。

（蒋泽茜）

【公共基础设施】 2022年，丹徒新城范围内市政、环卫工作实行常态化管理，提升城市形象。完成智慧大道、恒顺大道、长香路、茅以升路、九华山南路、谷阳大道、龙山路等重点路段维修工程，修复路面2.04万平方米、道板2918平方米、路牙530米，维修交通护栏2391米；维修路灯1431盏、夜景灯光681处，紧急处理路灯及夜景灯光相关事件37起，处理因交通撞灯杆事件3起，扶正灯杆、灯6处，维修更换检修口盖203个、路灯井盖105个，更换路灯电缆210米，维护路灯专用变压器46台次，保持路灯完好率在98%以上，主要干道路灯完好率99%以上；更换夜景灯光电源、控制器等相关设施105个、夜景灯光线缆1965米，消除安全隐患76个，确保路灯、夜景灯光设备正常运行。完成高压钠灯、无极灯及部分老旧LED灯节能、智能改造6008盏，完成路灯智能管理平台搭建。

（蒋泽茜）

【建筑渣土管理】 2022年，丹徒区城管局持续加强建筑工地出土源头监管，督促施工单位落实扬尘防治措施，重点核查建筑工地扬尘管控“五达标、六个100%”（“五达标”即围挡、硬化、冲洗、保洁、覆盖，“六个100%”即土方100%湿法作业、裸土和易扬尘材料100%覆盖、施工道路场地100%硬化、施工工地100%围挡、驶出车辆100%冲洗、渣土车辆100%密闭运输）管理措施落实情况。主城区内各施工工地签订三方责任书，确保扬尘管控到位。落实早中晚不间断路段巡查，联合交警等部门开展渣土运输专项整治工作，重点查处渣土运输车辆抛洒滴漏、乱倾乱倒等违法违规行为，确保渣土运输安全有序。

（蒋泽茜）

【绿化管护】 2022年，丹徒区城管局完成丹徒新城221.8万平方米绿地养护管理工作，完成宜城大道、金谷路等区域毁绿种菜、裸露绿化带绿化补植4000余平方米，完成行道树补植38棵。开展人民广场二期部分绿植升级改造工作，铺设草坪6000余平方米。完成大气监测点1千米范围内裸土补植工作，补植草坪、绿植3490平方米，铺设彩色木片500平方米、砾石1680平方米。

（蒋泽茜）

【城管执法】 2022年，丹徒区城管局执法大队按照“主干道严管、次干道严控、小街巷逐步规范”的工作方针，采取“堵疏结合、温馨提示、严格文明执法”的管理办法，围绕市容环境中存在的突出问题，加大整治力度，实现城市容貌的有效改观。组织队伍参与相关部门组织的拆违行动，全年累计拆除违法建设100余处，面积约4800平方米。配合相关部门，开展校园周边、菜市场周边环境整治，沿街店招广告整治，车辆乱停乱放现象整治等工作，落实市容环卫责任区制度，做好执法保障。

（蒋泽茜）

房地产管理

【概况】 2022年，丹徒区住建局促进房地产市场健康平稳发展，全年办理新建商品房预售许可证22个，总面积21.54万平方米，比上年降低42.24%。

全年销售各类房屋1324套，降低52.66%；销售面积16.75万平方米，降低49.18%；销售额14.42亿元，降低48.52%；均价每平方米8609元(含别墅)，增长1.3%。年底，全区商品房库存量为124.78万平方米，其中商品住房可售面积79.8万平方米，去化周期39个月；商业办公用房可售面积44.98万平方米，去化周期156个月。推进住房保障工作，全年发放廉租房补贴金40285元(8户)；依法依规开展年审工作，退出保障家庭1户。（凌雅婷）

【产权产籍管理】 2022年，丹徒区住建局履行房产交易管理职能，全年办理商品房交易预售合同备案583件、商品房交易合同备案3198件；办理存量房合同网签1383套，比上年降低27.44%；办理面积18.41万平方米，降低20.36%；成交套数1671套，降低17.89%；成交总额12.45亿元，降低26.78%；成交均价每平方米6759.57元，降低8.06%。办理存量房交易合同备案1982件。完成商品房初测13.2万平方米，降低52.71%；实测35.2万平方米，增长0.24%；企业自建测绘21.1万平方米，降低39.16%；办理商品房初始权属审验总计147幢。（凌雅婷）

【房改政策办理】 2022年，丹徒区住建局开展住房货币化政策实施工作，全年办理职工一次性购(住)房补贴120人，补贴面积7933.52平方米，补贴金额446.5万元。办理异地房改房查询函3户，办理房改房查纠1户，完成查纠收入5.96万元。（凌雅婷）

【直管公房管理】 2022年，丹徒区住建局开展直管公房安全隐患排查4次，强化谏壁王家花园、谏壁乌龟山等重点区域不定期专项安全检查。对接京口区相关部门，协调解决谏壁乌龟山滑坡治理工作及坡顶安装防护栏，做好桃花坞三区老化线路更换，东岳巷地面整修、门窗维修，托管房屋面防水等零星维修等工作。全年收缴租金直管公房承租户82户，收取租金77071元，收缴率99%。与镇江市总工会对接解决酒海街58号103室解危拆迁工作，收取成本价13334.8元。（凌雅婷）

【住宅小区管理】 2022年，丹徒区住建局加强住宅小区管理，完成御墅临枫小区业委会换届选举工作，指导香榭丽舍等3个小区成立物业管理委员会并予以备案，指导光明南郡等4个小区成立首届业主大会筹备组并有序开展筹备工作。坚持党建示范引领，完善提升物业、社区、业委会三位一体运行机制，打造“筑牢小区消防安全防线”“全面提升住宅小区物业管理水平”“全力推进乡镇住宅小区物业管理全覆盖”3个“红色物业”书记项目品牌，完成党建引领示范点申报省级1个、市级4个。（凌雅婷）

【白蚁防治】 2022年，丹徒区住建局受理新建房屋白蚁预防合同39份，受理白蚁防治面积75.15万平方米，完成白蚁防治施工面积102.88万平方米；接报原有住房白蚁灭治80户，完成灭治收入7200元。（凌雅婷）

2022年丹徒新城商品房销售情况表

表13

月份	数量(套)	面积(万平方米)	金额(亿元)
1	222	2.53	1.66
2	54	0.62	0.56
3	71	0.97	0.79
4	62	0.84	0.78
5	94	1.1	0.89
6	100	1.33	1.15
7	96	1.19	0.97
8	57	0.71	0.65
9	188	2.13	1.95
10	225	2.55	2.64
11	89	1.53	1.34
12	66	1.25	1.04
合计	1324	16.75	14.42

（凌雅婷）

生态环境

综　述

【概况】 2022年，镇江市丹徒生态环境局(简称丹徒生态环境局)践行习近平生态文明思想，贯彻落实省、市、区工作部署要求，强化环境监管执法，推进污染防治行动和生态文明示范创建工作，全区环境质量稳定向好。全区9个国省考断面优Ⅲ类水体比例为100%，无劣Ⅴ类断面。全年$PM_{2.5}$年均浓度38微克/立方米，优良天数比率69.9%。(李笑林)

【污染防治】 2022年，丹徒生态环境局完成省、市下达的污染减排任务，各项污染防治行动按序时推进。

大气污染防治行动。完成大气污染防治工程项目175个，分别是产业结构调整优化项目7个、能源结构调整项目5个、VOCs污染治理工程57个、重点行业和重点设施减排项目44个、重点区域餐饮油烟整治项目62个。开展307家工业企业工业废气、5家汽修企业喷漆废气深度治理，强化主城区17个施工工地扬尘管控，完成320家餐饮单位油烟综合治理。

水污染防治行动。完成太湖污染治理项目6个，全部为城乡污水收集处理工程；完成水污染防治项目7个，分别为水系沟通项目1个、城镇污水处理及管网建设项目4个、水生态保护修复项目2个。完成204个长江入河排污口和422个太湖流域入河(湖)排污口整治工作。推进农村生活污水治理工作，全区农村生活污水治理率35%，已建农村生活污水设施正常运行率100%。

土壤及地下水污染防治。按规范要求指导12个高风险遗留地块完成土壤污染状况调查，协调推进原茂源化工、原天龙化工、原华泰化工污染地块土壤及地下水风险管控及治理修复，申请中央和省级土壤污染防治专项资金1457万元。2022年重点建设用地安全利用率100%。完成丹徒区地下水污染防治分区划分和地下水重点污染源及周边排查整治。组织江苏鹤林水泥有限公司、镇江李长荣高性能材料有限公司、江苏苏菱铝用阳极有限公司3家重点企业实施强制性清洁生产审核并完成验收。排污许可工作方面，全年核发新申领、重新申领、变更、延续排污许可证40家，完成排污登记29家，实现固定污染源排污许可、登记全覆盖。

(王　丽　韦　毅　吴魁华)

【环保宣传】 2022年，丹徒生态环境局加强环境保护宣传教育工作，通过“环保小课堂”活动，旨在让环保知识和生态文明理念走进校园、家庭，营造人人关心环保、人人参与环保的良好社会氛围。“六五”环境日，在丹徒区恒大绿洲幼儿园开展“共建清洁美丽世界”环保知识进课堂活动，通过PPT讲解、视频播放等形式讲授什么是生物多样性、保护环境方法等知识，引导教育学生从小树立“保护环境，人人有责”意识；同时，现场开展环保知识有奖问答活动，发放各类环保宣传资料及小礼品，通过与学生互动激发其参与环保的热情。年内，针对镇(街道、园区)开展专家解读环保政策讲座3次，覆盖200余人次，重点讲解当前面临的环境保护形势、镇(街道、园区)环保能力提升、企业主体责任落实、风险隐患排查整治四个方面的内容，并结合实际需求，从企业运行管理和污染防治、危险废物处置、一般固体废物处置等方面进行指导，用“以案说法”方式阐述企业在污染治理过程中潜在的环境法律责任风险，并提出专业建议。（姜　捷　辛文雅）

2022年6月5日，丹徒生态环境局在丹徒区恒大绿洲幼儿园开展“共建清洁美丽世界”环保知识进课堂活动

（丹徒生态环境局）

【生态文明示范创建】 2022年，丹徒生态环境局推进生态文明示范创建工作，践行“绿水青山就是金山银山”理念。世业镇兴隆村被命名为第五批省级生态文明建设示范村。截至年底，全区有19个行政村获省级生态文明建设示范村命名，省级生态文明建设示范镇(街道)全覆盖。（曹文娟　李笑林）

【企业环境评级】 2022年，丹徒生态环境局根据企业环保信用评价和企业环境行为信用记分等文件要求，对辖区内420家企业开展环保信用评价工作，全年录入信用评价系统行政处罚数量114条，同时实行滚动实时12分制，按照要求将各部门报送的扣分事项及时、准确录入江苏省企业环保信用评价系统，生成相应的环保信用等级动态评价结果，并通过网络向社会公开，接受公众监督。

（姜　捷　李笑林）

【环保督察问题整改】 2022年，丹徒生态环境局继续推进中央、省环保督察问题整改工作和镇江市突出环境问题整改工作。优化调整区攻坚办组织架构、人员配备，由区委副书记、政法委书记担任攻坚办主任，人员增加至67人，强化执法联动、行刑联动、督查督办和问责追责，推动突出问题整改。2021年省级环保督察交办的81个问题完成整改65件，交办的75件信访问题完成整改71件；2022年第二轮中央生态环境保护督察交办的58件信访件完成整改54件，中央及省环保督察交办问题整改均完成2022年度整改任务。（丰晓静　李笑林）

环境监管

【概况】 2022年，丹徒生态环境局做好环境执法、信访调处等工作，打击环境违法行为，净化环境安全。全年出动环境执法人员6010人次，检查点位2866个(次)，处理各类环境信访1707件。查处环境行政处罚案件244件，下达决定书处罚金额2342万元；实施查封扣押案件8件，移送公安2件，涉及刑事案件1件。（蔡星宇　李笑林）

【固体危险废物监管】 2022年，丹徒生态环境局加强危险废物全生命周期监管和风险防范，持续推进全区涉危废企业危废全生命周期监控系统“应纳尽纳、分类管理”工作；为解决小微企业危险废物收集处理难问题，开展以小微企业、教育科研机构等非工业源危险废物为重点的危废收集处置试点工作。开展废弃危险化学品等危险废物风险集中治理，联合应急管理部门印发实施《镇江市丹徒区废弃危险化学品等危险废物风险集中治理工作实施方案》，并组建联合检查组对辖区内涉危险化学品企业开展专项检查。疫情防控期间，统筹协调医学集中隔离点医疗废物等垃圾的转运处置。配合公安、交通、纪检等部门及属地开展丹徒区打击固体废物非法倾倒专项行动，核查固废危废重点线索19条，共立刑事案件8起，抓获犯罪嫌疑人32人，追缴处置费用100余万元。（吴魁华　李笑林）

【辐射环境监管】 2022年，丹徒区涉放射源和射

线装置单位共计31家(放射源使用单位2家，射线装置使用、销售单位29家)。全年开展涉及放射源和射线使用装置单位现场检查26家(次)，出动执法人员督促企业完善辐射安全管理机制，共办理辐射安全许可证业务6件(首次申领3件、延续3件)。以“双随机”检查为重点，持续加强辐射安全执法监管，保障辖区辐射环境安全，防范化解环境安全风险；同时，指导帮助辖区内放射源和射线装置使用单位企业完善环保手续，辐射安全许可证到期单位及时办理延续手续，按照要求开展年度评估报告申报工作。

（顾永祥　李笑林）

环境监测

【概况】 2022年，丹徒环境监测站以环境质量改善、支撑环境管理、引领污染防治和服务社会公众为要点，做好水环境质量监测、农村环境质量监测和重点污染源监督监测，同时做好长江经济带入河排污口监督性监测、声环境质量监测。

（杨　晓　李笑林）

【污染源监督监测】 2022年，丹徒区重点污染源监督监测企业共50家，其中水环境重点排污单位11家、气环境重点排污单位有32家企业、土壤环境污染重点监管企业14家、其他重点排污单位1家。丹徒生态环境局监测站根据《关于印发〈2022年镇江市重点排污单位名录〉的通知》要求，对50家重点排污单位开展一年两次的监督监测，并将监测结果上报到全国污染源监测信息管理与共享平台上；无监测能力的项目，参照周边地区的做法通过政府招标委托有资质的第三方进行监测。（杨　晓　李笑林）

【农村环境质量监测】 2022年，丹徒区继续开展农村环境质量监测，全区农村环境空气质量监测点位2个(谷阳镇槐荫村、辛丰镇辛丰村)，农村县域河流湖库水质监测点位2个(塔岗河、辛丰镇)，农村农业面源污染控制断面2个(辛丰镇、宝埝桥)，农村千吨万人饮用水源地监测点位1个〔丹徒区长江世业镇(左汊)饮用水水源地〕，180个农村生活污水处理设施进、出口水质半年监测1次。以上数据按时上报到省环境监测中心。（杨　晓　李笑林）

【声环境质量监测】 2022年，丹徒区声环境监测点位共37个，包括区域声环境监测点位22个、道路交通噪声监测点位13个、功能区声环境监测点位2个。区域噪声每年监测1次，每次10分钟；道路交通噪声每年监测1次，每次20分钟；功能区声环境每季度监测1次，连续24小时监测。全年获得有效监测数据3928个，完成全部监测和上报工作。

（杨　晓　李笑林）

【水环境质量监测】 2022年，丹徒区持续推进各镇(街道、园区)流域水环境污染防治工作，确保主要河流水质考核断面达标。全区水质监测断面72个，国控点位2个(辛丰镇、紫阳桥)，省控点位9个(宝埝桥、紫阳桥、台庄桥、凌塘水库库心、辛丰镇、王家桥、长江路高资港桥、京阳路桥和龙门口)，省级以下水质断面2个(后亭桥、沙渚港)；乡镇主要河流监测点位37个，城市建成区水体消劣提质点位31个，排涝站监测点位6个，池塘养殖尾水水质试点监测点位1个。根据《2022年镇江市生态环境监测工作实施方案》制定地表水环境质量监测项目，全年获得水环境质量监测数据13192个。（杨　晓　李笑林）

2022年11月3日，丹徒生态环境局对国控站点周边涉气企业开展废气治理设施检查（丹徒生态环境局）

商 贸

综 述

【概况】 2022年，丹徒区实现社会消费品零售总额73.23亿元，比上年增长0.4%；限额以上批发业销售额149亿元，比上年增长-11.99%；按行业分，批发业零售额18.01亿元，零售业零售额47.49亿元，住宿业零售额0.5亿元，餐饮业零售额7.23亿元。全年实现进出口总额87.6亿元，比上年增长29.1%。完成确认实到外资1701万美元，完成对外直接投资额629.4万美元；完成服务外包执行额27202.9万美元，其中离岸外包执行额5690万美元。

（陈 雨）

【对外贸易】 2022年，丹徒区完成出口总额79亿元，比上年增长25.6%；完成进口总额8.6亿元，比上年增长73.9%。

年内，镇江市丹徒区商务局加大省、市各项外贸政策宣贯力度，以中小微企业为重点，通过走访调研形式送政策到企业，确保惠企政策宣传落实到位；持续开展外贸企业大走访活动，确保全区重点外贸企业联系走访全覆盖；监测主要外贸产品进出口波动情况，开展市场和业务调研，加强重点行业、重点企业跟踪服务，及时掌握外贸企业生产、订单和经营情况，帮助企业解决生产经营过程中的部分困难和问题，并优化帮办服务；加大外贸出口型企业招引力度，状大区外贸实体力量，继续保持丹徒外贸动能；培育外贸新增长点，实施外贸备案企业“倍增行动”，推动生产企业、中小微企业走向国际市场；培育外贸品牌，加大境外商标注册、体系认证和专利申请的扶持力度。

（郭礼才）

【服务外包】 2022年，丹徒区服务外包企业有97家，全年完成服务外包执行总额27202.9万美元，比上年减少1.4%，完成目标任务数的84.5%，其中完成离岸外包执行额5690万美元，比上年增长26.2%，完成目标任务数的101.8%，全市排名第八位。外包执行额下降的主要因素：1.疫情原因造成部分企业业务额下滑，上报数字逐年减少，或一些小微企业倒闭；2.部分企业转型发展，涉及业务内容改变不再是服务外包行业类型；3.部分企业上报数字的积极性不高，有待与板块及企业沟通对接。

（王 卉）

【丹徒区商业资产管理总公司】 2022年，镇江市丹徒区商业资产管理总公司坚持稳中求进，守正创新，完成全年各项目标任务，全系统实现资产经营收益151.72万元，比上年增长3.87%。加强资产经营管理，落实国企改革三年行动要求，完成该单位及下属4家企业股权调整；完成市政府因市一院建设需要对下属单位电力路2号房屋拆迁任务；规范资产经营行为，资产租赁全部报批备案；修订高质量考核办法，细化考核项目，提升考核质效；对承租户实行分级化管理、个性化服务，推进门面房和厂房出租工作，实现资产不闲置目标；开展房屋安全排查专项行动，排查出安全隐患7处，投入9万元维修翻建老旧房屋及厂区道路面积800平方米，提升资产质量，优化营商环境；开展安全生产知识宣讲60人次，配备更新一批消防器材，压实总公司、基层单位、承租户三级安全责任，保障安全生产。开展暖心走访活动，组织退休老干部外出参观学习50人次；开展送学上门活动40人次，走访下岗失业困难党员职工60人次，发放慰问金3万余元；走访承租户实现全覆盖，化解企业发展难题4个，解决群众诉求6件。

（蔡国平）

【丹徒区商业联合会】 2022年，镇江市丹徒区商业联合会发挥桥梁纽带作用，为全区商贸企业和会员单位服务。年内，走访企业20余家，开展“小微企业”“改制企业”等调研活动，了解中小企业复工复产情况，向企业宣传惠企纾困政策，并针对企业诉求，帮助解决生产、经营方面的一些实际困难；组织50余名企业职工参加镇江市电子商务专业技能培训等各类业务技术培训班，提升职工业务素质和技能水平。近五年来，会同常务理事单位润扬劳务有限公司帮助企业招工500余人，缓解“招工难”与“就业难”问题，确保企业正常开工复产。

（李俊勤）

粮食收储

【概况】 2022年，丹徒区经发局加强粮食市场调研，分析市场供求和价格状况，摸清企业收粮、农民售粮意愿，准确把握收购形势，确保农民放心卖粮，储备粮承储企业按时完成任务。推动国有粮食企业改革，加强储备粮管理，促进粮食市场健康稳定发展。全年小麦总产量2.48万吨，比上年增长4.66%，稻谷总产量9.22万吨，比上年减少0.42%。

（卞玉姬）

【依法管粮】 2022年，丹徒区经发局履行依法管粮职责，探索粮食流通市场监管，聚力构建粮食流通秩序规范化、粮食管理法制化的粮食流通新格局。制订年度粮食流通监管执法工作计划，明确粮食监督检查工作任务清单和工作重点；成立区经济发展局粮食监督检查领导小组，做好各项监督检查工作。年内，联合丹徒区市场监督管理局、丹徒区统计局开展两季收购“双随机、一公开”检查，并开展储备粮抽检、粮食出入库等各类政策性粮食购销活动检查，确保国家各项粮食政策落实到位。

（孙　阳）

烟草专卖

【概况】 2022年，丹徒区实现卷烟销量11867.83箱，完成全年销售目标的86.9%，比上年增长1.76%；销售额60269.23万元，比上年增长8.68%；单箱销售结构5.08万元，比上年增长6.81%，单箱销售额增3236元。截至年底，全区卷烟零售户2231户。

年内，镇江市丹徒区烟草专卖局(简称丹徒区烟草专卖局)学习贯彻中共二十大精神，发挥党建引领作用，助推专卖管理质效提升；规范卷烟市场秩序，提升服务质量和客户满意度。巩固党史学习教育成果，践行“我为群众办实事”，全年开展各类志愿帮扶活动15次，为群众解决实际难题20余件，累计捐赠财物近20万元；开展“敲门行动”、全员核酸检测、交通卡口信息采集等志愿活动，累计服务群众4000余人次。

（郦好婧）

【烟草专卖管理】 2022年，丹徒区烟草专卖局推进党建和主营业务深度融合，提升行政执法水平，巩固市场监管成果。全年查获各类涉烟案件132起，查获各类违规卷烟454.45万支，总案值587.28万元。其中，查获5万元—20万元案件12起，20万元—50万元案件5起，100万元以上案件1起。

（郦好婧）

【烟草规范经营】 2022年，丹徒区烟草专卖局坚持以市场为导向，持续推进零售客户诚信小组建设，发挥诚信互助小组“组织阵地”作用，按序时进度开展加盟终端、新现代终端建设工作。截至年底，丹徒辖区共建成加盟终端9户(其中1户为农网加盟终端)，建成新现代终端88户。多举措加强卷烟陈列指导，推动加盟终端和新现代终端形象提升，提振客户经营信心。 (郦妤婧)

2022年10月，丹徒区烟草专卖局开展电子烟店铺专项检查 (丹徒区烟草专卖局)

茧丝绸

【概况】 2022年，镇江市丹徒区茧丝绸总公司(简称丹徒区茧丝绸总公司)注重蚕桑技术培训及指导，加强蚕桑技术服务和科普宣传，助力蚕桑产业高质量发展。全区有桑田面积133.2公顷(1998亩)，新栽桑5.2公顷(78亩)，改造老桑树4.13公顷(62亩)；养蚕165张，生产蚕茧142担，产值27.8万元；生产桑果15.75万千克，产值190.7万元；生产桑芽菜、桑叶茶、桑葚酒(果醋)、蚕丝蛋白面膜等产值140.6万元；生产桑树种子、桑树苗木、蚕药等产值369万元。全年实现蚕桑总产值728.1万元。全年新增蚕桑经济人2人，蚕桑经济人年人均增收2万元，比上年增长16%；帮助周边农民再就业176人，比上年增长10%。 (杨 君)

【蚕桑培训指导】 2022年，丹徒区茧丝绸总公司针对蚕桑新品种、新技术的推广应用做好培训指导工作。重点推广新蚕品种4对(春用2对、秋用2对)、新桑品种6个(果桑5个、蛋白桑1个)、新技术3种(家蚕全龄省力化饲育、桑园摘芯增叶、立体化种养殖)。年内，组织区域内蚕桑经济人赴中国农业科学院蚕业研究所科研基地举办技术培训班3次，赴溧阳蚕桑文化博物馆开展综合学习1次，区域内各蚕桑基地间互相走访、交流学习6次。果桑菌核病专项防治工作取得成效，全区果桑菌核病防治率90%以上，果桑生产产值比上年增长30%。 (杨 君)

【蚕桑技术服务】 2022年，丹徒区茧丝绸总公司以党员突击队为单位，由班子成员牵头赴各片区蚕桑基地开展桑田管理8次、指导病虫害防治10次、助农技术服务6次、助力产销对接4次。结合各基地特点开展特色亮点创新发展工作，实现选苗高质量、栽植高标准、生产高效率。3月，组织党员突击队和蚕桑技术骨干开展助农种植活动3次，现场指导蚕桑经济人果桑幼苗的栽植技巧和后续的生产管理方案。 (杨 君)

【蚕桑科普宣传】 2022年，丹徒区茧丝绸总公司利用电视、微信等媒体，开展蚕桑科普系列宣传活动，扩大科普受众面。通过“蚕桑科普进基地”活动，引导蚕桑经济人进行蚕桑综合利用开发，增加蚕桑生产综合经济效益；通过“蚕桑科普进社区”活动，

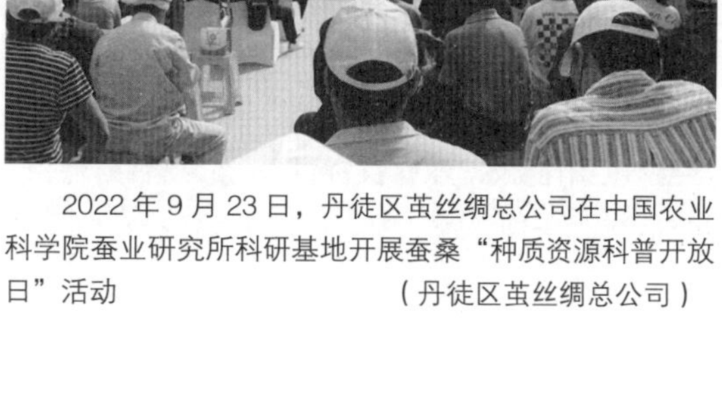

2022年9月23日，丹徒区茧丝绸总公司在中国农业科学院蚕业研究所科研基地开展蚕桑“种质资源科普开放日”活动 (丹徒区茧丝绸总公司)

宣传蚕桑产业的前景与潜力，吸引富余劳动力加入蚕桑种养殖行业；通过“蚕桑科普进校园”活动，创新打造“蚕桑趣味课堂”，提升学生对蚕桑文化的兴趣爱好，打造“书香校园”。整个系列活动参与群众和中小学生1500余人次，共制作立地展板40余张，印发科普宣传资料等2000余份，派发“蚕宝宝”300余份，发表宣传报道6篇，设立现场咨询3场次、接受群众咨询100余人次，进培训园讲课2次。（杨　君）

供销合作

【概况】 2022年末，镇江市丹徒区供销合作总社(简称丹徒区供销社)全系统在岗干部职工79人，设有办公室、组织人事科、财务审计科、经济发展科4个科室；下辖基层供销社9个，其中镇级供销社6个(宝堰供销社、上党供销社、谷阳供销社、高资供销社、高桥供销社、辛丰供销社)、村级供销社3个(高桥镇四方桥村供销社、高桥镇京江村供销社、上党镇五塘村供销社)，直属企业3个(丹徒区轧花剥绒厂、镇江市瑞昇烟花爆竹公司、镇江市康跃再生资源公司)；全系统有开放办社企业4家(丹阳市润发加油站、镇江金达农业科技有限公司、镇江菌临天下农业科技有限公司、镇江农谷农业科技园有限公司)、“农资惠”经营网点26家、农民专业合作社32家、电子商务线上平台1家(京东丹徒地方特产馆)。（潘　鸣）

【“三位一体”综合合作改革】 2022年，丹徒区供销社推进生产、供销、信用“三位一体”综合合作改革，于5月启动“三位一体”综合合作试点工作，全面提升各基层社的综合服务能力。搭建2个区级平台(镇江云上供销有限公司、镇江市康嘉农资连锁有限公司)，以区级平台为纽带，开展区级层面农业社会化服务和农产品流通等服务；培育8个基层综合合作载体，开展农资供应、农产品销售、日用品销售、土地托管、农机作业、统防统治、电子商务等综合服务；与镇江农商行签订战略合作框架协议，开展授信和普惠金融工作。（潘　鸣）

【农产品现代流通】 2022年，丹徒区供销社投资注册成立“云上供销”电商平台，打造“云上供销”农产品全类目区域公用品牌，实现由农户定时、定标、定量生产供货，平台包装、推广、运营一体化服务模式，全年平台累计销售额约2300万元。主办丹徒区农产品公益直播活动4场，累计销售额118.5万元。参加第二届宜购丹徒生活消费节，线下展示丹徒名优农产品，发放消费优惠券，消费让利100万元。参加2022长三角名优农产品展销会，组织宝堰干拌面、源春肴肉、恒顺香醋等农产品赴宁展销，并与高邮、海门等地农产品供应商达成合作，推动丹徒名优农产品融入长三角一体化大市场。（潘　鸣）

2022年，丹徒区供销社通过“云上供销”电商平台举办丹徒区农产品公益直播活动（丹徒区供销社）

【农业社会化服务】 2022年，丹徒区供销社依托农业综合服务中心、农民专业合作社等服务载体，开展农业社会化服务，面积共7661.33公顷(11.5万亩)，其中土地全托管面积2111.33公顷(3.17万亩)，统防统治、配方施肥、农机作业三项环节面积总计9513.33公顷次(14.27万亩次)。开展农药“零差率”统一配送工作，建立以系统内26个农资经营网点为配送点、1家农资连锁企业为配送中心的配送体系，配送面积8073.33公顷次(12.11万亩次)，销售额182.79万元。开展农业废弃物集中回收处置工作，回收废旧农膜106.85吨，回收率90%，回收农药包装瓶(袋)274.47万只，无害化处置率100%。（潘　鸣）

财政·税务·金融

财 政

【概况】 2022年,镇江市丹徒区财政局(简称丹徒区财政局)坚持稳中求进,立足财政职能,实施积极财政政策,强化调控助推经济转型升级,倾斜财力保障改善基本民生,持续深化财政科学化、精细化改革创新,统筹兼顾做好各项财政工作。

丹徒区一般公共预算收入累计完成23.15亿元,其中:税收收入14.16亿元,非税收入8.99亿元。一般公共预算支出40.89亿元,比上年增长4.44%。具体项目:一般公共服务支出43277万元,比上年增长21.41%;国防支出588万元,比上年增长43.07%;公共安全支出23239万元,比上年下降10.29%;教育支出65316万元,比上年下降25.98%;科学技术支出10552万元,比上年增长45.26%;文化旅游体育与传媒支出3607万元,比上年增长2.76%;社会保障和就业支出66081万元,比上年增长8.58%;卫生健康支出22081万元,比上年下降10.99%;节能环保支出16284万元,比上年增长76.01%;城乡社区支出33206万元,比上年增长1.69%;农林水支出54016万元,比上年增长36.71%;交通运输支出14620万元,比上年下降50.24%;资源勘探工业信息等支出6906万元,比上年增长353.15%;商业服务业等支出2122万元,比上年增长88.79%;金融支出81万元,比上年下降27.68%;援助其他地区支出1700万元,比上年下降1.16%;自然资源海洋气象等支出3637万元,比上年下降1.89%;住房保障支出27986万元,比上年增长52.60%;粮油物资储备支出625万元,比上年增长167.09%;灾害防治及应急管理支出2456万元,比上年增长7.91%;其他支出12万元;债务付息支出10443万元,比上年增长113.78%;债务发行费用支出65万元,比上年下降58.86%;政府性基金支出25.65亿元,比上年增长8.08%。一般公共预算支出中,民生支出30.32亿元,占比74.15%。 (关 腾)

【财政管理】 2022年,丹徒区财政局履行财政监管职责,加大统筹保障力度,防范财政运行风险。推进地方财经秩序专项整治行动,聚焦贯彻落实减税降费政策、政府过紧日子、加强基层“三保”保障、规范国库管理、加强资产管理、防范债务风险六项重点任务,开展自查自纠、强化追责问责和案例通报,对存在问题和风险进行治理,保障全区财经秩序平稳运行;加强库款日常监测,根据国库库款和财政专户管理状况,及时掌握库款流入、流出、余额总体变动情况,根据支出需求及时调度库款资金,合理控制库款规模和保障水平;强化债务风险管控,杜绝一切违法违规融资担保行为,持续规范举债行为,用活置换、再融资债券政策,平滑债务风险,保证债务风险整体安全可控。 (关 腾)

【财政改革】 2022年,丹徒区财政局主动适应现代财政制度改革和信息化发展需要,深化财政改革。做好“财政预算管理一体化系统”上线运行工作,做到各类财政业务实操不留死角,加强与人民银行、商业银行沟通、配合,妥善解决各种新问题,确保财政资金安全、高效运行,全区所有预算单位均使用“一体化系统”编制和执行预算；持续推进账务系统优化升级，以实现全覆盖为目标，纵向延伸至乡镇财政。推进国有企业改革，以转变经营机制激发企业活力，在一级企业及子企业推行经理层成员任期制和契约化管理，签订聘任协议和业绩合同，按照约定严格考核；在国资监管企业中推进用工市场化，完善市场化薪酬分配机制，实行“一岗一薪”全员绩效考核；在中层管理岗位推行竞争上岗、末等调整和不胜任退出制度。优化投资评审质量，依据“不唯增，不唯减，只唯实”工作理念，按计划推进项目评审工作，前移评审关口，强化源头把控，将重大城建项目、民生项目作为评审重点，综合运用项目造价指标体系及相关专业知识，在优化设计方案、节省资金投入和提高项目管理效能等方面提出意见和建议，为项目落地提供科学合理的决策依据。（关　腾）

税　务

【概况】 2022年，国家税务总局镇江市丹徒区税务局(简称丹徒区税务局)面对疫情反复和外部环境复杂多变等超出预期的困难挑战，强化重点企业、出口企业税源排查分析，多举措做好组织收入工作，为稳定全区经济大盘和助推高质量发展贡献力量。全年组织各项税费收入44.92亿元，其中税收收入24.27亿元，包括中央级收入10.1亿元，地方级收入14.16亿元；社会保险费收入17.82亿元，比上年增长19.54%；非税收入和其他基金费收入2.83亿元，比上年增长140.82%；完成一般公共预算税收收入14.17亿元，还原留抵退税因素后，完成一般公共预算税收收入17.51亿元。（殷　健）

【减税降费】 2022年，丹徒区税务局推动新的组合式税费支持政策落细落实，全年累计新增减税降费及退税缓税缓费11.15亿元，其中办理留抵退税6.67亿元；跟踪服务缓税企业，累计缓缴金额2.59亿元。（殷　健）

2022年，“宜诚税悦”服务团队走进企业宣讲最新的税费政策（丹徒区税务局）

【纳税服务】 2022年，丹徒区税务局聚焦惠民便企做优“为民答卷”，推进税收营商环境优质优效。创新培育“宜诚税悦”服务品牌，打造“去柜台化”服务新模式，率先开展办税服务场所智能化改造升级，建成全市首家智慧办税服务厅；全年办税服务厅平均等候时间2.6分钟，平均办理时间5.4分钟，叫号量同期相比下降42%。融入政务服务一张网，成立丹徒区政务服务中心税务分中心，将登记注销、发票代开等事项列入政务服务“一网通办”范畴，畅通办税缴费渠道。持续拓展“非接触式”办税缴费模式，推广应用电子税务局、“江苏税务”App、镇税通“云办税”等“非接触式”办税产品，引导纳税人缴费人网上办、掌上办、智慧办。搭建与丹徒区政府、中国邮政储蓄银行丹徒支行的沟通

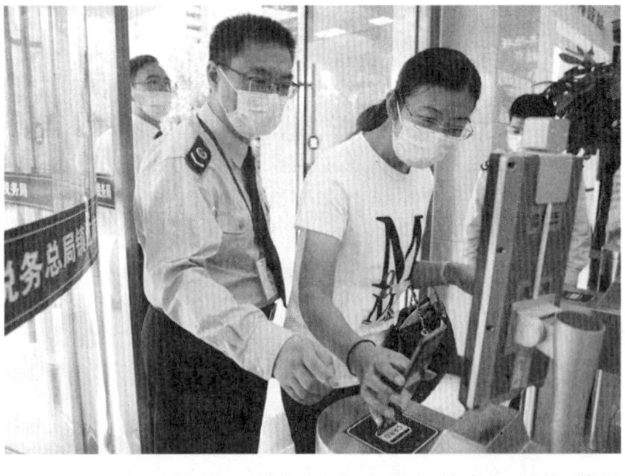

2022年，丹徒区税务局建成全市首家智慧办税服务厅（丹徒区税务局）

平台，推动发票邮寄业务免单服务，为2324户(次)A、B类纳税人缴费人及未参加信用等级评定的个体工商户降低办税缴费成本。智慧办税服务厅建设相关举措被江苏省税务局深化税收征管改革专栏作为全省先进经验予以推广；在全省率先开展普通发票代开自助机取票业务试点，《智慧办税服务厅建设落实情况报告》获镇江市税务局肯定，“宜诚税悦”服务品牌获全区“合心宜”优质服务品牌。（殷　健）

【征管改革】 2022年，丹徒区税务局聚焦打造深化改革丹徒特色，持续拓展新形势下税费协同共治广度和深度，通过税务人大代表、政协委员形成提案建议的方式，在全市率先推动下发丹徒区《关于进一步加强税费协同共治的实施意见》。主动与镇(街道、园区)对接，将房土两税调查等税务工作事项融入地方全要素网格化治理，开展辖区税源数据采集工作，全年通过综合治理网格采集核实房土两税税源1950余户，补缴税款600余万元。依托全区160个城乡网点及30个合作银行网点，开展社会保险费征缴网格化管理服务，构建地方税收共治新格局。搭建“数据产品超市(丹徒)”，全年上架数据产品37个，提供数据超23万条，持续提升数据产品应用能力。细化规范属地税源管理机构社会保险征管事项职责，推动国有土地使用权出让收入划转，推广社保费管控平台应用，树牢“税费皆重”理念，逐步完善优化、高效、统一的新征管体系。（殷　健）

【依法治税】 2022年，丹徒区税务局把牢依法治税这条税收工作的生命线，因地制宜制定《税务监管实体化运行方案》和《税务监管实施办法(试行)》。围绕阶段性监管重点事项，组建“1+7”监管团队［税务监管综合管理团队＋法制专业监管团队、货劳专业监管团队(包括进出口税收业务)、所得税及财行类专业监管团队、社保费和非税收入专业监管团队、收入核算专业监管团队、征管专业监管团队、千户集团及列名重点税源企业重组事项风险监管团队］，增强监管协同性和有效性。成立任务统筹办，按基础管理类、政策落实类、督查内审类、税费疑点类等类别整合归并，统筹推送下发30项任务，上下贯通协同、集成高效的任务统筹管理机制初步构建。探索税收监管“四化五有”(监管清单化、风险精准化、监管规范化、评价客观化，监管事项有指向、监管对象有清册、监管实施有方案、监管操作有指引和监管结果有运用)工作法，统筹推进税务监管与税务执法、税费服务相统一的“三位一体”格局，实现监管质量与特色的双提升。结合增值税留抵退税工作，对1458户退税企业名单和社保费欠费企业开展“退税欠费”联动管理。持续提升税收风险应对的精准度和有效性，全年完成风险应对任务350户次，实现入库成效6204.14万元，入库成效增幅32.38%。落实18项“首违不罚”制度，对824户首次发生轻微税收违法行为的纳税人依法不予行政处罚。（殷　健）

金　融

【概况】 2022年，镇江市丹徒区地方金融监督管理局(简称丹徒区地方金融监管局)围绕服务实体经济、防范金融风险、金融行业监管等重点工作，推动金融业助力丹徒区高质量发展。截至年底，驻丹徒银行13家，小贷公司7家(农贷6家、科贷1家)，融资担保公司3家，融资租赁公司1家，典当行1家。（郑歆越）

【农村信用体系建设】 2022年10月，丹徒区地方金融监管局组织辖区内各镇(街道、园区)参加中国人民银行镇江市中心支行开展的“信用乡镇”评选工作，世业、辛丰、宝堰3个镇被评为镇江市“信用乡镇”。截至年末，完成81个行政村“整村授信”(信贷人员通过市场调查等环节，为每户村民建档立卡，对客户授信额度进行测算，测算出预授信额度)工作，建档22.13万人，评议7.36万户，授信4.79万户，

授信金额57.85亿元，用信户数2208户，用信金额1.66亿元，用信覆盖面4.60%。（郑歆越）

【银保业支持乡村振兴试点镇工作】 2022年，丹徒区地方金融监管局组织相关金融机构与宝堰、荣炳等11个行政村开展党建结对共建，举办“一村一阵地”金融宣传行动，组织各类“党建+”活动18场次；开展金融人才驻点活动，畅通金融服务通道。落实签约项目17个，信贷投放8.44亿元。截至7月，丹徒区各银行对试点乡镇贷款余额11.92亿元，对比2021年8月活动开展前新增8.37亿元，增幅235.94%，位列全市四个试点镇首位。（郭奕含）

【政策性农业融资担保补助】 2022年，丹徒区地方金融监管局联合江苏省农业担保融资有限责任公司镇江分公司首次开展政策性农业融资担保补助，加大惠民政策宣传，推进农担业务开展。年末，丹徒区在保客户281户，比年初增加106户，在保余额2.16亿元，比年初增加0.83亿元，增幅63%，增幅全市第一。补贴后的丹徒区农担业务融资综合成本仅为4.31%，比上年降低17%，低于财政部规定的新型农业经营主体融资综合成本不超过8%的要求。（郭奕含）

【金融助力实体经济发展】 2022年6月2日，丹徒区地方金融监管局邀请7家银行、江苏省信用再担保集团有限公司镇江分公司、华泰证券股份有限公司镇江分公司、镇江国有投资控股集团有限公司和8家企业，举办丹徒区“企业家沙龙”金融助力实体经济发展专场活动；活动中，农业银行、中国银行推介金融产品，江苏省信用再担保集团有限公司镇江分公司、华泰证券股份有限公司镇江分公司、镇江国有投资控股集团有限公司举行路演，8家企业就融资、上市需求问题与金融机构互动交流。9月2日，举办丹徒区“金融强链，共促发展——金融惠企推进季”暨“金链行动”专场活动；活动中，宣讲金融惠企政策，重点产业链企业代表、银行机构代表作交流发言，江苏银行镇江丹徒支行、镇江先锋汽车零部件有限公司、中国工商银行镇江丹徒支行、江苏赛维尔新材料科技有限公司等12个授信项目现场签约，总授信金额11.4亿元。年内，对接7家金融机构，为江苏省交通工程集团有限公司、孟家港国际储运发展有限公司等20家市场主体转贷续贷近30笔，合计22.8亿元。（时小燕）

2022年6月2日，丹徒区“企业家沙龙”金融助力实体经济发展专场活动现场（丹徒区地方金融监管局）

【助力企业参与资本市场】 2022年初，丹徒区地方金融监管局对辖区专精特新小巨人企业、高新技术企业等符合国家产业政策、盈利模式可持续的企业开展分梯队跟踪服务和培育工作，将镇江先锋汽车零部件有限公司、江苏苏润高碳材股份有限公司等21家有储备价值的优质企业纳入企业上市后备资源库。4月，联合镇江市地方金融监管局组织镇江先锋汽车零部件有限公司，江苏蓝圈新材料股份有限公司等6家拟上市企业召开座谈会，邀请北京证券交易所上市辅导人员为企业现场答疑解惑。9月，联合江苏股权交易中心、券商代表和政府部门，组织7家优质高新技术企业举办丹徒区优质企业对接金融市场专演会，旨

在做好企业上市的规划和转制安排，助力企业迈向多层次资本市场。（时小燕）

2022年5月15日，丹徒区地方金融监管局在丹徒区宝龙广场商场中庭联合举办“5•15”打击和防范经济犯罪宣传日活动（丹徒区地方金融监管局）

【防范金融风险宣传】 2022年，丹徒区地方金融监管局加强非法集资源头治理，加大防范金融风险宣传，提升社会公众非法金融风险防范意识。5月15日、6月15日，联合丹徒公安分局、丹徒区市场监管局、丹徒区民政局等部门及多家银行机构，分别在宝龙广场商场中庭和华山街世纪联华超市开展专题宣传活动，以非法集资、养老诈骗、非法传销等内容为重点宣传，现场向群众讲解如何识别、防范、举报此类违法犯罪行为，2次活动参与人数共300余人次，发放宣传资料近1000份。11月1日，协助镇江市地方金融监督管理局等单位在丹徒新城二期广场举办“守住钱袋子，护好幸福家”暨防范养老诈骗宣传活动，现场通过文艺表演、现场宣讲、互动问答等形式向老年人普及防范养老诈骗相关知识，参与群众200余人次，发放相关宣传资料500余份。（陶　晨）

2022年11月1日，丹徒区地方金融监管局在丹徒新城二期广场联合举办“守住钱袋子，护好幸福家”暨防范养老诈骗宣传活动（丹徒区地方金融监管局）

【金融风险排查整治】 2022年4—5月，丹徒区地方金融监管局开展辖内11家涉嫌非法私募基金机构整治工作，约谈在企业名称或经营范围中含有“股权投资”“基金”字样的6家企业负责人，并发函督促企业变更信息；将地址不符及失联类的5家企业移交市场监管部门。5月，联合丹徒公安分局开展辖内3家企业摸排工作，排除存在的“伪金交所”（对企业名称中多包含“资产登记备案”，经营范围主要为“金融/信用资产提供登记、备案、结算等”类似服务，未经省级政府部门依法许可，打着“金交所”旗号为违规理财产品提供融资通道，变相从事交易场所业务的一类公司）风险；通过电话或上门的方式督促辖内8家企业变更经营范围，完成变更7家、注销1家。（陶　晨）

【地方金融行业监管】 2022年，丹徒区地方金融监管局开展地方金融组织运行情况监管工作，通过线上经营数据分析、线下现场检查等方式，按照分类监管要求综合评判辖内12家机构；截至年底，1家（镇江文化产业融资担保有限公司）因集团运营规划计划退出市场，11家运营情况良好。8月，配合江苏省地方金融监督管理局审计组，对区内7家小贷公司开展审计评级工作。（陶　晨）

科学技术

综　述

【概况】 2022年，镇江市丹徒区科学技术局(简称丹徒区科技局)围绕高质量发展要求，强化企业创新主体地位，推进高水平科技自立自强和产业自主可控，为丹徒经济高质量发展注入创新动能。加强市区联动，镇江市科技局与丹徒区政府签署会商框架协议，率先在全市科技系统建立市、区科技工作会商机制。培育创新主体，全年申报高新技术企业91家，认定72家，入库科技型中小企业215家，获批省市研发机构25家，其中省级工程技术研究中心4家、市级工程技术研究中心21家。力凡胶囊与江苏省产业研究院共建联合创新中心，成为丹徒区第二家省级联合创新中心。材智汇(丹徒)众创空间获国家级众创空间备案，成为丹徒区首家国家级众创空间。北汽蓝谷麦格纳汽车有限公司通过江苏省“瞪羚企业”(创业后跨过死亡谷，以科技创新或商业模式创新为支撑，进入高成长期的中小企业)评估，成为丹徒区首家省级“瞪羚企业”。全年获批上级项目资金738万元、奖励资金660余万元，全年兑现省、市、区三级科技项目奖励资金近3700万元。年内，丹徒区科技局强化科技统计业务培训、重点企业调研走访、台账资料归集核查等措施，提升科技统计数据质量，被江苏省科技厅评为“2022年度科技统计工作成效突出单位”，是全市科技系统唯一获评单位；各项科技与人才工作成效明显，被丹徒区委、区政府授予“丹徒区科技与人才工作先进单位”称号。　(谢　鹏)

【科技项目成果】 2022年，丹徒区科技局围绕上级科技计划项目政策导向，鼓励支持区内企业申报上级各类科技项目，强化服务指导力度，跟进获批项目进展，统筹做好项目检查、资金下达、验收核查等后续服务。全年申报省、市科技计划项目59项，立项22项，其中江苏省乡村产业振兴项目1项、国际合作项目1项，镇江市碳达峰碳中和项目2项、重大科技专项2项、产业前瞻与共性关键技术项目8项、现代农业和社会发展项目各2项、国际合作项目4项，科技计划项目立项数和立项率超过往年。

(蔡冠宇　徐海燕)

【高新技术企业培育】 2022年，丹徒区科技局推动科技型企业“小升高”工作，全年组织50家企业申报高新技术企业培育库入库，其中江苏德晴新材股份有限公司等42家企业通过入库，在库企业总量107家。全年申报高新技术91家，完成镇江市下达任务的126%，列全市第一位。其中，新申报企业51家，重新申报及断档续报企业40家。全年认定72家，通过率79%，列全市第一位，全年净增高新技术企业27家。截至年底，全区高新技术企业存量155家。开展科技型中小企业入库工作，全年入库企业215家，入库完成率123%，列全市第一位。

(蔡冠宇　徐海燕)

【科技创新人才】 2022年，丹徒区科技局采取多项举措，推进科技创新人才工作。发布各级各类人才项目申报指南，征集人才项目。走访企业50余家，发放《科技创新政策汇编》100余份。通过指导企业申报省级外国专家人才项目、开展“柔性引才”（在人才引进过程中，突破地域、户籍、身份、档案、人事关系等限制，不改变其户籍或国籍，不改变人才与原单位关系，将人才吸引到本地工作或创业的人才引进和使用方式）、申报江苏省科技副总等方式，开展科技创新人才各项工作。全年组织申报2022年江苏省科技副总12家，获批8家。申报江苏省产学研合作和江苏省“揭榜挂帅”项目各3项，全部获批立项。发布各级各类人才项目申报指南，协助组织部门做好“金山英才”“长山计划”人才工作。（徐海燕　谢　鹏）

【创新载体平台建设】 2022年，丹徒区科技局重点围绕高新技术企业，开展创新载体平台建设。全年申报各类研发机构29家，获批25家，通过数和通过率超过往年。其中，申报省级工程技术研究中心7家，获批4家；申报市级工程技术研究中心22家，获批21家。力凡胶囊与江苏省产业研究院共建联合创新中心，成为丹徒区第二家省级联合创新中心。材智汇（丹徒）众创空间获国家级众创空间备案，成为丹徒区首家国家级众创空间。宜城科创园创建成为市级众创空间。（蔡冠宇　谢　鹏）

【产学研活动】 2022年，丹徒区科技局采取多项举措，开展校企合作。全年征集企业技术需求60余项，与高校院所匹配40余项。加强产学研合作，结合丹徒区产业特点和新冠肺炎疫情防控要求，开展“丹徒企业高校行”活动，举办“丹徒企业高校行·江科大专场”2场，征集企业技术需求60余项，与高校院所匹配40余项，通过校企联合申报获批省、市级科技项目22项。助推传统产业提档升级，牵头江苏科技大学和水漆制造企业开展笔刷行业“水代油”联合攻关，完成替代产品、工艺研发，缓解环保制约。围绕产业链，布局创新链，加快打造长三角重要的科技成果转移转化基地，推动镇江产业创新需求与高校院所科技成果精准对接。组织50余家企业参加江苏省科技厅、镇江市政府主办的2022年高校院所走进镇江产学研合作对接活动，组织7家企业参加第七届中国创新挑战赛（镇江）现场赛，激活企业科技创新热情，加强企业技术研发能力。

（徐海燕　谢　鹏）

2022年丹徒区新获批省、市工程技术研究中心情况表

表14

类别	承担企业	平台名称
省级工程技术研究中心	江苏蓝圈新材料股份有限公司	江苏省低碳化高性能混凝土预制构件工程技术研究中心
	麦格纳卫蓝新能源汽车技术（镇江）有限公司	江苏省新能源乘用车工程技术研究中心
	镇江利德尔复合材料有限公司	江苏省高性能热固性树脂工程技术研究中心
	江苏联海通信股份有限公司	江苏省新一代射频通信器件及美化天线工程技术研究中心
市级工程技术研究中心	江苏正军装饰材料有限公司	镇江市高分子材料功能化环保化工程技术研究中心
	江苏明润环境科技有限公司	镇江市无负压智能变频供水设备工程技术研究中心
	江苏环宇冶金科技有限公司	镇江市高速钢复合轧辊工程技术研究中心
	江苏联宸激光科技有限公司	镇江市激光再制造工程技术研究中心
	万特福建筑构件有限公司	镇江市超高性能混凝土及构件工程技术研究中心
	镇江先锋汽车零部件有限公司	镇江市汽车精密冲压件工程技术研究中心
	镇江新浪潮精密机械有限公司	镇江市复合高精度喷丝板工程技术研究中心
	镇江捷祥车辆厢舱系统工程有限公司	镇江市车辆厢舱系统工程技术研究中心
	镇江市丹徒区粮机厂有限公司	镇江市新型高效节能风机工程技术研究中心
	镇江旺达鞋业有限公司	镇江市高性能EVA鞋底材料工程技术研究中心

续表 14

类别	承担企业	平台名称
市级工程技术研究中心	镇江东艺机械有限公司	镇江市纺织机械用精密零部件工程技术研究中心
	英赛德耐火材料(镇江)有限公司	镇江市节能型耐火材料工程技术研究中心
	江苏太航信息科技有限公司	镇江市智能船舶信息化工程技术研究中心
	江苏捷远容器有限公司	镇江市智能高效IBC吨桶工程技术研究中心
	镇江市水木年华现代农业科技有限公司	镇江市高品质抹茶工程技术研究中心
	江苏久一智能装备有限公司	镇江市视觉检测机器人工程技术研究中心
	镇江市润奇电子有限公司	镇江市5G通信天线射频连接器 工程技术研究中心
	江苏永达模塑有限公司	镇江市家电用高分子面板壳体工程技术研究中心
	江苏文广朱方新能源科技有限公司	镇江市智慧充电桩工程技术研究中心
	镇江金豪路桥配套工程有限公司	镇江市装配式公路钢桥配套设备工程技术研究中心
	镇江市雅盛节能环保材料有限公司	镇江市陶粒生产协同固废处置工程技术研究中心

（蔡冠宇）

2022年丹徒区新认定高新技术企业情况表

表 15

序号	企业名称	所在地	序号	企业名称	所在地
1	江苏海雷德蒙新能源(集团)有限公司	丹徒高新园	14	江苏苏能新材料科技有限公司	丹徒高新园
2	镇江汇通金属成型有限公司	丹徒高新园	15	江苏省交通工程集团百润工程检测有限公司	丹徒高新园
3	帝高力装饰材料(江苏)有限公司	丹徒高新园	16	镇江启至云科技有限公司	丹徒高新园
4	镇江润翔精密制管有限公司	丹徒高新园	17	江苏施普瑞电力科技有限公司	丹徒高新园
5	镇江云聚信息科技有限公司	丹徒高新园	18	镇江颀珑工程技术服务有限公司	丹徒高新园
6	镇江原轼新型材料有限公司	丹徒高新园	19	镇江德威乐普能源环保科技有限公司	丹徒高新园
7	镇江成功高科技有限公司	丹徒高新园	20	江苏联宸激光科技有限公司	丹徒高新园
8	江苏蓝圈新材料股份有限公司	丹徒高新园	21	镇江捷祥车辆厢舱系统工程有限公司	丹徒高新园
9	镇江市恩帝斯精密机械有限公司	丹徒高新园	22	江苏盈泰检测科技有限公司	丹徒高新园
10	江苏润模汽车检测装备有限公司	丹徒高新园	23	镇江恒欣生物科技有限公司	丹徒高新园
11	英赛德耐火材料(镇江)有限公司	丹徒高新园	24	镇江市富来尔制冷工程技术有限公司	丹徒高新园
12	中正智控(江苏)智能科技有限公司	丹徒高新园	25	江苏太航信息科技有限公司	丹徒高新园
13	江苏沃得高新农业装备有限公司	丹徒高新园	26	镇江市邦禾螺旋制造有限公司	丹徒高新园

续表 15

序号	企业名称	所在地	序号	企业名称	所在地
27	江苏联合过滤技术有限公司	丹徒高新园	50	中建科技镇江有限公司	丹徒经济开发区(高资街道)
28	镇江鸿达汽车科技有限公司	丹徒高新园	51	镇江建科建设科技有限公司	丹徒经济开发区(高资街道)
29	江苏捷远容器有限公司	丹徒高新园	52	江苏江林机械有限公司	丹徒经济开发区(高资街道)
30	镇江合力汽车紧固件有限公司	谷阳镇	53	镇江先锋植保科技有限公司	丹徒经济开发区(高资街道)
31	镇江尚沃电子有限公司	谷阳镇	54	镇江圆通环保科技有限公司	丹徒经济开发区(高资街道)
32	镇江银海科技材料有限公司	谷阳镇	55	二重集团(镇江)重型装备厂有限责任公司	丹徒经济开发区(高资街道)
33	江苏森森工程质量检测有限公司	宜城街道	56	镇江新浪潮精密机械有限公司	上党镇
34	镇江西陆文化传媒有限公司	宜城街道	57	江苏博格锅炉设备有限公司	上党镇
35	江苏钱潮轴承有限公司	辛丰镇	58	镇江华拓电力设备有限公司	上党镇
36	镇江市华展电子科技有限公司	辛丰镇	59	江苏语诣光电科技有限公司	上党镇
37	上豪包装机械(镇江)有限公司	辛丰镇	60	江苏环宇冶金科技有限公司	上党镇
38	江苏苏建路桥机械有限公司	辛丰镇	61	镇江越辉市政工程有限公司	上党镇
39	江苏同丹电力科技有限公司	辛丰镇	62	北汽蓝谷麦格纳汽车有限公司	上党镇
40	镇江市四海轴承有限公司	辛丰镇	63	江苏路鑫达交通设施有限公司	上党镇
41	江苏柏菲特精密科技有限公司	辛丰镇	64	镇江康元电器有限公司	宝堰镇
42	镇江南方电子有限公司	辛丰镇	65	镇江康林电器有限公司	宝堰镇
43	镇江远大传动机械有限公司	辛丰镇	66	镇江市宝堰镇汽配有限公司	宝堰镇
44	镇江宝龙轴承有限公司	辛丰镇	67	镇江三阳装饰材料有限公司	江心洲生态农业园区
45	镇江市鹏申航海科技有限公司	辛丰镇	68	镇江高冠医疗器械有限公司	高桥镇
46	江苏华赛金属科技有限公司	辛丰镇	69	镇江建华轴承有限公司	高桥镇
47	镇江市雅盛节能环保材料有限公司	辛丰镇	70	江苏坤美新材料科技有限公司	荣炳盐资源区
48	镇江利德尔复合材料有限公司	丹徒经济开发区(高资街道)	71	诚鑫模塑科技(镇江)有限公司	荣炳盐资源区
49	江苏悍威斯顿装饰工程有限公司	丹徒经济开发区(高资街道)	72	江苏诚翔电器有限公司	区属

(蔡冠宇)

2022年丹徒区科技项目立项情况表

表16

序号	项目类别	项目名称	企业名称	经费（万元）
1	2022年度省科技计划专项资金(创新支撑计划乡村产业振兴)	丹徒特色畜禽产业分店	镇江市天成农业科技有限公司	30
2	2022年度江苏省科技计划专项资金(创新支撑计划国际科技合作/港澳台科技合作)	镇江香醋中真菌毒素脱毒工艺的联合研发	江苏恒顺醋业股份有限公司	120
3	2022年度镇江市碳达峰碳中和科技创新专项	仿生生物质碳基材料及其在水性船舶防腐涂料中应用的研发	江苏华夏制漆科技有限公司	35
4		开放式智能光伏电站在城市公交场站的应用技术研究	江苏泽阳能源有限公司	10
5	2022年度镇江市科技创新资金(重点研发计划——重大科技专项)项目	可移动双馈式岸电特种装备关键技术研发及产业化	江苏镇安电力设备有限公司	120
6		基于背散射成像的高机动安检车研发及产业化	江苏捷诚车载电子信息工程有限公司	120
7	2022年度镇江市科技创新资金(重点研发计划——产业前瞻与共性关键技术)项目	变排量节能型摆线液压马达关键技术的研发	镇江大力液压马达股份有限公司	40
8		车用减震器高性能自润滑关节轴承关键技术研发	江苏希西维轴承有限公司	40
9		耐久性脱盐反渗透净水膜材料关键技术研发	镇江市惠灵顿膜业有限公司	40
10		新一代超高强度金刚线及母线的制备工艺研究	镇江原轼新型材料有限公司	35
11		铸造用无磷高致密性可长期存储塑性料的研发	中铸新材工业(江苏)有限公司	35
12		5G&5G Beyond 无线通信天线系统关键技术的研发	江苏联海通信股份有限公司	35
13		基于物联网智慧消防系统的设计研发	镇江市欧菱电气自动化系统设备有限公司	35
14		食醋生产中的主要重金属与真菌毒素的高通量检测技术及装备开发	江苏恒顺醋业股份有限公司	40
15	2022年度镇江市科技创新资金(重点研发计划——现代农业)项目	超微粉体抹茶制备关键技术研发	镇江市水木年华现代农业科技有限公司	15
16		规模化温室甲鱼健康高效养殖技术集成应用与示范	镇江大成渔业发展有限公司	15
17	2022年度镇江市科技创新资金(政策引导计划——国际科技合作/港澳台科技合作)项目	基于相位偏折技术的汽车表面缺陷自动检测设备合作研发	江苏润模汽车检测装备有限公司	25
18		低钠、功能性麻辣味复合调味品的联合研发	江苏恒顺醋业股份有限公司	25

续表16

序号	项目类别	项目名称	企业名称	经费（万元）
19	2022年度镇江市科技创新资金(政策引导计划——国际科技合作/港澳台科技合作)项目	基于多源信息融合的农业环境与作物生长智能巡检关键技术的联合研发	镇江农谷农业科技园有限公司	20
20		高功率车辆热电余热回收系统集成及功能产品的联合研发	镇江市恩帝斯精密机械有限公司	20
21	2022年度镇江市科技创新资金(重点研发计划——社会发展)项目	农膜应用区域土壤中微塑料环境行为调查及其污染防治技术体系研究	镇江德威乐普能源环保科技有限公司	11
22		高适应性聚羧酸减水剂的研发及其低碳产业化	江苏百瑞吉新材料有限公司	11

（谢　鹏）

知识产权

【概况】 2022年，丹徒区知识产权局贯彻落实《知识产权强国建设纲要(2021—2035)》《“十四五”国家知识产权保护和运用规划》，完善知识产权创造、运用、保护、管理、服务全链条体系化建设；围绕助企纾困，服务市场主体；围绕创新发展，推动产业强区建设。年内，全区获得授权的专利1880件，其中授权发明专利159件，企业获得授权的发明专利111件。截至年底，全区有有效发明专利893件。年内，全区新申请商标1163件，新注册商标671件。截至年底，全区有注册商标5357件。（纪光菊）

【江苏省知识产权建设示范(县域、园区)建设】 2022年12月，江苏省知识产权局公布江苏省知识产权建设示范(县域、园区)评定结果，丹徒区进入评定名单。近年来，丹徒区发挥知识产权支撑创新发展、优化营商环境的作用，通过培育壮大市场主体的知识产权规模、促进校企融合发展、强化知识产权保护，为区域经济和社会发展提供支撑。年内，丹徒区知识产权局采取多项举措，推进知识产权各项工作。在“3•15”国际消费者权益日、“4•26”世界知识产权日等节日期间，组织开展地理标志专项整治、知识产权学法竞赛、专利行政执法实训、“正版正货”创建承诺活动、宣传重点商标保护名录等活动；开展知识产权金融服务“入园惠企”活动，帮助企业获得贷款超过2亿元，完成知识产权质押融资17笔、1.65亿元。制定下发《2022年丹徒区知识产权行政保护工作实施方案》，开展北京冬奥会和冬残奥会奥林匹克标志专项检查、地理标志保护专项行动。全年查办商标案件25件，移送公安机关3件；调处专利侵权纠纷案件20件，其中行政裁决3件。培育6家单位承接市级项目，服务17家企业建立知识产权管理体系，指导5家企业通过知识产权贯标验收。（纪光菊）

2022年丹徒区授权发明专利情况表

表17

序号	发明名称	专利权人名称	专利权人类型
1	一种插秧机浮舟感应机构	江苏沃得高新农业装备有限公司	企业
2	一种水飞蓟素护肤品的制备方法	江苏中兴药业有限公司	企业
3	一种水飞蓟茎叶中有效成分提取方法	江苏中兴药业有限公司	企业
4	环氧树脂灌封胶、制备方法及新型电驱动马达	镇江利德尔复合材料有限公司	企业

续表 17

序号	发明名称	专利权人名称	专利权人类型
5	有机硅灌封胶、制备方法及新型电驱动马达	镇江利德尔复合材料有限公司	企业
6	新型增强增韧MGO基板、制备方法及具有该基板的复合板	江苏朗悦新材料科技有限公司	企业
7	一种复合板基材、复合板基材制备方法和装饰板	江苏朗悦新材料科技有限公司	企业
8	一种新型环保基材及其制备方法及新型环保基材复合板	江苏朗悦新材料科技有限公司	企业
9	一种高白度MGO基板、制备方法及具有该基板的装饰板	江苏朗悦新材料科技有限公司	企业
10	一种异方性导电薄片及其制备方法	镇江中垒新材料科技有限公司	企业
11	一种快速切换颜色和照射方向的LED灯组	镇江恒泽光电有限公司	企业
12	一种伴热取样管降温、缠绕装置及其使用方法	镇江瑞来电气有限公司	企业
13	一种用于制作伴热取样管的收卷工装及其使用方法	镇江瑞来电气有限公司	企业
14	一种风帘结构油烟传感器	江苏友穗传感科技股份有限公司	企业
15	一种涵道式播撒装置	江苏沃得高新农业装备有限公司	企业
16	一种方草捆打捆机牵引结构	江苏沃得高新农业装备有限公司	企业
17	多西环素一水物的制备方法	镇江高海生物药业有限公司	企业
18	一种小型轴承的加工设备及其加工方法	镇江建华轴承有限公司	企业
19	一种生物质纤维鞋底制备的黏合成套设备	镇江旺达鞋业有限公司	企业
20	一种生物质纤维鞋加工的预处理生产线	镇江旺达鞋业有限公司	企业
21	一种散热性强的发动机用的旋阀器	镇江市海舜船舶设备有限公司	企业
22	一种焊丝送料装置	二重(镇江)重型装备有限责任公司	企业
23	一种带有锁紧定位的压力容器封头焊接工装	二重(镇江)重型装备有限责任公司	企业
24	型材冷弯设备	江苏科技大学	高校
25	排水驱动船	江苏科技大学	高校
26	型材进给设备及方法	江苏科技大学	高校
27	一种砜吡草唑干悬浮剂及其制备方法	镇江先锋植保科技有限公司	企业
28	一种煤粉研磨机	镇江市蓝火环保能源有限公司	企业
29	一种煤粉除尘装置	镇江市蓝火环保能源有限公司	企业
30	一种节能型喷气式粉煤灰陶粒的加工装置	江苏扬子新型材料科技有限公司	企业
31	一种应用于谷物冲剂的植物油微囊粉及其制备方法	镇江市智农食品有限公司	企业
32	一种纳米淀粉基Pickering乳液的制备方法	镇江市智农食品有限公司	企业
33	一种低烟低毒无卤阻燃树脂及其制备方法和应用	镇江利德尔复合材料有限公司	企业
34	一种耐高温高交联热固性树脂体系及其制备方法	镇江利德尔复合材料有限公司	企业
35	一种高性能对苯型不饱和聚酯树脂的制备方法及其应用	镇江利德尔复合材料有限公司	企业
36	一种自动上料的绝缘垫块加工用模切装置	镇江市鑫泰绝缘材料有限公司	企业

续表 17

序号	发明名称	专利权人名称	专利权人类型
37	一种陶瓷砖黏结砂浆及其制备方法	江苏蓝圈新材料股份有限公司	企业
38	一种加气混凝土干混抹灰砂浆及其制备方法	江苏蓝圈新材料股份有限公司	企业
39	高强度混凝土预制件专用钢筋绑扎机及其绑扎方法	江苏蓝圈新材料股份有限公司	企业
40	一种高强度防火型镁板的高效稳定制备系统	江苏蓝圈新材料股份有限公司	企业
41	一种用于系杆拱桥混凝土系杆上的可移动挂篮装置	江苏省交通工程集团有限公司	企业
42	一种自锚式挂篮吊带装置	江苏省交通工程集团有限公司	企业
43	大直径桩基钢筋笼支撑装置及应用该支撑装置的施工方法	江苏省交通工程集团有限公司	企业
44	一种顶推钢桁架导梁上架辅助装置及方法	江苏省交通工程集团有限公司	企业
45	一种弧形三角门端柱同轴度安装装置	江苏百崮钢结构工程有限公司	企业
46	一种钢拱桥主系梁中间横向水平反顶装置	江苏百崮钢结构工程有限公司	企业
47	自行式混凝土挡墙现浇施工设备及方法	江苏省交通工程集团有限公司	企业
48	一种跨河桥梁施工用移动支撑装置	江苏百崮钢结构工程有限公司	企业
49	一种用于防爆铝箔加工的铝液熔炼工装及其使用方法	镇江银海科技材料有限公司	企业
50	一种户外用具有导流作用的电气柜	江苏镇德电力设备有限公司	企业
51	一种面向多矿物质特性的自适应混合缩分方法	镇江市科瑞制样设备有限公司	企业
52	一种混合浆粕及高疏水性纸	润华(江苏)新材料有限公司	企业
53	一种便于安装的舒适型健身车坐垫	镇江森和坐垫制造有限公司	企业
54	一种高铁专用改性混凝土外加剂及其制备方法	江苏百瑞吉新材料有限公司	企业
55	一种高效混凝土复合外加剂	江苏百瑞吉新材料有限公司	企业
56	一种采用径向锻造技术制备铝合金涡旋盘的方法	镇江合力汽车紧固件有限公司	企业
57	一种自补水型无土栽培用合成基质	镇江恒欣生物科技有限公司	企业
58	一种新型湿式集成免维护接点组	镇江市丹徒区同方信号器材厂	企业
59	一种高韧性锚链拉丝回火加工工艺	镇江市黄墟锚链有限公司	企业
60	一种用于锚链生产的焊接装置	镇江市黄墟锚链有限公司	企业
61	一种船用抗腐蚀锚链生产用去毛刺装置及其使用方法	镇江市黄墟锚链有限公司	企业
62	一种关节轴承球面激光微加工装置及方法	江苏希西维轴承有限公司	企业
63	一种纤维基抗粘铝快速修补料及其制造方法	中铸新材工业(江苏)有限公司	企业
64	一种铝工业用萤石基浇注料及其制备方法	中铸新材工业(江苏)有限公司	企业
65	一种铸造用无磷可塑料及其制备方法	中铸新材工业(江苏)有限公司	企业
66	一种安全性无动力拖挂车的栏板结构	镇江三鑫金属工业有限公司	企业
67	一种安全型无动力拖挂车结构	镇江三鑫金属工业有限公司	企业
68	一种在米醋中快速检测冰醋酸的方法	镇江刘恒记食品有限公司	企业
69	自动识别倒车影像不同配置的装置及方法	北汽蓝谷麦格纳汽车有限公司	企业
70	一种培育器皿清理装置	江苏翰雅有机农场有限公司	企业

续表17

序号	发明名称	专利权人名称	专利权人类型
71	一种高分子防水卷材及其成型方法	江苏佳创纳米科技有限公司	企业
72	一种水挤压Y型三通成型模具	江苏万源新材料股份有限公司	企业
73	一种采用有机混合物取代化学肥料的茶叶栽培法及其土层浸透装置	丹徒区上党婵云生态农业园	企业
74	一种茶叶理条机中的卸料机构	镇江苏峰茶业科技有限公司	企业
75	一种具有梅花槽的F型负载	江苏明联电子科技有限公司	企业
76	一种深沟球轴承加工用清洗装置及其使用方法	江苏钱潮轴承有限公司	企业
77	一种圆柱滚子轴承生产用压力检测装置及其使用方法	江苏钱潮轴承有限公司	企业
78	一种焊接叉与十字轴的拆卸装置	镇江远大传动机械有限公司	企业
79	一种拆卸装置	镇江远大传动机械有限公司	企业
80	一种筛选效果好的石料振动筛装置及其使用方法	江苏金宝重工有限公司	企业
81	一种多芯通信线缆连接辅助器	镇江市华展电子科技有限公司	企业
82	一种具有防呆结构的多芯射频同轴连接器	镇江南方电子有限公司	企业
83	一种航天用带有多组接口的通信连接器	镇江南方电子有限公司	企业
84	一种多方位调整型小型通信基站	镇江南方电子有限公司	企业
85	一种可自清洁的通信天线	镇江南方电子有限公司	企业
86	一种牵引型调整板及其组装方法	江苏同丹电力科技有限公司	企业
87	一种分级浆料搅拌装置	多立克(江苏)科技新材料集团有限公司	企业
88	一种用于叉车叉齿高度显示提醒装置及其使用方法	镇江市富来尔制冷工程技术有限公司	企业
89	一种具有电磁抑制能力的整体式外推窗及其组装方法	镇江捷祥车辆厢舱系统工程有限公司	企业
90	一种应用于工件修复的激光熔覆装置	江苏联宸激光科技有限公司	企业
91	一种激光熔覆机械手	江苏联宸激光科技有限公司	企业
92	一种免开孔的桥面板、横梁连接装置	江苏中海桥梁设备有限公司	企业
93	一种荧光高相变配位化合物及其制备方法和应用	江苏科技大学	高校
94	一种导管架安装用卡桩器	江苏科技大学	高校
95	一种水热—球磨制备Ni-HITP复合材料的方法及其应用	江苏科技大学	高校
96	β’-Sialon-AlN-TiC复合陶瓷材料及制备方法	江苏科技大学	高校
97	一种用于导管架桩腿灌浆的封隔器装置及其安装方法	江苏科技大学	高校
98	一种连接件自动焊接码放一体化装置及其使用方法	江苏科技大学	高校
99	基于1,8-萘酰亚胺为母体的铝离子检测荧光探针及其制备方法和应用	江苏科技大学	高校
100	一种桩腿式海洋结构物的抗冰除冰装置	江苏科技大学	高校
101	一种海洋牧场网箱	江苏科技大学	高校

续表 17

序号	发明名称	专利权人名称	专利权人类型
102	一种应用于装配式剪力墙的同步灌浆齿槽及其施工方法	江苏科技大学	高校
103	一种海洋工程定位装置	江苏科技大学	高校
104	铜合金薄膜、基于铜合金薄膜服役后的保护层和制备方法	江苏科技大学	高校
105	一种回抽式磁场辅助搅拌摩擦焊接装置及安装拆卸方法	江苏科技大学	高校
106	一种抗二氧化碳腐蚀的低合金材料及其制备方法与应用	江苏科技大学	高校
107	一种检测铜离子的荧光探针及其制备方法与应用	江苏科技大学	高校
108	基于三苯基胺为母体的荧光探针及其制备和在铜—银双离子检测中的应用	江苏科技大学	高校
109	一种化合物PHA及其制备方法与在检测铜离子上的应用	江苏科技大学	高校
110	一种接枝纳米粒子的壳聚糖凝胶电解质及其制备方法和应用	江苏科技大学	高校
111	一种玻镁平板立体烘干箱	江苏科技大学	高校
112	一种适用于极地海域的抗冰导管架平台	江苏科技大学	高校
113	一种基于苯并噻唑母体的钯离子检测荧光探针及其制备方法与应用	江苏科技大学	高校
114	一种基于事件触发的模糊神经网络温度控制系统及方法	江苏科技大学	高校
115	一种坐底式风电安装平台淹没空化喷嘴及其设计方法	江苏科技大学	高校
116	一种浮式消波装置及消波堤	江苏科技大学	高校
117	一种自破冰的极地水域深潜救生艇	江苏科技大学	高校
118	一种负载2-氯甲基苯并咪唑的MIL-88材料及其制备方法	江苏科技大学	高校
119	一种海洋工程用漂浮物打捞装置	江苏科技大学	高校
120	基于PBAT的自增强弹性体及其制备方法和应用	江苏科技大学	高校
121	导电滑环的复合材料及其试件制备方法	江苏科技大学	高校
122	一种民用船舶港口停靠辅助装置	江苏科技大学	高校
123	基于单线激光雷达平衡装置的家用割草机器人	江苏科技大学	高校
124	一种安全绳自控缓冲防护装置及其工作方法	江苏科技大学	高校
125	一种玻镁平板烘干养护设备	江苏科技大学	高校
126	一种水下航行器复合减阻方法	江苏科技大学	高校
127	一种船舶尾气处理系统及其处理方法	江苏科技大学	高校
128	一种楼板平面内协同抗剪的装配式剪力墙拼缝连接结构及其施工方法	江苏科技大学	高校
129	一种船舶外板涂装用的绿色喷涂装置	江苏科技大学	高校
130	一种安装有电源转接装置的电气设备	江苏太航信息科技有限公司	企业

续表 17

序号	发明名称	专利权人名称	专利权人类型
131	一种可调节式T型水翼隐身复合船及其控制方法	江苏科技大学	高校
132	一种新能源汽车电池集中管理输送装置	江苏省交通技师学院	高校
133	一种小分子化合物在制备防治或治疗蚕微粒子病药物中的应用	镇江市高等专科学校	高校
134	一种增塑熔融纺商品级活性PAN原丝的制备方法与应用	镇江市高等专科学校	高校
135	一种聚丙烯腈/碳纳米管复合纤维及其制备方法和应用	镇江市高等专科学校	高校
136	一种提高铝合金冷轧板带尺寸精度的方法	镇江龙源铝业有限公司	企业
137	一种提高连铸轧铝合金板坯组织均匀性的系统及方法	镇江龙源铝业有限公司	企业
138	一种冷轧铝合金板带吹胀成型性能的快速检测方法	镇江龙源铝业有限公司	企业
139	一种可降解地板及其制备方法	帝高力装饰材料(江苏)有限公司	企业
140	一株凝结芽孢杆菌及其应用	江苏恒顺醋业股份有限公司	企业
141	一株耐酸乳杆菌及其应用	江苏恒顺醋业股份有限公司	企业
142	一种薏米燕麦米醋及其制备方法	江苏恒顺醋业股份有限公司	企业
143	一种酱油的制备方法	江苏恒顺醋业股份有限公司	企业
144	一种食醋的催陈方法	江苏恒顺醋业股份有限公司	企业
145	一株醋酸菌及其应用	江苏恒顺醋业股份有限公司	企业
146	一株巴氏醋杆菌、微生物菌剂及应用和食醋制备方法	江苏恒顺醋业股份有限公司	企业
147	一种翻醅机自动清理机构及清理方法	江苏恒顺醋业股份有限公司	企业
148	一株巴氏醋杆菌巴氏亚种、微生物菌剂及其应用	江苏恒顺醋业股份有限公司	企业
149	一种酯香型食醋的制备方法	江苏恒顺醋业股份有限公司	企业
150	一种固态香醋酿造方法	江苏恒顺醋业股份有限公司	企业
151	一种用于动力电池盖板的铝材成型方法	镇江龙源铝业有限公司	企业
152	一种用于免钎剂气体保护钎焊的铝合金材料的制备方法	镇江龙源铝业有限公司	企业
153	一种焊接设备	镇江市恩帝斯精密机械有限公司	企业
154	一种基于空气能量回收的能源塔冷媒再生系统	江苏海雷德蒙新能源有限公司	企业
155	一种球墨铸铁用管件内壁清理装置及其使用方法	泛凯斯特汽车零部件(江苏)有限公司	企业
156	一种适用于垂直工况的电缆输送装置	江苏镇安电力设备有限公司	企业
157	一种复合结构的三级空化发生器	江苏科技大学	高校
158	一种用于燃油深度脱硫过程的氧化处理装置	镇江市高等专科学校	高校
159	一种用户能量管理调度方法及装置	镇江市高等专科学校	高校

（纪光菊）

教 育

综 述

【概况】 2022年，丹徒区贯彻党的教育方针，坚持教育优先发展战略，以“建设高质量教育体系”为目标，在补短板、强弱项、固优势和抓改革、促均衡、提质量方面做出成效，推进全区教育事业高质量发展。截至年底，丹徒区有各级各类教学单位65所，其中普通高中3所、职业高中1所、初中8所、小学10所、九年一贯制学校7所、幼儿园25所、开放大学(含社区培训学院)1所、社区教育中心10所。有中小学、幼儿园在校(园)生34973人，其中普通高中4547人、职业高中1302人、初中3802人、小学11253人、九年一贯制学校6676人、幼儿园7393人。全区有专任教师2664人，其中高中444人、初中647人、小学1007人、幼儿园566人。 (朱 辉)

【思政课改革】 2022年，丹徒区教育系统深化思政课改革，加强未成年人革命传统教育、爱国主义教育、思想道德教育。依托全区“宜人课堂教学节”平台，通过名师开课、专家讲座、交流研讨、案例评比等活动，改变思政课课堂教学生态。利用红色教育资源，将课堂教学内容与党史学习内容相结合，开展“三进一寻访”(进校园、进课堂、进头脑，红色寻访)教育活动；建设“1+2+4+N”(1所高校带动2所中学、4所小学，扩展到N个社区和家庭，形成思政教育合力机制)大中小学一体化思政工作联盟，促进各大中小学发挥课堂主渠道作用，推动铸牢中华民族共同体意识教育与思政课、德育课相融合。 (朱 辉)

【“五育”并举】 2022年，镇江市丹徒区教育局(简称丹徒区教育局)坚持“五育”(德育、智育、体育、美育、劳育)并举，全面发展素质教育，突出德育实效。实施中小学德育工作意见，推行全员导师制，做到导师服务、家校联动、协同育人。开齐开足各类课程，加强新时代学校体育、美育、劳动教育，深化“教体融合”，规范公示学生体质健康状况，做好美育评价工作，实施中小学生艺术素质测评，下发中小学劳动教育指导意见，全区有劳动教育实践基地4个。 (朱 辉)

【教育评价改革】 2022年，丹徒区教育局探索绿色评价机制，开展体质健康、德育素养、艺术素养调研，全面评价学生素养。开展初中生综合素质发展性评价工作，助力“双减”(减轻义务教育阶段学生过重作业负担和校外培训负担)深度推进。全区不下达中、高考指标，不以升学率排名学校、评优评奖，坚持师德为先、能力为重、实绩为本、贡献为优的教师评价原则。 (朱 辉)

【依法治校】 2022年，丹徒区畅通教育行政部门、学校、社会与家庭的沟通渠道，做好与检察院、法院、公安、司法、文化、市场监管等相关部门的沟通和协调。推进现代学校制度建设，完善学校议事规则。以高质量、高标准完成丹徒区政府及镇江市教育局考核为目标，面向基层学校和在职教师，依据《中华人民共和国教育法》《中华人民共和国教师法》《中华人民共和国义务教育法》《中华人民共和国未成年人保护法》等法律法规，严格规范依法治校、依法从教行为，确保国家教育方针政策落实，保障广大师生合法权益。(朱 辉)

【阳光招生】 2022年，丹徒区教育局严格执行义务教育招生文件，运用“镇江市义务教育综合服务信息平台”，统一规范、公正透明招生。县域内公办小学、初中100%就近划片入学，实施公民同招、免试入学，新生入学均衡编班，持续做好义务教育控辍保学工作，保障随迁子女、留守儿童平等义务教育。 （朱　辉）

【家校协同】 2022年，丹徒区教育局着力构建家长参与、学校组织、社会支持的家庭教育工作格局，推进家校共育工作，提升学校家庭教育指导服务水平。28所镇江市落地式家长学校发挥其指导作用，丹徒区家长学校总校被江苏省认定为第三批合格家长学校总校。 （朱　辉）

【校园安全】 2022年，丹徒区制定印发《丹徒区党委政府领导健全教育系统安全稳定工作机制等的实施方案》，明确工作分工，提高监管效能。丹徒区教育局建立局领导班子成员安全生产重点工作任务清单和机关各科室安全生产责任清单。完善校园安全稳定防控体系，校园人防、物防、技防100%达标，学校门口视频监控、一键报警装置与属地公安和教育部门联网互通，“护学岗”机制健全到位。加强校园防欺凌、校园周边治理、防范自然灾害体系建设。健全校车运行安全管理，多年来未发生一例校车运行意外事故。健全教育系统关爱青少年生命健康工作机制，加强心理健康教育阵地建设，有效杜绝重大安全责任事故和遏制学生非正常死亡。（朱　辉）

学前教育

【概况】 2022年，丹徒区有幼儿园25所，其中公办园15所、民办园10所。其中在公办园就读幼儿3981人，在普惠性民办园就读幼儿2830人，年普惠率92.12%。全区公办园在园幼儿占比为53.84%。优质幼儿园在园幼儿7259人，其中省、市优质幼儿园在园幼儿占比98.19%。 （朱　辉）

【学前教育宣传】 2022年5月，丹徒区教育局制定下发《关于开展丹徒区2022年全国学前教育宣传月活动的通知》，并在丹徒教育信息网开辟“学前教育宣传月”投稿专栏，要求各园制定宣传月活动方案，及时将宣传月开展的活动经验在专栏分享。开展“幼小衔接，我们在行动”优秀短视频征集评比活动，旨在深化教师、家长、幼儿对“幼小衔接”科学性的认识，获得“幼儿园入学准备教育”和“小学入学适应教育”等方面经验，共评出优秀视频23个、一等奖10个、二等奖13个。 （朱　辉）

【课程游戏化建设】 2022年，丹徒区继续把高质量发展作为学前教育的核心任务，提升区域内幼儿园的办园质量，推进课程游戏化建设并取得成效。12月，江苏省课程游戏化专家视导组到丹徒区考察调研课程游戏化实施情况，现场观摩辛丰中心幼儿园、驸马山庄幼儿园、玺湖森林幼儿园、恒大绿洲幼儿园、爱乐思幼儿园的区域教研和园本教研活动，听取幼教行政干部和幼教教研员的工作汇报，并察看室内外环境创设、游戏材料投放、课程架构、项目经费支出等方面情况，专家视导组对丹徒区幼儿园课程游戏化建设的举措和成效给予肯定。（朱　辉）

基础教育

【概况】 2022年，丹徒区有小学10所，其中九年一贯制学校7所(含民办学校1所)；初中8所，普通高中3所(含民办1所)；有小学生15158人，初中生6573人，普通高中生4548人。丹徒区均衡配置义务教育资源，区域内小学、初中综合差异系数分别为0.274和0.306，达到省定标准，各学校办学规模总体适度。小学有班级数391个，平均班额39人；初中有班级169个，平均班额39人。小学班额在45人以下，初中班额均在50人以下，所有学校均衡分班，不设重点班。 （朱　辉）

【义务教育】 2022年，丹徒区教育局围绕国家、省义务教育优质均衡发展县(市、区)创建工作，统筹做好全区义务教育发展整体规划，针对“超班额、大校额现象”等薄弱环节精准施策，全区义务教育优质均衡达标比例逐年提高。6月20—22日，丹徒区接受“省义务教育优质均衡发展区”创建现场评估，专家组对丹徒区委、区政府将“省义务教育优质均衡发展区”创建工作纳入政府重点工作和全区义务教育均衡发展取得的阶段性成效给予肯定。丹徒区2021年义务教育标准化建设监测达到省定目标，完成义务教育薄弱环节改善与能力提升工程年度目标，重视乡村小规模学校和乡镇寄宿制学校建设。通过年终对学校考核方案调整，落实义务教育质量评价指南要求。（朱　辉）

2022年6月20—22日，丹徒区接受“省义务教育优质均衡发展区”创建现场评估　　（丹徒区教育局）

【高中教育】 2022年，丹徒区有四星级公办高中2所(江苏省大港中学、丹徒高级中学)、民办高中1所(镇江江河艺术高级中学)。按照普职比(普通高中和中等职业学校的比例)6∶4测算，3所高中均能满足学位需求。坚持属地招生原则，每年将江苏省大港中学70%的招生指标按照办学规模和办学水平合理分配至全区初中学校。设立高中教育教学质量贡献奖、兑现岗位工资差额奖，激励和稳定高中教师队伍，全区教师流失人数逐年减少。江苏省大港中学生物科创中心通过省级验收，该校准备四星级普通高中复评，并推进高品质示范高中创建工作；丹徒高级中学通过省级体育课程基地验收，镇江江河艺术高级中学推进三星级普通高中创建工作。（朱　辉）

【素质教育成果】 2022年，丹徒区探索多样化办学、特色发展，中小学素质教育取得成果。江苏省大港中学2支队伍分别获全国机器人大赛一等奖、二等奖，丹徒实验学校、丹徒区茅以升实验学校分别获省金钥匙科技竞赛团体特等奖、团体一等奖，宜城小学获市篮球赛小学女子组冠军，全区20所中小学校获评市中小学学生社团建设优秀学校。三山小学学生徐秋来、孙硕植获评“江苏省少年科学院院士”，支显宗学校1名学生获市“强国有我”主题演讲比赛一等奖。江苏省大港中学、茅以升实验学校、镇江江河艺术高级中学获镇江市中学生文娱汇演比赛一等奖。（朱　辉）

融合教育

【概况】 2022年末，丹徒区建有特殊教育指导中心1家、融合教育资源中心23家，实现全区镇(街道、园区)中小学、幼儿园融合教育资源中心全覆盖。有特需生183人(含外来务工子女)，其中：幼儿园23人，中小学115人，高中5人，特殊学校36人，提供送教上门服务学生4人。

年内，丹徒区完善融合教育考核机制，将镇(街道、园区)融合教育资源中心建设完成情况纳入地方政府履行教育职责的目标考核，丹徒区教育局将普通学校实施融合教育情况、特殊学生发展情况纳入年底学校的综合考评，对融合教育优秀学校和优秀教师进行表彰和事迹宣传、推广。辛丰中心幼儿园创建成为融合教育示范校，高资中学、西麓中心小学、润城幼儿园、辛丰中心幼儿园创建成为融合教育基地校。（朱　辉）

【教学能力建设】 2022年，丹徒区开展融合教育教研活动，资源教师(教学方案的主要实施者，也是特殊教育和普通教育沟通的桥梁，负责对特殊儿童进行个别辅导和补救教学，对普通班教师和家长提供咨询与支援服务）通过课堂教学展示、课后教学研讨等形式，积累教学经验和方法，提升教学质量和能力，并组织融合教育优秀案例评选。组织资源教师参加镇江市教育科学研究中心开展的镇江市“融合好课堂”设计评比活动，提升融合教育教学课堂实践能力。丹徒区教育局联合丹徒区残联举办残疾预防工作培训，普及全民视力健康科学知识，旨在增强全社会视力残疾预防意识和预防能力，减少、控制视力残疾的发生。全年250余人次参加省、市、区级融合教育培训。（朱　辉）

2022年9月26日，丹徒区融合教育课程专题培训现场（丹徒区教育局）

【医教合作】 2022年，丹徒区教育局实施医教合作，助推“普特融合”（普通教育与特殊教育融合），以学校为主导，学校与家庭形成合力，推进特需儿童的康复工作。年内，与镇江市第四人民医院签订医康教融合协议，利用医院专业优势，普及儿童应急救护知识，加大教职工救护培训力度；定期到校（园）开展资源教师普及预防常见意外伤害以及心肺复苏、海姆立克急救法等相关知识培训，为家长做讲座，普及多动、自闭、注意力缺陷等特需儿童的行为状态，教给家长简单的康复训练方法；建立定期上门问诊制度，关爱特需儿童身心健康。（朱　辉）

社会教育

【概况】 2022年，丹徒区有老年大学1所，丹徒开放大学（含社区培训学院）1所，社区教育中心10所，居民学校88所。有社会教育专职教师58人（丹徒开放大学10人、丹徒老年大学3人、社区教育中心45人），社区教育兼职教师265人，志愿者9207人。社区教育经费投入135.98万元，其中社区教育专项经费120万元。截至年底，丹徒区创建成为“江苏省社区教育示范区”，创成省标准化社区培训学院1所、省标准化社区教育中心10所、市教育现代化先进社区中心10所、省级标准化居民学校88所。

（朱　辉）

【开放大学】 截至2022年，丹徒区社区培训学院（挂靠丹徒开放大学）构建和完善各类教育协调发展的终身教育体系，培训范围明显扩大，各类培训人数稳中有升，省标准化社区教育中心达标率100%，建有省标准化居民学校94所。年内，丹徒区社区教育中心与江苏开放大学联系，取得办学招生许可，宣传各项招生政策，围绕国家“乡村振兴”工程，先后组织村“两委”（村党支部委员会、村民委员会）班子成员和面向全区的学历提升本专科招生2期，招录学员40余人。丹徒区社区培训学院协助丹徒区委组织部，承办面向村委干部和全区非公企业负责人的“雁阵课堂”和“丹新讲堂”8期，邀请江苏大学、扬州大学、江苏开放大学等高校教授现场讲学，培训学员800余人次。

（朱　辉）

【老年大学】 2022年，丹徒区老年大学围绕宣传习近平新时代中国特色社会主义思想和脱贫攻坚、疫情防控、喜迎二十大、文明城市创建等内容自编自导剧本，组织舞蹈班、旗袍走秀班、古筝班、黄梅戏班等学员，走进镇（街道、园区）和社区开展惠民义演活动20余场。以举办全区老年文体艺术节为契机，组织学员参加老年书画展、摄影展、旗袍走秀表演、戏曲表演、太极拳比赛和广场舞比赛等各类文体活动20余项。“银领丹徒”老年志愿服务队开展送文化下乡活动和送春联、送戏曲进社区活动20余场，开展区、镇敬老院慰问活动6场。

（朱　辉）

2022年，丹徒区老年大学舞蹈班日常排练

（丹徒区教育局）

【校外培训机构】 2022年，丹徒区173家校外培训机构按类别由相关部门分别监管，其中文体广电和旅游局监管131家(文化艺术类105家、体育类26家)、科技局监管1家(科技类)、市场监管局监管37家(托管看护类)、教育监管3家(成人培训1家，学科类2家)。（朱　辉）

教师队伍

【概况】 2022年末，丹徒区中小学、幼儿园专任教师共有2675人。江苏省“333高层次人才培养工程”培养对象7人，市“169”工程学术技术带头人1人、学术技术骨干12人、学术技术新秀13人，“苏派名家”培养对象1人，中小学正高级教师10人，省特级教师8人、省特级后备3人、市学科带头人33人、市中青年骨干教师129人、市“教坛新秀”15人。幼儿园教师中，专科以上学历占比99.8%，其中本科学历占比72.5%；小学教师中，本科学历占比100%；初中教师中，本科及以上学历占比100%，研究生学历占比11.6%；高中教师中，研究生学历占比30%。（朱　辉）

【教师结构】 2022年，丹徒区根据教师减少情况补充编制，采用乡村教师定向培养、校园招聘、公开招录等方式补充学科紧缺人才，通过教师流动、转岗培训等方式内调教师结构，确保按规定标准配齐配足专任教师。各学段师生比均达省定标准，体艺教师、骨干教师、高于规定学历教师每百名学生拥有数分别为1.2人、2.3人、8.2人，均高于省优质均衡标准，按规定配齐配足思政教师和心理健康教师。（朱　辉）

【专业培训】 2022年，丹徒区教师发展中心是省示范性县级教师发展中心，专职教研员配备齐全。全区重视教育人才梯队建设，建立校、集团、区三级培训体系，规范教师培训考核工作。聚焦教学改革与质量提升，分层分类开展“135”（一年入门、三年过关、五年胜任）青年教师培训、校本培训、全员培训、骨干培训、领军人才研修等培训活动。专任教师培训学时达标率100%，学校公用经费总额的5%以上用于教师培训。（朱　辉）

【师德师风】 2022年，丹徒区教育系统坚持师德第一标准，创新实施师德师风建设“五项工程”（师德学习培训、“宜人”师德主题月、师德师风考评、“四有”好教师团队、师德师风品牌），启动第二批区级“四有”（有理想信念、有道德情操、有扎实学识、有仁爱之心）好教师团队建设，开展主题征文、演讲等活动，评选表彰先进典型210余人。开展中小学教师有偿补课和违规收受礼品整治，明确中小学教师违反职业道德行为处理办法，严肃查处师德失范行为。丹徒区教育局统筹文件、会议、检查、评比等事项，杜绝强制摊派与教育无关的社会事务进校园，统筹规范精简各类报表填写，严格控制借用中小学教师，落实中小学教师减负要求。（朱　辉）

【教师团队培养】 2022年，丹徒区教育局加大人才招引，名校校园招聘引进紧缺学科人才3人，暑期公开招录本科以上教师20人。壮大拔尖队伍，1人获评镇江市有突出贡献中青年专家，26人入选第六批市“169”各级人才，36人获评第八批市学科带头人。推进教师“县管校聘”工作，优化师资

配备，暑期168名校长、教师参加交流，统一岗位晋升，401名教师晋升到高一级岗位。（朱 辉）

【教师待遇】 2022年，丹徒区成立由区政府分管领导与区委组织部、区财政局、区人社局、区教育局等部门组成的联席联动机构，不定期召开联席会议，保障落实教师工资待遇不低于公务员。落实《关于镇江市丹徒区义务教育学校绩效工资的实施意见》，保留国家规定的中小学教龄津贴、特级教师津贴、特殊教育津贴以及国家认可的改革性补贴项目。在发放公务员奖励性补贴的同时，统筹考虑义务教育教师的发放水平，参照镇江市直属学校发放标准并结合教育系统考核结果，及时足额发放相应年终奖励性补贴。（朱 辉）

教育投入

【概况】 2022年，丹徒区一般公共预算教育支出65316万元。生均一般公共预算教育支出分别为小学19588元、初中28161元、学前教育10244元、高中28954元。

年内，丹徒区各级各类教育投入保障做到应助尽助、应补尽补。全区各类教育随班就读残疾学生的生均公用经费标准为普通同类学校生均公用经费的8倍，小学、初中、高中分别为840元、1200元、1100元；学前教育随班就读残疾幼儿生均公用经费执行义务教育小学阶段特教同等标准为6720元。义务教育阶段全年安排生活费补助资金208.41万元、普通高中发放政府助学金75.90万元、学前教育对家庭经济困难幼儿补助生活费共计61.55万元；对符合条件的家庭经济特别困难幼儿减免保教费，共计49.90万元；对建档立卡及符合免学费政策的普通高中学生减免学费，共计12.84万元。义务教育、学前教育阶段资助比例超过省定标准。（朱 辉）

【教育场所建设】 2022年，丹徒区教育局落实教育布局规划调整，推进教育场所建设。为及时化解城区西部小学教育资源严重不足现状，建设茅以升实验学校悦山园校区，建筑面积7200平方米，总投资金额715.3万元，于9月招生办学。实施6所学校(幼儿园)体育场馆装饰、周边配套设施及户外活动、游戏场地改造工程，将体育活动纳入延时服务的重要内容，推动“双减”工作减负增效，项目总投资373万元，9月竣工交付并投入使用。（朱 辉）

【教育装备投入】 2022年，丹徒区教育局推进义务教育薄弱环节改善与能力提升教育设备采购五年规划项目的实施，全年投入采购资金1050万元，实施教育装备建设项目绩效考核，彰显教育装备配置和部署的效益。年内，完成学校教育设备采购项目申请44项，茅以升实验学校图书馆、丹徒高级中学风雨操场、丹徒实验学校“走向深蓝”航模课程实践基地等一批新型教育装备空间建成开放。（朱 辉）

学校选介

【丹徒实验学校】 镇江市丹徒实验学校坐落于丹徒新城谷阳湖畔，背靠十里长山，占地面积约7.33公顷(110亩)，水面面积近2公顷(30亩)，校舍建筑面积2.5万平方米，绿化面积2.7万平方米，活动场地面积2.2万平方米。2022年末，全校共有班级67个、学生2818人、教职工185人，其中省特级教师1人、镇江市学科带头人1人、市区级骨干教师32人，教师本科率100%，其中研究生学历9人。年内，该校获“江苏省文明校园”称号；先后获第33届江苏省中小学金钥匙科技竞赛团体特等奖、江苏省“党的光辉照我心，童心喜迎二十大”主题征稿活动优秀组织奖、镇江市“梦想与担当”青少年征文大赛优秀组织奖、镇江市首届中小学生实验操作大赛组织奖、镇江市校园篮球联赛小学男子组第二名，成为镇江市“航海教育课程基地”；在江苏省第十届中小学音乐课评比、镇江市普通中小学青年教师教学技能竞赛、镇江市第二十四届“新秀杯”小学数学青年教师优秀课评比、“省第二十三届青年教师小学语文课堂教学观摩活动”镇江市级选拔赛、江苏省基础教育青年教师教学基本功竞赛镇江市选拔赛小学英语和科学学科等多项比赛中均有教师获奖，在镇江市小学英语、道德与法治、美术、音乐学科优质课评比中多人获奖。（朱 辉）

【丹徒区茅以升实验学校】 镇江市丹徒区茅以升实验学校坐落于十里长山脚下，毗邻镇江大学城、中国米芾书法公园，占地面积约5.73公顷(86亩)，为九年一贯制学校。该校秉承中国桥梁专家茅以升"奋斗作桥，以身渡人"精神，确立"管理精细、质量高位、活动精彩、环境优美"目标，以"桥"文化引领师生发展，构建现代化学校管理体系，深化科研机制改革，推动学校高质量发展。2022年末，该校教学班级60个，在校学生2700余人，教职工181人；悦山园分校区于9月改建完成并开始招生。年内，该校先后获"江苏省优秀少先队集体"、镇江市"优秀中学中职共青团组织"、江苏省中小学生金钥匙科技竞赛"团体一等奖"、"镇江市校园慈善文化教育基地"、全国青少年禁毒知识竞赛活动"先进集体"等集体荣誉26项；学校教师参加各级各类比赛共获奖项50余项，其中省级赛课获奖10项；全年发表论文200余篇，获奖论文30余篇。(朱　辉)

2022年9月，丹徒区茅以升实验学校悦山园分校区改建完成　　（丹徒区教育局）

兴教助学

【概况】 2022年，镇江茅山老区兴教助学协会(简称兴教助学协会)秉持兴教助学育才的宗旨，情系老区、立德树人，为老区兴教助学事业贡献力量。以喜迎中共二十大和学习贯彻中共二十大精神为主线，依靠各界爱心人士无私奉献和广大志愿者的共同奋斗，完成兴教助学协会一届四次理事(扩大)会议确定的各项目标任务，筹资、助学、育人取得新成绩。全年募集兴教助学善款91.7万元，完成助学483人次，发放帮困助学金109.5万元，奖励优秀教师慰问金15万元。截至年底，兴教助学协会共有分会(代表处)13个、会员单位62个。年内，"青春向党，健康成长"育人主题教育项目获镇江市2022年度"银辉闪耀"银发人才服务项目三等奖；会长徐伟珍被评为镇江市第三届"最美老干部志愿者"，高桥分会会长严业明获"镇江好人"称号。(孔荣喜)

【线上募捐活动】 2022年，兴教助学协会继续开展"99公益"线上募捐活动，完成线上募集善款59.6万元，占全年善款募集总额的65%；参与人数4756人次，比上年增加1393人次。其中，镇江市政协"同心志愿者分队"兴教助学志愿者有374人次参加活动，共计募集善款46084.48元。(孔荣喜)

【助学育人工作】 2022年，兴教助学协会助学工作从"帮困助学"转向帮困和巩固助学扶贫成果并重，助学人次与发放助学金标准及其总量三项指标分别比上年增长20.5%、10.6%和9.2%，助学金发放时间从每年一次性调整为固定与随机相结合，做到助学程序简化、质量精准，并通过家访、校访等方式开展助学跟踪调研，确保受助学生不错、不重、不漏。育人工作方面，践行"为党育人，为国育才"和"立德树人"使命，在"帮困助学"学生中开展"兴教助学　筑梦未来""青春向党，健康成长"主题教育活动；活动期间，共收到受助学生心得体会文章156篇，并评出特等奖10篇、优秀奖32篇；9月16日，在江苏省大港中学召开"青春向党，健康成长"主题报告会，《镇江日报》当日专版报道。全年159名受助大学生中，有5人加入中国共产党，有50余人毕业走上工作岗位，有15人响应镇江市委、市政府"归雁"计划返乡助力家乡建设。往届受助学生中，凌蓉当选为镇江市第九届人民代表大会代表；唐文当选为丹徒区政协委员，并被镇江市政府授予"有突出贡献的中青年专家"称号。(孔荣喜)

文化·体育·旅游

综 述

【概况】 2022年，镇江市丹徒区文体广电和旅游局（简称丹徒区文体广旅局）贯彻习近平新时代中国特色社会主义思想和中共二十大精神，以融合发展为主线，将资源优势转化为竞争优势，推进全区文化体育和旅游事业高质量发展。年内，丹徒区文体广旅局被江苏省广播电视局评为“2022年度全省境外卫星电视传播秩序专项整治工作成绩突出单位”，丹徒区图书馆获评“2021年江苏省公共数字文化工作先进集体”“2022年度江苏省最美文化空间打造对象”和“江苏省2022年度红领巾读书征文评选组织奖”；世业洲旅游度假区被江苏省自驾游协会评为“自驾游最佳目的地”，世业镇世业村创建成为“全国乡村旅游重点村”，宝堰镇宝堰村创建成为“江苏省乡村旅游重点村”，世业镇开心休博园创建成为国家AAA级旅游景区。（朱　捷）

【产业发展】 2022年，丹徒区围绕服务产业发展，持续优化营商环境。开展文化旅游产业招商，完成镇江长山国际航空飞行营地、江苏红色茅山国防园暨军事主题公园2个项目签约；镇江市水木年华现代农业科技有限公司茶旅融合研学游项目、江苏乾景文化创意产业发展有限公司镇江婚礼文化主题酒店项目、镇江市丹徒区长山文化产业发展有限公司米芾书法公园相关配套项目被列为镇江市重点文旅产业项目，丹徒区文体广旅局落实重点文旅产业项目推进服务机制，并与镇江市文化广电和旅游局挂钩领导及相关处室帮助解决项目建设中遇到的实际困难和问题。帮助企业争取省级文旅产业扶持资金，江苏恒顺集团获得项目补贴30万元，镇江水木年华现代农业科技有限公司获得项目补贴30万元，镇江市丹徒区长山文化产业发展有限公司获得旅游产业发展基金项目贴息23.7万元。镇江开心农场有限公司体育健身服务项目和长山文化发展公司米园健身步道项目申报2022年度省级体育产业发展专项资金。组织参加镇江市文旅消费季活动，其间，全区开展消费促进活动15场，有12家企业单位加入镇江文旅消费联盟。（朱和林）

【市场管理】 2022年，丹徒区文体广旅局加大市场管理力度，保障市场安全稳定。在春节、元宵和“两会”期间，对辖区内播出机构严格执行零报告制度，全年监听监看新闻信息1800余条，反馈信息20余条，完成节假日和各大活动期间安全播出工作，全区安全播出的停播率低于国家标准。结合疫情复工复产工作，联合丹徒区市场监督管理局、丹徒公安分局和镇江市文化行政综合执法支队组织文旅市场专项检查4次。逐步建立健全区卫星地面接收设施长效管理机制，并加大非法推销、安装、使用卫星电视接收设施的整治力度，全年出动车辆10辆、人员22人次，查处销售点8家，劝阻销售“小耳朵”60余个，发放宣传单100余张。（朱　捷）

【文化和旅游资源普查】 2022年，丹徒区开展文化和旅游资源普查工作，旨在了解全区文化和旅游资源的赋存、开发、利用和保护情况。1月，普查工作启动，由省资源普查专家指导，召开丹徒区文化和旅游资源普查业务培训会。1—12月，通过实地调查全区文化和旅游资源，完成上报材料的整理和查漏补缺；通过数据质量审核，在文化资源普查调查和旅游资源分类、调查和评价的基础上，完成文化资源和旅游资源各类普查表、普查系统平台填报工作。12月，形成《镇江市丹徒区文化和旅游资源普查报告》，普查结果：丹徒区文化和旅游资源共1146个，资源分类中主类8个，占全省比例88.89%；亚类24个，占全省比例82.76%；基本类型100个，占全省比例67.11%。 （沈雪莲）

文　化

【概况】 2022年末，丹徒区有公共图书馆1个(国家一级馆)、文化馆1个(国家一级馆)、文化站10个、村(社区)综合性文化服务中心90个、博物(纪念)馆2个。有省级文保单位3处，市级文保单位5处；有市级及以上“非遗”名录项目12项，其中国家级1项、省级4项、市级7项；有市级及以上“非遗”名录项目代表性传承人10人，其中国家级1人、省级3人、市级6人。有互联网上网服务营业场所13家、游戏游艺娱乐场所4家、歌舞娱乐场所11家，建有文化礼堂82个、自然村小微型文化广场200个。年内，丹徒区文体广旅局以文化高质量发展工作为主线，深化“乡村文艺播种计划”和全民艺术普及活动，实施扩面增效工程，打造“暑期·我与场馆有个约会”等系列主题活动，创新发展群众文化活动，提高全区公共文化服务能力。 （朱　捷）

【文化数字化服务】 2022年，丹徒区文体广旅局加强文化数字化服务，促进全民艺术普及。建成区文化馆大数据中心实体馆和10个镇(街道、园区)分馆客流系统，实现自动化采集、统计、呈现进馆人次。在省文化云平台线上发布文化活动112次，浏览者19602人次；开展文化活动线上直播16场，观看者737703人次；线上发布自有视频资源115G，观看者42641人次。全区“公共文化云”平台覆盖率和人群覆盖率均为100%。 （李　铮）

【文艺创作成果】 2022年，丹徒区文化馆创作的器乐合奏《白蛇·问情》和《白蛇·缘起》(后更名为《缘起·回眸》)入围“江苏省五行工程奖”初评比赛；6月初，器乐合奏《白蛇·缘起》晋级“江苏省五行工程奖”终评；6月28—30日，器乐合奏《缘起·回眸》在句容大剧院参加“江苏省五行工程奖”终评决赛。7月底，美术作品《2018年5月——赵亚夫日记》在江苏省文化馆参加美术类作品终评并入展；油画作品《镇江世业洲现代农业》入选2022江苏美术摄影主题联展，并被江苏美术馆收藏。（李　铮）

【文物保护利用】 2022年，丹徒区文体广旅局持续加强文物保护利用，守住文物安全底线。组织开展全区文物馆安全风险自查，并对重点文物保护单位消防安全检查20余次，开展消防安全培训演练2次，共整改安全隐患5处；开展考古前置工作，保障区华润高资农光互补、易初特种电缆等项目用地的考古调查勘探，有序推进考古发掘工作，构建“既有利于基本建设，又有利于文物保护”的营商环境。在非物质文化遗产保护方面，公布第五批区级非物质文化遗产代表性项目名录，形成门类齐全、项目丰富、梯次有序的四级名录保护体系。年内，新四军四县抗敌总会纪念馆接受部队捐赠的军战实物，填补丹徒区国防教育无大型武器装备展示的空白，并被镇江市委统战部命名为“镇江市统战阵地联盟”。 （朱　捷）

【图书馆建设】 2022年，丹徒区图书馆设有成人借阅室、少儿借阅室、电子阅览室、自修室、地方文献室、古籍收藏室、国学讲堂、盲人阅览室、24小时自助图书馆等功能部室，并全部实行免费开放。全区各镇(街道、园区)建有图书分馆95家，机关单位、社区流通服务点3家。截至年底，丹徒区图书馆及各图书分馆纸质图书总藏量41万余册，年到馆18

万人次以上，图书借还40万册次/年；每年围绕宜文读书节开展一系列阅读推广活动近百场，分别有送文化下乡、国学讲堂、宜文讲堂、小橘灯志愿者服务、宜文影院、宜文•清风读书会、各类主题展览、红领巾读书征文评奖活动等。（笪凤微）

【公益电影放映】 2022年，丹徒区文体广旅局继续贯彻落实好“2131”（在21世业初实现一村一月放映一场电影）工程，强化放映员队伍管理，组织电影节目片源160部，完成数字电影节目远程授权250场，并组织电影队在全区镇村放映公益电影1041场，观众15万人次。（朱　捷）

【群众文化活动】 2022年，丹徒区文体广旅局组织开展各类文化活动，丰富群众精神文化生活。实施“乡村文艺播种计划”志愿辅导200场，举办全民艺术普及讲座12场、培训20期、展示活动20场；组织开展红色主题教育活动30余场、戏曲进校园活动5场、送戏下乡活动10场，完成送电影下乡公益电影放映980场；组织开展“留镇过大年　感受镇文化”惠民活动和“好山好水好人”美术作品展，以及“强国复兴有我，赓续红色基因”群众性主题教育暨纪念《在延安文艺座谈会上的讲话》发表80周年系列活动10余场；配合丹徒区委、区政府开展“走进科技、你我同行”科普宣传文化等活动。（朱　捷）

【第五届“米芾杯”国际青少年书法大展】 2022年10月15日，由（全国）教育书画协会、中国国际书画艺术研究会、中国文字博物馆、镇江市人民政府主办的第五届“米芾杯”国际青少年书法大展镇江赛区现场书写（决赛）活动在中国米芾书法公园举行。来自全国23个省、直辖市、自治区的201个团体参加预赛，参赛作品4800余件；经评审，近1300位选手获大展现场书写（决赛）资格，其中镇江市入围选手49人。9月24日至10月7日，入围选手在米芾书法公园主赛场及全国75个分赛场（点）开展现场比赛；10月27—28日，评审专家在米芾书法公园按篆书组、隶书组、楷书组、行书草书组四个专业分组开展作品评审，评出米芾奖作品10件、综合百优作品（一等奖）100件，篆书、隶书、楷书、行草各体百佳作品（二等奖）350件，其余作品为入围奖（三等奖），并评出优秀书法指导老师和优秀组织单位若干。活动中，同时评出首届“米芾杯”全国青少年书法教师作品展入展作品120件（含“米芾奖”6件）。（张　娟）

2022年10月，第五届“米芾杯”国际青少年书法大展现场书写活动（丹徒区委宣传部）

2022年丹徒区文艺作品及作者获奖情况表

表18

序号	时间	比赛名称	参赛节目	级别	奖项
1	2022年2月	第十届全国残疾人艺术汇演	吴倩参演的舞蹈《潮涨潮落》	国家级	一等奖
2	2022年2月	第十届全国残疾人艺术汇演	吴倩参演的舞蹈《与你同行》	国家级	二等奖
3	2022年3月	2022年镇江市老年春晚网络展演	表演唱《社区六大妈》	市级	最佳创意奖
4	2022年5月	镇江市第三届德艺双馨文艺工作者评选	李铮	市级	德艺双馨文艺工作者
5	2022年7月	镇江市第十届文学艺术奖	丹徒区文化馆少儿田歌表演唱《数螃蟹》	市级	提名奖
6	2022年7月	镇江市第十届文学艺术奖	丹徒区文化馆舞蹈《雏燕》	市级	提名奖

续表18

序号	时间	比赛名称	参赛节目	级别	奖项
7	2022年8月	江苏省群众文艺政府奖第十届江苏省五星工程奖展览	赵建平版画《赵亚夫日记》	省级	入展
8	2022年12月	镇江市第34届少儿创作故事演讲大赛	少儿故事《丁香花开》	市级	创作二等奖
9	2022年12月	镇江市第34届少儿创作故事演讲大赛	少儿故事《哥，哥，我送你回家》	市级	表演三等奖

（丹徒区文体广旅局）

体　育

【概况】 2022年，丹徒区组队参加镇江市各类比赛，同时协同丹徒区教育局、丹徒区总工会做好职工及青少年的各项比赛，组织开展全民健身志愿服务活动、丹徒区庆祝全民健身日等各类全民健身品牌赛事活动，继续推广健身气功·八段锦、工间操、广播操，促进在职人群体育健身活动经常化。全年新建和改扩建体育健身公园10个，新建健身步道5.6千米；投放健身路径、篮球架、室内外乒乓球桌共计 85套，人均体育场地面积3.64平方米。丹徒区初步形成区、镇、村三级公共体育设施网络，公共体育设施开放率和利用率明显提高。全区经常参加体育锻炼人口超过43%。（高　翔）

【竞技体育】 2022年6月29日至7月5日，丹徒区组队参加在泰州靖江市举办的江苏省第二十届运动会青少年部武术（散打）比赛，全省11支市级代表队、200余名运动员参赛，丹徒区代表队获铜牌2枚。9月1—5日，丹徒区选拔14名运动员组队参加在常州市举办的2022年江苏省武术（散打）锦标赛，获4个第三名。9月5—10日，丹徒区组队参加在宜兴市举办的2022年江苏省县组举重比赛，全省20支代表队、约200名队员参赛，丹徒区有3名队员（1女2男）参赛，分别获女子13—14岁组49公斤级体能第五名，抓举、挺举总成绩第五名，总成绩第五名；男子13—14岁组55公斤级体能第五名，抓举、挺举总成绩第四名，总成绩第五名；男子13—14岁组45公斤级体能第六名，抓举、挺举总成绩第七名，总成绩第七名；团体排名第17名。9月26—30日，丹徒区选拔4名运动员参加南通市举办的2022年江苏省跆拳道（县组）锦标赛，获1个品势比赛第一名。（高　翔）

【群众体育】 2022年7月6日，丹徒体彩中心在丹徒新城勤政路体彩站点举办2022年中国体育彩票全国象棋民间棋王争霸赛丹徒区海选赛，赛场设在社区体彩网点，旨在丰富群众业余生活，普及象棋运动的文化底蕴与专业知识，为全民健身事业贡献体彩力量。7月16日，2022年江苏省老年人体育节丹徒区高资分会场开幕式在高资中心小学举行，丹徒区各镇（街道、园区）代表、高资街道老年体协文艺骨干、高资街道各社区代表共1000余人参加。8月7日，丹徒区文体广电和旅游局、丹徒区体育总会在丹徒区体育活动中心举办庆祝全国第十四个“全民健身日”暨广场舞展示活动，全区各镇（街道、园区）10支广场舞队伍、150余名运动员参加。9月8日，丹徒区文体广电和旅游局、丹徒区体育总会、丹徒区老年体协在丹徒区体育活动中心举办2022年丹徒区老年人部乒乓球比赛。11月6日，丹徒区新时代文明实践中心、丹徒区文明办、丹徒区文体广电和旅游局在丹徒新城举办2022年“奋进新征程　建功新时代”丹徒区第八届徒步大会。（高　翔）

【体育赛事】 2022年5月18日，丹徒区“区长杯”青少年校园足球联赛在宜城小学和宜城中学举办，该次比赛为期一个多月，共设6个组别，进行76场角逐，全区20所学校34支队伍参赛。6月25—29日，丹徒区第六届青少年校园篮球联赛在丹徒高级中学体育馆举办，该次比赛共设4个组别，全区20所学校28支代表队、300余名运动员参赛。8月5—8日，江苏省业余无线电通信锦标赛在丹徒区世业洲润扬大桥公园开赛，该次比赛由江苏省体育局、江苏省教育厅、江苏省科协、共青团江苏省委、江苏省妇联主办，江苏省无线电和定向运动协会、丹徒区文体广电和旅游局承办，设有对讲机通信双人赛、机上抓抄呼号个人赛、模拟电报通信个人赛和应急通信营地设立团队赛4个比赛项目，全省16支代表队、150余名中小学生参赛。8月13—15日，江苏省无线电测向锦标赛在丹徒区世业镇举办，该次比赛由江苏省体育局、江苏省教育厅、江苏省科协、共青团江苏省委、江苏省妇联主办，江苏省无线电和定向运动协会、丹徒区文体广电和旅游局承办，全省各地53支代表队、694名运动员参赛。10月14—16日，由丹徒区教育局、丹徒区文体广电和旅游局联合主办的丹徒区第七届青少年阳光体育节在丹徒高级中学举办，分为教育集团组、初中组、小学组3个大组，比赛项目82个，包含田径短长跑、跳高、投掷实心球等，全区25所义务教育学校37支代表队、638名运动员参赛。11月1—2日，丹徒区全民健身系列活动暨丹徒区乒乓球比赛在丹徒区体育活动中心体育馆举办，设立男子团体赛和男、女个人赛，全区各镇(街道、园区）和区级机关各部门、社会团体、俱乐部共100名选手参赛。11月3日，“全民动起来　镇江跑起来”第四届镇江城市业余联赛健身气功比赛在丹徒区体育活动中心举行，该次比赛由镇江市体育局、镇江市体育总会主办，丹徒区文体广电和旅游局承办，丹徒区青少年业余体校协办，共设健身气功易筋经、八段锦、五禽戏、大舞4个项目的团体赛和个人赛，润州区健身气功代表队、句容健身气功协代表队、丹徒武术协会代表队等6支代表队参赛。11月5—6日，丹徒区全民健身系列活动暨丹徒区首届羽毛球单项赛在丹徒区体育活动中心举办，设立A组男子单打、A组男子双打、B组男子双打、B组男女混合双打，全区60余名羽毛球爱好者参赛。（高　翔）

【社会体育服务组织培育与发展】 2022年，丹徒区文体广旅局完成体育类社会组织等级评估和年审工作，截至年底，区级体育社团总数21个，其中AAAA级体育社团1个，AAA级体育社团6个。持续推进全民健身组织建设，全区有晨晚练健身站点262个，所有站点是群众自发形成、自愿参加、自我组织，具有相对固定的体育场地设施，有社会体育指导员开展志愿服务，定时开展科学健身活动。全年新增国家级社会体育指导员1人、一级社会体育指导员3人、二级社会体育指导员49人，为全区255名一线社会体育指导员购买保险。截至年底，丹徒区有社会体育指导员1451人，其中国家级6人、一级81人、二级617人、三级747人。（高　翔）

【体育场地普查工作】 2022年9—12月，丹徒区文体广旅局开展全区体育场地普查工作，统计每年新增的体育场地；截至年底，全区有体育场地1562个。完成体育产业名录库调查统计数据的采集、核实和体育产业名录库建设工作，基本掌握全区体育产业发展规模、结构、布局，系统了解新兴体育产业、重点体育业态的发展状况，及时获取相关业态的经济、业务信息数据和体育消费现状，为省、市体育产业发展提供信息服务和数据支撑，全区有189家体育产业单位进入体育产业名录库。（高　翔）

【体育彩票销售】 2022年，丹徒区体彩工作受疫情影响，继续将营销技能培训和站点基础建设作为工作重点，全年开展即开票自主营销活动1场、业务培训会议3场，举办中国体育彩票全国象棋民间棋王电视争霸赛丹徒区选拔赛3场，同时拓展体彩与天猫便利连锁店的线上合作。丹徒区体育彩票全年销量9094万元。（高　翔）

旅 游

【概况】 2022年末，丹徒区有省级旅游度假区1家(世业洲旅游度假区)、A级景区6家、星级乡村旅游点18家、国家和省级乡村旅游重点村4个、国家乙级民宿1家(世业洲民宿“又见浮玉”)；有旅游协会1家、旅行社2家(镇江市恒顺醋文化旅游发展有限公司、镇江宜游文化旅游发展有限公司)、旅行社分公司1家(哥伦布极限旅行江苏有限公司镇江分公司)、旅行社门市部20家。年内，丹徒区以满足人民群众日益增长的美好生活需要为根本目标，强化旅游资源开发利用，策划举办“丹徒旅游文化节”等重大节庆活动，促进文化旅游融合发展，推进乡村旅游集聚区发展和乡村旅游品牌创建。根据省、市关于有效应对疫情新变化新冲击进一步助企纾困政策措施等要求，帮助旅游企业纾困，组织符合要求的国家A级景区、民宿申报纾困专项资金，帮助江苏恒顺集团获得项目补贴30万元，帮助镇江水木年华现代农业科技有限公司获得项目补贴30万元，帮助镇江市丹徒区长山文化产业发展有限公司获得旅游产业发展基金项目贴息23.7万元；参加全市文旅消费季活动，消费季期间共开展15场消费促进活动，组织12家企业单位加入镇江文旅消费联盟。 (沈雪莲)

【“宜风韵　生态美”丹徒旅游文化节】 2022年3—12月，“宜风韵　生态美”丹徒旅游文化节由丹徒区人民政府、镇江市文化广电和旅游局主办，丹徒区文体广电和旅游局、丹徒区旅游协会、镇江文化产业投资有限公司承办，是连续举办的第七届。因疫情防控常态化影响，该届旅游文化节通过“线上宣传推介，线下乡镇联动”全新模式，线下开展丹徒美食节、丹徒采摘节、高桥雪地靴节等系列活动，同时通过线上推介、线上宣传和线上直播，开拓游客引流渠道，凝聚更多游客资源。其间，拍摄制作全域旅游宣传片，展示全区景点景区、农产品、美食、旅游商品等优质资源；打通线上销售渠道，以网红直播、带货直播、新媒体短视频等形式推广丹徒文化旅游产品；联合全国一线旅游门户网站及自媒体等新媒体平台，推介全域旅游线路和特色旅游产品。6月8日，“云游美镜，大美丹徒”——2022丹徒旅游文化节“云上发布会”暨《邂逅之城》开机仪式在丹徒区宝龙广场举行，该活动由丹徒区人民政府、镇江市文化广电和旅游局主办，镇江市旅游协会指导，丹徒区文体广电和旅游局、丹徒区旅游协会和镇江文化产业投资有限公司承办；活动现场推介2022丹徒旅游文化节系列文创产品和具有丹徒特色的四季水果采摘活动，线上直播观看人数8.6万余人；《邂逅之城》作为丹徒旅游文化节重点打造的旅游微电影，于8月4日(农历七月初七)与观众见面，当天在线浏览量3.4万余人。该届旅游文化节围绕“促进丹徒区旅游业发展，加快推动经济结构转型升级”要求，继续提升丹徒旅游知名度和影响力，加快恢复和发展旅游产业，提振疫后市场、促进全区文化旅游业健康发展，并成为乡村游发展推介的重要举措，多元化呈现全区美丽乡村建设成果。 (沈雪莲)

2022年丹徒区A级景点情况表

表19　　截至2022年12月

序号	名称	A级	所在地	评定时间
1	中国米芾书法公园	AAAA	丹徒长山	2014年
2	恒顺醋文化博物馆	AAAA	丹徒新城	2011年
3	开心休博园	AAA	世业镇	2022年
4	江心洲橘江里景区	AAA	江心园区	2015年
5	新四军四县抗敌总会纪念馆	AA	宝堰镇	2009年
6	冷遹纪念馆	AA	辛丰镇	2006年

(丹徒区文体广旅局)

2022年丹徒区星级乡村旅游区情况表

表 20　　截至 2022 年 12 月

序号	名称	星级	所在地	评星时间
1	凤凰山庄	四星	高资街道	2013年
2	联创农业生态园	四星	宝堰镇	2013年
3	十里长山生态园	四星	丹徒新城	2014年
4	开心农场	四星	世业镇	2017年
5	百之味农庄	三星	江心园区	2013年
6	荷塘橘色水景园	三星	江心园区	2013年
7	江心神珠生态农业园	三星	江心园区	2014年
8	恒顺生态园	三星	荣炳园区	2014年
9	民族风情园	三星	世业镇	2015年
10	硕德农业发展有限公司	三星	荣炳园区	2015年
11	沁华生态农业园	三星	荣炳园区	2015年
12	槐荫村	三星	谷阳镇	2016年
13	翰雅有机农场	三星	上党镇	2016年
14	绿丰生态园	三星	上党镇	2017年
15	赵敬生态园	三星	上党镇	2018年
16	尚水荟生态园	三星	上党镇	2018年
17	丰盛园	三星	世业镇	2018年
18	绿郊源农庄	二星	上党镇	2013年

（丹徒区文体广旅局）

2022年丹徒区乡村旅游重点村情况表

表 21　　截至 2022 年 12 月

序号	名称	等级	所在地	评定时间
1	五套村	国家级	江心园区	2020年
2	世业村	国家级	世业镇	2022年
3	卫星村	省级	世业镇	2020年
4	宝堰村	省级	宝堰镇	2022年

（丹徒区文体广旅局）

2022年丹徒区旅游品牌创建情况表

表 22

序号	品牌创建	单位名称	所在地	评定时间
1	全国乡村旅游重点村	世业镇世业村	世业镇	2022年
2	省级乡村旅游重点村	宝堰镇宝堰村	宝堰镇	2022年

（丹徒区文体广旅局）

融媒体

综 述

【概况】 2022年，镇江市丹徒区融媒体中心(简称丹徒区融体中心)围绕迎接、宣传、贯彻中共二十大工作主线，坚持宣传抓导向、播出保安全、队伍强管理的理念，以传播力先行推进高质量发展，为丹徒区现代化建设贡献融媒智慧和力量。重视意识形态工作，完善意识形态工作统筹协调机制，调整意识形态工作、广播电视安全播出及网络安全工作领导小组，定期分析研判意识形态领域情况，开展风险隐患集中排查整治工作；严格把关每日自办栏目质量，常态化做好监听监看工作，开展“新媒体平台和账号专项整治情况”“二十大期间舆情”“汉字规范化使用”等方面自查自纠，确保意识形态领域安全。年内，丹徒区融媒体中心被丹徒区委、区政府评为“2019—2021年度区级文明单位”。 (刘敏怡)

【中共二十大主题宣传】 2022年，丹徒区融媒体中心在电视栏目《今日丹徒》开设《奋进新征程　建功新时代》主题宣传栏目，推出“请总书记放心”“非凡十年　基层党员话发展”“喜迎二十大”“二十大时光”等系列新闻报道近百篇；在“丹徒时刻”App开辟《喜迎二十大》专题栏目，推出“肩扛责任　勇挑大梁”“喜迎二十大　基层党员话发展”2个系列报道，展现十年间全区各项事业发展取得的新成就，共发布文章67篇；在“微丹徒”微信公众号平台策划制作“二十大时光•盛会•基层回响”视频号4期，围绕“三农”工作、法治社会建设工作、经济发展工作和教育、科技、人才工作开展人物专访，播放量4600余次。参与江苏省广播电视总台《二十大时光》省级大型新闻联动，报道丹徒基层干部群众畅谈对大会的感受和对未来的期许，共刊发丹徒区有关稿件3条。 (刘敏怡)

【广播电视宣传】 2022年，丹徒区融媒体中心制作播发《今日丹徒》新闻2100余条，电台播发新闻2400余条，自办节目400余档，《看丹徒》专题深度报道50余档，开展主题宣传活动17次；完成市台用稿130余篇、省台用稿65篇、中央级媒体用稿8篇，完成“学习强国”平台发稿任务142条；策划推出“书写人民满意答卷”“产业强区”“贯彻全会精神　一把手访谈”“一起向未来　奋斗正当时”“乡村振兴丹徒在行动”“我为群众办实事”等专题报道。 (刘敏怡)

【新媒体宣传】 2022年，丹徒区融媒体中心围绕“新春第一会”“企业家座谈会”“文明城市创建”等主题，制作视频号55条；采用实时转载和内容自采相结合方式，完善抖音号平台建设，形成渠道丰富、覆盖广泛的移动传播矩阵。增强平台聚合能力，“丹徒时刻”App推送稿件5459条、月均发稿量550条，“丹徒发布”政务微博和“今日头条丹徒发布”月均发稿量200条。巩固传统优势点，“微丹徒”微信公众号粉丝量4.1万余人，比上年增长13.6%；头条平均阅读量3065人次，比上年增长27%；总阅读量156.5万人次，比上年增长9.7%。 (刘敏怡)

2022年10月16日，丹徒区融媒体中心完成中共二十大会议直播安全播出工作　　（丹徒区融媒体中心）

【安全播出工作】 2022年，丹徒区融媒体中心新闻、影视两个频道共审核播出连续剧1840集、中外电影370部、少儿动画片369集、公益广告122条；转播中央台信号182.5小时，完成标清频道播出共计12874.5小时；开展技术维护60余次，组织全系统及分系统应急演练10次，重建调频广播技术系统，完善实景演播室的应急功能，对高清非编网进行业务流程再造。开展全市广播电视安全保障自查工作，制定完善值机交接班工作制度、维护检修工作制度、编单工作制度和供配电管理制度等。

（刘敏怡）

【产业经营发展】 2022年，丹徒区融媒体中心拓展创收渠道，产业经营实现可持续发展。拍摄制作“喜迎二十大　永远跟党走”共青团成立100周年汇报片（丹徒团区委）、“守正创新　砥砺前行”电视宣传片（丹徒区卫健委）、“红色”警戒线微电影（丹徒区检察院）、“才聚长山　智慧丹徒”区人才工作汇报片、“大美米园，书仙归来”推介片等长短视频91部。承办“劳动最光荣，一起向未来”丹徒区庆祝“五一”大会、“迎接党的二十大　培根铸魂育新人”丹徒区第38个教师节庆祝大会，并开展直播活动。协助人民日报海外网完成“足迹——江心小岛上的新农村”直播节目。全年承接各类微信公众号托管16个。（刘敏怡）

【“丹徒发布”微信公众号上线】 2022年6月6日，由丹徒区委宣传部主导、丹徒区融媒体中心负责运营的“丹徒发布”微信公众号上线，作为官方发布渠道之一，推送内容主要为区委、区政府工作动向、政务信息公开、各类通知通告、应急突发事件时的舆情回应等，并以当地新闻、社会热点、上级要求转载转发的信息作为补充，与突出民生事实宣传报道的“微丹徒”微信公众号实现双轨并行、优势互补。截至年底，公众号粉丝量1.7万人，头条平均阅读量1982人次，总阅读量147万人次。

（刘敏怡）

作品选介

【《丹徒世业：守好碗里的“中国粮”》】 近年来，丹徒区世业镇作为扬州大学农学院的玉米科研基地，也是丹徒区推广大豆玉米带状复合种植的试点地。2022年，高静怡、吴国庆、王丞超、姜莉共同创作作品《丹徒世业：守好碗里的“中国粮”》，创作时间为5—10月，该作品从种业研发和大豆扩种两个方面反映世业镇在端牢“中国碗”方面取得的成绩，旨在加强人民群众对粮食安全的关注及宣传教育。该作品获2022年度镇江市优秀广播社教节目（公众性节目）一等奖。（刘敏怡）

【《直击陶巷村系列报道》】 2022年3月受疫情影响，丹徒区上党镇陶巷村封控区的17名党员志愿者建立临时党支部，在艰苦封闭的环境中，冒着被感染的风险为村民进行核酸检测，同时不分昼夜在村里巡查，及时解决村民的各项需求。由詹硕超、李军杰共同创作作品《直击陶巷村系列报道》，记录下上党镇陶巷村封控区内党员志愿者与人民群众共同防疫直至解封的感人事迹和真实情感，体现出“一方有难，八方支援”社会主义互助精神。该作品获江苏省县级融媒体好新闻奖（2022年度）二等奖。（刘敏怡）

2022年丹徒区广播电视作品获奖情况表

表23

序号	作品名称	创作单位(个人)	所获奖项	获奖级别	获奖(出版)时间	活动名称	主办单位(出版社)
1	看丹徒 老岳酒坊——传承宝堰米酒 守护千年酒香	蒋蕴生	三等奖	省级	2022年7月	2021年度江苏广播电视播音与主持作品奖(电视播音社教类)	江苏省广播电影电视协会
2	坐着高铁跨长江！今天，高铁丹徒站重新投入运营！	李军杰 王　璐	三等奖	省级	2022年10月	2021年度江苏省好新闻媒体融合	江苏省广播电影电视协会
3	直击陶巷村系列报道	詹硕超 李军杰	二等奖	省级	2023年5月	江苏省县级融媒体好新闻奖(2002年度)	江苏省记者协会
4	丹徒这个地方日供水35.4万立方米让庄稼喝上长江水	詹硕超 李军杰	三等奖	省级	2023年5月	2022年度全省新闻媒体践行“四力”、深化“走转改”优秀新闻作品	江苏省新闻战线“三项学习教育”活动领导小组办公室
5	誓词中的防疫者	华雯康 李慧敏 王秋琴 许启楠	提名奖	市级	2022年10月	第二十一届镇江新闻奖	镇江市委宣传部 镇江市新闻工作者协会
6	丹徒世业：守好碗里的“中国粮”	高静怡 吴国庆 王丞超 姜　莉	一等奖	市级	2023年3月	2022年度镇江市优秀广播社教节目(公众性节目)	镇江市文化广电和旅游局 镇江市广播电影电视协会
7	永远的国荣	高静怡 吴国庆 景　玲 李慧敏	二等奖	市级	2023年3月	2022年度镇江市优秀电视社教节目(专题片)	镇江市文化广电和旅游局 镇江市广播电影电视协会
8	镇江好人王海凤：29年如一日照顾瘫痪丈夫 用爱撑起一个家	许启楠	二等奖	市级	2023年3月	2022年度镇江市优秀广播电视播音与主持作品(电视播音社教类)	镇江市文化广电和旅游局 镇江市广播电影电视协会
9	勇救落水儿童的三名男子找到了	吴国庆 王秋琴 李慧敏	三等奖	市级	2023年3月	2022年度镇江市优秀电视新闻作品(短消息)	镇江市文化广电和旅游局 镇江市广播电影电视协会

续表23

序号	作品名称	创作单位(个人)	所获奖项	获奖级别	获奖(出版)时间	活动名称	主办单位(出版社)
10	绘蓝图　向未来　世业镇广大干群收看党的二十大开幕盛况	吴国庆 曹　阳 王丞超 薛　敏	三等奖	市级	2023年3月	2022年度镇江市优秀电视新闻作品(长消息)	镇江市文化广电和旅游局 镇江市广播电影电视协会
11	请总书记放心	巫　皓 曹　阳 王丞超 王秋琴 赵　越	三等奖	市级	2023年3月	2022年度镇江市电视新闻作品(连续系列报道)	镇江市文化广电和旅游局 镇江市广播电影电视协会
12	将历史熔入未来　铸非遗传承新范	景　玲 潘　柯 孔赵祥	三等奖	市级	2023年3月	2022年度镇江市电视新闻作品(专题)	镇江市文化广电和旅游局 镇江市广播电影电视协会
13	江心洲：以科技赋能“红美人”	高静怡 王丞超 姜　莉 许启楠	三等奖	市级	2023年3月	2022年度镇江市优秀广播社教节目(知识性节目)	镇江市文化广电和旅游局 镇江市广播电影电视协会
14	法治前言	孙镇凯 龚启帆 张　静	三等奖	市级	2023年3月	2022年度镇江市优秀电视社教节目(系列片)	镇江市文化广电和旅游局 镇江市广播电影电视协会
15	冰壶情　冰雪梦	高静怡 曹　阳 孙镇凯 孔赵祥	三等奖	市级	2023年3月	2022年度镇江市优秀电视社教节目(科普节目)	镇江市文化广电和旅游局 镇江市广播电影电视协会
16	缤纷世界	蒋蕴生	三等奖	市级	2023年3月	2022年度镇江市优秀广播电视播音与主持作品(广播播音文艺类)	镇江市文化广电和旅游局 镇江市广播电影电视协会
17	今日丹徒	曹　磊	三等奖	市级	2023年3月	2022年度镇江市优秀广播电视播音与主持作品(电视播音新闻类)	镇江市文化广电和旅游局 镇江市广播电影电视协会

（丹徒区融媒体中心）

卫 生

综 述

【概况】 2022年，丹徒区有各卫生健康单位130所，比上年增加1所，其中二级综合医院、二级中医院、疾病预防控制中心、卫生监督所、妇幼保健计划生育服务中心各1所，乡镇卫生院9所，社区卫生服务中心1所，村卫生室(社区卫生服务站)56所，民营精神病医院1所，门诊部5所，企(事)业单位医务室(卫生所)48所，护理站3所。全区医疗机构实有病床总数1204张，有各类卫生专业技术人员1407人，其中执业(助理)医师569人、注册护士560人。

年内，镇江市丹徒区卫生健康委员会(简称丹徒区卫健委)加强卫生人才队伍建设，印发《丹徒区卫健系统高级职称人员享受奖补政策实施意见》，在引才、育才、用才、留才上系统谋划、协调用力，推动创新驱动发展。组织开展事业单位公开招聘3场次，共招录编内卫生专业技术人员18人、编外卫生专业技术人员45人；此外，招录公务员2人、农村订单定向医学生14人(本科2人、大专12人)。全年138名卫技人员参加初中级资格考试，82人取得初中级资格；67人申报高级专业技术资格，其中基层医疗机构23人。全区卫技人员共有正高职称34人，占比2.7%；副高职称249人，占比19.9%；中级职称382人，占比30.48%，有省“333工程”人才1人，市“169工程”人才3人。 (田辉平　易艳兰)

【医药卫生体制改革】 2022年，丹徒区成立由区委、区政府牵头的医共体管理委员会，统筹推进区域医疗和公共卫生服务。印发《丹徒区人民医院医疗集团(丹徒区医共体)章程》，确定集团化发展模式。丹徒区医共体落实《丹徒区“医共体”支付方式改革实施方案(试行)》，实行基本医疗保险基金总额预算管理，建立按项目付费、按人头付费、按病种付费等多元复合式医保支付方式，实施“结余留用，超支合理分担”的激励约束机制。年内，丹徒区人民医院与上党中心卫生院率先开展全一专联合门诊合作，推进丹徒区医共体实体化运作。

(田辉平　易艳兰)

【民生实事项目】 2022年，新建发热门诊和核酸检测基地被纳入丹徒区十件民生实事项目。丹徒区人民医院发热门诊建成并通过市级验收，达到《江苏省医疗机构发热门诊建设标准(2021年版)》要求，发热门诊占地面积1487平方米，内部功能齐全、分区合理、设施先进，综合承担发热患者和肠道、

2022年4月底，丹徒区核酸检测基地建成

(丹徒区卫健委)

肝炎等其他感染性疾病患者的诊疗任务；丹徒区核酸检测基地建成并通过市级生物安全验收和省临检中心临床基因扩增实验室验收，核酸检测基地配备扩增仪30台，提取仪12台，日检测能力3万管。

（田辉平　易艳兰）

【中医药事业】 2022年，丹徒区中医肾病医院严格落实疫情防控工作要求，组织全体职工开展新冠肺炎疫情中医药防控培训及新冠药物临床应用课程学习16次。全面加强医院感染管理，开展医疗机构疫情防控督查，严防院感事件发生。继续发挥中医“治未病”核心作用，在重点人群推广中医治未病、康复干预方案，鼓励家庭医生提供中医康复和治未病服务。推进基层医疗机构中医馆等级建设，建成三级中医馆2家(丹徒区宝堰中心卫生院、丹徒区宜城社区卫生服务中心)、四级中医馆1家(丹徒区辛丰中心卫生院)。加强中医药人才培养，参加“基层中医药知识与技能”培训9人，老中医药专家学术经验传承2人。加强中医确有专长人员、中医师承出师人员管理，做好政策解读、考核申请等工作。开展中医药宣传活动，利用微信公众号平台定期发布中医养生保健知识、中医就诊信息等，共发表科普保健知识文章100余篇、中医宣传视频5个，开展其他线下宣传活动10余场。

（田辉平　易艳兰）

2022年，丹徒区辛丰中心卫生院完成四级中医馆创建工作　（丹徒区卫健委）

疾病预防控制

【概况】 2022年，丹徒区卫健系统坚持“外防输入、内防反弹”总策略，优化完善疫情防控措施，持续做好疫情监测预警、重点人群社区健康服务、重点场所疫情防控、新冠疫苗接种等工作。全区规范管控新冠病毒感染者200余人、密切接触者6500余人，消杀重点环境场所60余万平方米；加强进口冷链食品管理，核酸检测进口冷链食品从业人员3856人次、食品样品2232份、环境样品2137份；加强公共场所管理，核酸检测公共场所从业人员16590人次、环境样品3471份。（田辉平　易艳兰）

【免疫规划工作】 2022年，丹徒区开展预防接种人员法规教育和技能培训与考核，考核合格发放证书。全区各预防接种单位严格掌握适龄儿童的接种指征，注重安全接种。各预防接种门诊有序开展适龄儿童免疫接种，共接种免疫规划疫苗11类34072剂次、非免疫规划疫苗10类6717剂次，免疫规划疫苗接种率95%以上。

（田辉平　易艳兰）

【结核病防治】 2022年，丹徒区登记报告肺结核患者78例，比上年下降15.38%；78例肺结核患者均由基层卫生单位进行社区管理，管理率100%。对全区64所幼儿园、小学、初高中、大学的新生开展结核病筛查，共筛查20199人，确诊结核病1例。全年教育机构发现散发肺结核确诊病例5例，根据学校结核病疫情处置规范要求，完成密切接触者筛查工作，并开展结核病防治宣传。

（田辉平　易艳兰）

【麻风病防治】 2022年，丹徒区有麻风病治愈存活者44人，定期走访并将随访记录录入麻风信息系统。规范开展疑似麻风病例转诊，全年各基层医疗机构转诊麻风疑似病例13例，均在1周内完成复核

工作，未发现确诊病例，疑似病例全部录入麻风信息系统。（田辉平　易艳兰）

【性病、艾滋病防治】 2022年，丹徒区开展艾滋病、性病检测工作，65岁及以上老年人健康体检中开展HIV检测，全年检测37700人，超额完成任务；在高校园区、人群聚集的广场投放自主检测快检试剂机4台，发放快检试剂盒7762盒，其中发现快检试剂检测阳性1例。各医疗卫生机构全年检测各类人群80341人次，初筛阳性45例，送市疾控复检20例，经复检确认阳性17例，确诊病例全部进行网络上报。谷阳镇完成省级哨点监测试点工作，随机对803名居民开展HIV、梅毒、丙肝检测，检测结果显示：HIV全部阴性，梅毒单阳11人、双阳8人，丙肝阳性2人。（田辉平　易艳兰）

【慢性非传染病防治】 2022年，丹徒区推广慢性病自我管理适宜技术，选取宜城、宝堰、江心3家医院作为慢病自我管理小组试点单位，成立慢病自我管理小组11个(比上年增加3个)，招募高血压患者88人，糖尿病患者73人，开展基线调查161人。年内，全区出具死亡医学证明书2370张，报告恶性肿瘤835例、慢阻肺3261例、心脑血管事件2624例。全区在册精神障碍患者1296人，报告患病率3.70‰；在管患者1264人，管理率97.53%。

（田辉平　易艳兰）

【血防工作】 2022年，丹徒区持续巩固血吸虫病地方病防控成效，采用系统抽样结合环境抽样方法，对10个镇(街道、园区)39个血吸虫病历史流行村的现有钉螺环境、历史有螺环境、可疑环境开展查螺工作。全年投入查螺工日2263个，完成查螺面积2350万平方米，查出有螺面积196万平方米，解剖钉螺8346只，未查出阳性钉螺；投入灭螺药物近48.06吨，用工2898个，完成灭螺面积480万平方米。所有灭螺条块经区级、市级质量考核组考核，钉螺死亡率均为90%以上，达到考核要求。在做好灭螺工作的同时，通过强化培训和加大健康宣教力度，做好全区血防工作。（田辉平　易艳兰）

公共卫生

【概况】 2022年，丹徒区卫健委坚持“人民至上，生命至上”，严格落实各级党委政府关于卫生健康事业发展的决策部署。全区重点提升新冠肺炎疫情应急处置能力，加强妇幼保健、基层卫生、疾病预防控制等体制机制建设，加大公共卫生投入，推进系列民生实事工程，完善全方位全生命周期健康服务。（田辉平　易艳兰）

【基层卫生】 2022年，丹徒区卫健委完善基层医疗卫生服务体系建设，谷阳中心卫生院创建成为社区医院，高资巢凰村家庭医生工作室建成省级家庭医生院外工作室；在优质服务基层行创建活动中，全区乡镇卫生院和社区卫生服务中心实现“基本标准”全覆盖，谷阳、辛丰率先达到“推荐标准”；上党中医骨伤科、宝堰中医科、高资消化内镜科建成市级基层特色科室，上党尘肺病康复站免费为职业性尘肺病患者提供康复服务；继续推动优质医疗卫生资源下沉，上党、高资建成市级全一专联合门诊(专家工作室)，世业建成市级康复联合病房；截到年末，全区有7家基层机构开设20个全一专联合门诊，上级医院下派的医务人员年度累计工作时间800天。促进基本公共卫生服务逐步均等化，开展14项55种类的基本公共卫生服务，加大财政资金投入，人均经费补助标准93元；做实重点人群签约服务，组建81支“3+X”健康管理团队，组织235名健康生活方式指导员定期开展家庭健康服务，常住人口签约率38.20%，重点人群签约率69.58%，全区63256份居民电子健康档案免费向签约居民开放。年内，世业家庭医生签约服务获市级创新模式荣誉。（田辉平　易艳兰）

【医政管理】 2022年，丹徒区卫健委根据疫情防控指挥机制工作要求，做好核酸检测和医疗救治工作。强化全区医疗机构疫情防控监督检查，累计巡查各级各类医疗机构120余家次。做好疫苗接种医疗保障，二级医院140余名医护累计开展医疗保障230天次。持续推进丹徒区人民医院三大中心建设，卒中中心通过国家脑防委验收。开展不合理医疗检查专项治理行动，定期开展病历质控和处方点评，规范医疗行为、改善医疗服务。坚持依法依规开展医疗机构执业注册登记、变更、校验、注销等工作，共办理业务70余项。加强行风建设和平安医院建设，全系统被各级媒体正面报道37次，收到患者及家属赠送的锦旗42面、表扬信27封，全系统10名医师被区政府评为“十佳医师”，6名医师获市委宣传部、市文明办、市卫健委表彰。（田辉平　易艳兰）

卫生监督

【概况】 2022年，丹徒区卫健委主动适应行政执法体制改革新要求，细化卫生监督管理与服务，围绕社会热点和难点，有针对性开展各类卫生专项监督，强化服务意识，推进“放管服”改革，提高审批效率和质量。全年完成放射诊疗许可审批19件，其中校验15件、新证审批4件，办理注销许可1件。规范举报投诉处理流程，落实首问负责制，及时调查处理投诉举报事项。全年受理处置投诉举报事项22起，经查下达整改意见书21份，立案查处12起，群众回访满意度100%。以落实行政执法“三项制度”（行政执法公示制度、行政执法全过程记录制度、重大执法决定法制审核制度）为重点，完善内部管理机制，新制定“执法文书规范”在内的16项行政执法工作制度，确保依法行政、廉洁执法、文明服务。全年在医疗市场、传染病、职业健康、公共场所等行业监管中立案61起，其中简易程序5起、普通程序56起，普通程序中已作出处罚决定的49起，移送案件线索到丹徒区市场监督管理局3起、丹徒区公安局1起。（田辉平　易艳兰）

【疫情防控监督】 2022年，丹徒区卫健委多轮次巡查医疗机构、学校等重点场所和重点环节，从严从紧筑牢疫情防控底线。截至年末，共检查各级各类医疗机构397家次，下达整改意见书346份，立案查处案件10起；监督检查教育机构（含托幼机构）58家，督促整改55家。全年出动监督人员（含协管员）921人次，巡查人员密集、空间密闭等容易发生聚集性疫情的公共场所，共巡查宾馆、美容美发等各类场所347家，责令整改205家，实施行政处罚4起。

（田辉平　易艳兰）

2022年3月，丹徒区卫生监督所督查公共场所疫情防控措施落实情况　（丹徒区卫健委）

【公共卫生行业监督】 2022年，丹徒区卫健委开展消毒产品市场巡查，重点加强对抗（抑）菌制剂的索证、标签说明环节的监督管理，共检查药店、大型商超、足浴店等经营单位24家，责令整改9家，立案处罚1起。完成4家集中式供水（分质供水）单位的监督，责令整改4家，按分级分类管理规定检查二次供水单位9家，责令整改8家。

（田辉平　易艳兰）

【医疗市场监督】 2022年，丹徒区卫健委以开展“医疗乱象专项治理行动”为重点，依托各级各类专项检查，推进医疗市场秩序整顿和治理。强化依法执业、医疗文书管理、口腔诊疗机构院感控制管理等专项性检查，严厉打击“黑诊所”、非法医疗美容、产后康复等损害人民群众健康权益的无证行医违法行为，截至年末，结合新冠疫情防控督查工作共检查各级各类医疗机构126家，出具整改意见书59份，对医疗机构及医务人员立案查处案件18起，已作出处罚决定15起。查处无证行医案件15起，作出处罚决定11起，没收药品、医疗器械27箱，并对13个无证行医黑窝点开展“回头看”跟踪调查，防患于未然。

（田辉平　易艳兰）

【职业卫生监督】 2022年，丹徒区卫健委开展省级挂牌督办风险隐患化解情况“回头看”，对辖区3家用人单位开展执法检查，当场行政处罚1起，并跟进其整改落实情况；开展疑似职业病病人未进入诊断程序情况专项检查，检查相关企业2家，当场行政处罚1起，并跟进企业落实情况；开展职业病危害专项治理，结合安全生产大检查对相关重点行业企业开展监督检查，检查相关企业56家，责令整改35家，立案查处1起，罚款7万元；开展职业(放射)卫生专项检查，检查放射诊疗机构18家、职业卫生技术服务机构1家和职业健康检查机构2家，责令整改6家，立案查处1起，罚款0.5万元；开展非医疗放射工作单位放射防护管理专项督查，完成2家企业的督查；开展混凝土行业专项整治，对辖区12家混凝土企业开展执法检查，责令整改9家，其中7家整改到位，2家因疫情及市场原因暂时停工。在职业健康专项领域，完成35家省级随机抽查任务，完成率100%，共实施行政处罚6起(普通程序4起、简易程序2起)，普通程序中作出处罚决定4起，罚款12.95万元。

（田辉平　易艳兰）

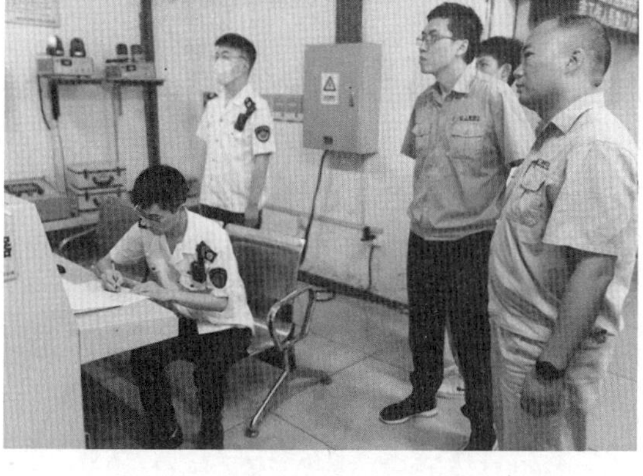

2022年7月，丹徒区卫生监督所对二重（镇江）重型装备有限责任公司放射防护管理开展专项检查

（丹徒区卫健委）

【餐饮具监督】 2022年，丹徒区卫健委对2家餐饮具集中消毒服务企业开展专项检查和产品抽检，重点检查布局流程、卫生质量管理、检验、包装等环节，下达整改意见书2份，对1家出厂餐饮具未按规定随附消毒合格证明的企业作出简易程序处罚，并督促整改到位。

（田辉平　易艳兰）

爱国卫生

【概况】 2022年，丹徒区卫健委加强病媒生物控制，完成祥盛华庭小区、华瑞平价市场、丹徒区人民医院、高资街道垃圾转运站、丹徒新城垃圾转运站5个市级病媒生物防制示范点建设，降低“四害”(苍蝇、蚊子、老鼠、蟑螂)密度。推进省级健康促进医院建设，宝堰中心卫生院创建成为省级健康促进医院。组织开展“人人动手　清洁小区”活动及全国爱国卫生月宣传，通过广播、电视、互联网等媒体及现场宣传，号召市民养成健康生活方式，营造健康和谐的生活环境，全年发放各类宣传图册2万余份。加快发展体医融合，丹徒区人民医院、上党中心卫生院、辛丰中心卫生院建设市级运动促进健康中心(站)。推进健康细胞建设，上党镇敖毅村和宜城街道崇文社区、丹桂社区、丹盛社区、缪家甸社区、姚庄社区创建成为江苏省健康村(社区)，谷阳中心卫生院创成江苏省营养食堂。参与健康促进活动。在镇江市健康促进和健康教育技能竞赛中，丹徒区卫健委2名代表分别获“镇江市健康促进与健康教育岗位能手”和“镇江市五一技术标兵”称号；在江苏省首届健康达人评选活动中，丹徒区爱卫办选手获首届江苏省“健康达人”称号。

（田辉平　易艳兰）

2022年，丹徒区人民医院创成市级运动促进健康中心　（丹徒区卫健委）

【控烟行动】 2022年，丹徒区实现无烟党政机关建设100%全覆盖，截至年末，共建成无烟单位56个。丹徒区卫健委在世界无烟日开展系列禁烟宣传，广泛普及吸烟的危害，倡导无烟生活理念，全年发放宣传海报250份、禁烟标识3000余张、宣传手册2000余份。

（田辉平　易艳兰）

2022年7月，丹徒区疾控中心在人民广场绿化带开展蝇密度监测工作　（丹徒区卫健委）

【病媒生物防治】 2022年，丹徒区卫健委加强和规范病媒生物防治工作，降低“四害”密度，提高病媒生物防治水平。对所有农贸市场、居民小区、医院和垃圾转运站开展现场查看和评估，筛查出5个试点单位(1个农贸市场、1个居民小区、1个医院和2个垃圾转运站)开展基线调查并通过市级审核。制定发放全区病媒生物监测方案，每月监测老鼠，双月监测蟑螂，同时3—11月密度监测蚊子和苍蝇；全年在祥盛华庭小区、华瑞平价市场、丹徒区人民医院、高资街道垃圾转运站和丹徒新城垃圾转运站5个示范点安装太阳能灭蚊蝇灯15盏、稳坐式捕蝇笼61只、毒饵站137个、电击式灭蚊蝇灯16盏、粘捕式灭蚊蝇灯5盏；定期维护全区示范小区及菜场，主要是清洁太阳能灭杀灯、垃圾桶喷药、诱蝇笼换诱蝇药、下水道投放灭蚊虫孑孓剂、清洁毒饵站和投放鼠药。

（田辉平　易艳兰）

妇幼卫生

【概况】 2022年，丹徒区卫健委坚持以妇女儿童健康为中心，推进系列民生实事工程，加强妇幼卫生项目管理和技术指导，落实出生缺陷综合防治，规范孕产妇管理，优化儿童保健管理，维护母婴安全。继续做好妇幼基本公共卫生服务项目，完成妇女“两癌”(乳腺癌、宫颈癌)筛查。全区宫颈癌检查16344人，完成任务的108.96%，检出宫颈癌1人、宫颈癌前病变34人，宫颈癌早诊率97.14%；乳腺癌检查16550人，完成任务的110.33%，检出乳腺癌16人，乳腺癌早诊率81.25%，对患者追踪随访，均完成治疗。

（田辉平　易艳兰）

【出生缺陷综合防治】 2022年，丹徒区免费婚前医学检查501对，婚检率90.93%(目标≥90%)，对影响婚育疾病出具医学指导意见7人次。接受免费孕前优生健康检查655对，完成全年任务的100.77%；叶酸补服1217例，完成全年任务的

100.16%；孕妇产前筛查1170例，完成率99.24%（目标≥90%）；新生儿遗传性疾病筛查1192例，新筛率99.75%，新生儿听力筛查1194例，听筛率99.92%；新生儿先心筛查1192例，心筛率99.75%，均超过95%的目标任务。

（田辉平　易艳兰）

2022年9月12日，第18个中国预防出生缺陷日，丹徒区妇计中心在丹徒区民政局婚登处开展预防出生缺陷日主题健康宣传活动　（丹徒区卫健委）

【孕产妇管理】 2022年，丹徒区实施《母婴安全行动提升计划》，加强孕产妇分级分类管理，落实高危孕产妇管理24项制度，重点开展孕产妇早孕建卡、孕期系统管理监督检查。全区活产数1195人，孕产妇数1179人，孕产妇死亡0人，孕产妇系统管理率91.46%(目标≥85%)；孕产妇产后访视1176人，访视率98.41%(目标≥95%)。

（田辉平　易艳兰）

【儿童保健管理】 2022年，丹徒区0—6岁儿童保健管理人数14111人，保健管理率98.62%；新生儿访视人数1163人，访视率97.32%；新生儿死亡2人，新生儿死亡率1.67‰（目标<4‰）；婴儿死亡4例，婴儿死亡率3.35‰（目标<4‰），5岁以下儿童死亡率 3.35‰（目标<5‰）。对高危儿及体弱儿均按要求规范管理，辖区6个月以内纯母乳喂养率82.56%。0—6岁眼保健管理人数14036人，管理率99.10%。

（田辉平　易艳兰）

【托幼机构健康覆盖】 2022年，丹徒区托幼机构卫生保健合格率100%。幼儿园新生入园数2601人，体检率100%。幼师体检967人，体检率100%。3—6 岁儿童健康体检8388人，体检率99.28%，体检结果均输入省妇幼系统。托幼机构在园儿童视力筛查8236人，完成筛查的电子档案8135份，检查完成率98.77%(目标≥85%)。

（田辉平　易艳兰）

医疗机构选介

【丹徒区人民医院】 镇江市丹徒区人民医院创建于1945年，是一所集医疗、预防、保健、康复、科研、教学于一体的二级甲等综合性医院，是镇江市城镇职工医疗保险、城镇居民医疗保险定点医院和镇江市慈善救助医院。该院总占地4.96公顷(74.38亩)，建筑面积5万余平方米，编制床位400张，现有职工480余人，其中卫生专业技术人员417人。2022年，该院门诊诊疗量103.9万人次(其中核酸检测69.9万人次)，出院9110人次。

该院科室设置齐全，消化内科、内分泌科、普外科、甲乳外科、泌尿外科、骨科、手外科、妇产科、康复科、健康管理中心等特色专科建设均见成效。医院配备西门子1.5T磁共振系统、西门子64排128层螺旋CT、飞利浦数字摄片机(DR)、

2022年，丹徒区人民医院病房大楼　（丹徒区人民医院）

C臂X光机、美国HOLOGIC乳腺机、钬激光、德国卡尔史托斯腹腔镜、宫腔镜和鼻窦镜系统、奥林巴斯电子胃镜和肠镜、电子喉镜、阴道镜、膀胱镜、西门子S1000彩色超声诊断仪、贝克曼Au680全自动生化分析仪、发光免疫分析系统、西门子呼吸机、多功能麻醉工作站等大型仪器设备，同时引进和培养多名专家、硕士研究生，为医院发展提供人才保障。该院以建设镇江南部地区集医疗、预防、保健、康复、科研、教学于一体的区域性医疗中心为目标，始终坚持“以人为本，创新发展”的办院理念，整合资源，强化管理，规范服务，提高质量，推进医院工作再上新台阶。

（田辉平　易艳兰）

【丹徒区中医肾病医院】 镇江市丹徒区中医肾病医院是一所二级中医专科医院，原为镇江市丹徒区中医院。该院占地面积3300平方米，建筑面积6200平方米，始建于20世纪80年代初，中西医结合肾病科建成市级临床重点专科，并于2022年通过市级中医临床重点专科中期评估。

该院编制床位80张，现有在职卫生专业技术人员75人，其中镇江市名中医1人。配备美国进口西门子彩超、进口全自动酶标仪、全自动生化分析仪、自动尿液定量分析仪、r计数器、超低温冰箱、低温离心机、进口人工肾、体外碎石机、结肠透析器及肾病激光治疗仪等先进仪器设备，开设中西医结合肾病科、血液净化中心、中医内科、外科、中医妇科、中医皮肤科、口腔科、针灸推拿科、康复理疗科等临床科室，并建成省级专家会诊中心、周逊专家工作室(肾病科)等特色科室。该院坚持中西医结合的办院方向，注重发挥中医药特色优势，运用传统的针灸、火罐、刮痧、

2022年，丹徒区中医肾病医院病区

（丹徒区中医肾病医院）

埋针、穴位贴敷、耳针疗法、穴位注射等治疗技术为群众提供价廉、优质、便捷的中医药特色服务，在中医治疗常见病、多发病、肾脏病以及“冬病夏治”、中医膏方“治未病”等方面颇具特色。2022年，该院门急诊43056人次，比上年增长7.28%；作为全区唯一开展血液净化技术的医疗机构，全年完成血液透析20005人次，血液灌流600人次左右，血液透析滤过500人次左右，透析人次增幅2.35%。

（田辉平　易艳兰）

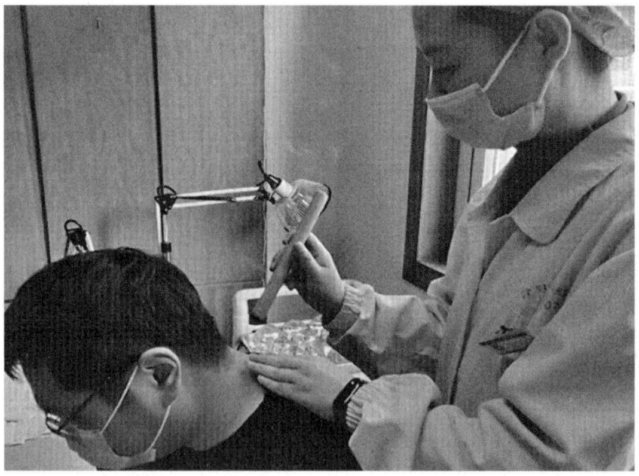

2022年4月，丹徒区中医肾病医院针灸推拿科医护为患者进行艾灸治疗　（丹徒区中医肾病医院）

社会生活

民 政

【概况】 2022年，镇江市丹徒区民政局(简称丹徒区民政局)推进民政工作高质量发展，各项工作取得成效。建成区级失能失智集中供养中心1家、省级养老服务人才培训实训基地1家，年内全部投入使用；实施特殊困难群体救助帮扶专项排查整治，创新试点困难家庭综合救助评估项目，提升救助保障水平，全年发放城乡低保、特困供养、残疾人“两项补贴”(困难残疾人生活补贴和重度残疾人护理补贴)、困境儿童生活补助等政策资金6589万元，保障困难群众1.25万人次；完成乡镇级勘界省级试点工作和省、市、区政府相关民生实事项目。年内，丹徒区民政局获评“2019—2021年度江苏省文明单位”“镇江市先进未成年人保护单位”“2022年度丹徒区平安丹徒先进集体”“新冠肺炎疫情防控先进集体”荣誉称号，局机关“宜心宜意”服务品牌被评为2022年度区级机关“合心宜”优质服务品牌。 (余丹丹)

【最低生活保障】 2022年，丹徒区民政局常态化开展低收入人口认定，加强动态管理，规范信息核对、入户核查，确保“应保尽保、应退尽退”。全年低保新增40户65人，取消310户543人。截至年底，全区城乡有低保在保1443户2129人，有低保边缘家庭53户129人、支出型困难家庭2户5人。年内，丹徒区城乡低保标准为每人每月820元，全年发放低保金1601.64万元。 (史 莹)

【社会救助】 2022年，丹徒区民政局完善分层分类社会救助体系，落实困难群众兜底保障。全年发放自来水补助37.04万元、普惠性春节慰问资金110.86万元、市级专项慰问资金111.94万元；开展临时救助273人次，发放临时救助金34.85万元；发放一次性生活补贴59.44万元，惠及2972人；发放物价补贴15.10万元，惠及2188人。 (史 莹)

【儿童“关爱之家”建设】 2022年，丹徒区新建儿童“关爱之家”2家，其中省级示范项目1个。引入专业社会组织开展运营，建立“关爱之家”总站和分站，推进各站点间资源共享、共建共用。截至年底，全区有儿童“关爱之家”5个。暑假期间，全区有3个儿童“关爱之家”开设“萤火之光”爱心暑托班，开设时长27天，服务34人，开展各类活动113次。 (华云燕)

2022年7月13日，丹徒区民政局联合宜城街道儿童“关爱之家”、丹桂社区、丹徒区萤火社工事务所共同举办“萤火之光”爱心暑托班，解决暑假空档期“带娃难”问题 (丹徒区委宣传部)

【残疾人权益保障】 2022年，丹徒区民政局开展残疾人权益保障工作，落实困难残疾人生活补贴和重度残疾人护理补贴政策。截至年底，全区享受残疾人生活补贴4071人，享受重度残疾人护理补贴3742人，全年发放残疾人生活补贴3321.85万元、残疾人护理补贴589.93万元。 （王亦欣）

【困境儿童分类保障】 2022年，丹徒区有困境儿童151名，全年发放生活补助183.67万元。7月，社会散居孤儿生活保障标准由每人每月1982元提高至每人每月2208元，父母监护缺失儿童、父母无力履行监护职责的儿童、重残重病儿童分别按照社会散居孤儿生活保障标准的80%、60%、50%发放生活补助。（华云燕）

【惠民殡葬】 2022年，丹徒区民政局根据镇江市民政局《关于全面落实市区惠民殡葬政策的通知》要求，减免户籍人口和常住人口殡葬基本服务项目费用，减免标准为每人不超过2000元。年内，全区有符合减免条件的逝者2870人，减免金额378.52万元。（王本刚）

【丧葬礼俗改革】 2022年，丹徒区被确定为江苏省丧葬礼俗改革示范区。丹徒区民政局坚持"节约土地资源、保护生态环境、减轻群众丧葬负担"的宗旨，按照"教育引导、改善服务、党员带头、政策激励、因地制宜、循序渐进"的原则，有序推进殡葬改革工作。拨付公益性节地生态安葬设施建设奖补资金1107万元，完成宜城街道、荣炳盐资源区、高桥镇安息堂新建、改建任务，生态化提升改造公益性公墓15处。 （王本刚）

【行政区域界线管理】 2022年，丹徒区民政局完善区、镇、村三级界线界桩维护管理责任网络，签订界线界桩维护协议。完成常镇线金坛丹徒段、京口丹徒线行政区域界线第四轮联合检查和矢量数据结边工作。制定下发《丹徒区乡镇级行政区域界线勘定工作实施方案》，完成8个镇(街道)、93个村(居委会)现场对接及管理线核实工作。 （罗逸萍）

【地名管理】 2022年，丹徒区民政局执行地名命名备案制，完成14条道路、1个小区地名正式命名及备案工作。挖掘、推荐、宣传"红色地名"，永茂圩入选江苏省第二批100个"红色地名"。开展地名文化遗产评定工作，宝堰镇、黄墟村入选江苏省首批地名文化遗产名录。推进地名普查成果转化，完成《江苏省标准地名词典》、江苏省行政区划图集和《5卷政区·居民点地名卷》相关部分内容的补充、修改、核对工作。 （罗逸萍）

【社会组织管理】 2022年，丹徒区民政局推进社会组织党建工作，推动成立功能性党支部1家。加强社会组织培育扶持，引导支持1家社会组织承接丹徒区儿童"关爱之家"运营项目，引导支持1家社会组织入选市级公益创投项目并获扶持资金4万元。动员引导公益慈善类社会组织，面向老幼妇残弱势群体，开展生活照料、情绪疏导、慈善帮扶、技能培训等服务项目14个，投入款物740余万元，惠及6910人。截至年底，全区有社会组织288个，其中民办非企业单位162个、社会团体126个。（陈国丹）

【城乡社区治理】 2022年，丹徒区推动全区93个村(居)民委员会健全下属委员会，完成省级社区综合服务中心提升改造项目(宜城街道)1个、市级社区综合服务中心提升改造项目(荣炳园区胜利村和高桥镇高桥村)2个。推广参与式社区治理，打造湖畔社区"汇爱2.0"、宜和社区"宜和为美"等亮点品牌，其中"345'益家乐爱'社区治理服务体系"被评为"2021年度江苏基层社会治理创新成果奖"。 （闫玉梅）

【社工站建设运营】 2022年，丹徒区民政局投入各类资金27万元，推进社工站与慈善服务中心一体化建设运营，引入专业社工机构为社工站阵地建设、日常运行提供指导。全区10个镇(街道、园区)慈善社工站全部挂牌，全年围绕"老、小、困、弱"群体，开展入户走访3600人次，关爱服务1600余户。 （李　超）

【社工人才队伍建设】 2022年，丹徒区民政局完善社会工作人才激励政策，做好社会工作者职业水平考试考前培训指导，全区有32人通过全国社会工作者职业水平考试，比上年增长68%。截至年底，全区有持证社会工作者199人，其中助理社会工作师127人、社会工作师72人。全区社工站有持证社会工作者15人。 （李　超）

【志愿服务行政管理】 2022年，丹徒区民政局围绕社会所求、群众所需，推动成立志愿服务队12支，注册志愿者2744人，并联合丹徒区慈善总会为4支志愿服务队授旗。年内，依托党群服务中心、社区网格、社会组织、商企职工之家等功能性载体，引导支持各类志愿服务组织开展活动，全年477个志愿服务项目累计服务14.36万小时。 （李　超）

【婚姻登记服务】 2022年，丹徒区婚姻登记处深化婚俗改革，倡导移风易俗文明新风，推进颁证服务，陆续实现结婚登记“跨省通办”、各类婚姻登记“全市通办”。全年办理各类婚姻登记3383对，其中结婚类登记2106对、离婚类登记1277对，合格率100%。婚姻登记处被评为江苏省“巾帼示范岗”。（凌　云）

【福利彩票】 2022年，丹徒区福利彩票发行中心采取多项举措，推进福利彩票销售，推进全区首家福彩潮流店进驻宝龙商圈，在全区农村大型超市设置福彩智能机。截至年底，全区有福利彩票投注站点50个，全年福彩总销量1636万元，筹集福彩公益金166.24万元。年内，丹徒区福利彩票发行中心被评为镇江市第五届“最佳慈善志愿服务组织支持单位”“镇江市2022年度福彩系统先进集体”。（凌　琴）

养老服务

【概况】 2022年，丹徒区户籍人口总数为285394人，其中60岁以上户籍人口85361人，老年人群体呈现基数大、增速快、寿龄高、空巢多等特点。关爱老年人身心健康，加快完善城乡养老服务保障体系成为新需求，丹徒区民政局应对人口老龄化趋势，构建以居家养老为基础、社区服务为依托、机构养老为支撑、信息服务为辅助的社会养老服务体系。全区有特困人员660人，其中农村特困人员643人、城市特困人员17人，全年发放特困人员供养经费894.37万元。 （丁祺雯　沈文君）

【安康关爱行动】 2022年，丹徒区民政局实施“安康关爱行动”，为60周岁以上老年人购买意外伤害保险，提高老年人抵御风险的意识和能力。全区统保对象为86540人次(含困难对象2377人)，累计支付政府统保经费65.85万元。全区有自费投保老年人23880人，缴纳保费238万元。全年赔付800人次，赔付金额190余万元。 （李　琪）

【尊老金发放】 2022年，丹徒区民政局规范尊老金审批发放程序，为符合条件的老人发放尊老金。尊老金发放实行1次登记、2次打卡制度。年内，全区有享受尊老金待遇高龄老年人12796人，发放尊老金877.09万元。 （李　琪）

【居家养老服务】 2022年，丹徒区民政局提升居家养老服务水平，提档升级标准化居家养老服务中心8个。截至年底，全区有社区居家养老服务中心90个，其中AAA级3个、AA级56个、A级31个，有实现社会组织专业化运营的社区居家养老服务中心4个。面向80周岁以上普惠性对象和60周岁以上困难对象，统筹推进政府购买居家养老上门服务。全年开展居家养老上门服务10.48万人次，服务对象总人数1.21万人。丹徒区智能养老院接收信息呼叫8.37万人次。完成特殊困难老年人居家适老化改造100户。 （倪玉敏）

【养老机构建设和管理】 2022年，丹徒区民政局推进养老机构“1+N”（“1”为区级福利中心、“N”为乡镇敬老院）公建民营改革，在完成丹徒区福利中心和辛丰敬老院2家公办机构民营改革基础上，推进高资、世业敬老院建设改造，同步建成农村区域性养老服务中心2家。落实安全生产监督管理责任，启动养老机构“气改电”专项行动，全区20家养老机构全部完成改造任务。截至年底，全区养老机构床位总数1517张，其中护理型床位1048张，占比69.08%。（张一凡）

关心下一代工作

【概况】 2022年，丹徒区关心一代工作委员会(简称丹徒区关工委)加强“五老”(老干部、老战士、老教师、老专家、老模范)人员队伍建设，提高“五老”人员关心下一代的工作技能和业务水平，围绕“老少心向党，喜迎二十大”主题，开展“爱党”“爱国”和社会主义核心价值观主题教育。全年举办学习贯彻中共二十大精神宣讲培训班14次，宣讲89场次，受教育青少年1.8万人次；编写各类宣讲稿171篇，受听人数3.8万人次；举办各种老少文艺演出149场次，观看人数1.8万人次；开展知识竞赛84场次，参加人数1.1万人次；举办故事会141场次，参加人数1万余人次；举办演唱会、诗歌朗诵会138场次，参加人数2.91万人次；举办图片、黑板报、橱窗展185期，观看人数4.8万人次；举办各类夏令营109期，参与“五老”人员582人、青少年6204人。全区有“五老”网吧义务监督员221名，监督网吧39个，教育劝阻未成年人进入网吧82人次，基本杜绝未成年人进入网吧现象。年内，丹徒区委、区政府召开丹徒区关工委成立30周年纪念大会，表彰先进集体22个、优秀个人36名，并向在关心下一代工作战线工作10年以上、成绩突出的16人颁发奖杯和证书。全年在各级媒体用稿2426篇，其中国家级媒体21篇、省级媒体285篇、市级媒体372篇、区级媒体1748篇。（卞美岗）

【主题教育活动】 2022年，围绕“老少心向党，喜迎二十大”开展“爱党”“爱国”和社会主义核心价值观主题教育。各镇、园区充分利用本地各类教育资源，开展丰富多彩的教育活动。全区举办学习贯彻“党的二十大精神”宣讲培训班14次，29个宣讲团(组)，87名宣讲员参加宣讲，共宣讲89场次，受教育青少年18000余人次。编写各类宣讲稿171篇，参与“五老”宣讲员342人，宣讲363场次，受听人数3.8万多人次。各种老少文艺演出149场次，观看人数1.8万人次。开展知识竞赛84场次，参加人数1.1万人次；故事会141场次，参加人数1万多人次；演唱会、诗歌朗诵会138场次，参加人数2.91万人次；图片、黑板报、橱窗展185期，观看人数4.8万人次；小型文体活动146场，观看人数2.3万人次。举办各类夏令营109期，参与“五老”人员582人，青少年6204人。（卞美岗）

【校外辅导站工作】 2022年，丹徒区关工委采取多项举措，推进校外辅导站工作。全区各级校外辅导站围绕“加强内涵建设，提高活动质量，提升办站水平，增强育人效果”的校外辅导站建设总体目标，结合本地实际，面向学生开展思想道德教育、传统文化、学业功课、科普知识、民俗工艺、法律法规、兴趣爱好等方面的学习辅导。全区所有镇中心辅导站和55%的村级辅导站实现与本地中小学校、社会部门、企事业单位联手共建，全年开设法制安全教育课395场次，聘请编外法制教员182人次，受教育学生和家长2.9万人次。（卞美岗）

【丹徒区少儿绘画大赛活动】 2022年，丹徒区关工委联合丹徒区文联、丹徒区教育局举办全区少儿绘画大赛。大赛收到应征稿件895件，按幼儿、小低、小中、小高四个级别组，分别评选出优秀作品397件。“六一”儿童节期间，在丹徒区美术馆举办“党的光辉照我心，童心喜迎二十大”暨纪念丹徒区关工委成立三十周年全区第二届少儿绘画大赛优秀作品展览，1.6万人次观展。（卞美岗）

【青年农民帮扶工作】 2022年，丹徒区关工委开展高素质农民培训21期，总人数1080人，其中青年农民占比30%；完成民生实事高素质农民培训任务数850人，涉及粮食生产培训649人、农民手机应用技能培训102人。8月，经镇江市农业农村局组织专家现场评选，6家高素质农民培训实训基地通过评选并获得授牌，总量增至16家。推进“五老”科技人才库建设，年末入库人才总数311人。

（卞美岗）

【**扶贫助学**】 2022年，丹徒区各级关工委开展困难学生帮扶活动，受益学生359人，总额76.5万元，其中老同志捐款14.2万元。镇江“百名教授老区行”资助丹徒区困难学生28人，发放救助金5.6万元。荣炳盐资源区关工委“五老”人员募集资金16万元，帮助困难学生44人。丹徒区卫健委关工委联合君康保险镇江分公司，向4名困境儿童发放救济金各2000元，赠送学习生活用品30套件。

（卞美岗）

【**零犯罪社区创建**】 2022年，丹徒区各级关工委采取多项举措，推进“零犯罪”社区创建各项工作。加强青少年法制宣传教育和失范失足青少年帮教工作，参与配合相关部门开展普法工作，整合、加强义务监督员队伍建设，在劝阻未成年人进入网吧、举报不良信息、监督校园周边环境、参与校园周边综合治理等方面开展各项工作。全年举办法制教育会119场次，受教育学生1.5万人次；成立帮教小组100个，帮教对象564人，结对帮教186人，参与帮教老同志184人。

（卞美岗）

应急管理

【**概况**】 2022年，丹徒区应急管理局强化统筹协调，推进安全生产体系建设。制定《丹徒区2022年安全生产工作要点》，推进风险防控责任体系、应急救援责任体系建设；落实“三包干一统筹”（“三包干”指针对特殊时段，属地、主管部门对重点企业、重点行业、重点场所采取“包干制”，具体负责落实各项工作任务；“一统筹”指应急救援时要统筹专家、特种设备、专业队伍等资源力量）制度，制定《重点时段安全生产挂钩包干安排表》，压实安全风险防控责任。围绕新冠肺炎疫情防控、复工复产、季节特点和重大节日，发放各类安全风险提示和工作提醒1万余份，严格警示提醒各类主体压实主体责任；开展“落实安全生产主体责任示范企业”创建工作，选树示范企业6家。推进全区254家规模以上企业、高危企业开展“一述四评”（“一述”即企业主要负责人定期向公司职工报告本单位安全生产工作及个人安全生产履职情况，“四评”指企业职工评议、安全专家评议、挂钩领导评议、监管部门评议）工作，年内全部完成。优化调整丹徒区安全生产督导巡查组成员，举办安全生产督导巡查工作培训班2期。年内，全区6个督导组开展督导70天，召开调研座谈会74次，实地检查单位、企业和现场102个，发现并移交问题隐患154条，全部完成整改。

（刘　玲）

【**安全生产监管**】 2022年，丹徒区应急管理局强化安全生产工作15条硬措施，将安全生产大检查和“百日攻坚”行动纳入专项整治“深化提升”任务一体化推进。全年检查各类单位4496家次，发现一般隐患8377条、重大隐患4条，完成整改7530条，责令停产整顿36家，警示约谈44人。

危险化学品领域：开展镇江利德尔复合材料有限公司（涉及使用苯乙烯）安全生产情况检查，区本级排查隐患16处（其中重大隐患1处），市际互查排查隐患11处，全部整改完毕。督促李长荣综合石化有限公司、高海药业实施全流程自动化改造并通过专家验收。

冶金工贸领域：开展有限空间作业专项治理，检查涉及有限空间作业企业20家，立案10起。督促粉尘涉爆相关企业对照6个重点执法事项开展自查自改，并填报重点事项清零确认书。排查粉尘涉爆企业36家次，发现隐患52处，整改40处，其余隐患责令限期整改。江苏省第十一督导组反馈安全生产问题隐患69处，全部完成整改；交办问题7条，全部完成整改方案制定并落实推进。镇江市安全生产委员会办公室交办问题隐患87处，全部完成整改。（刘 玲）

【安全生产执法】 2022年，丹徒区应急管理局采取多项举措，推进应急管理领域执法改革。落实应急管理综合行政执法改革任务，丹徒区安全生产执法监察大队更名为丹徒区应急管理综合行政执法大队，并根据改革要求完成职责调整。推行“三位一体”（“启动会+现场执法检查+总结会”“企业主要负责人+安全管理人员+岗位操作员工全过程在场”“执法+专家”）执法模式，开展“说理式”执法，持续提升企业本质安全水平。开展“安全生产精准执法年”活动，围绕危化品、工业企业风险报告等重点行业领域和重点任务事项，分类分级实施监管执法，建立重点检查企业清单，实施全覆盖执法检查，采取“双随机”方式开展一般企业执法检查。全年完成事前立案数44起，罚款总额89.5万元，其中5万元以上9起，上报典型案例5件。（刘 玲）

【应急救援救灾准备】 2022年，丹徒区应急管理局强化预案建设，推进“1+13+X+Y”［1件乡镇(街道)总体应急预案，13件共性专项应急预案，X件个性专项应急预案，Y件村居(社区)现场处置方案、生产经营单位应急预案］预案体系建设，推动29项事故灾难类应急预案牵头编制部门依法依规修订完善相关应急预案并按计划组织开展预案演练。强化救灾准备。编制《2022年汛期自然灾害风险形势分析报告》，指导各地各部门做好灾害应对准备。组织区、镇(街道、园区)、村(社区)三级灾害信息员开展模拟极端自然灾害情况下灾情报送演练；组织开展自然灾害救助集中安置演练。完成2022年度“惠润万家”城乡住房保险续保工作；开展“5•12”全国防灾减灾日、“10•13”国际减灾日系列活动，提升全社会防灾减灾意识。（刘 玲）

【消防救援】 2022年，丹徒区消防救援大队贯彻习近平总书记关于安全生产工作重要指示和应急管理工作重要论述精神，落实国务院、省、市消防工作部署和要求，完成全年既定工作目标和任务，全区火灾形势持续保持稳定。年内，丹徒区发生火灾375起，火灾损失为461.1万元，未发生有影响和亡人火灾事故。全年共接警出动768起，出动车辆1173辆次、人员5064人次，抢救疏散被困、遇险人员30余人次，挽回直接财产损失约1300余万元，保护财产价值约3000余万元。

构建“单位自查、网格排查、部门联查、消防抽查、政府督查”的火灾隐患排查整治工作体系，强化防控消防安全重大风险，杜绝重特大火灾事故。全年检查单位1725家，排查发现一般隐患1229处、重大火灾隐患单位5家，整改隐患1165处，临时查封火灾隐患单位8家，实施行政处罚15家。推广应用社会单位消防管理信息化系统，督促110家消防安全重点单位开展消防标准化管理。中共二十大安保期间，指导制定特殊消防安全管理措施，发动全区单位开展“四个一次”（一次自查自改、测试一次消防设施、组织一次全员培训、开展一次疏散演练）活动。开展消防安全风险隐患大起底、大排查、大整治“百日攻坚”行动，重点排查高层公共建筑5家、高层住宅153幢。开展违规使用夹芯材料彩钢板建筑整治行动，临时查封夹芯材料彩钢板建筑4家，拆除泡沫夹芯板建筑22处400余平方米，拆除占用防火间距和消防车通道违章建筑139处700余平方米。发动基层网格力量和公安派出所，排查“三合一”（住宿与生产、仓储、经营一种或多种混合设置在同一空间内的建筑）场所4000余家，逐一建立信息台账。

在集中开展“百名消防指挥长宣讲消防安全”活动基础上，开展消防安全宣传“五进”（进企业、进农村、进社区、进学校、进家庭）工作。举办119消防宣传月启动仪式，在固定宣传日、重要节假日、重大活动等节点开展广场式和亮灯式流动宣传22

次，发放宣传资料4.5万份。全年开展各类消防宣传266次，面向全区社会群众、各类企事业单位、学校及幼儿园开放消防站39次，开展各类企事业单位灭火演练102次，培养消防安全重点单位“明白人”183人。推广“全民消防学习平台”，提升群众消防安全意识。

丹徒区消防救援大队围绕“全灾种、大应急”形势任务需要，提升灭火救援应急处置能力，完成水域救援、地震救援、绳索救援、车辆事故救援以及化工处置等技能培训。针对辖区特点和灾害事故类型，开展重点单位熟悉演练98次，修订完善灭火应急预案90份。牵头开展丹徒区高层住宅灭火救援综合演练，协同14个部门设置8个环节23个科目，以最不利灾情的假设，检验部门协同配合和处置战法技法。开展防消联勤工作，通过防火巡查和熟悉演练，了解和熟悉辖区消防车通道、水源、消防设施、场所平面、风险部位。

联合企业、社区、公安、政府部门等地方单位成立“红立方”党员服务队，开展助残助困、敬老爱幼等志愿服务，受益群众100余人。年内，丹徒区消防救援大队党委被江苏省消防救援总队评为“先进基层党组织”，获2021—2022年度“镇江市青年文明号”称号，1人被江苏省消防救援总队评为“优秀党务工作者”，3人被镇江市消防救援支队评为“优秀共产党员”。 （丹徒消防）

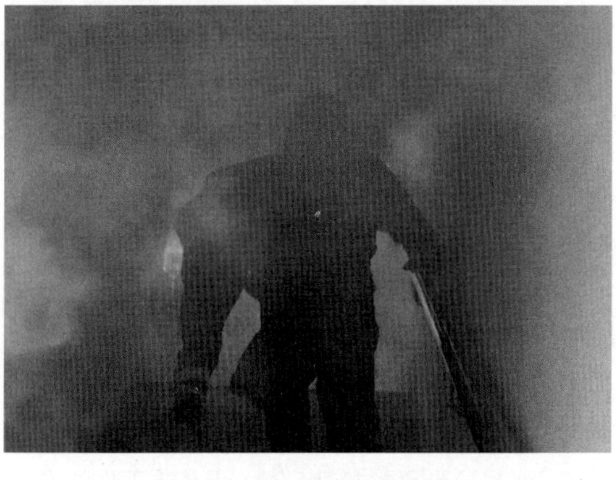

2022年5月13日，丹徒区在宜城街道长香西大道长香水岸小区组织开展高层住宅消防演练 （丹徒区委宣传部）

民族·宗教

【概况】 2022年末，根据第七次全国人口普查，丹徒区有常住少数民族人口3059人，以回族、苗族、土家族为主，流动少数民族人口1348人，有民族村、民族社区各1个。全区有依法登记的宗教活动场所30处，有区佛教协会、道教协会、基督教三自爱国运动委员会等宗教团体3个。年内，丹徒区民族宗教工作坚持以习近平总书记关于加强改进民族工作的重要思想和关于宗教工作的重要论述为指导，贯彻落实中央、省委、市委关于民族宗教工作的决策部署，坚持宗教中国化方向，以实施《宗教事务条例》为主线，提升依法管理水平，引导宗教与社会主义社会相适应。 （唐亚军）

【民族工作】 2022年，丹徒区民族宗教事务部门坚持党建引领，创建民族团结进步宣传阵地“红石榴家园”，促进基层社区各民族群众交流交融。与人社等部门共同开展“红石榴就业行动”，帮助少数民族外来务工人员解决就业、生活难题。争取省级乡村振兴资金300万元，指导世业镇卫星村实施旅游综合体项目二期建设，持续推进民族特色乡村旅游项目建设。 （唐亚军）

【宗教工作】 2022年，丹徒区民族宗教事务部门指导宗教界开展“崇俭戒奢”“从严治教”主题教育活动，加强宗教界自身建设，提升宗教界学法遵法用法自觉意识。持续开展宗教活动场所安全整治工作，强化场所安全主体责任，重点完成消防、既有建筑、技防设施等安全问题整改工作，提升场所安全管理水平。综合治理非法宗教活动，净化宗教发展内外环境。 （唐亚军）

见义勇为

【概况】 2022年，丹徒区有50人因见义勇为受到表彰奖励。其中，1人在“喜迎二十大、忠诚保平安”人民群众参与社会治安综合治理活动中，被江苏省见义勇为基金会奖励；3人作为群体在第五届“绿叶奖”〔该活动由江苏省公安厅、江苏省见义勇为基金会、苏州绿叶日用品有限公司发起并联合有关新闻单位和网络媒体共同开展，专门宣传奖励全省环卫工(含保洁员、物管员)、送报工(含投递工)、送奶工中涌现出来的见义勇为先进人物〕评选活动中，获评江苏“最美见义勇为环卫工(送报工、送奶工)”；专项奖励一案一奖67人，发放奖励金12.28万元。年内，丹徒区见义勇为基金会慰问家庭生活困难的见义勇为人员39人，发放慰问助困金11.8万元。（丹徒见义勇为基金会）

【人大常委会见义勇为调研活动】 2022年5月12日，丹徒区人大常委会主任韩宏亮带领常委会成员调研全区见义勇为工作，先后来到辛丰镇见义勇为主题公园、谷阳镇黄序村见义勇为工作站、丹徒区见义勇为主题公园、丹徒区见义勇为展示馆查看相关场所基础设施建设和台账资料，并召开见义勇为工作座谈会，听取丹徒区政府副区长、丹徒公安分局局长杨忆宁代表丹徒区政府所作的工作汇报。5月26日，丹徒区第十七届人大常委会第三次会议专题听取并审议丹徒区政府贯彻落实《江苏省奖励和保护见义勇为人员条例》情况报告，肯定丹徒区见义勇为工作成效，并就做好全区见义勇为工作提出审议意见。（丹徒见义勇为基金会）

【见义勇为进网格活动】 2022年6月28日，丹徒区委政法委、丹徒区委宣传部、丹徒公安分局、丹徒区见义勇为基金会联合印发《见义勇为工作融入网格化机制建设实施方案》，打造“网格＋警格＋义格”共建共治共享的区域治理新特色，见义勇为信息员全部纳入网格员队伍，实施网格化管理，建成纵向到底、横向到边、全面覆盖的组织网络，及时发现并举荐见义勇为行为。（丹徒见义勇为基金会）

【见义勇为宣传】 2022年5月是丹徒区见义勇为宣传月，丹徒区各基层见义勇为协会结合自身工作实际，开展知识讲座、制作展板展牌、发放宣传品等多种形式的宣传活动，提高宣传月活动影响。高桥见义勇为协会在集镇人员密集区，向过往群众宣传《江苏省奖励和保护见义勇为人员条例》，发放《江苏省奖励和保护见义勇为人员条例》简明问答；宝堰见义勇为协会在农贸市场摆摊设点，接受群众现场咨询；荣炳见义勇为协会开展“天地有正气，见义敢勇为”宣传活动；上党见义勇为协会组织见义勇为人员走进学校，为学生们普及见义勇为知识；世业见义勇为协会在辖区多处悬挂横幅标语，弘扬见义勇为良好风尚。各基层协会在宣传月期间，开展形式多样的宣传活动50余场次，发放宣传手册5600余份，悬挂横幅标语68条，摆放宣传展牌100余块，参与活动人数1万余人。

（丹徒见义勇为基金会）

慈　善

【概况】 2022年是丹徒区基层慈善组织建设提升年，丹徒区慈善总会围绕“幸福家园”全覆盖总体任务，促进村村有项目，助推乡村振兴。开展“99公益日”(腾讯公益联合社会公益组织、知名企业、明星名人、顶级创意传播机构共同发起的一年一度全民公益活动)活动，筹集公益资金超过100万元。推进慈善“三进”活动(慈善文化进校园、慈善义举进社区、慈善温暖进企业)，扩大慈善工作影响力。全年完成慈善募集1510.51万元，其中江苏康华投资集团有限公司一次性捐赠500万元。全年救助困难人员7577人次(含助医人员)，支出救助资金1256.27万元(含省、市救助资金)。（胡　瑞）

【慈善工作规范化建设】 2022年，丹徒区慈善总会采取多项举措，促进慈善工作规范化建设。5月6日，以通讯形式召开丹徒区慈善总会四届三次理事会议，落实丹徒区委书记毛健关于慈善工作的有关批示。开展“基层慈善组织提升年”活动，围绕“五个提升”(提升慈善宣传力度;提升慈善基金存量;提升救助范围,严格救助标准和操作程序;提升组织机构标准,以完成慈善服务中心,推进‘幸福家园’为重点;提升基层慈善组织能力建设),巩固基层建设成果,规范救助程序,表彰建设成果优异的基层分会。下半年,完成世业镇、高桥镇2个基层慈善分会慈善工作专项检查,为规范全区镇(街道、园区)慈善分会及工作站救助工作提供规范性指导。按照《中华人民共和国慈善法》慈善募捐和慈善救助管理相关规定,做好慈善资金募集和慈善救助财务核算工作,规范慈善救助支出行为。(胡　瑞)

【慈善“三进”活动】 2022年,丹徒区慈善总会采取多项举措,推进慈善“三进”活动。与丹徒区教育局联合推进慈善文化进校园活动,丹徒区茅以升实验学校、镇江市宜城小学获市级校园慈善文化基地授牌;投入资金30余万元,推进丹徒区实验小学、高资中心小学区级慈善校园文化基地建设;在全区范围内推进校园慈善文化建设“五个一”活动(布置一个慈善文化画廊、免费派发一册《慈善读本》、开展一项慈善实践主题活动、组织一次慈善讲座、组织一次慈善征文评选),赠送慈善读本600本。推进慈善义举进社区、慈善温暖进企业活动,与区残联等部门合作,开展全国助残日相关活动,提升社会慈善意识;加大慈善宣传力度,利用重点救助项目及“9•5”中华慈善日、“99公益日”活动,宣传慈善工作。 (胡　瑞)

【镇村慈善建设】 2022年,丹徒区慈善总会联合丹徒区民政部门合力推进镇村慈善组织建设,在各镇(街道、园区)成立慈善服务中心,并在各村(社区)开展“幸福家园”村社互助工程。7月28日,丹徒区慈善总会在宜城街道召开慈善服务中心与“幸福家园”村社互助推进现场会,推进该项工作。年内,丹徒区慈善总会向世业镇慈善服务中心拨付5万元,支持该镇慈善服务中心建设。截至年底,全区10个分会慈善服务中心全部挂牌,在建设完善慈善社工站(中心)场地基础上,统筹推进社工站与慈善服务中心一体化建设。各镇(街道、园区)慈善分会结合当地实际,明确“幸福家园”先行单位。上党镇丰城村的“丰城幸福家园—普惠助餐”项目有203个村民加入,募集资金2万余元,用于困难群众助餐补贴;宜城街道谷阳村的“关爱重症困难家庭”“关爱残疾人家庭”2个项目有124个村民加入,募集资金2000余元;谷阳千里村的“关爱单亲三胞胎家庭·助力豆蔻年华健康成长”项目有9个村民加入,募集资金8000元。 (胡　瑞)

【慈善救助】 2022年,丹徒区慈善总会采取多项举措,开展慈善救助。

常规项目有:开展“温暖行动”救助,经镇江市慈善总会批准,春节前为全区弱势群体和困难群众发放慈善款221.29万元,计635人次;开展“情暖江苏”春节慰问,按照江苏省、镇江市慈善总会要求,在春节前面向家庭成员患有癌症、白血病、尿毒症等重特大疾病,或遭遇意外突发事件,家庭经济特别困难的低保户、低保边缘户,开展救助活动,惠及70人次,发放救助资金7万元;开展“慈善助医”救助,面向全区身患重病的低保户及低收入户、儿童白血病患者,实施救助约800人次,发放救助款95.97万元,其中儿童大病救助3人;开展临时(急难型)救助,开通救助应急通道,每月受理遭遇重大疾病或意外突发事件的困难群众救助申请,全年救助617人次,发放救助款199.78万元;开展镇(街道、园区)慈善分会、村(社区)工作站慈善救助(含慈善温暖进万家项目救助)活动,惠及困难群众5075人次,发放救助款283.61万元;开展“慈善圆梦助学”救助活动,向考入大学的困难家庭学子发放一次性救助款3000—8000元,按每年1000元标准向困难家庭高中学生、特教学生发放救助款,两项合计61人、12.05万元;开展本级救助,丹徒区慈善总会本级救助困难人员9人,发放救助款4.8万元;开展关爱职工“暖流行动”,向1名因重大疾病和意外事故造成的企业特困职工发放一次性救助款1.9万元；开展定向救助，万向集团向丹徒区慈善总会捐赠11.78万元(2021年项目)，用于救助53名辛丰镇孤寡老人、孤儿及特困职工；开展养老救助，丹徒区慈善总会向九如城高资养护院公司拨付救助款46万元，资助该养老机构开展适老化改造等相关工作；开展困难退役军人救助，丹徒区慈善总会向镇江市退役军人慈善分会捐赠72万元；开展特困人员集中供养救助，向镇江市郁金香怡养院拨付2万元，改善集中供养特困人员基本生活条件；落实帮扶项目，按照丹徒区政府对口支援要求，丹徒区慈善总会与澄城县慈善协会对结，拨付扶贫款10万元；开展协议捐赠单位慈善救助，根据慈善认捐协议相关条款，将当年实际到账慈善资金的20%用于捐赠单位解决困难职工救助及其他社会救助，发放救助款108万元；开展工商联扶贫救助，拨付丹徒区工商联7.4万元，用于扶贫相关工作；开展乡村公益医疗互助救助，向上党镇、宝堰镇、高桥镇发放医疗救助款43.18万元。

特色项目有：开展助残救助活动，与丹徒区残联合作，向重度残疾困难家庭、受新冠肺炎疫情影响自课职业残疾人开展送温暖系列帮扶活动，救助26人，支出资金4.2万元；推进上党尘肺病康复中心项目建设，捐赠彩超设备1台，价值50余万元，所需经费由镇江市慈善总会承担30万元，丹徒区慈善总会、丹徒区卫健委各承担彩超招标价扣除30万元后的50%；开展司法救助，向1名涉案困难家庭受害者实施特定救助，发放救助款1万元；开展老党员慰问活动，向95名基层困难老党员发放慰问款5万元；开展困难军人慰问活动，向5个现役困难军人家庭、7个退伍困难军人家庭发放慈善慰问金2.4万元；助力丹徒区新冠肺炎疫情防控工作，捐赠医用外科口罩、防护面屏、免洗手消毒液等抗疫物资31.51万元，在上党镇封控期间向该镇捐赠5万元；经各镇(街道、园区)慈善分会推荐和丹徒区慈善总会审核，并报请镇江市慈善总会核准，向因新冠肺炎疫情造成生活特别困难的群众21人发放慈善救助款6.3万元；开展教育慈善分会临时救助，经各校学生申请，各校及教育慈善分会审核，并报请丹徒区慈善总会核准，全年完成助学救助101人次，发放救助款17.9万元。 （胡　瑞）

【善款募集】 2022年，丹徒区慈善总会依靠社会支持力量，依法多渠道筹募慈善资金，全年完成慈善募集1510.51万元。4—5月，开展慈善“一日捐”活动，在全区党政机关、镇(街道、园区)支持下，募集善款251.65万元。争取企业支持，5月与江苏康华投资集团有限公司签订捐赠协议500万元，10月全部到账。因地制宜开辟募集渠道，6月28日，经丹徒区人民政府同意，由丹徒区慈善总会主办、蚝门兄弟餐饮店承办的“丹徒区喜迎二十大，助力乡村振兴慈善义捐晚会”在蚝门兄弟餐饮店门口举行专场活动，弘扬中华民族扶危济困的传统美德，倡导“以人为本，慈善为怀”的社会互助精神。

（胡　瑞）

【慈善志愿者队伍建设】 2022年，丹徒区慈善总会在全区范围内招募慈善志愿服务人员122人，成立“兴乐木林”“苏南商贸”“苗苗爱心助学”“温馨”“相伴夕阳”5个慈善志愿者服务队。通过集中培训、统一着装、统一标识、统筹服务活动等方式，打造丹徒慈善志愿服务特色和品牌。年内，在丹徒新冠肺炎疫情防控工作中，志愿者们发挥出重要作用。在镇江市第五届“优秀慈善志愿服务团队、单位和个人”表彰活动中，丹徒区“兴乐木林”志愿者先锋队被授予“优秀慈善志愿服务团队”称号，丹徒区福利彩票发行中心被授予“最佳慈善志愿服务组织支持单位”称号，张正东被评为“十佳慈善志愿者”，傅麟、范荣被评为“优秀慈善工作者”。 （胡　瑞）

镇·街道·园区

高桥镇

【概况】 高桥镇位于镇江市丹徒区东北部，南临长江与镇江新区大港港口隔江相望，东临长江与扬中市新坝镇遥望，西连长江与丹徒区江心洲生态农业园区相望，北与扬州市广陵区头桥镇相连。耕地面积1015公顷，集镇面积0.9平方千米，辖行政村6个、居委会1个。年末总户数7002户、总人口18966人(其中男性9088人、女性9878人)。

综合经济指标 2022年，完成地区生产总值16.8亿元，比上年增长2%，其中第一产业增加值1.79亿元、第二产业增加值8.37亿元、第三产业增加值6.66亿元。公共财政预算收入3539万元，公共财政预算支出2261万元。

农业 农业总产值3.35亿元。完成粮食总产1.2万吨、油料总产251吨、蔬菜总产4845吨、果品总产282吨，出栏家禽0.8万羽。水利、农田基础建设投入1022.7万元，实施农田改造200公顷(3000亩)，新修农田排灌渠道7016米，维修、加固堤岸1000米，疏浚河道5条2.1千米，完成土石方1.15万立方米。

工业 全镇有工业企业248家，职工总数8684人。完成规模以上工业总产值9.3亿元，实现销售收入9.02亿元、利税7028万元。完成固定资产投资10亿元，其中规模以上工业固定资产投资1.39亿元，增长100%。年销售额2000万元以上企业14家，拥有固定资产28亿元，职工3265人，实现利税7028万元。私营企业234家，完成年产值22亿元，实现利税1.65亿元。个体工商户896户，从业人员2945人。外贸出口企业5家。

社会事业 有实验学校1所、教职工57人，在校学生596人；幼儿园1所，教职工33人，在校幼儿203人。有卫生院1所，病床35张，医卫人员40人。有文体活动中心1个，全镇村村通公路。参加农村社会养老保险9027人，参加新型农村合作医疗12642人，参保率100%。

人民生活 农民年人均纯收入29812元。各项储蓄存款余额11亿元，人均储蓄69974元。

为民服务 发放社会保障资金1372.83万元，惠及1.53万人次；发放残疾人护理床等辅助器具59人，救助贫困儿童6人，办理精神疾病患者免费服药卡60人，安排残疾人职业技能培训3人；推进乡村公益医疗互助试点工作，全镇参与率41.1%，筹集资金40.98万元，首批报销24人，赔付资金2.27万元；为民服务中心窗口办事1万余件，“12345”政府热线回复各类来访件728件，群众满意率97.8%。

(芦玉杰)

【高桥水上绿色综合服务区投入运营】 2022年10月28日，高桥水上绿色综合服务区基本完成建设，投入试运营。该服务区是长江镇江段首个接岸式水上绿色综合服务区，由中石化长江燃料有限公司镇江分公司与高桥镇共同建设完成。该服务区在原有的高桥水上加油站基础上，由2艘90米趸船、1艘65米趸船首尾相接组成，服务覆盖危险品锚地、附近停泊区及过往船舶，可以为过往船舶提供油品供应、岸电接入、维修保养、生活购物、水上医疗、政务自助等15项服务，其中燃油单泵供应能力25吨，日供应超过200吨。该服务区专门配置船舶污染物接收船和水上交通船，为锚地停泊船舶提供免费污染物接收和免费水上交通服务。船舶所产生的污水、垃圾由船舶污染物接收船接收后运送上岸，进入高桥镇污水处理管网系统集中处理。（芦玉杰）

【防汛排涝】 2022年，高桥镇分析研判防汛排涝形势，修订各类预案，做好防汛、排涝各项工作。开展汛前大检查，重点检查长江及镇内镇级河道。其中，长江检查重点为堤防、穿堤建筑物、排涝泵站；河道检查重点为河面日常管护、沿河配套建筑物现状，沿江涵洞、排涝泵站维修、保养、日常维护工作。针对检查中发现的问题，及时采取工程措施和非工程措施，确保全环节不发生纰漏。落实防汛物资储备工作，储备木材6立方米、编织袋8000只、集成袋50只、草包2000只、彩条布400平方米、土工布500平方米、钢管200根。汛期，未发生重大险情，实现平稳度汛。（芦玉杰）

【高桥镇企业家座谈会】 2022年4月25日，高桥镇邀请企业家代表召开座谈会，贯彻落实“产业强市”一号战略，分析企业发展面临的形势和机遇，增强企业加快发展的信心和决心。座谈会中，与会企业家介绍企业发展计划、企业困难以及需要政府协调解决的问题，高桥镇相关负责人通报全镇经济工作情况，介绍农行信贷政策、企业优惠政策、科技政策、高新技术企业申报等方面信息。（芦玉杰）

2022年高桥镇骨干企业情况表

表24　　单位：万元

企业名称	产值	销售收入	利税
镇江爱可信皮业有限公司	3441	3441	193
镇江宏联电工有限公司	34531	33229	2215
镇江正军电器有限公司	10046	9760	534
江苏新威电子有限公司	4146	4163	109
镇江永乐裘皮有限公司	6039	6039	296
振兴海洋船舶重工有限公司	8884	8884	445
镇江高海生物药业有限公司	7431	6621	2455
镇江恒源木业有限责任公司	2731	2731	99
江苏八达电子有限公司	1978	1850	152
镇江旺达鞋业有限公司	4317	4522	163
镇江德倪鞋业有限公司	3640	3622	149
镇江市丹徒科达医疗用品厂	4304	3965	186
镇江河海新型材料有限公司	1711	1423	32

（田爱芬　芦玉杰）

辛丰镇

【概况】 辛丰镇位于镇江市丹徒区东南部，东邻镇江新区丁岗镇，南邻丹阳市经济开发区，西邻谷阳镇，北邻京口区谏壁街道。总面积79.4平方千米，耕地面积2708公顷，集镇面积5.5平方千米，辖行政村15个、居委会1个。2022年末，总户数18151户、总人口46523人(其中男性22937人、女性23586人)。人口出生率1.12‰。

综合经济指标　实现地区生产总值67.68亿元，比上年增长3.45%，其中第一产业增加值4.29亿元、第二产业增加值45.66亿元、第三产业增加值17.73亿元。公共财政预算收入9537.31万元，公共财政预算支出3951.62万元。完成固定资产投资4.42亿元，比上年降低4.3%，其中制造业投资3.05亿元，增长13.38%。

农业 实现农业总产值8.02亿元。粮食总产2.23万吨，油料总产746吨，蔬菜总产7933吨，水产品总产718吨，出栏生猪2823头、羊445只、家禽1346万羽。水利、农田基础建设投入1050万元，实施农田改造200公顷(3000亩)，新修农田排灌渠道9.18千米，新建排灌泵站15座。

工业 全镇有工业企业1208家，职工总数1.88万人。实现工业应税销售收入35.66亿元，实现规模以上工业总产值34.84亿元。年销售额2000万元以上企业52家，实现利税2.77亿元。

集镇建设 投入资金约8万元，集镇范围新增补划公共停车位(含自行车位)600余个，满足群众停车需求；投入资金2万元，划设店外经营“一米线”，规范临街商户合规经营；投入资金20余万元，改造出新集镇公厕4座；投入资金约10万元，改造出新垃圾箱7座；投入资金13万元，采买10吨级垃圾转运箱1个，提高中转站垃圾清运能力；投入资金约1万元，在集镇垃圾房附近安装视频监控设备，解决乱倒工业垃圾、垃圾外溢等问题；投入资金约10万元，补种绿化2600平方米；投入资金约346万元，新建污水管网5.1千米，改善集镇商铺、住宅污水排放设施；投入资金12万元，提档升级集镇路段路灯；投入资金15万元，修复集镇沥青路面1631平方米。

科技与社会事业 全镇有科技人员810人，其中初级技术职称135人、中高级技术职称312人。有中学2所、小学2所、幼儿园2所，在编教职工229人，在校中学生805人、小学生1909人。有卫生院1所，病床100张，医卫人员127人。有文体活动中心1个，影剧院1座。参加新型农村合作医疗2.83万人，当年减少263人。

人民生活 农民年人均可支配收入33052元，职工人均可支配收入51086元。农民人均住房面积67平方米，集镇居民人均住房面积49平方米。

(姜国平 杜 琨)

【水环境治理】 2022年，辛丰镇采取多项举措，推进水环境治理。完成河东片区与河西片区主管网建设，铺设主管网15.8千米；围绕运河两侧，新建16个自然村的农村生活污水处理设施；推进辛丰镇集镇商铺、小区污水纳管工程，修建支管网5.1千米、砌筑井453座、隔油池18座、化粪池2座，涉及商铺约320家、居民小区8家，纳管率80%以上；开展华村沟雨污水分流改造，完成污水管网建设500米和相关污水纳管工作，新建雨水管网200米，完成雨水沟清淤300米和场地道路恢复，完成破坏缺失绿地补植。年内，镇域内运河水质持续稳定在三类水及以上水平。 (姜国平 杜 琨)

【南岗中心河整治】 2022年，辛丰镇完成南岗中心河整治工程。该项目总投资68.2万元，完成河道疏理清淤1.50千米，完成河道两侧岸坡清障清杂、坡面整理，新建厂区段东侧岸坡挡墙120米，有效缓解河道防洪排涝、灌溉供水、水生态压力，改善村庄的生态环境。 (姜国平 杜 琨)

【龙山河达村入选第六批中国传统村落名录】 2022年10月，辛丰镇龙山行政村所辖河达自然村入选第六批中国传统村落名录。河达自然村有600余年历史，建筑物大多为清朝晚期至民国期间修建，集中连片分布有尹氏宗祠、大悲禅院、朱氏宗祠等从清朝乾隆年间一直到民国时期的祠堂、寺庙和民居等老建筑26处，面积约8000平方米。另有尹焞夫人墓、古戏台、古井、古桥、古树等古遗存6处。当地流传有朱元璋与八字斜门等传说，“圣玉三娘”元宵祈福巡游有着300年以上的历史传承，民间音乐“蹦鼓”至少有300余年历史，河达神龙义务消防队的“祭龙”民俗活动历史在百年以上。

(姜国平 杜 琨)

【冷遹纪念馆入选镇江《廉洁文化地图》】 2022年，辛丰镇冷遹纪念馆入选镇江市纪委监委《廉洁文化地图》。冷遹纪念馆位于该镇黄墟村，于2004年在爱国民主人士、政治活动家冷遹先生旧居基础上改建而成，由李岚清题写馆名。纪念馆占地面积约1万平方米，其中展厅建筑面积3600平方米，设有冷遹先生生平陈列展览、冷遹先生旧居展、民族先贤陈列馆、黄墟农村改进试验区陈列展、中华职教社史料陈列馆、黄墟乡村师范学校校史陈列馆等主题展厅9个。

（姜国平　杜　琨）

【辛丰镇企业参与行业标准起草】 2022年4月1日，JC/T　2621-2021《污泥陶粒》建材行业标准开始实施。镇江雅盛节约环保有限公司参与该标准文本起草，是辛丰镇首家参与国家行业标准制定的公司。

（姜国平　杜　琨）

【辛丰法庭“人大代表联络工作室”揭牌】 2022年7月1日，镇江市首家驻人民法庭“人大代表联络工作室”在辛丰法庭揭牌成立。该工作室以“倾听民意、监督司法、协同解纷、共护平安”为工作目标，加强法庭与人大代表之间的联系，提供高效便捷的沟通联络平台，促进法庭公正司法，并实现人大代表对法庭工作的常态化监督。

（姜国平　杜　琨）

2022年辛丰镇骨干企业情况表

表25　　单位：万元

企业名称	产值	销售收入	利税
江苏希西维轴承有限公司	50148	54306	2762.2
西卡（江苏）建筑材料有限公司	38083	35074	1501.1
江苏苏建路桥机械有限公司	23299	23929	243.27
江苏柏菲特精密科技有限公司	20970	20970	449.83
上豪包装机械（镇江）有限公司	13459	12874	871.99
镇江旭日能源有限公司	13153	19538	55.41
镇江华浩通信器材有限公司	12707	12274	413.81
镇江亨威混凝土有限公司	10709	10397	322.63
江苏铭宏道路材料有限公司	7962	6846	131.3
江苏钱潮轴承有限公司	7957	8168	275.92
镇江通达精密制造有限公司	7335	7335	181.61
镇江强丰新材料科技有限公司	6645	6645	65.1
镇江斯威特金属制品有限公司	6447	6447	180.19
镇江市胜超电子有限公司	6052	6052	123.51
镇江市华展电子科技有限公司	5828	5877	144.03
镇江市丹徒区百盛制刷厂	5756	5756	82.34
镇江市黄墟锚链有限公司	5514	5525	139.93
镇江润茂钢球有限公司	4862	4862	181.61
镇江宝瑞轴承有限公司	4456	4456	78.34
镇江拓天节能科技有限公司	3677	3658	148.9
镇江市丹徒区鑫凯铜业有限公司	3630	3260	6.75
江苏甬润工具有限公司	3394	3654	105.61
镇江安邦电子有限公司	3216	3215	223.62
镇江市雅盛节能环保材料有限公司	3201	3201	161.75
镇江华鑫科技新材料有限公司	3183	3313	88.35

续表 25

企业名称	产值	销售收入	利税
镇江博罗仕电子有限公司	3062	2916	65.2
镇江苏禾容器有限公司	3017	2669	38.16

（姜国平 杜 琨）

谷阳镇

【概况】 谷阳镇位于镇江市丹徒区中部，南与上党镇、丹阳市毗邻，东与辛丰镇交界，西接宜城街道，北与丹徒新城相连。总面积55.6平方千米，耕地面积1800公顷(2.7万亩)，辖行政村12个、居委会1个。年末总户数9786户、总人口26765人(其中男性13070人、女性13695人)。人口出生率5.93‰，死亡率8.3‰。

综合经济指标　地区生产总值30.67亿元，比上年增长1.2%，其中第一产业增加值1.8亿元、第二产业增加值18.8亿元、第三产业增加值9.86亿元。公共财政预算收入6908.77万元，公共财政预算支出3142.69万元。

农业　农业总产值3.71亿元。粮食总产1.47万吨，蔬菜总产1790吨，水产品总产1219吨，果品总产770吨，出栏生猪2665头、羊2690只、家禽25.1万羽。水利、农田基础建设投入1735万元，实施农田改造133.3公顷，新修农田排灌渠道2000米。

工业　全镇有工业企业413家，其中规模以上工业企业21家、高新技术企业7家，职工总数1.44万人。完成规模以上工业总产值18.8亿元，销售收入26.56亿元，实现利税9812万元。完成固定资产投资6163万元，比上年减少28.88%。年销售额万元以上工业企业25家，拥有固定资产7.9亿元，职工2042人。

科技与社会事业　全镇有科技人员483人，其中初级技术职称526人、中高级技术职称217人，年内获科技成果7项。有中学2所、小学1所、幼儿园2所，教职工370人，在校中学生1853人、小学生936人。有卫生院1所，病床34张，医卫人员67人。有文体活动中心14个。自来水普及率100%。全镇村村通公路。参加农村社会养老保险2996人，其中当年新增110人。参加新型农村合作医疗17187人，参保率100%。

人民生活　农民年人均纯收入29036元，职工年人均可支配收入55245元。农民人均住房面积46平方米，集镇居民人均住房面积35平方米。人均储蓄9.5万元。

（韩沁怡）

【镇域融合发展】 2022年，谷阳镇采取多项举措，推进镇域融合发展，丹徒高新园、谷阳镇一体化发展格局加速呈现。围绕体制机制融合，深化资源整合、部门联动，推进基层整合审批服务执法力量改革，通过社会公开招考优化镇村人才队伍。围绕产业项目发展，3个重点产业和“双百计划”项目(丹徒区推进“双百计划”，每年招引实施100个产业项目，完成100亿元产业投资)全部开工建设，累计完成投资2.05亿元；盘活金苹果家具闲置土地2公顷(30亩)、厂房1.5万平方米。围绕园区项目服务，推进新冠肺炎疫情防控期间货运车辆保畅工作，规范化接送车辆超1000余次；开展暖心助企走访活动，收集企业反馈困难35件，形成“走访、收集、反馈、协调”闭环服务，优化区域营商环境。围绕园区和镇村共建，12个行政村、14家企业单位实现村企联建，推进恒顺米业、草坪种植、厂房扶贫等村企合作项目，形成村企双方资源共享、优势互补、联动发展格局。

（韩沁怡）

【镇村环境】 2022年，谷阳镇采取多项举措，围绕生态宜居，改善镇村环境面貌。围绕“严控污染增量，盘活土地存量”目标，开展笔刷、物资回收、塑料粒子、木制品和厂中厂等“4+1”污染攻坚整治行动，关停取缔企业41家，整治提升企业79家；打击偷倒固废行为10余起，整治提升露天烧烤8家，落实重点点位工地扬尘管控措施17处。抓好城镇污水处理提质增效，金阳花苑、怡景苑2个小区雨污分流改造完成，三山集镇污水管网改造进场施工；跃进河等水体“黑臭”现象全面消除。采取“原状拓、块状建、点状平”3种模式推进生态殡葬改革，完成金河、莱村、东湖、湖马4个村生态葬试点，改造老坟地3400平方米，新建墓穴710个。建成“四好”(建好、管好、护好、运营好)农村路6条，创成“美丽宜居村庄”8个，新建高标准农田766.67公顷(1.15万亩)，完成农村污水处理设施建设16个，创成省级“生态文明建设示范乡镇”。（韩沁怡）

【“散乱污”企业治理】 2022年，谷阳镇通过第三方专业机构和镇、村网格，调查摸底全镇及丹徒高新园480家企业，上报“散乱污”企业120家(含工业“散乱污”企业110家)，其中笔刷企业66家，塑料粒子企业19家，物资回收企业10家，油脂回收加工企业4家，石材、建材、家具等行业企业21家。结合处置意见，关停取缔41家，完成率100%；整治提升79家，完成率96%。（韩沁怡）

【民生保障】 2022年，谷阳镇采取多项举措，围绕民生保障，提升群众生活品质。开展全员核酸检测5轮，加强新冠肺炎疫情防控。围绕安全生产各专项领域，累计排查隐患1429条，完成整改1394条。推进民生实事，完成金东路、湖滨路改造升级，谢巷桥原址新建，团结河清淤整治，立新河生态修复，谷阳镇新时代文明实践所、谷阳镇社区教育中心提档升级等工程。笔刷集中区绿岛项目进入试运行阶段，跃进河两侧道路黑色化改造及周边生态升级工程进入招投标阶段。上下湖水环境综合整治、农村生活污水治理等工程有序推进。（韩沁怡）

【综合治理】 2022年，谷阳镇采取多项举措，确保社会大局和谐稳定。围绕遏制增量、化解存量，完成卫片违法用地整改8宗，完成土地报批3.29公顷(49.3亩)，拆除违章建筑3宗4000平方米，复耕土地1.32公顷(19.8亩)。日常巡查发现违章建筑6宗1850平方米，全部拆除复耕到位。开展社会矛盾风险隐患拉网式大排查大起底大化解专项活动，围绕征地拆迁、土地流转、企业欠薪等重点领域和关键环节，处置各类社会矛盾15件，确保社会形势平稳有序。（韩沁怡）

【农房改善】 截至2022年底，谷阳镇完成农房系统性排查6631户，其中经营性自建房255户，居住、办公农房6376户。经相关机构鉴定，有5户存在隐患，均为D级。年内完成加固修建3户，剩余2户无人居住空置房均设置安全提醒标志。改善仅有一宅的家庭居住条件，完成农房改善1户。（韩沁怡）

【民生实事】 2022年，谷阳镇为民办实事的项目有8件，分别为团结河清淤整治工程、三山集镇污水管网提升工程、上下湖水环境综合整治一期工程、谢巷桥原址新建工程、镇新时代文明实践所和社区教育中心提档升级工程、立新河生态修复工程、新建高标准农田133.33公顷(2000亩)、打造“美丽宜居村庄”4个。截至年底，团结河清淤整治、三山集镇污水管网提升、上下湖水环境综合整治一期、谢巷桥原址新建、镇新时代文明实践所和社区教育中心提档升级、立新河生态修复等工程基本完成；133.33公顷(2000亩)高标准农田建设进场施工，年内完成总进度80%以上；华村“美丽宜居村庄”建设部分工程进场施工，湖滨村“美丽宜居村庄”建设完成验收。（韩沁怡）

2022年谷阳镇骨干企业情况表

表26　　单位：万元

企业名称	产值	销售收入	利税
镇江大力液压马达股份有限公司	39339	39345	585

续表 26

企业名称	产值	销售收入	利税
江苏镇德电力设备有限公司	20447	20447	505
江苏领先电子有限公司	13207	12920	798.42
镇江合力汽车紧固件有限公司	26189	26090	1593.87
鑫华晟包装材料有限公司	15451	14219	44.14
镇江银海科技材料有限分公司	9466	9466	51
镇江市盛达冷轧焊管有限责任公司	6176	6177	70
江苏联盟信息工程有限公司	9480	9500	85
江苏晋工机械有限公司	10455	10128	176.57
镇江天爱钼业有限公司	5974	6500	62

（韩沁怡）

上党镇

【概况】 上党镇位于镇江市丹徒区南部，南连宝堰镇，东临丹阳市，西接句容市，北倚谷阳镇。总面积112.6平方千米，耕地面积3703公顷，集镇面积7.75平方千米，辖行政村15个、居委会2个。年末总户数16106户，总人口47969人(其中男性23489、女性24480人)。

综合经济指标　地区生产总值56.99亿元，比上年增长2%。其中第一产业增加值3.61亿元、第二产业增加值30.3亿元、第三产业增加值23.08亿元。“批零住餐”等指标均实现正增长，完成镇十六届人大一次会议确定的各项目标任务。一般公共预算收入9466万元(还原退税后)，增长13.8%，一般公共预算支出2939万元。

农业　农业总产值6.75亿元。粮食总产27331吨，油菜籽总产2462吨，蔬菜总产8689吨，水产品总产2486吨，果品总产2617吨，出栏生猪18752头、羊3155只、家禽284万羽。水利建设投入1110万元，实施小水库维修及“精细化”管理提档升级8座，新修农田排灌渠道255米，维修养护排涝及灌溉泵站19座，维修各类涵闸14座，疏浚整治塘坝3座，新建拦蓄水建筑物6座，翻建乡村展示房屋3栋429平方米及场地硬质铺装749平方米，新建农业机库设施1栋1920平方米及混凝土道路750平方米。

工业　全镇有工业企业237家，职工总数5362人。完成规模以上工业总产值83.45亿元，销售收入78.32亿元，实现利税3.69亿元。完成固定资产投资6.6亿元，比上年增加17.2%，其中规模以上工业固定资产投资4.85亿元，比上年增加91.4%。年销售额2000万元以上企业39家，拥有固定资产14.8亿元，职工3869人，其中私营企业36家，年产值17.96亿元，实现利税1.13亿元。

镇村建设　新增区级“美丽宜居村庄”9个，完成自然村污水管网建设2个，新增生态河道2.46千米，提档升级上牧线、东贪路等农路4.9千米，完成户厕改造1000户。推进危房改造工作，摸排C级危房、D级危房76户，完成工程性整治30户。完成存量及新增违法用地整改32宗9.23公顷(138.43亩)，拆除违法建筑5处750平方米。

科技与社会事业　全镇有科技人员286人，其中初级技术职称173人、中高级技术职称110人，年内获科技成果5项。有中学2所、小学1所、幼儿园2所，教职工271人，在校中学生835人、小学生1201人。有卫生院1所，病床160张，医卫人员115人(含村级医卫)。有文体活动中心2个，影剧院1座。自来水普及率100%。全镇村村通公路。参加农村社会养老保险25983人，当年新增202人。参加新型农村合作医疗33956人，参保率69.3%。

人民生活 农民年人均纯收入28524元，职工年人均可支配收入47689元。各项储蓄存款余额1.98亿元，人均储蓄3942元。（胡 焘）

【**项目建设**】 2022年，上党镇优化营商环境，组建对企联系服务小组，落实“定期走访”“帮办代办”“联席协调”等项目服务机制，保障项目建设。全年重点产业项目12个，开工11个，累计完成投资5.16亿元。其中，厦泰电子车用LED光源模组制造项目地块完成土地不动产权证、建设工程规划许可证办理，海威迈信年产290台道路标线除线工程设备生产项目、元沣机械工程车专用设备研发制造项目、鑫捷环保资源综合利用项目完成厂房主体封顶，其他项目均按序时进度推进。全年签约1亿元以上项目6个。（胡 焘）

【**乡村振兴**】 2022年，上党镇采取多项举措，推进乡村振兴。启动省级现代农业产业高质量发展示范园项目建设，3个投资1000万元以上项目有序推进。开展古洞、东沛、薛村等村高标准农田建设374.67公顷(5620亩)，完成上党村高标准农田建设133.33公顷(2000亩)。获批并实施坞庄“美丽库区·幸福家园”三期项目。深化村级集体经营性收入提升行动，全年村集体经营性收入1565.09万元，比上年增加104.34万元。（胡 焘）

【**民生福祉**】 2022年，上党镇坚持以人民为中心的发展思想，加大民生投入，发放各类生活补贴、救助金1220余万元，涉及低保家庭296户、分散供养特困对象131户、困难家庭380户、残疾人1234人、精神疾病患者166人。做好退役军人权益保障、拥军优属工作，完成退役军人优待证申领发放。推动上党村、薛村村、敖毅村居家养老服务中心规范化建设和运行，创成AAA级居家养老服务中心1个、省级“关爱儿童之家”1个。打造“15分钟医保服务圈”，建立医疗保障服务点15个，实现村级全覆盖。面对数十年未遇的局部旱情，采取多级翻水措施，全力以赴保障农业灌溉用水，获得群众认可。（胡 焘）

【**生态环境**】 2022年，上党镇制定《上党镇环境保护网格化监管实施办法(试行)》，整治突出生态环境问题。常态化开展巡查监管，全年开展夜查120余次，提升全镇整体环保水平。破获固体废弃物倾倒污染环境案4起，抓获刑事作案嫌疑人15人，追缴案件资金70.1万元；整治提升建材、沙场堆场27家，取缔关停“散乱污”企业(含物资回收企业)69家；基本完成农村生活垃圾收运处置体系，乡村面貌焕然一新；9件中央生态环保督察交办信访问题全部整改完成；落实“河湖长制”工作要求，开展河塘清淤和水环境治理，改善全镇重点河道水质。（胡 焘）

【**社会治理**】 2022年，上党镇落实新冠肺炎疫情防控响应机制，开展各项新冠疫情处置工作，加大疫苗接种工作力度，确保新冠疫情防控平稳过渡。开展安全生产风险隐患大起底、大排查、大整治“百日攻坚”行动，全年组织开展安全生产培训3次，大检查及专项行动26次，完成企业安全生产风险报告填报295家，排查整治各类风险隐患675条。加大违法用地处置力度，完成存量及新增违法用地整改32宗9.23公顷(138.43亩)，拆除违法建筑5处750平方米。多元化解矛盾纠纷，全年受理矛盾纠纷470件，调处成功465件，调解成功率98.9%，社会大局和谐稳定。（胡 焘）

2022年上党镇骨干企业情况表

表27　　单位：万元

企业名称	产值	销售收入	利税
江苏欧文斯彩砂科技有限公司	7069	7069	577
镇江市古洞热镀有限公司	2924	2836	232

续表 27

企业名称	产值	销售收入	利税
镇江新光新材料科技有限公司	7871	7824	269
镇江市丹徒区天润碳素有限公司	16507	16510	2613
海纳川海拉电子（江苏）有限公司	30021	30021	1539
镇江标网电力设施配套有限公司	4091	4666	84
鑫运新材料（江苏）有限公司	2117	2837	510
江苏宝山重型机械制造有限公司	2347	2102	333
镇江鸿泽杆塔有限公司	7093	7683	146
镇江市迈琪汽车零部件有限公司	5373	5372	182
镇江市丹徒区环宇轧辊厂	5471	5284	339
北汽蓝谷麦格纳汽车有限公司	507585	471279	22534
镇江市鑫源热镀锌有限公司	3628	3411	259
德必隆（镇江）新材料科技有限公司	2840	2840	-141
镇江市丹徒区华龙彩砂厂	1779	1607	128
江苏路鑫达交通设施有限公司	3247	2930	25
镇江新浪潮精密机械有限公司	1103	1244	21
江苏万源新材料有限公司	8678	8678	-603
镇江市丹徒区金港墙材有限责任公司	2243	2155	282
镇江兴盛铸钢有限公司	3194	3529	217
镇江市华铖旅游用品有限公司	13656	11152	317
江苏振光电力设备制造有限公司	117270	102931	1881
江苏语诣光电科技有限公司	8441	10476	849
镇江市丹徒区广发建材厂	3384	3179	504
镇江盛德钢结构有限公司	5993	6055	257
镇江云帆包装有限公司	7167	7150	466
镇江巨茂分子筛有限公司	2297	2306	117
江苏佳创纳米科技有限公司	3533	3446	4
镇江元沣机械设备有限公司	5419	5176	514
镇江宝宜复合新材料有限公司	4813	4813	304
镇江华端电气设备有限公司	3342	3208	223
江苏天沃新能源科技有限公司	2063	2031	79
江苏泊乐重工科技有限公司	1682	767	131
镇江金豪路桥配套工程有限公司	3073	3248	-285
江苏润浩复合材料有限公司	2022	2022	60
江苏环宇冶金科技有限公司	2559	2604	282
镇江越辉新材料有限公司	14350	14550	1387
江苏荣顺园科技有限公司	4511	3725	-26
镇江德海工业材料有限公司	3751	4055	616

（胡　焘）

宝堰镇

【概况】 宝堰镇位于镇江市丹徒区南郊，南连荣炳盐资源区，东临丹阳市延陵镇，西接句容市春城镇，北倚句容市白兔镇。总面积40.19平方千米，耕地面积1786公顷，集镇面积2.5平方千米，辖6个行政村。年末总户数8485户、总人口22739人(其中男性11275人、女性11464人)。

综合经济指标 地区生产总值17.5亿元，其中第一产业增加值2.49亿元、第二产业增加值6.63亿元、第三产业增加值8.37亿元。全年实际利用外资1487万美元，是近年来首笔实际利用外资。

农业 农业总产值4.66亿元。全年粮食总产18687吨，油料总产406吨，蔬菜总产8143吨，水产品总产2229吨，果品总产483吨，出栏生猪25339头、羊147只、家禽5.2万羽。

工业 全镇有工业企业67家，职工总数1276人。完成规模以上工业总产值4.96亿元，实现销售收入4.9亿元。其中，规模以上工业总产值、工业应税销售较2019年增幅明显，分别增长124%、46.7%。研发经费支出470万元，较2019年增长470%。完成固定资产投资3.8亿元，比上年增长52%。年销售额2000万元以上企业8家，拥有固定资产0.53亿元，职工425人，实现利税2135万元。私营企业95家，从业人员1424人。个体工商户390户，从业人员778人。

项目建设 全镇新签约1亿元以上项目3个(螺蛳生态养殖、华润渔光互补、现代农业产业科创园孵化项目)，总投资7.3亿元。

镇村建设 采取多项措施，加大文体事业投入。新建团结村体育文化广场，启动宝堰东进体育公园建设。提档升级农村道路5.43千米，其中惠民路2.2千米、刘庄三线0.88千米、鲁禄线1.15千米、宝团线南宫段1.2千米。完成265省道进镇节点建设工程，在鲁溪蒋岗、前隍设独立广告牌。完成辖区内四类桥升级改造5座、五类桥升级改造8座，确保百姓出行安全。

科技与社会事业 全镇有中学1所、小学1所、幼儿园1所，教职工82人，在校中学生230人、小学生494人。有卫生院1所，病床40张，医卫人员40人。有文体活动中心6个，新增4个。自来水普及率100%。全镇村村通公路。参加农村社会养老保险总人数9206人。 （蒋 璐）

【宝堰镇入围省级地名文化遗产名单】 2022年10月24日，江苏省民政厅、江苏省住房和城乡建设厅、江苏省交通运输厅、江苏省水利厅、江苏省文化和旅游厅、江苏省地方志编纂委员会办公室6个部门联 合公布《关于2022年省级地名文化遗产评定结果的公示》，发布江苏省首批省级地名文化遗产名单。宝堰镇入围其中的古镇地名，是镇江市唯一入围古镇地名的单位。 （蒋 璐）

【高效农业】 2022年，宝堰镇推进全国农业产业强镇二期项目建设，完善稻米产业基础设施配套，实施宝堰农创园内部功能性改造，助推农业产业提质增效。完成夏粮种植面积1173.33公顷(1.76万亩)、秋粮种植面积1613.33公顷(2.42万亩)，完成全年粮食生产目标任务。加快“大宝堰福”农产品区域公用品牌建设，与丹徒云上供销合作，升级产品包装并推出“宝堰干拌面”2.0版，推广宝堰特色美食。（蒋 璐）

【环境治理】 2022年，宝堰镇强化突出生态环境问题整改，推进“散乱污”(不符合产业政策、不符合当地产业布局规划、未办理发改、土地、规划、环保、工商、质监、安监、电力等相关审批手续，不能稳定达标排放)现象整治，拆除违法码头2家，关停废品收购站28家、轧石厂3家、旧衣物回收点4家；受理镇江市污染防治平台环保信访件27起，全部处理完成，群众满意率100%。开展$PM_{2.5}$排放治理专项行动，深化省控断面水质达标治理工作，完成太湖流域21个排污口整治任务。 （蒋 璐）

【民生建设】 2022年，宝堰镇采取多项措施，保障和改善民生。实施民生工程6个，新建成区级“美丽宜居村庄”7个。全年保障低保人员100户155人，发放低保资金112.57万元；保障特困人员87人，发放特困人员补助97.96万元；救助困难群众183人，发放救助资金6.87万元。举办“崇文重教”活动，募集乡贤善款10万元，奖励和帮扶在中考、高考中表现出色的困难学生43人以及困难家庭儿童7人。（蒋　璐）

2022年宝堰镇骨干企业情况表

表28　　单位：万元

企业名称	产值	销售收入	利税
镇江市宝堰汽配有限公司	2620	2620	295
镇江伟豪机械有限公司	2185	1893	210
镇江市长城碳素制品有限责任公司	19599	19099	976
镇江市华星刀具制造有限公司	3811	3300	205
江苏春迈新型建筑材料科技有限公司	922	922	−136
江苏河冶工具有限公司	5043	5043	65
江苏朗悦新材料科技有限公司	4908	5587	169
镇江镇宇金属制品有限公司	1256	1256	48
镇江宏立电力设备制造有限公司	2619	2619	−162
镇江康林电器有限公司	2353	1952	230
镇江市鼎润金属制品有限公司	935	1324	−236
镇江鑫能光伏电力有限公司	3313	3356	382

（蒋　璐）

世业镇

【概况】 世业镇位于镇江西部，四面环江，南对高资街道、润州区七里甸街道，北对扬州市邗江区，润扬大桥穿境而过，总面积53平方千米，其中圩内面积30平方千米，耕地面积1303公顷，集镇面积1.2平方千米，辖行政村5个。年末总户数4635户、总人口13799人。人口出生率2.52‰，死亡率6.3‰。

综合经济指标　地区生产总值10.42亿元，其中第一产业增加值1.73亿元、第二产业增加值0.18亿元、第三产业增加值8.51亿元。公共财政预算收入1299万元，公共财政预算支出2840.51万元。

农业　农业总产值3.24亿元，粮食总产9904吨，油料总产218吨，蔬菜总产11638.3吨，水产品总产1178吨，果品总产749.58吨，出栏生猪332头、羊36只、家禽31410万羽。新建生态挡墙2.5千米，维修灌溉泵站4座，铺设沙石路370米，疏浚整治河道410米，完成土石方1.05万立方米。

旅游业　旅游企业营业收入1.5亿元，比上年增长31.2%。旅游接待总人数85.7万人，旅游业就业人数657人。全镇有餐饮类经营实体11家、乡村旅游类经营实体14家、住宿类经营实体5家，其中丰盛园、卫星村民族风情园是江苏省三星级乡村旅游区，开心农场是江苏省四星级乡村旅游区。

集镇建设　有中型超市3个。年邮政业务近500万元。有线电视用户862户。新修农村道路12.6千米。

科技与社会事业　全镇有科技人员288人，其中初级技术职称192人、中高级技术职称96人。有实验学校1所，教职工59人，有中学在校生177人、小学在校生329人。有幼儿园1所，入园儿童128人，教职工24人。有卫生院1所，病床30张，医卫人员43人。有文体活动中心6个。自来水普及率100%。全镇村村通公路。参加城乡居民基本养老保险3826人，参加城乡居民基本医疗保险8645人，享受城乡居民最低生活保障保险182人。

人民生活　农村居民人均可支配收入29811.7元，农民人均住房面积44.6平方米。（王潇亚）

【产业发展】 2022年，世业镇经济运行稳中有进，全年完成地区生产总值10.41亿元，完成一般公共预算收入1299万元，实现固定资产投资3.5047亿元，实现社会消费品零售总额6亿元。新增城镇就业人数93人，新增规模以上服务业企业1家、限上批零住餐(限额以上批发、零售、住宿和餐饮企业)企业1家。全年引进1亿元以上项目3个，计划总投资1.7亿元。蝴蝶兰研发育种组培及建设相关配套项目、润扬大桥服务区酒店扩建项目等重点项目按照序时进度全部完成。　(王潇亚)

【高效农业】 2022年，世业镇采取多项举措，发展高效农业，提高农产品质量安全，超额完成全年农产品检测任务，农药残留检测合格率100%。加大优质项目储备和招引力度，李尚樱桃高效栽培农业基地重点项目完成签约。加大小麦新品种推广力度，镇江镇麦15示范片小麦实测平均亩产576公斤，创造截至2022年苏南地区小麦亩产最高纪录。(王潇亚)

【民生建设】 2022年，世业镇采取多项举措，推进民生建设。全年完成低保核查111户、特困人员核查18人，通过翻建、维修等方式改善农房15户。新建东大坝桥、新河桥，方便百姓出行。“美丽宜居村庄”项目通过全区首批验收考核4个，卫星村二十二圩完成市级“特色田园乡村”创建申报。推进“农村人居环境整治”攻坚战，投资310万元实施跃进河南段水环境治理提升工程，完成岸坡整治1.82千米。落实“共抓大保护、不搞大开发”战略，实行网格化管理模式，全镇23名网格员实行定岗定责管理制度，确保长江禁捕工作落到实处。拆除“散乱污”企业2家，拆违1万平方米，提升世业镇生态环境。　(王潇亚)

【法治建设】 2022年，世业镇加强法治建设，提升依法行政能力。建立司法所、服务对象与法律顾问重大问题实时沟通、定期会商的工作协调机制，确保服务质效。通过“定点+走访”“线上+线下”服务模式，扩大法律援助服务范围，加快实现全镇低收入人群全覆盖进程。创建“丹心惠农”公共法律服务品牌，引入专业公益法律服务团队为居民提供专业、优质公益法律服务。完善普法宣传载体建设，组织驻村律师有针对性地开展以案释法、《中华人民共和国民法典》宣讲活动。依托全要素网格化社会治理平台，开展形式丰富的法治宣传活动，扩大普法受益对象范围。　(王潇亚)

高资街道

【概况】 高资街道位于镇江市丹徒区西郊，南连上党镇，东临润州蒋乔街道，西接句容下蜀镇，北倚长江。2022年末，高资街道总面积93.66平方千米，耕地面积1718公顷，集镇面积6.4平方千米，辖行政村12个、居委会1个。年末总户数14492户、总人口39468人(其中男性19309人、女性20159人)，有少数民族18个、196人。人口出生率3.05‰，死亡率11.5‰，自然增长率−8.1‰。

综合经济指标　地区生产总值107.65亿元，比上年增3.8%，其中第一产业增加值3.38亿元、第二产业增加值71.59亿元、第三产业增加值32.69亿元。公共财政预算收入3.34亿元，公共财政预算支出0.84亿元。

农业　农业总产值6.31亿元。粮食总产7921吨，油料总产1658吨，蔬菜总产17348吨，水产品总产1412吨，果品总产1428吨，出栏生猪8610头、羊176只、家禽18.1万羽。水利、农田基础建设投入396万元，维修农田排灌渠道6.5千米。整治乡级河道15千米，完成土石方3.65万立方米；整治农村河道2.4千米，完成土石方0.86万立方米；整治农村河塘16个，完成土石方1.45万立方米。

工业　全镇有工业企业320家，职工总数9680人。完成规模以上工业总产值185.34亿元，销售收入196.53亿元，实现利税9.68亿元。完成社会固定资产投资19.08亿元，增长0.03%，其中规模以上工业固定资产投资9.92亿元，增长33.5%。年销售额2000万元以上企业48家，拥有固定资产192.7亿元，职工5042人，实现利税11.41亿元。私营企业191家，年产值172亿元，实现利税31.4亿元。个体工商户1398户，从业人员2997人。外商投资企业8家。

集镇建设 集中关闭非法轧石企业31家。摸排“散乱污”企业情况，其中关闭取缔类“散乱污”企业43家、整治提升类“散乱污”企业46家。编制45个自然村污水处理设置方案，排查整治建成区“小散乱”排水户116户，解决污水处理问题。年邮政业务143.54万元，电话普及率100%。有线电视用户7312户，当年新增40户，有线电视覆盖率92%。

科技与社会事业 全镇有科技人员445人。有中学2所、小学2所、幼儿园2所，教职工286人，在校中学生623人、小学生1179人。有卫生院1所，病床52张，医卫人员53人。有文体活动中心13个。自来水普及率100%。全镇村村通公路。参加农村社会养老保险2860人，当年新增145人。参加新型农村合作医疗22484人，参保率100%。

人民生活 农村居民人均可支配收入28257元，城镇居民人均可支配收入57971元。农民人均住房面积47.3平方米，集镇居民人均住房面积45平方米。各项储蓄存款余额4.49亿元，人均储蓄10549元。 （车 路 戴 冰）

【水环境综合治理】 2022年，高资街道采取多项举措，推进水环境综合治理。实施集镇污水管网改造，解决集镇区域雨污合流、污水直排、水体富营养化等严重影响居民生活的环境问题。启动污水处理厂尾水利用工程，引入双仙河、中心河上游水源作为河道水补充，提高水体自净能力，改善水质不稳定、水动力不足等问题，提升水环境；完善高资小学、高资中学片区污水管网建设，接入雨污水管网系统，实现雨污分流，消除管网空白区；控制中心河水域污染物，改善水动力系统，打造景观节点，建成“鱼翔浅底、水清岸绿”的生态河道。（车 路 戴 冰）

【“高资视界”公众号】 2022年，高资街道加大“高资视界”公众号推广力度，年末公众号粉丝1.24万人。深化“高资视界”与群众沟通、互动相关功能，全年通过公众号后台收集群众意见建议86个，全部实现闭环处理；利用“高资视界”影响力和社会关注度，曝光违章建筑、违规违纪党员、“散乱污”整治等现象，在社会层面营造正面导向；整合社会资源，在公众号发布信息，征集党员、入党积极分子参与新冠疫情防控、网格治理等工作，全年建成网格工作室36个，在网格内招募平安志愿者202人。 （车 路 戴 冰）

【江苏省老年人体育节丹徒区高资分会场开幕式】 2022年7月16日，江苏省老年人体育节丹徒区高资分会场开幕式在高资小学举行。开幕式演出在龙狮共舞《龙狮欢腾》表演中拉开序幕，来自高资街道和各村的代表队为现场观众表演广播体操、旗袍秀、舞蹈等节目。年内，高资街道以此为契机，在全街道范围内倡导健康生活方式，开展各项老年体育活动，扩大老年健身队伍，提高老年人的生活质量，为老年人参与体育活动营造良好环境。

（车 路 戴 冰）

2022年高资街道骨干企业情况表

表29　　　　单位：万元

企业名称	产值	销售收入	利税
江苏镇江发电有限公司	232442.2	232442.2	56820.9
镇江李长荣高性能材料有限公司	97140.3	97140.3	17408
江苏鹤林水泥有限公司	336970.2	300242.7	97283
镇江城科新型建材有限公司	12836.9	12836.9	−40

续表 29

企业名称	产值	销售收入	利税
江苏苏菱铝用阳极有限公司	85504.5	76728.5	2762
全海宏业（镇江）石化有限公司	184986.3	178071.6	1583
江苏苏润高碳材股份有限公司	63277.7	61290.3	2679
江苏苏亚迪炭材有限公司	81126.1	68220.0	433
江苏北固海螺水泥有限公司	30965.6	30982.2	5201
二重（镇江）重型装备有限责任公司	97431.2	97157.2	−2891
江苏李裕碳素有限公司	18933.3	18933.3	−311
镇江利德尔复合材料有限公司	22396.0	255212	1527
中盐镇江盐化市有限公司	36228.5	36207.0	7228
中铸新材工业（江苏）有限公司	14943.0	13795.7	572
镇江建科建设科技有限公司	10583.9	13366.2	2956
镇江宏顺热电有限公司	12241.2	12241.2	−820
镇江市蓝火环保能源有限公司	12819.6	11970.4	208
江苏镇江发电有限公司	232442.2	232442.2	56820.9
镇江李长荣高性能材料有限公司	97140.3	97140.3	17408

（车　路　戴　冰）

宜城街道

【概况】 宜城街道为丹徒主城区，位于镇江市南部，东临丹徒高新园、谷阳镇，南与上党镇毗邻，西接高资街道，北与润州区官塘街道接壤。总面积58.3平方千米，耕地面积1863.5公顷，下辖村和社区14个，其中有行政村4个(西麓村、谷阳村、槐荫村、长山村)、“村改居”涉农社区5个(姚庄社区、驸马庄社区、缪家甸社区、光明社区、诈输社区)、城市社区5个(宜和社区、丹桂社区、崇文社区、丹盛社区、湖畔社区)，另有社区筹备组2个(长安社区筹备组、高校园区社区筹备组)。年末总户数16117户、总人口43157人(其中男性20948人、女性22209人)。人口出生率3.3‰，死亡率3.2‰，人口自然增长率0.1‰。

经济指标 地区生产总值54.03亿元，比上年增长12.86%，其中第一产业增加值1.46亿元、第二产业增加值4492万元、第三产业增加值52.13亿元。全年实现一般公共预算收入2.06亿元，一般公共预算支出3687万元。

农业生产 农业总产值2.72亿元。粮食总产1097吨，油料总产284吨，蔬菜总产2152吨，水产品总产365吨。疏浚河道3条2.16千米，完成土石方1.79万立方米。

社会事业 全街道有中学3所、小学5所、幼儿园11所，教职工1207人，在校中学生6580人、小学生8562人。有卫生院1所，医卫人员117人。有文体活动中心13个，影剧院2座。全街道村村通公路。参加新型农村合作医疗26317人，参保率97.26%。

人民生活 农民年人均纯收入29812元，职工年人均可支配收入60151元。农民人均住房面积102平方米，集镇居民人均住房面积62平方米。(董　飞)

【经济建设】 2022年，宜城街道依托宜城科创园、宝龙商圈等商业综合体，发展总部经济，培育税源，为一般公共预算收入增长注入源头活力。推动经济网格建设，建立税务指导员队伍，税费事项实现纳网管理，对接税费服务、税源调查、税费治理等工作。全年完成科技型中小企业备案5家，完成高新技术企业申报4家，入库入统批零住餐单位6家、房地产公司项目2家。全年实现一般公共预算收入2.06亿元，完成固定资产投资20.75亿元，完成规模以上服务业营业收入1.91亿元。（董　飞）

【民生事业】 2022年，宜城街道围绕民生需求，落实各项社会救助政策，关爱老年人、残疾人和困难群体的生活，开展持证残疾人、低保重残等人员信息核查工作，确保应保尽保。举办残疾人之家爱耳日、助残日、困境儿童节慰问等活动。认定就业困难人员517人，发放灵活就业补贴440人，办理一次性创业补贴63件、创业贷款13件。组织6家辖区企业参加“春风行动”线下招聘会。在全区率先开展退役军人优待证发放工作。开展重大节日期间退役军人走访慰问活动。跟进退役军人的就业、创业需求，鼓励退役军人参加市、区组织的各类招聘会。成立新城名苑、官庄新村等功能性“红色物业”党支部4家，申报省级示范“红色物业”1家、市级示范“红色物业”4家。（董　飞）

【城乡建设】 2022年，宜城街道推进乡村振兴工作，开展社区“政经分离”试点工作，制定社区“政经分离”试行办法，基本完成居委会和股份经济合作社的账务分离工作。规范村级“三资”（集体所有制下，农村集体所有的货币资金、资产和资源）管理，完善农村产权交易，发放惠农补贴5.85万元，发放农业支持保护补贴28.2万元。完成改厕任务103户。提升城市管理水平，常态化、长效化加强街面秩序管理和市容环境维护，巩固并提升瑞泰市场一条街、宝龙广场等重点区域的治理成果。规范铭基商贸城、大港中学、光明路等早餐点设置，打造光明路早餐疏导点。开展文明城市创建，完成东部城区所有主次干道、背街小巷、商业广场“扫街式”整治。制止助拆违法建设142处，助拆面积2.33万平方米。整治拆除城区违章户外楼顶广告70余家，拆除面积4800平方米。（董　飞）

【法治建设】 2022年，宜城街道打造丹徒区首家“家事调解工作室”，调解各类矛盾纠纷5件。采取订单式教育日、公益劳动日等形式，面向矫正对象开展社区矫正工作。利用“宜法讲堂”等活动载体，开展“法护夕阳”、以案说“典”、“法护成长”等专题普法宣传活动。（董　飞）

江心洲生态农业园区

【概况】 江心洲生态农业园区位于镇江市区东北，为长江沉积沙洲，四面环江。东靠长江豚类省级自然保护区、与丹徒区高桥镇相望，西望焦山及焦北滩，往南依次与润州区和平路街道、京口区象山街道、谏壁街道相邻，东南对镇江新区大港街道的镇江港，北有伊人岛、AB两岛与京口区新民洲共青团农场、扬州市广陵区相连。总面积38.79平方千米，其中长江水域及各类用地2655.47公顷、耕地408.68公顷。集镇面积0.78平方千米，辖行政村3个、居委会1个，有村民小组42个、常住人口5433人。2022年末，户籍总居户2899户、总人口7342人（其中男性3672人、女性3670人）。人口出生率2.84‰，死亡率13.66‰，人口自然增长率−10.82‰。

综合经济指标　地区生产总值4.81亿元，比上年降低−4.27%，其中第一产业增加值1.46亿元、第二产业增加值1.73亿元、第三产业增加值1.62亿元。全口径财政收入2603万元，财政支出2021.44万元。

农业　农业总产值2.73亿元。粮食总产3648吨，肉类总产49吨，禽蛋总产339吨，蔬菜总产3.09万吨，水产品总产2387吨。水利、农田基础建设投入270万元，打造生态河道2条，疏浚河道3.3千米，完成土石方2.2万立方米。完成园区长江堤防管护16.24千米，完成13条乡级河道管护20.48千米。修缮田间小型过水设施5座，加固修复堤防护坡30米。

工业 有工业企业9家，其中年销售2000万元以上企业1家。完成固定资产投资8059万元。有工商注册私营企业139家。有工商注册个体工商户348户，从业人员617人。

旅游业 全年旅游接待总人数11.2万人次。建成“民宿一条街”，有特色民宿8家、农家乐13家。创成AAA级旅游景区1个(橘江里风景区)、全国乡村旅游重点村1个(五套村)、省级首批农家乐集聚示范村1个(五套村)、市级乡村旅游特色村1个(五墩村)。

镇村建设 新装、修缮路灯230盏，改扩建集镇、农村道路2.3千米。推进镇村污水管网建设，6个自然村组实现管网覆盖。补种绿化400平方米。改造出新公厕3座。有线电视用户1131户，按户籍算入户率39.01%。完成水源地安置房小区附属工程建设，建成乡村大舞台1处。重点打造五套干河、南号中心河生态河道2条，提升橘江里风景区、御隆河水利风景区整体环境。

科技与社会事业 全园区科技人员179人，其中初级技术职称130人、中高级技术职称49人。有实验学校1所(九年一贯制学校)，教职工27人，在校学生101人。幼儿园1所。有卫生院1所，病床4张，医卫人员21人。有文体活动中心4个。启用长江岸线江苏段首家码头便民警务驿站，提升群众安全感。当年新增城镇就业90人。自来水普及率100%。村村通公路。参加农村社会养老保险4450人，参加新型农村合作医疗4526人。

人民生活 农村居民人均可支配收入29811元。农民人均住房45平方米。年末各项储蓄存款余额41200万元，人均储蓄5.61万元。 （夏谢鸿）

【产业发展】 2022年，江心洲生态农业园区先后举办第十五届野菜节、第八届无花果节、第十五届柑橘节等文化旅游活动，宣传推介江心特色乡村游、精品民宿游等旅游产品，推动整岛农业、旅游、文化三产服务深度融合。实施省级御隆河水利风景区创建工作，依托橘江里AAA级景区，营造乡村和旅游项目一体、环境与人类共生、生态与文化兼备、特色鲜明的具有可持续性的江岛休闲旅游区。全年签约1亿元以上项目1个。推进丹徒区重点项目花谷田园民宿项目建设，全年完成投资额2200万元，芊慕花园开园并对外营业；推进“双百项目”(丹徒区实施的产业计划，每年招引实施100个产业项目，完成100亿元产业投资)建设，千亩水稻种植仓储精加工项目和水蛭、水稻种养基地项目完成序时进度。推进30公顷(450亩)玉米大豆带状复合种植工作，促进农业产业平稳发展。与亚夫团队、镇江农科院合作，开展技术交流会1次。完善农业种植技术，提升全岛柑橘品质，促进葡萄经营主体规范化发展。完成市级家庭农场申报1个、区级示范家庭农场申报1个。 （夏谢鸿）

【基层建设】 2022年，江心洲生态农业园区采取多项举措，推进民生建设。探索医养结合的新型养老模式，在江心卫生院异地改造新敬老院。实施居家和社区养老服务改革试点工作，申报特殊困难老年人居家适老化改造18户。开展园区长江干流岸线利用项目清理整治重点攻坚行动，推进项目清理整治15个。开展人居环境长效管护，园区村容村貌整体向好。持续推进厕所改造，完成五墩村户厕改造180户。优化全员核酸分工方案，有序开展全员核酸检测9次；优化新冠肺炎疫情防控措施，加强人员、设备、物资等应急保障。五套村完成16组、17组、18组规划布点村庄的“美丽宜居村庄”创建，完成村社账目分账工作和资产划拨工作，完成长江豚类省级自然保护区清理整治工作，新建高标准红美人种植大棚1.67公顷(25亩)；五墩村推进“田园党建”品牌建设，以村集体果园为依托，以“特色田园乡村”所在区域为试点，注册“镇芯牌”统一商标，实现农产品统一包装、统一销售，村集体经营性收入增幅超过70%；益平村整合资源，4.67公顷(70亩)复垦项目有序推进，实现全村道路全域亮化，完成村级森林质量提升项目50.8公顷(762亩)，益平村3组创成“绿化示范村”并完成规模化种植土地流转9.33公顷(140亩)。 （夏谢鸿）

【社会治理】 2022年，江心洲生态农业园区采取多项举措，推进社会治理向更高水平发展。打造橘江里景区“一江清心”廉洁文化建设示范点，宣传廉政文化。加强法律法规宣传，围绕反邪教、反养老诈骗、禁毒等方面开展宣传活动6次。协同丹徒区渔政监察大队构建长江禁捕执法管理网络，提高执法效率和管控规范化水平，处理渔网、地笼30余条，驱离长江非法垂钓人员30余人，查获非法捕捞人员2人并移交渔政、公安部门依法处理。发挥村组执法信息网络作用，按照早发现、早制止、早处理原则，制止违法用地3宗。开展安全生产隐患专项检查8次，其中重点部门排查各类安全隐患50条，全部完成整改。邀请丹徒区消防大队现场普及家庭防火技巧和应急逃生技能，开展灭火器实操练习1次。制定园区风险防控责任体系和安全生产及消防工作责任清单，完成专项应急预案12个，指导所有行政村完成突发事件现场处置预案建设。开展汛前检查和隐患排查整改工作，确保平稳度过汛期。 （夏谢鸿）

2022年江心洲生态农业园区骨干企业情况表

表30 单位：万元

企业名称	营业收入	利税
镇江三阳装饰材料有限公司	9776.4	—
镇江福泽源食品有限公司	2098	—

（夏谢鸿）

荣炳盐资源区

【概况】 荣炳盐资源区位于镇江市丹徒区南部，南邻金坛市，东邻丹阳市，西邻句容市，北邻宝堰镇。地貌呈西山东水格局，境内有“两河群山五湖五水库”，形成山水荣炳的特色景观。荣炳境内矿产以盐矿为主，盐体层规模2.96平方千米，探明储量2.77亿吨。

总面积46平方千米，耕地面积1638.69公顷，集镇面积4.3平方千米，辖行政村5个。年末总户数6207户、总人口18609人(其中男性9351人、女性9258人)。人口出生率3.98‰，死亡率12.14‰，人口自然增长率−11.7‰。年内，荣炳盐资源区创成“江苏省省级耕地保护激励单位”。

综合经济指标 实现地区生产总值16.79亿元，比上年增长3.9%；一般公共预算收入3361万元，退税111万元，还原退税后完成3472万元，比上年降低28.31%；固定资产投资1.72亿元，比上年降低43.97%；制造业投资0.83亿元，占全年任务数55.19%；研发经费支出1592.2万元，比上年增长151.02%，占全年任务数的430.32%；新增规模以上工业企业1家。

农业 完成农业总产值3.56亿元。粮食总产1.65万吨，油料总产326吨，蔬菜总产10306吨，水产品总产2239吨，果品总产553吨，出栏生猪1444头、羊510只、家禽133.2万羽。优质食味水稻播种面积1000公顷(1.5万亩)，占水稻种植面积的75%。水稻品种以南粳46、扬农稻1号、南粳9108、南粳5055等优质食味稻米为主。水利、农田基础建设投入276.7万元，新修农田排灌渠道0.3千米，增设压力管道0.3千米，改造电站2座，维修电站17座，维修涵闸2座，加固堤岸90米，疏浚乡级河道2条3.34千米，清理通济河全线水草11.8千米、“水葫芦”1290吨，清理乡级河道节点水草3段1.4千米，完成塘坝清淤3座、土石方4.66万立方米。

工业 全镇有工业企业60家，职工总数1528人。完成规模以上工业总产值5.11亿元，销售收入4.93亿元，实现利税4412万元。年销售额2000万元以上工业企业8家，拥有固定资产2.26亿元，职工684人，实现利税1300万元。个体工商户826户，从业人员2155人。

集镇建设 投入30万元，完成盐府西路1.3千米范围内外立面规划设计，涵盖建筑65栋，其中道路北侧32栋、南侧33栋。改造方案采用青色面砖，增加花格样式及空调外机位；店招统一采用木纹铝格栅背景，广告字样式自定。盐府路增加电子警察8处，规范道路两侧停车秩序，提升营商环境。

科技与社会事业 有实验学校1所、幼儿园1

所，教职工61人，在校学生435人。有卫生院1所，病床20张，医卫人员60人。有文体活动中心1个。自来水普及率100%。全园区村村通公路。参加农村社会养老保险8238人，当年新增158人。参加新型农村合作医疗18250人，参保率98%。

人民生活　农民年人均纯收入25313元，职工年人均可支配收入51676元。农民人均住房面积50平方米，集镇居民人均住房面积30平方米。（蔡琦琪）

【项目建设】 2022年，荣炳盐资源区项目采取多项举措，推进项目建设。坚持产业强镇，入围全市5个提级管理园区，受镇江市委书记马明龙调研肯定。实施"拿地即开工"模式，总投资13亿元的奥联荣创产业园项目实现当年签约、当年开工、当年达效。全年招引亿元以上项目3个，总投资6.64亿元；在手在谈重点项目3个，总投资56.9亿元，产业发展态势持续向好，"小而精、优而美"南部精品板块打造取得成效。（蔡琦琪）

【乡村振兴】 2022年，荣炳盐资源区采取多项举措，加速三产融合发展，统筹推进产业发展和乡村发展。卧龙特色田园乡村创成省级"特色田园乡村"，入围省级耕地保护激励单位名单。全年粮食播种面积2200公顷(3.3万亩)，超额完成指标任务；实施"菜篮子"工程，36.67公顷(550亩)市级"菜篮子"工程等蔬菜供应基地实现年销售330余万元；全年完成农产品销售8450吨，销售收入3820万元，实现利润1037万元；完成改厕93户并通过验收；年内，荣炳盐资源区成为全市"富民强村"现场观摩活动举办地，"政经分开"改革经验做法被江苏省农村合作经济经营管理站推广，农村产权交易中心创成全区唯一省级农村产权交易服务中心。（蔡琦琪）

【民生建设】 2022年，荣炳盐资源区民生工程各项工作有序推进。深化落实就业优先战略，协调帮扶就业困难人员108人，新增城镇就业人数301人，超额完成全年指标任务；完善教育基础设施，荣炳中心幼儿园新园交付使用；完成10项民生实事，群众满意率100%；巩固脱贫攻坚成果，全年减少低收入家庭20户；完成道路大中修工程4.52千米，建成自然村污水管网4个；妥善化解信访纠纷，重点信访隐患化解率95%；推进"美丽宜居村庄"建设，建成"美丽宜居村庄"5个，曲阳村被评为"江苏省生态宜居美丽乡村示范村"。（蔡琦琪）

【镇村环境】 2022年，荣炳盐资源区采取多项措施，改善镇村环境。坚持生态优先，推进绿色发展，擦亮"山水荣炳"招牌。配合环保督察整改工作，完成中央生态环保督察信访交办件2件、省生态环保专项督查突出环境问题整改3项；完成太湖入河排污口排查整治7个，提升农村生活污水治理312户，改善乡村生活环境；整治"散乱污"企业18家，整治挥发性有机污染物企业6家；做好紫阳桥国考断面水环境治理工作，断面水质全年稳定达标。（蔡琦琪）

2022年荣炳盐资源区骨干企业情况表

表31　　单位：万元

企业名称	产值	销售收入	利税
镇江市欧冶服饰有限公司	3727.7	4253.1	59.2
镇江刘恒记食品有限公司	1419.6	1562.6	42.33
江苏坤美新材料科技有限公司	5439.3	5882.6	41.37
镇江恒顺酒业有限责任公司	32100.44	30377.2	855.81
江苏坚雅节能建材有限公司	2313.88	2904.6	132.8
江苏省群飞机械制造有限公司	486.08	642.88	—
镇江市丹徒区油阳新型墙体材料有限公司	2313.7	2223.6	47.66
镇江日达鞋业有限公司	3462.5	3727.8	82.88

（蔡琦琪）

附　　录

重要文件摘要

深入学习贯彻党的二十大精神 为奋力书写中国式现代化丹徒答卷而团结奋斗

——在中共镇江市丹徒区委十四届四次全会上的报告

（2022年12月26日）

毛　健

这次全会的主要任务是：高举习近平新时代中国特色社会主义思想伟大旗帜，深入学习宣传贯彻党的二十大精神，全面贯彻中央经济工作会议精神，认真落实省委十四届三次全会、市委八届四次全会部署，动员全区上下深刻领悟“两个确立”的决定性意义，坚定拥护“两个确立”、坚决做到“两个维护”，牢记“三个务必”，弘扬伟大建党精神，在新征程上团结奋斗、勇毅前行，奋力书写中国式现代化丹徒答卷。

一、全力推动党的二十大精神落地生根、见行见效

迎接党的二十大胜利召开、学习宣传贯彻党的二十大精神，是今年最重大的政治任务和最重要的工作主线。一年来，我们坚决贯彻落实中央和省委、市委部署要求，全面做好改革发展稳定各项工作，为党的二十大胜利召开积极营造平稳健康的经济环境、国泰民安的社会环境、风清气正的政治环境。我们迅速兴起学习宣传贯彻党的二十大精神的热潮，组织收听收看大会盛况，认真消化吸收省市相关会议和中央、省委、市委宣讲团报告会精神，广泛开展面向基层、面向群众的对象化、分众化、互动化宣讲，促进党的二十大精神家喻户晓、入脑入心。我们对标对表党的二十大精神，结合区情实际，主动从中找方向、找方法、找举措，紧盯全年目标任务抓关键抓攻坚，全力争取最好结果，以实干实绩推动党的二十大精神落地见效。

党的二十大精神既有政治上的高瞻远瞩、理论上的深邃思考，也有目标上的科学设定、工作上的战略部署。学习宣传贯彻党的二十大精神，既是当前首要政治任务，更是长期战略任务。我们要保持热度、拓展深度、延伸广度，按照习近平总书记“五个牢牢把握”和“全面学习、全面把握、全面落实”的重要指示，更加深刻领会党的二十大主题和主要成果，深刻领会新时代10年伟大变革的深远历史意义，深刻领会习近平新时代中国特色社会主义思想的世界观方法论和贯穿其中的立场观点方法，深刻领会中国式现代化的中国特色和本质要求，深刻领会党的中心任务和未来五年的重大部署，深刻领会以党的自我革命引领社会革命的重大要求，深刻领会“江山就是人民、人民就是江山”的根本政治立场，深刻领会统筹发展和安全的重大原则，深刻领会“三个务必”的谆谆教导和团结奋斗的时代要求，真正把这些重要思想、重要观点、重大战略、重大举措学深悟透，对“是什么、干什么、怎么干”了然于胸，满怀信心地紧跟习近平总书记奋进新征程、建功新时代。

万山磅礴必有主峰，要坚定追随看齐的政治自觉。“两个确立”是党在新时代取得的重大政治成果，是推动党和国家事业取得历史性成就、发生历史性变革的决定性因素。学习贯彻党的二十大精神，最重要最根本的是深刻领悟“两个确立”的决定性意义，一以贯之在政治上绝对忠诚、在行动上对标看齐，把拥护“两个确立”体现在理想信念、政治生活、立场定力、担当作为的方方面面，把增强“四个意识”、坚定“四个自信”、做到“两个维护”融入血脉，在党的旗帜下团结成“一块坚硬的钢铁”。

思想旗帜引领方向，要坚持不懈用新思想凝心铸魂。习近平新时代中国特色社会主义思想，是当代中国马克思主义、21世纪马克思主义，是中华文化和中国精神的时代精华，实现了马克思主义中国化时代化新的飞跃。学习贯彻党的二十大精神，必须与学习习近平新时代中国特色社会主义思想紧密结合，把“六个必须坚持”作为想问题、作决策、办事情的重要遵循，更好地运用习近平新时代中国特色社会主义思想观察时代、把握规律、指导实践。

为民初心映照未来，要厚植人民至上的深厚情怀。行程万里，不忘初心。学习贯彻党的二十大精神，必须坚持以人民为中心的发展思想，把人民拥护不拥护、赞成不赞成、高兴不高兴、答应不答应作为衡量一切工作得失的根本标准，自觉接受人民群众的批评和监督。充分发挥34万丹徒人民的创造力，以丹徒高质量发展的显著成效，不断满足人民日益增长的美好生活需要。

实干奋斗激荡伟力，要扛起攻坚克难的使命担当。对照习近平总书记赋予江苏“争当表率、争做示范、走在前列”的光荣使命，自觉把丹徒的各项事业放到“国之大者”“省之大计”“市之大事”中去思考、去谋划、去推进，从全局谋划一域、以一域服务全局，坚定不移扛起应有的责任担当，全力以赴补短板、强弱项、固底板、扬优势，推动高质量发展行稳致远。

新时代催人奋进，新使命激荡人心。我们要把学习贯彻党的二十大精神同把握党的二十大作出的各项战略部署贯通起来，不断丰富完善推进丹徒现代化建设的思路举措和实施路径，奋力书写中国式现代化丹徒答卷。

——我们要建设一个发展更加充分的现代化丹徒。紧抓发展第一要务不放松，把提升产业发展水平作为主攻方向，以产业强区“一号战略”带动现代化经济体系建设，进一步优化完善全区产业规划，夯实“一区两园”产业支撑；通过做强主导产业、激发创新活力、发展实体经济，推动经济实现质的有效提升和量的合理增长，全面夯实丹徒现代化建设的物质基础。

——我们要建设一个生态更加优良的现代化丹徒。深入学习贯彻习近平生态文明思想，牢固树立和践行绿水青山就是金山银山的理念，坚决守住生态环境质量“只能更好、不能变坏”的底线，坚定不移打好蓝天、碧水、净土保卫战，统筹抓好产业结构调整、污染治理、生态修复、环保基础设施建设等各项工作，真正让蓝天白云成为常态、青山绿水触手可及。

——我们要建设一个区域更加协调的现代化丹徒。丹徒既位处苏南板块，也属于茅山老区；既有新兴城区，更有大面积的农村。要加深对区域重大发展战略的研究，积极融入宁镇扬一体化和沿沪宁产业创新带、G312产业创新走廊建设，实现优势互补、错位发展。统筹用好区的优势、镇的特点、村的资源，增强城市辐射带动力，强化中心镇“联城带村”的节点功能，探索“县改区”城乡融合发展新路径。

——**我们要建设一个生活更加美好的现代化丹徒**。人民幸福是最温暖的底色。要把群众关心的事、期盼的事变成党委、政府认准去做、一做到底的事，持续增强教育、医疗、就业、养老等公共服务均衡性、可及性，解决好群众急难愁盼的“枝叶小事”。着力提升公共文化服务水平，不断满足群众多样、多元、多维的精神文化需求。

——**我们要建设一个治理更加高效的现代化丹徒**。全面落实总体国家安全观，强化底线思维和风险意识，健全防范化解重大风险体制机制，坚决防范各类“黑天鹅”“灰犀牛”事件发生；建立大安全大应急框架，全面消除安全风险隐患，坚决维护政治安全、社会安定、人民安宁；深入推进社会治理现代化和平安丹徒建设，完善矛盾纠纷预防化解机制，在人人参与、共建共享中激发基层治理澎湃活力。

二、在不平凡的奋斗历程中提振信心、奋楫笃行

今年以来，面对严峻复杂的外部环境和多重超预期的困难挑战，全区上下坚持以习近平新时代中国特色社会主义思想为指导，认真贯彻党中央和省委、市委决策部署，坚持稳中求进工作总基调，完整、准确、全面贯彻新发展理念，高效统筹疫情防控和经济社会发展，统筹发展和安全，付出了非常艰辛的努力，收获了不负艰辛的成绩，经济社会发展保持总体平稳态势。预计实现地区生产总值480亿元，增长2.5%；一般公共预算收入、工业应税销售、规上工业总产值、进出口总额同比分别增长5%、16.5%、12%、35%，增幅均位居全市前列。

一是坚持人民至上、生命至上，疫情防控取得积极成果。针对今年以来发生的本土聚集性疫情和局部散发疫情，争分夺秒、果断处置，以最小范围、最短时间、最低成本控制住了疫情传播。积极响应号召，调派13批248人次医护人员支援外地，稳妥有序接收外地来徒隔离人员1195人，为服务疫情防控大局作出丹徒贡献。应急状态下，广大党员干部不畏惧、不退缩，或向险而行，或默默坚守，以各种方式为疫情防控操心出力，“天使白”“守护蓝”“志愿红”绘就“疫”线最美风景线，“疫情不退我不退”成为每一名党员的战“疫”宣言。按照上级统一部署，严格执行第九版、二十条、新十条，因时而动、顺势而为落实科学精准防控要求，不断优化防控措施，加快推进老年人新冠疫苗接种，发热门诊做到“应设尽设、应开尽开”，全力保障社会正常运转和基本医疗服务。我们深切体会到，只要紧跟党中央步伐，坚决服从命令、听从指挥、步调一致、稳扎稳打，就没有战胜不了的困难、攻克不了的难关。

二是坚持生态优先、绿色发展，环境质量发生明显好转。以壮士断腕的勇气、背水一战的意志，坚决有力做好中央生态环境保护督察点位问题和交办信访件整改落实，58件信访交办件按序时完成整改54件。把大气质量提升摆在突出位置，加强与省环保集团合作，提高科学治气、精准治气水平，全年优良天数比例改善幅度全市第1，$PM_{2.5}$年均浓度改善幅度全市第3。以“五大专项行动”为抓手，自加压力整治“散乱污”企业1040家，从严查处危废固废非法倾倒案件9起，迎难而上、强力推进长江干流岸线利用项目清理整治68处、拆除5.9万平方米，创新使用“绿岛”“油改水”等方式实施笔刷、裘皮等行业源头治理，相关工作走在全市前列。系统实施生态环境监测配套、农村生活污水治理等重点工程，实现国考断面优Ⅲ比例100%。协同推进降碳、减污、扩绿、增长，淘汰国三及以下排放标准柴油货车613辆，完成率全市第1；全面推行林长制，森林覆盖率达23.43%，累计新增长江(丹徒段)两岸造林面积103.85万平方米。我们深切体会到，只要勇于直面问题、敢于动真碰硬，就一定能够推动生态环境质量持续向好，让青山常在、绿水长流、空气常新。

三是坚持项目为王、创新为要，产业强区迈出坚实步伐。市级重点产业项目开工率、新签约亿元以上项目入库列统率完成市定目标，总投资35亿元的海优威光伏胶膜项目正式开工，总投资超10亿元的联东U谷科技企业港、奥联荣创产业园和华润渔光互补项目加速推进。通过举办企业家沙龙、开展“宜路有我、暖心助企”大走访等系列活动，为企业雪中送炭、雨中打伞；抢抓政策叠加“窗口期”，累计落实减税降费、缓税、留抵退税12亿元，推动企业开足马力、增产增效，预计五大主导产业应税销售同比增长18%，全年净增“四上”企业75家，认定市级以上“专精特新”企业14家、认定数量同比实现翻番。全力以赴抓创新促转型，科技计划项目立项数和研发机构通过率均创历史新高，高新技术企业申报完成率和认定率全市第1、净增27家创历年之最，“材智汇”成功备案国家级众创空间，跻身省知识产权示范区。进一步完善“1+2”人才政策落地机制，引进各类人才3048人，超额完成全年目标任务。明确“一区两园”四至边界，累计盘活批而未供、闲置土地及城镇低效用地7145亩。深入推进以“一窗通办、一网通办、一端通办、一次办好”为重点的“放管服”改革，167个事项办件时长较法定时限减少60%以上，实现企业开办半个工作日常态化、企业注销一次办，“合心宜”营商环境品牌更加深入人心。我们深切体会到，抓项目、调结构、促转型绝不是一朝一夕之功、一蹴而就之事，只要保持定力、久久为功、绵绵用力，产业强区之路就一定会越走越宽广。

四是坚持以城带乡、以乡促城，融合发展呈现良好态势。“三区三线”划定成果正式启用，国土空间分区规划初步方案编制完成。有力服务保障G312、G346丹徒段改扩建工程等重大交通基础设施建设，完成谷阳大道、长香路等重点路段维修，265省道镇荣公路三期建成通车。有序推进城区约2400套安置房建设，有效盘活美澜园等闲置楼宇，“智慧”赋能缓解停车难题，城市功能品质进一步提升。新建高标准农田1.9万亩，全力以赴抗旱保收，粮食种植面积、总产量实现两连增。入选省级现代农业产业高质量发展示范园区建设名单，创成省农产品质量安全区。深入开展“书记领航”强村项目，打造党组织领办合作社“丹徒模式”，预计村集体经营性收入同比增长10.8%。农村人居环境整治提升行动有力推进，创成1个省级特色田园乡村，成功申报3个国家级、5个省级传统村落。深化“乡村文艺播种计划”，文化精品、文艺演出精彩纷呈。强化“8+N”志愿服务队伍，拓展新时代文明实践中心建设，做好红色资源普查，向上向善的正能量更加充盈。我们深切体会到，新型城镇化和乡村振兴是解决丹徒发展不平衡问题的主要路径，只要坚持双轮驱动、双向发力，就一定能够打开城乡融合发展的新局面。

五是坚持量力而行、尽力而为，民生福祉实现有力增进。全面落实就业优先战略和积极的就业政策，新增城镇就业5400人。城乡居民人均可支配收入47780元，同比增长6%，城乡居民收入比进一步缩小。年度十大民生实事项目有序推进，水利建设投资和综合治理成效获省政府督查激励。茅以升实验学校悦山园校区、荣炳中心幼儿园新园交付使用，创成全国青少年校园足球试点区、省高质量平安校园建设区。纵深推进医药卫生体制改革，公共卫生应急管理体系不断完善，15分钟医保服务圈建设顺利完成。对口协作取得明显成效，荣获“省双拥模范区”九连冠。建成1家AAA级、8家AA级居家养老服务中心，新增2家普惠型托育机构，“一老一幼”服务体系更加完善。城乡居民基础养老金实现“十二连增”，社会保险主要险种覆盖率达98%以上，特殊困难群体救助帮扶实现全覆盖。坚持源头治理、系统治理，安全生产专项整治三年“大灶”取得积极成效，统筹抓好综治维稳、债务化解、金融安全等各领域安全，有效化解一批历史遗留信访积案。全力打击整治养老诈骗、侵犯妇女儿童权益等违法犯罪，常态化扫黑除恶斗争取得新成效，全区刑事案件同比下降3.4%。我们深切体会到，民生连着民心，民心凝聚民力；最是小事见真情，最是细处见人心。只要你把群众放在心上，群众就一定会把你记在心里。

六是坚持扛起主责、大抓基层，党的建设得到全面加强。建立党史学习教育常态化长效化机制，全面压紧压实意识形态工作责任制，大力开展意识形态风险领域排查整治，组织“喜迎二十大、奋进新征程”等主题宣传，《人民日报》、央视《新闻联播》等中央媒体多次宣传报道丹徒。突出加强对“一把手”和领导班子的监督，完善“选育管用”全链条机制，深化村书记专业化建设，选派100名优秀年轻干部赴“八个一线”历练，领导班子和干部队伍建设持续加强。大力推进“党旗‘镇’红、一线建功”工程，率先出台《“书记项目”质量标准》，党建引领“五个一”模式等做法获省委组织部肯定。创新开展“链上先锋”行动，“暖‘新’加油吧”、党员档案规范化管理等做法被省级媒体推介。全力支持配合保障省委巡视和市委联动巡察，做到边巡边改、立行立改。持之以恒纠治“四风”，靶向惩治疫情防控、损害营商环境等领域作风问题。紧盯生态环保、违法用地、拆迁安置、融资平台等重点领域，加大案件查处力度，持续强化不敢腐的震慑。精准运用“四种形态”处理173人次，前两种形态占比91.3%，全面从严治党满意度较往年显著提升。我们深切体会到，党建工作做实了就是生产力，做强了就是竞争力，做细了就是凝聚力。只要把支部建强、把基层抓牢、把基础夯实，就一定能以党建“第一责任”引领和保障发展“第一要务”。

一年来，区人大以政治建设统领人大工作，“民呼我应”深入人心、助力发展有力有效；区政协积极促进政协协商有效服务基层治理，“民声”畅达助力民生提质；党管武装工作持续强化，驻徒部队主动融入、助力聚力；各民主党派、工商联和群团组织扬优展长、创新作为；全区上下和衷共济、社会各界鼎力支持，凝聚起了众志成城、共克时艰的强大合力。在此，我代表区委，向所有的奋斗者、付出者、坚守者，以及为丹徒发展建言献策、鼓劲加油的老干部老同志表示衷心的感谢和崇高的敬意！

在肯定成绩的同时，我们也要清醒看到：优质产业项目特别是重大项目仍然缺乏，外资利用水平较低，经济结构有待进一步优化；生态环境提升的基础需进一步稳固，长效管护机制仍不健全；城市配套功能不够完善，消费外溢现象明显；少数党员干部的执行力不强、斗争精神有所欠缺，“躺平”现象仍有发生。对此，我们必须高度重视，采取有效措施，切实加以解决。

三、阔步进军新征程、勇毅前行开新篇

2023年，是贯彻落实党的二十大精神的开局之年，开局之年当有开局之势、关键之为。当前，百年变局加速演进，地缘政治持续冲突，需求收缩、供给冲击、预期转弱三重压力仍然较大，发展环境的复杂性、不稳定性、不确定性持续加大。但也要看到，随着“纾困境”与“促发展”相关政策的接续发力，疫情防控政策的优化调整，工业经济的逐步回暖，长三角一体化、宁镇扬一体化战略深入实施，南京都市圈建设加速推进，支撑高质量发展的积极变化和有利因素正在增多。我们必须把握大势、未雨绸缪，科学研判时与势、辩证把握危与机、正确处理稳与进，全力在激流中勇进、逆境中攀登，开创各项事业新局面。

明年工作总体要求是，以习近平新时代中国特色社会主义思想为指导，全面贯彻落实党的二十大精神，坚持稳中求进工作总基调，完整、准确、全面贯彻新发展理念，服务构建新发展格局，着力推动高质量发展，更好统筹疫情防控和经济社会发展，更好统筹发展和安全，坚持生态立区产业强区，突出做好稳增长、稳就业、稳物价工作，推动经济运行整体好转，确保书写中国式现代化丹徒答卷迈好第一步。预期目标是：在项目建设、生态环保、民生感受、干部作风等四个方面实现明显提升，地区生产总值、一般公共预算收入、固定资产投资等主要经济指标增幅达到全市平均，居民收入增长与经济增长同步，完成上级下达生态环保、节能减排目标任务。在具体工作中，重点聚力聚焦六个方面：

一是聚力聚焦产业强区不动摇。实体经济是

丹徒发展的根基和命脉，要持续在聚项目、增活力、强载体、优环境上下功夫，加快构建现代产业体系。攻坚重大项目。围绕主导产业补链强链壮链，坚持亩产、效益、能耗、环境“四个论英雄”，加强项目信息挖掘、信息互通共享和项目预审评估，推动招商体制机制改革取得实质性进展，全力打通项目转化通道，确保全年引进亿元以上项目32个以上，其中10亿元以上项目6个、30亿元以上项目1个，利用外资打好“翻身仗”。严格实施项目全生命周期闭环管理和建设周期刚性要求，重大项目实行“月调度、季度比、半年评、年度考”。坚持创新驱动。建立企业上市、“专精特新”、科技型中小企业等分类分级培育库，完善资金奖补、贷款贴息、基金引导等政策，有序推进“小升规”“规做精”“优上市”，力争全年新增“四上”企业75家、市级以上“专精特新”企业5家。大力发展数字经济，加快“智改数转”步伐，积极稳妥、前瞻布局未来产业，合理规划建设新型研发机构、孵化器等科技创新平台，力争全年新增市级以上研发机构15家、申报高新技术企业90家以上。建立完善“离岸孵化＋飞地引才”模式，新集聚大专以上高校毕业生2700人以上。做强载体支撑。进一步明晰开发园区主导产业发展方向，实施园区“去行政化”改革，建立“赛马”考核机制，推动政策、土地、资金等要素向“一区两园”倾斜，确保园区制造业投资占全区80%以上。以产业规划、园区规划为引领，高效盘活闲置土地、厂房等资源，加快生产、生活、生态空间有机更新，全面提升园区要素集聚力、产业承载力。谋定而动、蹄疾步稳实施重点片区建设，努力打造高质量发展重要增长极。优化营商环境。围绕“拿地即开工”、“一件事”改革、“不见面审批”等举措，深化“放管服”改革，让企业群众发自内心地感觉到“合心宜”。深化政银企对接合作，开展金融惠企把脉行动，动态更新企业融资“白名单”，扩大中小微企业受惠面。实施市场准入负面清单制度，审慎处理涉企案件，营造市场化法治化国际化营商环境。企业家是经济发展中最宝贵的资源，要一如既往尊重企业家，光明磊落同企业家交朋友，继续办好企业家沙龙、“宜路有我、暖心助企”大走访等活动，助力国企敢干、民企敢闯、外企敢投。

二是聚力聚焦生态优先不动摇。清醒认识我区生态文明建设形势任务，保持咬紧牙关的韧劲、攻城拔寨的拼劲，建设人与自然和谐共生的现代化。狠抓问题整改。以铁的决心、铁的意志、铁的措施、铁的纪律抓好中央和省环保督察等反馈问题整改，压实环境保护责任，细化完善突出问题和风险清单，逐条逐项挂账督办、专案盯办、跟踪问效、销号管理，定期开展“回头看”，确保不折不扣完成年度整改任务。强化系统治理。持续抓好五大专项行动，深化落实岸线利用项目清理整治等重点任务，构建长江水域岸线生态保护屏障；加快补齐污水处理设施短板，持续推进农村生活污水治理，推动已整治水体稳定达标，实现国省考断面优Ⅲ比例100%；强化$PM_{2.5}$与臭氧协同治理，推进水泥、碳素等排放大户深度减排，加强面源管控，确保$PM_{2.5}$年均浓度和优良天数比例“双达标”；夯实网格巡查责任，强化行政执法与刑事司法紧密衔接、末端打击与前端治理紧密策应，坚决遏制固体废物非法转移、倾倒高发态势；加快已摸排“散乱污”企业整治清零，抓好村级资产资源租赁提级监管工作，防止已关闭企业异地搬迁、死灰复燃。严格落实长江大保护和“十年禁渔”，统筹推进山水林田湖草一体化保护修复。坚持绿色发展。严把项目投资强度、亩均产出、能耗排放等准入标准，严格执行产业准入负面清单，坚决遏制“两高”项目盲目发展。加快建设“无废城市”，积极推进世业洲省级生态岛试验区建设，推动“绿岛”项目建设提质扩面，力争市级以上绿色工厂达到15家。加快推进“三线一单”落地应用，压茬推进违法用地“三年攻坚”，坚决淘汰转型无望、低端低效产能，为优质项目落地发展腾出空间。积极倡导简约适度、绿色低碳的生活方式，引导广大群众养成健康环保的生活习惯，共同守护好绿色家园。

三是聚力聚焦品质城市不动摇。坚持把城市

作为现代化的重要载体、人民群众的幸福家园，促进城市内涵式、集约型发展。优化谋篇布局。顺应同城化、一体化趋势，抢抓G312产业创新走廊打造、G346沿线片区开发、扬溧高速拓宽等工程建设契机，以产业布局、基础设施建设等方面的提前谋划，最大限度共享红利、共赢发展。以城市为中心，依托高新园区、高校园区，突破空间局限，规划上互相嵌入，功能上互为配套，以教兴产、以产促教、产教兴城，构建深度服务、资源共享、有效融合的发展格局。注重城市设计，强化人本逻辑和生活导向，进一步凝练文化符号、塑造特色风貌，让城市更具辨识度、更有亲和力。完善城市功能。坚持以人为本，编制“15分钟社区生活圈”规划，稳步实施城市更新，进一步畅通城市内网循环。系统谋划G346以南、张寺水库以及恒大南等地块开发，有序推进新加州酒店、龙楼广场等烂尾楼盘盘活利用，加强城市出入口、人民广场等“城市门面”和主干道沿线节点整治和形象提升，因地制宜建设“口袋公园”、体育小公园。统筹美丽宜居城市试点建设和公共空间环境整治，常态化实施户外广告、管线入地、交通秩序等专项治理，深化垃圾分类体系全覆盖，优化“智慧城管”平台，让城市成为更温馨的“家”。发展城市经济。坚持把楼宇经济作为城市经济的重要形态，完善配套功能，发展总部经济，提升城市经济密度和投入产出效率。把握扩内需战略基点，做大做强宝龙、华山街等商圈业态，发挥“宜购丹徒”生活消费节等消费品牌带动作用，打造一批“夜间经济”特色街区；积极培育本土零售、餐饮品牌和老字号、名优特产，推动连锁化、品牌化企业进驻。顺应市民消费习惯改变，加速线上线下融合，积极发展网红经济、直播经济、社群电商等新业态，切实提高城市吸引力、产业竞争力。

四是聚力聚焦乡村振兴不动摇。围绕农业增效、农村增色、农民增收三条主线，统筹谋划、全面推进，加快建设新时代鱼米之乡。夯实“农业强”的基础。坚决扛牢粮食安全党政同责，严格耕地保护，确保新建高标准农田9000亩。以发展都市农业为抓手，推动北部沿江农业带、中部万亩茶园示范区、南部生态稻渔集中区错位发展、交相呼应。以省级现代农业产业高质量发展示范园区建设为抓手，加快推进农业重大项目，积极推动农村一二三产业融合发展。围绕“打造一个品牌、带活一个产业、富裕一方农民”思路，全力攻坚区域公用品牌、丰富行业特色品牌，让更多“本土产品”成为“拳头产品”。浓厚“乡村美”的气韵。将“小而精”的理念贯穿乡村规划、建设、管理全过程，注重对古镇、老街的保护，重点完善集镇功能配套，建设宜居宜业和美乡村。深入实施乡村建设行动，循序渐进补齐农村基础设施短板，统筹农业废弃物、生活污水、生活垃圾治理，健全完善农村环境卫生“红黄橙”榜长效管护机制，确保创成3个市级以上特色田园乡村。以创新、整合的思维保护传承优秀乡土文化，留住记忆乡愁。拓展“百姓富”的成效。全面摸排清理盘活闲置低效存量资产，优化整合各类涉农资源资金，研究制定“一村一策”增收方案。深入推进富民强村帮促行动、农民收入十年倍增计划，落实好“六个一”机制，力争49个经济相对薄弱村全部摆脱相对薄弱局面。全力壮大新型农业经营主体，积极鼓励种养殖户抱团发展，探索合作联社、产销联盟等模式，引导农民“家门口”就业创业。稳慎推动“政经分离”、农村宅基地制度等改革，有序撬动工商资本、创新流量更多从“城”到“乡”，推动村集体、经营主体与农户一体联动、互利增收。

五是聚力聚焦以人为本不动摇。坚持不懈为群众办实事、做好事、解难事，努力描绘让群众看得见、摸得着的幸福图景。兜牢民生底线。落实就业优先政策，突出抓好高校毕业生、农民工、退役军人等重点群体创业就业，深入开展“春风行动”“就业援助月”“创业创新大赛”等系列活动，城镇调查失业率控制在5%左右。坚持扩面与提效并重，巩固提升全民参保覆盖率，健全灵活就业劳动用工和社会保障政策，构建更高水平社会保障体系。强化困难群体基本生活保障，落实分层分类救助政策，加快实现城乡社会救助均等化。针对经济

下行带来的各类社会问题，统筹推进常态化帮扶救助、双拥优抚安置、困难群众兜底等工作，把“民生七有”的要求落实落细落到位。完善服务供给。持续优化教育医疗资源布局，适时启动茅以升实验学校二期和宜城卫生服务中心建设，深入推进“全国义务教育优质均衡发展区”创建，加快区域医共体实体化运行，持续推动医院专科联盟建设，更高质量促进“学有所教”、更大力度保障“病有良医”。持续强化“一老一幼”服务供给，加快养老和普惠托育服务体系建设，保障拆迁群众住房权益，让市民畅享美好生活。进一步完善和落实积极生育支持措施，完善生育、养育、教育等政策配套，促进人口长期均衡发展。丰富文化生活。持续挖掘运河文化、书法文化、红色资源等要素优势，加快文旅深度融合，高质量发展旅游新业态。常态化开展“共创文明城、文明我先行”结对共建，努力争创全国文明典范城市，深化拓展新时代文明实践中心(所、站)建设，让人的现代化和城市的现代化相得益彰。持续抓好文艺精品创作，办好各类特色文化活动，做大做强“宜文读书节”“‘益’起读书”等阅读品牌，让丹徒的人文气息更浓、文明之风劲吹。

*六是聚力聚焦全域善治不动摇。*以“时时放心不下”的责任感，加快构建新安全格局，巩固社会治理根基，让高效能治理既有力度更有温度。加强民主政治建设。突出“抓大事、有特色、求实效”工作基调，持续深化以政治建设统领人大工作，成立“民呼我应”工作中心，建立代表履职档案，增强人大监督的刚性和实效，健全人大讨论决定重大事项制度，支持和保障人大代表更好依法履职。牢牢把握新时代人民政协的新方位新使命，围绕优化完善招商体制机制、保障粮食生产安全等专题开展协商议政，聚焦省市重点产业项目、退役军人事务服务体系等开展民主监督，全面提升政治协商、民主监督、参政议政水平。积极构建大统战工作格局，不断汇聚万众一心、同舟共济的磅礴力量。深化群团改革，增强工青妇等群团组织政治性、先进性、群众性，巩固和扩大党的群众基础。坚守安全发展底线。树牢总体国家安全观，落实风险防控“四项机制”，坚决防范化解政治和意识形态安全、政府性债务等各个领域重大风险。按照党中央部署，优化调整疫情防控措施，着力保健康、防重症，引导每一个人做好自身健康第一责任人，用心用情服务保障重点人群。严格落实安全生产责任制，全面贯彻“十五条硬措施”，建强镇村安全监管网络，加强重点领域风险隐患排查整治，不断提升本质安全水平。深化平安丹徒建设，强化食品药品全链条监管，维护网络空间安全，深入推进常态化扫黑除恶斗争，严厉打击各类违法犯罪行为，牢牢守住不发生重大风险事件的底线。深化社会治理创新。完善“大治理”体系，深化网格化社会治理，持续开展先进镇(街道)建设、示范村(社区)创建，建立区镇两级社会治理现代化指挥中心，打造全域治理新模式。健全自治制度，规范群众自治组织建设，将协商议事融入基层治理，构建多元共治“同心圆”。全面推进严格规范公正文明执法，深化司法体制综合配套改革，全面贯彻落实“八五”普法规划，让尊法学法守法用法蔚然成风。构建社区与社会组织、社会工作者、社区志愿者、社会公益慈善资源的联动机制，推动基层治理向精细治理、综合治理、集成治理转变。

四、以高质量党建引领保障现代化建设

全面落实新时代党的建设总要求，弘扬伟大建党精神，持之以恒推进全面从严治党，以“赶考”的清醒和坚定为丹徒现代化建设提供坚强保证。

*一是筑牢绝对忠诚之基。*抓牢政治建设这个根本性建设，把坚定拥护“两个确立”、坚决做到“两个维护”作为最高政治原则和根本政治规矩贯穿工作全过程、各方面，确保党中央和省委、市委重大决策部署在丹徒一贯到底、高效落实。严明党的政治纪律规矩，全面贯彻民主集中制和重大事项请示报告制度，恪守“五个必须”，严防“七个有之”，做政治上的明白人、老实人。始终牢记“国之大者”，自觉站在全局和战略高度想问题、办事情，把对党忠诚体现在具体行动、发展实绩上。严肃党

内政治生活，常态化开展政治体检，不断增强政治“免疫力”。提高“政治三力”，全面深入做好省委巡视反馈意见整改落实，逐项拉出问题清单，逐条细化整改措施，逐件明确整改责任和时限要求，举一反三、以点带面、建章立制，以过硬整改成效体现政治担当。

二是铸就理想信念之魂。坚决扛起学习宣传贯彻党的二十大精神这一重大政治责任，发挥党委(党组)理论学习中心组示范带动作用，实施理论学习“四学”、理论宣讲“四讲十进”，推动党的创新理论“飞入寻常百姓家”。牢牢掌握党对意识形态工作的领导权，建立意识形态工作责任落实闭环机制，夯实网络意识形态“1+10+X”工作体系，全面筑牢意识形态安全屏障。守正创新做好宣传思想工作，统筹全区新媒体矩阵，整合提升“丹徒发布”“微丹徒”“丹徒时刻”新媒体传播平台，唱响丹徒声音、讲好丹徒故事，动员全区上下积极投身丹徒现代化建设火热实践。

三是昂扬干事创业之志。坚持以事业为上选准人，聚焦“五过硬”，强化领导班子分析研判，考准考实干部综合素质，提升班子整体功能，努力打造一支堪当重任的高素质干部队伍。深化年轻干部赴一线历练，健全完善墩苗培养机制，推动年轻干部在“炉火最旺的熔炉”中琢璞成玉、淬火成钢；加强干部斗争精神和斗争本领养成，更加注重在产业强区、生态环保、信访稳定等“练兵场”“赛马场”发现培养使用干部，引导党员干部争做一抓到底的实干家、敢闯敢拼的领路人。坚持以严管厚爱激励人，加强干部全方位管理、经常性监督，进一步增强“三项机制”的引领力和穿透力，引导各级干部牢固树立和践行正确政绩观，在新时代新征程上敢为善为、奋发有为。

四是汇聚固本强基之力。纵深推进“党旗‘镇’红、一线建功”工程，积极构建“五强六先锋”工作格局，落实一批切口小、有价值、能落地的重点任务，使每个基层党组织都成为坚强战斗堡垒。深化党支部建设质量提升工程，多措并举推进党支部“标准+示范”建设，让党旗高扬在现代化建设第一线。统筹推进各领域党建工作，深入推进新业态新就业群体党建，做到组织形态“广覆盖”、工作质态“深覆盖”。注重选优配强基层党组织带头人，深入实施村书记队伍专项提升行动，持续放大“书记论坛”“雁阵课堂”等平台功能，推动“头雁”队伍整体提升。

五是用好全面从严之尺。以永远在路上的执着，一体推进不敢腐、不能腐、不想腐，不断健全“四责协同”机制，扎实推动“两个责任”落实落细，全力拧紧管党治党责任链条。坚持举一反三、系统施治、标本兼治，坚决清理风险隐患大的行业性、领域性、系统性腐败，持续整治群众身边的“微腐败”和不正之风。围绕营商环境、生态环保、融资平台、农村“三资”等重点领域，强化专项整治，坚决把问题改彻底改到位。坚持推动“四项监督”有机融合，增强对“一把手”和领导班子的监督实效，强化干部“八小时之外”教育监督管理，形成全面覆盖、常态长效监督合力。锲而不舍落实中央八项规定及其实施细则精神，驰而不息纠“四风”树新风，坚持为基层减负释压。深入开展“转作风、优服务、提效能、抓落实”专项整治行动，让真抓实干、善作善成成为丹徒广大党员干部的鲜明特质。

同志们，追风赶月莫停留，平芜尽处是春山。让我们更加紧密地团结在以习近平同志为核心的党中央周围，深入学习贯彻党的二十大精神，踔厉奋发、勇毅前行，埋头苦干、拼搏实干，为奋力书写中国式现代化丹徒答卷而团结奋斗！

（按原文摘要收入）

政府工作报告

——2023年1月2日在丹徒区第十七届人民代表大会第二次会议上

丹徒区人民政府代区长　吕朝霞

一、2022年工作回顾

刚刚过去的2022年，是党的二十大胜利召开之年，也是本届政府履职尽责的起始之年。一年来，区政府高举习近平新时代中国特色社会主义思想伟大旗帜，深入学习贯彻党的十九届六中全会和党的二十大精神，全面落实“疫情要防住、经济要稳住、发展要安全”的重大要求，在市委、市政府和区委的坚强领导下，在区人大、区政协的监督支持下，高效统筹疫情防控和经济社会发展，统筹发展和安全，全力以赴争取经济社会发展最好结果，实现了政府各项工作的平稳有序推进，基本完成了第十七届人民代表大会第一次会议确定的主要目标任务。

一年来，我们坚持稳字当头、稳中求进，在攻坚克难中保持经济平稳健康发展。面对“三重压力”和突发疫情等超预期因素冲击，我们坚定必胜信念、发扬斗争精神，坚决做到两手抓、两手硬，协同发力稳住经济基本盘。

*经济运行稳中有升。*以高度政治自觉和强烈使命担当严格执行国家防疫政策规定，举全区之力从快从严、果断处置多起突发疫情，最大程度保护人民生命安全和身体健康，最大限度减少疫情对经济社会发展的影响。预计全年地区生产总值480亿元，增长2.5%；一般公共预算收入23.15亿元，同口径增长5%；规上工业总产值525亿元，增长12%；工业应税销售628亿元，增长16.5%；进出口总额91.8亿元，增长35%。高效落实国家、省市一揽子稳经济政策，累计为各类市场主体减税降费12亿元，安排各级涉企扶持资金1.33亿元，全年新增市场主体2180户，新增“四上”企业96家。

*产业项目支撑有力。*建立产业项目全过程评审机制，着力规范项目招引扶持政策，加强招商合同规范管理，持续提升全区招商引资质量和效益。全年新签约亿元以上项目31个、总投资80.6亿元，总数超额完成市定目标，总投资13亿元的奥联荣创产业园实现当年签约、当年开工、当年达效；总投资12亿元的联东U谷镇江丹徒科技企业港、10亿元的华润宝堰乡村振兴渔光互补等一批优质项目签约落户；荣炳盐穴综合利用、钱潮轴承等一批在谈重大项目加速推进。全面落实重大项目分级调度机制，精准对接服务“双百计划”[1]124个重点产业项目，总投资35亿元的海优威光伏胶膜项目正式开工、11亿元的比泽尔旋转式涡旋式压缩机项目超额完成年度投资计划、10亿元的原轼金刚石线锯二期项目取得明显进展。

*三次产业协同并进。*农业产业发展迅速，实施省级以上农业农村重大项目19个、投资额超8亿元；农业网上营销主体达到710家、自建平台49个，农产品网上销售额15.92亿元、增长14.97%。工业经济稳健运行，五大主导产业应税销售预计增长18%以上，新材料、新能源汽车产业应税销售增幅分别超过25%、70%，北汽蓝谷麦格纳产能逐步释放，全年预计应税销售超过45亿元。第三产业占比超过45%，发展韧性进一步增强，租赁和商务服务业快速增长；信息传输、软件和信息技术服务业稳定提升；市级重点服务业项目完成投资11.4亿元，完成年度计划的121.4%。

一年来，我们坚持齐抓共管、精准施策，在减污降碳中促进生态环境持续向好。深入打好污染防治攻坚战，铁腕推进突出生态环境问题整改，牢牢守住生态环境质量“只能更好、不能变坏”的底线。

大力攻坚突出问题。切实做好各级生态环境保护督察反馈问题整改，中央生态环境保护督察交办的58件信访件，已办结54件；省生态环境保护专项督察反馈的81项整改任务，已完成63项，均达到序时要求；省政府挂牌督办的6个太湖流域水污染治理年度项目，已全部完工。深入实施突出生态环境问题整改五大专项行动[2]，加快沿江化工企业退出进程，强力推进长江干流岸线利用项目清理整治68处、拆除5.9万平方米；从严查处危废固废非法倾倒案件9起；重拳出击整治“散乱污”企业，累计关闭取缔、升级改造、整合搬迁“散乱污”企业1040家。

有效改善环境质量。统筹推进工业企业废气深度治理、涉VOCs企业整治、工地扬尘管控、道路保洁、柴油货车禁限行等各项举措，全面推进“绿岛项目”，完成笔刷行业整治和320家餐饮单位油烟综合治理，空气环境质量取得积极改观，全年优良天数比例改善幅度全市第一，$PM_{2.5}$改善率优于全市均值、改善幅度全市第三。严格落实长江大保护、“十年禁渔”、河湖长制和断面长制，加速推进水污染防治工程，完成3处河长制公园和9条幸福河湖建设，实现国考断面优Ⅲ类比例100%，江心大套河创成省级生态清洁型小流域。狠抓土壤污染治理与修复，完成重点关注地块土壤污染状况调查，累计处置污染土壤8.1万立方米、地下污水10.1万立方米，有效保障了土壤环境安全。

扎实推进低碳发展。协同推进降碳、减污、扩绿、增长，坚决遏制高耗能、高排放、低水平项目盲目发展，积极推进发电、碳素、建材、砖瓦企业深度减排，全区非电行业煤炭消费量控制在78万吨，单位GDP能耗预计同比下降3%左右。坚持关口前移，在项目评审中重点把关综合能耗强度和环境保护行业先进性要求，紧扣“高端产能、绿色产业”持续做加法，围绕“低效供给、污染企业”坚定做减法，不断推动产业绿色化转型。全面推进林长制，助力实现“林长治”，全年完成绿化造林面积2995亩。开展创建节约型机关和绿色家庭、绿色学校、绿色社区等活动，倡导绿色低碳的生产生活方式。

一年来，我们坚持顺时而动、应势而为，在改革创新中推动发展动能加速集聚。积极用改革创新的办法破解难题，持续深化简政放权，着力服务市场主体，经济社会发展的活力动力进一步增强。

重点领域改革纵深推进。国企改革三年行动高质量收官，进一步释放国企发展活力。入选省丧葬礼俗改革试点地区，成功实施殡葬设施建设林地生态复合利用，殡葬改革取得实质性成效。农村改革进程加快，试点农村公共基础设施管护体制改革，率先开展管护一体化信息平台建设应用；深化农村公路管理养护体制改革，路况质量和优良路率稳步提升；宅基地制度改革加速推进，集体产权制度改革成果进一步巩固，基本完成5490亩的农村土地承包经营权补充确权工作。供销合作社生产、供销、信用“三位一体”综合合作改革取得实效。

创新驱动战略深入实施。政产学研协同发力，跻身省知识产权建设示范区，申报省产学研合作及揭榜挂帅项目各3项，申报省外国专家工作室项目1项，获批省科技副总8家；立项省、市科技计划项目23个，获批省、市工程技术研究中心25家，立项数和通过率均创历史新高。创新动能持续汇聚，新认定高新技术企业72家、净增27家，为近年之最；科技型中小企业入库215家，入库完成率126.5%，全市排名第一；“材智汇（丹徒）众创空间”获得国家级备案，实现零的突破；新认定省级“专精特新”企业10家、市级“专精特新”企业12家，总数同比实现翻番。

营商服务环境持续优化。倾心打造“合心宜”营商环境服务品牌，出台优化营商环境二十条，制定涉企轻微和一般违法行为免罚、从轻、减轻处罚“三张清单”，推出全市首个“营商环境面对面”对企沟通平台。扎实开展“宜路有我，暖心助企”大走访活动，政企沟通渠道进一步畅通。大力推行“拿地即开工”，崇佑欧华玛新型装饰材料项目首次实

现“五证齐发”。举办丹徒“金融惠企推进季”暨“金链行动”专场活动，全年帮助企业协调信贷资金19.26亿元。建成全市首家基层“苏服办”便民服务点，办理镇江首张“政银合作”营业执照，正式启用智慧办税服务厅，政务服务更加便捷高效。

资源要素支撑有力保障。扎实推进开发园区整合优化提升，明确保留园区四至边界及其主导产业；坚持去行政化改革方向，合理界定园区产业发展和经济管理职能。大力实施违法违规用地整治和盘活闲置低效资源，龙楼广场、美澜园等闲置楼宇盘活取得突破性进展；有效盘活120亩低效用地、1.7万平方米闲置厂房支持大力液压马达项目扩产增效，着力将腾挪出的要素资源优先支持传统产业转型升级和主导产业集群发展。不断创新人才服务举措，引进各类人才3048人，新增市“金山英才”计划4人、区“长山计划”9人，拨付人才补贴1446万元。

一年来，我们坚持统筹推进、协调联动，在融合发展中实现城乡品质稳步提升。坚持规划先行、区域统筹，加快实现城乡要素资源互联互通，推动城市建设与乡村振兴同频共振。

城乡功能日趋完善。编制完成国土空间分区规划初步方案，“三区三线”(3)成果正式启用，“多规合一”体系不断完善。坚持以路融城，加快交通基础设施改造，全力服务保障G312、G346丹徒段改扩建工程建设，S265镇江至荣炳(三期)工程建成通车，谷阳大道、长香路等重点路段完成维修。提档升级13条农村公路，镇、村两级农村公共基础设施信息化管护实现全覆盖。开展海绵城市、人防工程、水利工程建设，推进路灯节能智能化、校园灯光照明等改造工程，建设15条、34公里生态河道，水利投资和综合治理成效获省政府督查激励。

城乡治理日益精细。美丽宜居城市试点工作在全市走在前列，“城市添绿”行动长效开展，道路两侧、住宅小区、公共空间绿化管护力度不断加大。城镇污水处理提质增效精准攻坚“333”(4)行动取得实效，完成2个达标区、5.46平方公里的建设任务，小区内雨污水管网设施更加完善，园区污水管网空白区和“断头管网”现象有效改善。美丽乡村建设进程加快，完成3845座户厕改造任务和49个试点村农村生活污水治理项目，荣炳胜利村西谷里、东庄创成省级特色田园乡村，世业镇卫星村二十二圩、高桥镇四方桥村后街创成市级特色田园乡村，辛丰镇龙山村、宝堰镇宝堰村入围中国传统村落名录。深化“智慧城管”平台应用，提升集成化指挥管理水平，与大市同步捍卫“全国文明城市”荣誉称号。

乡村振兴日见成效。坚决扛牢粮食安全责任，持续抓好涉粮巡视整改。划定了25.37万亩永久基本农田，落实最严格的耕地保护制度。面对历史罕见旱情，启动抗旱Ⅳ级响应，群众“米袋子”“菜篮子”得到保障；新建高标准农田1.9万亩，粮食种植面积、总产量实现两连增，世业镇“镇麦15号”创苏南亩单产历史最高纪录。开展银保业支持乡村振兴试点工作，在全市创新实施农业融资担保费补助。大力实施177个、总投资16.43亿元“书记领航”强村项目，预计村集体经营性收入同比增长10.8%。创成省、市级“名特优”食品小作坊各4家。重视培育示范家庭农场，获评省级“百佳家庭农场”2家，录入省级典型案例1家。创成省农产品质量安全区、省“平安农机”示范县，入选省级现代农业产业高质量发展示范园区创建单位。

一年来，我们坚持民生优先、共建共治，在提优补短中维护社会大局和谐稳定。时刻不忘“人心是最大的政治”，树牢群众观点、贯彻群众路线，持续改善人民生活，让现代化建设成果更多惠及人民群众。

民生福祉持续增进。认真办好民生实事，预计民生支出占一般公共预算支出比重达到75%。提供就业岗位1.3万个次，帮扶困难群体灵活就业359人，城镇登记失业率控制在4%以下，预计城镇和农村居民人均可支配收入分别为60347.8元、29755.1元，增长4.1%、5.3%。发放城乡低保、特困供养、残

疾人“两项补贴”[5]、困境儿童生活补助等政策资金6591.5万元，保障困难群众1.25万人次。养老体系更加完善，建成2家农村区域性养老服务中心，打造完成1家AAA级、8家AA级特色社区居家养老服务中心示范点，世业镇世业村创成全国示范性老年友好型社区。完成长香水岸二期、景泉印象等安置项目竣工验收；综合施策“保交楼”，全力保障了绿翠园、南山浅水湾花苑等4个项目顺利交付。

公共事业明显进步。创成省高质量平安校园建设区，通过“省义务教育优质均衡发展区”现场验收，茅以升实验学校悦山园校区、荣炳中心幼儿园新园交付使用，6所学校完成“阳光体育”改造。健康丹徒建设取得更大成效，全民健康和医共体信息平台、智慧医院建设进展顺利；区发热门诊、核酸检测基地建成投用，突发公共卫生事件应急能力进一步提升。新建2个留守儿童和困境儿童“关爱之家”，宜城街道“关爱之家”被评为省级示范项目。成功承办省无线电测向锦标赛、省业余无线电通信锦标赛，新增体育场地面积5.5万平方米、米芾公园健身步道3.3公里、长山步道1.8公里。

社会治理全面加强。组织开展安全生产“百日攻坚”等专项行动，“三年大灶”行动圆满收官，本质安全水平不断提升，高桥镇安丰村创成全国综合减灾示范社区。积极应对金融领域风险，深入落实“削峰、破冰、强基”计划，政府性债务余额、政府债务率同比实现“双下降”。全面完成退役军人优待证申领发放，实现省级双拥模范区“九连冠”。切实保障群众“口袋安全”、“舌尖安全”、生命安全，严厉打击电信诈骗、养老诈骗、侵犯妇女儿童权益等各类违法犯罪行为，常态化推进扫黑除恶斗争，涉黑恶传统九类案件同比下降50%。超前化解处置了一批涉众型、突发性群体事件，圆满完成以党的二十大安保为中心的年度维稳任务，有力提升了社会治理效能，社会大局和谐稳定。与此同时，政府法制、行政学院、外事侨台等工作取得新成绩，地方志、气象、科普、扶贫“三会”[6]、关心下一代、见义勇为、兴教助学等事业取得新进展，国家安全、国防教育、人民武装、对口协作等工作也都取得新成效。

过去的一年，区政府始终坚持把使命挑在肩上、把责任记在心头，不因事杂而乱为、不因事难而怕为，主动接受人大法律监督和工作监督，自觉接受政协民主监督，广泛接受社会监督，全年累计办理人大代表议案和建议71件、政协委员提案160件，办结办复率达100%。

各位代表！看似寻常最奇崛，成如容易却艰辛。这些成绩的取得，是区委总揽全局、坚强领导的结果，是区人大、区政协监督协商、大力支持的结果，是全区广大干部群众团结奋斗、顽强拼搏的结果。在此，我代表区人民政府，向全区人民，向区人大代表、区政协委员、各民主党派、工商联、无党派人士、各人民团体、离退休老同志和社会各界朋友，向驻徒解放军、武警官兵、政法干警、消防救援和民兵预备役人员，向所有在徒投资者、创业者、建设者，表示衷心感谢并致以崇高敬意！

思危方能居安，知忧才能克难。我们也清醒地认识到，迈上新征程，外部不稳定性不确定性因素增加，我们自身发展还面临不少困难和问题：优质产业项目特别是重大项目支撑不足，经济发展韧性和活力需要进一步增强；产业结构仍然偏重，绿色转型之路任重道远；城市功能配套还不完善，社会治理、民生保障等方面还有不少短板弱项，等等。对此，我们将高度重视，坚决采取有力措施，在下一阶段工作中认真加以解决。

二、2023年工作思路

2023年是全面贯彻落实党的二十大精神的开局之年，发展的内外部环境仍有挑战，但积极因素也在增多。政府系统将把学习贯彻党的二十大精神作为首要政治任务和重大政治责任，坚定信心、勇毅前行，以更加昂扬的姿态走好新征程。今年政府工作的总体要求是：坚持以习近平新时代中国特色社会主义思想为指导，全面贯彻落实党的二十大精神，深入落实中央和省、市、区委各项决策部署，坚持稳中求进工作总基调，坚持克难奋进、难中求成，坚持改革创新，完整、准确、全面贯彻新发展理念，加快构建新发展格局，着力推动高质量发展，更好统筹疫情防控和经济社会发展，更好统筹发展和安全，坚持生态立区产业强区，突出做好稳增长、稳就业、稳物价工作，推动经济运行整体好转，确保全面推进中国式现代化丹徒新实践迈好第一步。

全年经济社会发展的主要目标为：地区生产总值增长5%以上，一般公共预算收入增长5%以上，固定资产投资增长7%以上，规上工业增加值增长6%以上，社会消费品零售总额增长5%以上，城乡居民收入增长与经济增长同步，全面完成上级下达的约束性指标。

今年的工作，我们将着重抓好以下六个方面：

（一）聚焦产业赋能，保持经济持续稳定增长。发展仍然是解决一切问题的关键，必须毫不动摇抓发展，坚定不移推进产业强区，大力提振市场信心，把扩大内需同供给侧结构性改革有机结合起来，力促产业结构持续优化、经济总量稳定增长。

*千方百计服务企业发展。*围绕企业“急难愁盼”问题，分层、分级建立常态化挂钩机制，分行业、分产业链搭建政府性交流平台，持续深化“企业家沙龙”“暖心助企”等走访调研活动，切实以政府的热情真情服务增强企业的暖心舒心感受。实施企业“双培”工程，加大“四上企业”以及科技型企业培扶力度，推动“专精特新”企业快速成长；对本土企业和深耕丹徒发展的企业“高看一眼”，精准培育成长型中小微企业，支持龙头企业发展壮大，力争应税销售30亿元、50亿元企业实现新突破。坚持“刀刃向内”，建立健全服务企业测评机制，加大服务企业督查通报力度，让“一路绿灯”“主动跑腿”“全程跟踪”形成服务企业工作机制、工作惯例。

*全力以赴强化项目招引。*稳步推进招商体制机制改革，着力营造真抓招商、大抓招商的浓厚氛围，坚定实施项目信息评估、产业评审、绩效评价项目全生命周期管理，有效提升全区招商专业化、精明化、精准化水平。开展“招商攻坚突破年”行动，围绕产业链建立专职招商队伍，大力开展领导干部带头招商、专职队伍敲门招商；有效压实“1+2+1”园区[7]招商主体责任，发挥企业以商引商主角作用，聚焦主导产业补链延链强链壮链，力争全年新签约亿元以上项目超过32个，其中10-30亿元项目5个以上，30亿元以上项目1个以上。加大外资项目招引力度，培育发展外贸新业态新模式，实现外向型经济扩量提质。

*不遗余力攻坚项目建设。*持续提升“抢跑”能力，坚持开展重大项目“周推进、月调度、季通报、半年评、年度考”，进一步强化挂图作战、挂帅推进，进一步强化会诊会办、即诊即办。聚焦全年预排的60个、总投资271.1亿元的省市区重点产业项目，全力强化土地、能耗、环境容量等资源要素保障，做到一着不让、无缝衔接；着力把握有效投资和项目质量的关系，狠抓项目落地率、开工率、列统率，着力形成项目建设热潮，真正以项目建设之“稳”带动经济发展之“进”。

*多措并举提振消费信心。*广泛开展节庆活动和“宜购丹徒”系列消费促进行动，深度打造宝龙商圈特色街区，引导和拓展新能源汽车、养老托育、家政服务等消费热点和消费市场，积极发展夜间经济、网红经济、直播经济，促进消费回流和人气回升。大力培育壮大批零住餐限上单位，支持和帮助服务业企业调结构、扩总量。深化文旅融合，高质量举办丹徒文化旅游节，打造旅游“六个一”工程[8]。优化调整商品住宅产品结构，促进房地产市场平稳健康发展。

（二）深化改革创新，释放市场主体发展活力。着力破解经济领域突出问题，推动园区向现代产业园区转型，强化企业创新主体地位，不断塑造发展的新动能新优势。

建强园区战略载体。深化园区体制机制改革，加大放权赋权力度，逐步剥离园区社会事务管理职能，让园区归正重心，集中精力发展首位产业和主导产业。以产业规划、园区规划为引领，大力推进园区交通路网、地下管网、环保设施等基础设施建设，加快完善园区公共服务配套，建设产业公共服务平台，提升园区功能品质。强化资源要素保障，将用地、能耗、环评等指标优先投向园区，积极盘活土地岸线等低效闲置资源，高起点谋划推进经济开发区重装产业园建设，持续增强园区承载能力。

做强科技人才支撑。实施研发机构"扩面"计划，持续提升高新技术企业研发机构覆盖率，发挥重点企业引领支撑作用，引导产业链条长、成长性强的企业加大研发投入，提升科技创新指数。聚焦数字赋能，召开"政咨企"对接会，鼓励企业"设备换芯、生产换线、机器换人"；引导龙头企业以点带面、梯队推进全行业"智改数转"，全年完成企业"智改数转"诊断服务100家以上。发挥科技镇长团以才引才"桥梁纽带"作用，力促产学研合作、科技成果转移转化，挖掘高校院所派出单位资源，将人才资源引向经济一线、科技发展前沿。深化人才"镇兴"行动，创新人才招引模式，举办2023中国•镇江国际菁英创业大赛丹徒选拔赛，优化线上"一程序两官号"，不断增强对靶向人群的"吸力"，助力才企精准对接。

打造更优营商环境。拓展"放管服"改革深度，打造一系列"不见面审批"新场景，推出"合心宜"2.0服务品牌。落实"零跑动"要求，提升线上办税缴费比例至95%以上；深入推进"一件事"改革，探索将部分税费服务、烟草零售、农药经营等更多审批事项纳入"一件事"清单，推动流程再造、服务优化。畅通政银企交流渠道，延长"政银合作"服务链，推进更多政务服务事项进驻银行网点，为群众和企业带来更多"家门口"的便利。力促政商关系既"亲"又"清"，光明磊落与企业家交朋友，主动为企业解难题、办实事，让企业家和创业者放心投资、安心经营，在全社会营造支持企业健康发展，依靠和尊重企业家的浓厚氛围。

（三）突出内涵提升，打造生态宜居优美城市。 深化美丽宜居城市建设，提升城市管理精细化水平，让城市更加整洁有序、更具特色魅力。

加强城市功能建设。着力优化空间布局，高质量做好国土空间规划编制工作，扎实推进丹徒新城详细规划修编。深入实施城市更新行动，持续开展城镇污水处理提质增效精准攻坚"333"行动，完成高资达标区3.91平方公里的建设任务；逐步完善城市路网，打通断头路，实施好架鼓山路建设、长盛翠庭道路配套等交通工程；推进城区公交站亭智能化改造，规划和建设"15分钟社区生活圈"，有序补齐城市功能短板。抢抓G312快速化改造、G346城市化改造、扬溧高速拓宽等重大交通基础设施建设契机，统筹推进沿线环境整治和重点片区开发，与镇江主城加速融合；大力发展楼宇经济、购物休闲、电子商务等城市经济，着力提升城市品质和城市形象。

加大城市治理力度。深化实施城市添绿行动，采取见缝插绿、留白增绿、拆旧建绿多种方式，持续打造街头小景、街心花园。推行"精致环卫"，聚焦城乡接合部、安置小区、进出城道路等薄弱区域，实施深度保洁，保障全时全域路见本色、街净巷洁。高质量做好新一轮国家卫生城市复查迎评工作。提升"智慧城管"平台，深化垃圾分类体系全覆盖，力争破题城区渣土长效管理以及建筑垃圾、装潢垃圾无害化处置，着力破解城市"顽疾"。维修破损人行道不少于5000平方米，新建二期广场健康步道，切实提高城市安全韧性和宜居品质。

加快绿色低碳发展。聚焦"大气质量改善转折年、断面水质提升巩固年、突出问题整改攻坚年、生态基础工作夯实年"工作主线，狠抓各级交办的突出生态环境问题整改，强化工业源、农业源、生活源、移动源"四源共治"，坚持"水、土、气、固废"协同治理，推动生态环境质量持续改善。建立五大专项行动长效机制，深入整治"散乱污"企业，持续严格落实长江大保护和“十年禁渔”，啃下长江岸线利用项目清理整治“硬骨头”，切实提升生态环境治理能力和水平。落实碳达峰碳中和政策要求，深入调整产业、能源、交通运输和用地结构，压茬推进违法违规用地“三年攻坚”，让生态优先、绿色发展之路越走越宽。

（四）聚力乡村振兴，建设宜居宜业和美乡村。全方位稳住农业基本盘，做强农村产业、乡村生态，加快消除经济相对薄弱村，确保农业稳产保供、农民稳步增收、农村稳定和谐。

提档现代农业。以发展都市农业为抓手，加快北部沿江农业带、中部万亩茶园示范区、南部生态稻渔集中区建设。全力打造现代农业发展丹徒标杆，围绕“打造一个品牌、带活一个产业、富裕一方农民”思路，攻坚区域公用品牌、丰富行业特色品牌，促进“水月雨”茶文化园、金色年华等农业项目发展壮大，力争新建农业农村重大项目10个以上。坚决守牢粮食安全底线，坚定不移落实“藏粮于地、藏粮于技”战略，切实巩固涉粮巡视整改成果，不断提升粮食综合生产能力，确保新建0.9万亩高标准农田，粮食面积不低于28.1万亩、总产不低于13.33万吨。强化现代农业科技和物质装备支撑，推进绿色食品、有机农产品申报和绿优基地建设。实施农业农村大数据平台一期工程，新建1−2个农业物联网创新应用基地。

加速乡村建设。落实乡村建设行动任务清单，确保创成1个省级、2个市级特色田园乡村试点村庄。继续推进美丽宜居乡村建设，做好农村人居环境整治卫生长效管护，完成省级卫生镇创建任务。加快农村生活污水治理以及水产养殖池塘生态化改造，做好农村改厕和黑臭水体治理；着眼彻底改善通胜地区防洪排涝能力，启动实施通济河整治工程。稳步推进农房改造改善，全面消险解危农村危房、危桥，改善农村住房260户，提档升级农村公路26.5公里，改造辛高线、世高线等5条县道路面。推进X307、X254下穿涵洞改造，有效解决影响群众出行的积水问题。争创省级城乡公交一体化达标区、省级农村物流达标区。

做强村庄经济。深化开展富民强村帮促行动，加快发展新型农村集体经济，有序推进农村要素市场化配置改革，创新思路用好乡村资源，大力盘活闲置农业项目，探索飞地抱团、农房激活、土地股份、产业联结等资源盘活场景，确保村集体经营性收入增幅稳定超过14%。深入实施农民收入十年倍增计划，培育新型农业经营主体，探索建立共富利益联结机制，拓宽农民增收渠道。建设丹徒农业社会化服务中心，推进县域重要农业生产资料供应体系建设，保障农业生产安全稳定。打造县域农产品展示展销中心，推进农产品流通服务体系“线上+线下”双向融合升级。深化供销合作社“三位一体”综合合作改革，着力打造服务农民生产生活的综合平台。

（五）兜牢民生底线，擦亮共同富裕幸福底色。时刻把群众安危冷暖放在心上，尽力而为、量力而行发展社会事业、办好民生实事，不断实现人民群众对美好生活的向往。

让就业举措更有效。坚持就业优先导向，聚焦高校毕业生、退役军人、农民工等重点群体，实施多渠道灵活就业，新增城镇就业5400人，零就业家庭保持动态清零。加大残疾人就业扶持力度，依托“残疾人之家”，帮助100名以上残疾人士开展辅助性就业。扎实推进参保扩面工作，引导依托互联网平台就业、非全日制用工等人员以灵活就业人员身份参加社会保险。加大创业支持力度，开展创业培训2500人次以上，发掘优秀创业项目，努力打造多层次、多元化，适合不同群体的创业孵化基地。

让公共服务更周到。科学优化全区中小学教育资源，开展茅以升实验学校二期工程建设，完成义务教育学校教室照明改造提升工程。推进健康丹徒建设，实现“15分钟医保服务圈”乡镇全覆盖；加快医共体实体化运行，加强医院专科联盟建设，新增1个省级健康促进医院；推进第二个农村区域

性医疗卫生中心建设，确保辛丰卫生院创成五级中医馆。完善公共设施，加快区图书馆提档升级，全面更新镇村公交，新建10个农民健身广场、5公里健身步道，新增2万平方米体育场地。做好丧葬礼俗改革试点工作，推进殡葬领域移风易俗，推广林地生态复合利用，确保完成各项试点任务。

让社会保障更完善。优化养老托育服务，扩大养老服务供给，积极实施乡镇敬老院改造提升，加快"公建民营"步伐，创建2个老年友好型社区，升级2家社区居家养老服务中心，新建1家农村区域性养老服务中心。落实三孩生育政策措施，增加婴幼儿托育服务供给，建设1家成长小屋，新建1个留守儿童和困境儿童"关爱之家"，建成1个慈善综合服务中心社区。统筹做好重要民生商品保供稳价和煤电油气运供应。加强严重精神障碍患者救助，落实以奖代补政策，统筹推进特殊困难群体常态化帮扶救助、双拥优抚安置、困难群众兜底等工作，把"民生七有"的要求落实落细。

（六）坚持安全发展，筑牢和谐稳定坚固屏障。坚持人民至上、生命至上，强化系统观念、底线思维，全力守护社会安定、人民安宁。

科学精准做好疫情防控。坚决执行上级关于优化疫情防控各项安排，因时因势优化和落实疫情防控措施，持续提升防控的科学性、精准性。突出加强重点人群保护，加快提高疫苗接种率，切实抓好老年人和患基础性疾病群体的防控。加快推进发热门诊(诊室)、方舱医院、传染病血透病人专用病区建设，提升应急处置能力，最大程度保护人民生命安全和身体健康。

深入细致化解重大风险。常态化抓实安全生产隐患排查整治，推进基层应急管理末端治理建设，重点加强危化品、消防、燃气、建筑施工、交通运输、经营性自建房等行业领域安全监管，守牢不发生较大及以上生产安全事故的底线。落实食品药品监管"四个最严"[(9)]要求，建立健全分层分级精准防控末端发力终端见效工作机制，压紧压实属地管理和企业主体"两个责任"，切实筑牢食品药品安全防线。有效防范化解金融风险，持续强化债务管控、压降融资成本，推动国资国企改革取得更大成效，力争在省金融生态环境创建中进入前40名。严厉打击非法集资、恶意"逃废债"等犯罪行为，依法稳妥处置房地产领域风险。

聚焦重点抓优社会治理。增强区域社会治理能力，坚持和发展新时代"枫桥经验"，深化网格化服务管理，完善矛盾纠纷多元化解机制，强化基层行政执法"三项制度"[(10)]落实。常态化开展扫黑除恶斗争，持续加大反电信网络诈骗宣传和打击治理力度，坚决守牢群众钱袋子。高度重视信访积案攻坚化解，全面推进"人民满意窗口"建设质量提升工程。着力加强民工工资支付保障，严格落实工资保证金、支付担保等八项制度，维护建设工程领域大局稳定。高质量开展第五次全国经济普查相关工作，扎实推进"八五"普法，加快法治丹徒建设。深化文明城市创建，提升全民文明意识，推动军民融合发展和双拥共建，构建社会治理共同体。

三、全面加强政府自身建设

面对新开局，我们将始终践行"三个务必"，做到为百姓谋、为发展拼，全力打造人民满意政府。

以坚定步伐迈向新征程。牢固树立正确政绩观，坚定人民立场，始终从人民利益出发谋划工作，将群众满意作为工作成效的检验标准。正确处理好市场机制与政府调控的关系，既不"越位"，也不"缺位"，确保各项决策符合客观规律、人民意愿和长远发展。涵养"功成不必在我"的精神境界和"功成必定有我"的历史担当，决不贪一时之功、图一时之名、逞一时之能，以钉钉子的精神一张蓝图绘到底。

以扎实作风引领新发展。发扬斗争精神，坚决摒弃"好人主义"，坚决不做"二传手""甩手掌柜"，坚决杜绝矛盾上交、难题后拖。坚持"谋当下、计深远”，牢固树立系统思维和“一盘棋思想”，时刻以发展大局为重，切实加强前瞻性思考、战略性谋划。坚持“说了算、定了干”，健全重大决策部署督查落实机制，确保政令畅通、执行有力。力戒形式主义、官僚主义，把心思用在干事业上，把功夫下在抓落实上，浓厚勤勉奋进、精益求精的良好氛围。

以奋进姿态迎接新挑战。时刻保持本领恐慌的危机感，大力弘扬勤学善思之风，打造专业高效的学习型政府。紧扣主要矛盾和中心任务，切实加强对宏观经济、政策法规、战略规划、重点工作、新兴业态的分析研究，不断提升破题攻坚的能力。切实提高工作的主动性、系统性、专业性和预见性，紧贴实际加强创新性政策举措研究，有效应对和防范化解风险挑战。全面推进数字政府建设，打造更高效率、更具温度的基层政务服务。

以廉洁本色塑造新形象。落实区政府党组全面从严治党主体责任，切实加强政府系统党风廉政建设。严格贯彻中央八项规定及其实施细则精神，严格执行民主集中制，坚持依规依纪依法履行职责，自觉接受党委领导和监督，主动接受人大、政协监督，虚心接受各方意见建议。全面深入做好省委巡视反馈意见的整改落实，以过硬整改成效体现政府政治担当。加强财政资金使用、工程项目建设等重点领域监管，坚持过“紧日子”，把有限财力用到保民生、促发展上，维护为民、务实、清廉的政府形象。

各位代表，期待与愿景，鼓舞我们砥砺奋进；责任与重托，鞭策我们勇往直前。让我们紧密团结在以习近平同志为核心的党中央周围，以党的二十大精神为指引，踔厉奋发、团结奋斗，奋力书写好中国式现代化丹徒答卷！

【注释】

(1) 双百计划：每年招引实施100个产业项目，完成100亿元产业投资。

(2) 五大专项行动：长江岸线保护、黑臭水体治理、蓝天保卫战、打击固体废物非法倾倒、工业“散乱污”企业整治行动。

(3) “三区三线”：“三区”，生态、农业、城镇三类空间；“三线”，生态保护红线、永久基本农田、城镇开发边界三条控制线。

(4) “333”行动：“三消除”，消除城市黑臭水体、消除污水直排口、消除污水管网空白区；“三整治”，整治工业企业排水、整治“小散乱”排水、整治阳台和单位庭院排水；“三提升”，提升城镇污水处理综合能力、提升新建污水管网质量管控水平、提升污水管网检测修复和养护管理水平。

(5) “两项补贴”：困难残疾人生活补贴、重度残疾人护理补贴。

(6) 扶贫“三会”：区老区开发促进会、区扶贫开发协会、区宜农扶贫基金会。

(7) “1+2+1”：丹徒经济开发区；丹徒高新技术产业园、生态汽车产业园；荣炳电子与精密制造产业园。

(8) “六个一”工程：创建一个国家乡村旅游重点村、编制一批精品旅游线路、出台一份旅游民宿规范发展的实施办法、开发一批文旅创意产品、签约一批文旅商业项目、打造一个“智慧旅游”平台。

(9) “四个最严”：最严谨的标准、最严格的监管、最严厉的处罚、最严肃的问责。

(10) “三项制度”：行政执法公示、执法全过程记录、重大执法决定法制审核制度。

（按原文摘要收入）

组织机构及领导人名录

区领导班子

中共丹徒区委

书　记　毛　健
副书记　吕朝霞(女,2022.6—)
　　　　包荣军
　　　　马振兵(—2022.6)
常　委　左　荣(女)
　　　　张　蕾(女)
　　　　刘文正
　　　　邵建海
　　　　李庆丰
　　　　韩启涛
　　　　马云飞
　　　　汪　洋
　　　　许俊超(2022.6—)

丹徒区人大常委会

主　任　韩宏亮
副主任　贺　文
　　　　程道云
　　　　李晓娟(女)
　　　　江学军

丹徒区人民政府

代区长　吕朝霞(女,2022.6—2023.1)
区　长　吕朝霞(女,2023.1—)
　　　　马振兵(—2022.6)
常务副区长　张　蕾(女)
副区长　李庆丰
　　　　王　军
　　　　胡光亮
副区长、丹徒公安分局局长　杨忆宁
副区长　江达贤
　　　　盛莉莉(女)
副区长　韩　豫(挂职,2022.9—)
党组成员　杨美成(挂职,2022.11—)
党组成员　冯　琳(2021.6—2023.6,援陕任澄城县委常委、副县长)

政协丹徒区委员会

政协丹徒区委员会

主　席　黄子来
副主席　任金华
　　　　殷一斐
　　　　杨　帆
　　　　徐　洁(女)
　　　　徐　靖

区纪委监委

纪律检查委员会

书　记　左　荣(女)
副书记　戴　伟
　　　　张云飞
常　委　朱志文
　　　　马庆军
　　　　包　珩

监察委员会

主　任　左　荣(女)
副主任　戴　伟

张云飞

委　员　朱志文

马庆军

孙立中

吴家泉

派驻机构

区纪委、区监委派驻区委办纪检监察组组长

曹　啸

区纪委、区监委派驻区人大机关纪检监察组组长

王玲华(女)

区纪委、区监委派驻区政府办纪检监察组组长

史惟蓉(女)

区纪委、区监委派驻区委组织部纪检监察组组长

沈　珺

区纪委、区监委派驻区委宣传部纪检监察组组长

陆　景(女，—2022.12)

张自良(2022.12—)

区纪委、区监委派驻区人民法院纪检监察组组长

骆邦栋

区纪委、区监委派驻区农业农村局纪检监察组组长

张国俊

区纪委、区监委派驻区住建局纪检监察组组长

刘国栋

区纪委、区监委派驻区公安局纪检监察组组长

胡　晋

区纪委、区监委派驻综合监督纪检监察组组长

许继杰

区委办、区人大机关、区政府办、区政协机关

区委办公室

主　任　赵　斌

副主任　颜圳杰

刘　飞

陈　凯

杨　坤

合作交流中心主任　严　峰

合作交流中心副主任　闻　斌(2022.8—)

机要保密局副局长　周明波

档案馆馆长　何朝阳

区人大机关

办公室

主　任　陈　刚

副主任　韩　雪(女)

阮振坤

财政经济工作委员会

主　任　杨明凤(女)

农村经济工作委员会

主　任　张云凤(女)

副主任　张荣辉(—2023.3)

监察和司法工作委员会

主　任　费海新

社会事业工作委员会

主　任　王飞雪

人事代表联络工作委员会

主　任　王　军

副主任　吴建军

环境资源城乡建设工作委员会

主　任　刘苗苗(女)

副主任　俞　倩(女)

区政府办公室

党组书记、主任　高超文

党组成员　杨　飞

辛学俊

政府办党组成员、区纪委监委派驻区政府办纪检组长
史惟蓉(女)
黄德新
袁 斌
张润涵
王 俊
陈 龙(2022.8—)
副主任 朱智谋(2021.11—)
杨 飞
辛学俊
黄德新
袁 斌
张润涵
王 俊
大数据管理局局长 杨 飞

区政协机关

秘书长 霍国庆

办公室

主 任 霍国庆
副主任 杨 印(2022.8—)
赵桂荣(—2023.3)

提案委员会

主 任 贺 军
副主任 孙晋跃

经济科技委员会

主 任 黄 纬
副主任 庄维红(女, —2022.8)

社会事业委员会

主 任 张 燕(女)
副主任 吴新中(2022.8—)
杨 印(—2022.8)

文史资料委员会

主 任 殷 明
副主任 马 骏(女)

港澳台侨委员会

主 任 杨龙寿
副主任 吴新中(2022.8—)

区法院、区检察院

法 院

党组书记、院长 李平波(2022.1—)
党组副书记、副院长 李东升(—2022.12)
党组成员、副院长 孙旭东(—2022.12)
眭咏梅(女)
李 卉(女,2022.8—)
党组成员 金华俊
步跃刚
冷 勇(2022.12—)
党组成员、政治部主任 蒋素明(女, —2022.8)
张 阳(2022.8—)
党组成员、区纪委监委派驻人民法院纪检监察组组长
骆邦栋
党组成员、执行局局长 张 敏(女, —2022.8)
党组成员、审判委员会专职委员
李 卉(女, —2022.8)
审判委员会专职委员 陈 宁(女,2022.12—)
李宏敏(女,2022.12—)

检察院

党组书记、检察长 黄卫群(—2022.11)
党组书记 黄卫群(2022.11—2022.12)
党组书记、代检察长 石继耀(2022.12—2023.1)
党组书记、检察长 石继耀(2023.1—)
党组副书记、副检察长 周桂林
党组成员、副检察长 纪 飞
党组成员 冷 勇(—2022.12)
党组成员、副检察长 孙旭东(2022.12—)
党组成员、政治部主任 赵 霞(女)

党组成员、检委会专职委员　钱　坤

区委工作机关

组织部

部　长　刘文正
常务副部长　殷宝玉
副部长　龙　飞
　陈卫平
　沈洪林
　陈亚丽(女)
区委非公有制企业和社会组织工作委员会书记
　陈卫平
区委非公有制企业和社会组织工作委员会副书记
　董　浩
区委党建工作领导小组办公室主任　陈亚丽(女)
区委党建工作领导小组办公室副主任　方镇生
区考核工作委员会办公室副主任　胡　翔
区人才工作领导小组办公室副主任
　王　淼(女，挂职)

宣传部

部　长　邵建海
常务副部长、区新闻出版局(区版权局)局长
　董　帅
副部长、区文明办主任　张国琪(2022.8—)
　朱广昌(—2022.8)
副部长、区委网信办主任　张国琪(—2022.8)
　肖　芳(女，2022.8—)
区文明办副主任　倪　立(2023.3—)
　肖　芳(女，—2022.8)
区委网信办副主任　陶静爽(女，2023.3—)
　马　峰(—2022.8)
区政府新闻办副主任　陶丽娟(女)
区新时代文明实践服务指导中心主任　黄智勇

统战部

部　长　邵建海
常务副部长　谢　军
副部长　殷晓丹(女)
副部长、区民族宗教事务局局长
　陈珍娜(女，2021.11—)

政法委

区委常委、政法委书记　许俊超
　包荣军(—2022.12)
常务副书记　王　飞
政法委副书记　神俊武
　肖向平

编　办

主　任　龙　飞
副主任　纪倩雯(女)
　孙长林
　徐　琳(女)

台　办

主　任　王　翼
副主任　尹桂裕

机关工委

书　记　周丛山
副书记、区纪委区级机关纪工委书记　陈　新
副书记　王　妍(女)

巡察办

主　任　朱志文
副主任　朱　茜(女)
巡察组组长　杨　凯
　徐正辉
　张　芸(女)
巡察组副组长　钟　辉(女)
　许涵静(女，—2022.8)
　杨　雪(女)
　何百平

曹志平
赵建伟

老干部局

局　长　沈洪林
区委离退休干部党工委书记　刘佳明
副局长　王　俊(女)
潘月红(女，—2022.8)
费　雪(女，2022.9—)

区政府工作部门

经济发展局

党委书记、局长　吴宏昱
区国防动员办公室主任　吴宏昱(2023.3—)
党委委员、副局长　王俊峰
唐宏秋
周雷明
蒋　莹(女，2022.8—)
党委委员　汪　勇
粮食和物资储备局局长　王俊峰
副局长　温守信
党委委员、重大项目服务中心主任　施　皓
粮食和物资储备局副局长　蒋　莹(女)

教育局

党委书记、局长　徐鹏程
党委副书记、区政府教育督导室主任　尹　鹏
党委委员、江苏省大港中学党委书记　仲伟贵
党委委员、区政府教育督导室副主任　朱　军
党委委员、副局长　常建军
朱品辉(—2023.3)
方纪敏(—2023.3)
副局长　戴文妍(女)
党委委员　朱品辉(2023.3—)
方纪敏(2023.3—)
蔡玉军

苏爱国(—2022.8)
江建翔(—2023.3)

科技局

党组书记、局长　许南江
党组成员、副局长　唐小平
唐雯颖(女，2022.9—)
党组成员　刘　琳(女，—2022.8)

市公安局丹徒分局

副区长，政法委副书记、党委书记、局长、督察长
杨忆宁
党委副书记、政委　於伟荣
党委委员、副局长　吴明虎
田建国
许　峰
张　明
朱建军(—2023.3)
党委委员、政治处主任　靖慕中
党委委员、治安管理大队大队长
朱荣俊(2023.1—)
党委委员、区纪委、区监委派驻公安局纪检监察组组长　胡　晋
党委委员　王益峰(—2022.8)

民政局

党组书记、局长　陈　煜
副局长　洪云国
张建红(女)
汤江华(女)

司法局

党组书记、局长　蔡　扬
党组成员　刘建军
张永忠(2022.12—)
党组成员、副局长　张永忠(—2022.12)
邓世琴(女)

许涵静(女，2022.8—)
汤　敏

副局长　姚　凯(2022.12—)

党组成员、区委全面依法治区委员会办公室副主任　陈　龙(2022.8—)
吴新中(—2022.8)

财政局

党委书记、局长　殷一斐

党委委员、副局长　沈　杰
李　娜(女)
赵　清
金志云(女，2023.3—)
伏柏林(—2023.3)

党委委员　潘　坚
史小燕(女)
金志云(女，—2023.3)
刘文斌(—2023.3)

国资办主任　潘　坚

谷阳分局局长　时　洁(女)

辛丰分局局长　梅　婷(女)

上党分局局长　田海涛

宜城分局局长　吕江丽(女)

高资分局局长　肖　飞

人社局

党组书记、局长　周　锋

党组成员、副局长　卢建军
魏雪峰
丁利胜
吕　庆(—2022.8)
吴毅峰(2022.8—)

党组成员　仇　霞(女，—2023.3)
姚克仁
陈　曦
张林霞(女)

住建局

党委书记、局长　王　欣

党委副书记、人民防空办公室主任　李雪义(—2023.3)

区地震局局长　周　忠(—2023.3)
侯晓敏(2023.3—)

副局长、党委委员　周　忠(—2023.3)
王牧原(女)
马鹏举
季荣生(2023.3—)

党委委员　谢晓彬
刘国栋
侯晓敏
张庆华(—2023.3)
季荣生(—2023.3)
顾文辉

副局长(挂职)　马　冰(女，2022.12—)

城管局

党组书记、局长　姚震刚

党组成员、副局长　王丽君(女，2022.8—)
张建华
唐兴国
韦建平(—2022.8)

党组成员　刘海燕

党组成员、区城市管理行政执法大队大队长　贾　骏

党组成员　赵喆勐

区城市管理行政执法大队副大队长　宋　欣
赵　欣

交通运输局

党委书记、局长　季道远

党委委员、副局长　丁建平(—2022.8)
袁学军
王卫东(—2023.3)
陈　飞(2022.12—)

党委委员　陈　飞(—2022.12)
戴　峰

水利局

党委书记、局长 戴雨平

党委委员、副局长 韦 辉

张 明

张浩东

党委委员 陈 杰

农业农村局

党委书记、局长 孙 铁

区委农办主任 孙 铁

党委副书记 孙永忠(—2023.3)

党委委员、副局长 吴慧琴(女)

魏昌玉

李 超

党委委员 张国俊

区委农工办副主任 张 军

党委委员 殷 冰

刘 铭

吴国胜

农业综合行政执法大队大队长 殷 冰

商务局

局 长 杨 帆

党组书记 虞亚军

党组成员、副局长 徐 峰

周步祥

殷 欣

党组成员 巫 斌

曹 媛(女，—2023.3)

闪 静(女，—2023.3)

招商服务中心主任 虞亚军

招商服务中心副主任 曹 媛(女，—2023.3)

闪 静(女，—2023.3)

蔡 辉(2023.3—)

金荣贵(2023.3—)

文体广旅局

党组书记、局长 唐 维

党组成员、副局长 王 军

葛希娟(女，—2022.8)

王 燕(女)

张欣怡(女，2022.9—)

副局长 张晓红(女)

党组成员 徐小刚

赵国栋

卫健委

党委书记、主任 张荣健

党委委员、副主任 李 枫(女)

孙寅秋(女)

殷 琰

卞有根

党委委员 神学慧

胡小忠

戴伟忠

退役军人事务局

党组书记、局长 黄育新

党组成员、副局长 董洪文

任锁林

凌 青

应急管理局

党委书记、局长 朱昌斌

党委委员、副局长 谢朝红

胡卫民

朱晓毅

杜林利

党委委员、安委办专职副主任 顾博静(女)

审计局

党组书记、局长 张 宾

党组成员、副局长 吴文胜

孙晓东

纪剑华

党组成员　顾国林
　　　　　谈建华

行政审批局

党组书记、局长　赵中田
党组成员、副局长　朱林林(女)
党组成员　周慧勤(女)
副局长　刘　刚
公共资源交易中心主任　王　莹(女)

市场监管局

党委书记、局长　陈束伟
党委委员、副局长、知识产权局局长
　　　　孟建平
党委委员、副局长　黄羽田(女)
　　　　　　　　　陈　宁
副局长　张　俊(女)
党委委员　曹　俊
　　　　　陶迎春(女)
　　　　　朱　俊
　　　　　王美琴(女)
宝堰分局局长　朱　江
辛丰分局局长　汤炳昀
高桥分局局长　巫智斌
宜城分局局长　刘　俊
高资分局局长　朱玉新
谷阳分局局长　殷成俊
上党分局局长　徐　俊
世业分局局长　刘　涛

统计局

党组书记、局长　陈　健
党组成员、副局长　潘叶平(—2022.12)
　　　　　　　　　彭　俊
　　　　　　　　　董瑞光
党组成员　潘叶平(2022.12—)
副局长　杨　丽(女，2022.12—)

党组成员、调查局局长　胡素梅

信访局

党组书记、局长　朱智谋
党组成员、副局长　赵　洋
　　　　　　　　　张丹艳(女，2022.8—)
　　　　　　　　　尹润忠(—2023.3)

地方金融监管局

党组书记、局长　段　炼
党组成员、副局长　时小燕(女)
　　　　　　　　　陶　晨

参公事业单位

史志办

主　任　钱立宪
副主任　李冬冬
　　　　郭　洋(女，2022.9—)

党　校

校　长　刘文正
常务副校长　朱祥洪
副校长　沈漪之(女)
　　　　吴慧勇

行政学校

校　长　刘文正
常务副校长　朱祥洪

档案馆

馆　长　何朝阳
副馆长　谢　华(女)

供销社

党委书记、主任　施凯兵
党委委员、副主任　丛　松

朱俊华
高玲玲(女)
党委委员 陈 欣(女，—2023.3)
杨 铃
陈 晨
陈 熙
徐 杰

社会团体

总工会

主 席 贺 文
党组书记、副主席 吴林华(—2023.3)
党组成员 孙宇东(—2023.3)
党组成员 韩 蓁(女)
副主席 张 剑
党组成员、副主席 吕复环(女)
余旭东

团区委

书 记 郑 恺
副书记 王超然(女)
侯彦舟(女，2022.9—)

妇 联

主 席 邱栋婷(女)
副主席 王丽君(女，—2022.8)
任 敏(女)
杨玉洁(女，2022.8—)
卢建萍(女，—2022.8)

科 协

党组书记、主席 龚恋淇(女)
党组成员、副主席 赵宏伟
陈思瑶(女，2022.9—)
倪羽欣(女，—2022.9)

侨 联

主 席 张 军
副主席 吴秋红(女)
朱坚强

文 联

主 席 蔡 敏
副主席 束鹏芳
马 峰(2022.8—)
吴呈昱(—2022.8)

残 联

理事长 窦峰云
党组书记 窦峰云
副理事长 许慧敏(女，—2023.3)
陈 欣(女，2023.3—)
党组成员 许慧敏(女，—2023.3)
陈 欣(女，2023.3—)

红十字会

会 长 盛莉莉(女)
常务副会长 朱丹凤(女)

其他社会组织

见义勇为基金会

理事长 曾明泉
副理事长、秘书长 丁发林
副理事长 何培根
张瑞芳(2021.8—)
景国栋(—2021.8)

慈善总会

会 长 徐新祥
副会长 胡光亮(2022.5—)
陈 煜(2022.5—)
付久成

洪云国
蔡怀根(2022.5—)
秘书长　付久成

商业联合会

会　长　巫东海
秘书长　李俊勤

镇江市茅山老区兴教助学协会

会　长　徐伟珍(女)
副会长　张碧云(女)
卞祖荣
魏祥林
秘书长　孔荣喜
监　事　田光辉

老区开发促进会

区扶贫开发协会
区宜农扶贫基金会
会　长　许志涛
顾　问　韩迎农
副会长　黄菊英(女)
魏兴来
秘书长　庄　芳
田耀昌

关心下一代工作委员会

主　任　叶向东
副主任　鲍玉荣
刘佳民
沈仁国
袁宝凤
陶爱兰
卞美岗

民主党派　工商联

民革丹徒总支部

主　委　魏　丽(女，2022.9—)
李　军(女，—2022.9)
副主委　张晓红(女，2023.3—)
韦　婕(女)
魏　丽(女，—2022.9)

民盟丹徒基层委员会

主　委　徐　俊
副主委　肖　涛
姚　凯
盛景俊

民建丹徒区基层委员会

主　委　温守信(2022.6—)
纪桂发(—2022.6)
副主委　蔡正飞
王宏景(2022.6—)
杨　毅(2022.6—)
何为民(—2022.6)

民进丹徒支部

主　委　史海华
宣传委员　盛　阳
组织委员　凌雅莺

农工民主党丹徒区基层委员会

主　委　戴文妍(女)
副主委　张卫新
李叶红(女)
殷　飞(女)

致公党丹徒区基层委员会

主　委　盛莉莉(女)
副主委　刘　刚

九三学社丹徒支社

主　委　严　慧(女)
副主委　郑琴(女)
周文婧(女)

工商联

党组书记　殷晓丹(女)
主席(会长)　徐　靖
常务副主席、副会长　殷晓丹(女)
副主席(副会长)　张　盛
副主席　徐　斌
　　田文斌
　　王兴文
　　徐　洋
　　孔　啸
　　曹胜辉
　　胡国玲
副会长　朱　翔
　　姜松亭
　　刘潮军
　　夏建明
　　戴　毅

事业单位

融媒体中心

党委书记、主任　朱广昌(2022.8—)
党委副书记、总编辑　唐丹青
党委委员、副主任　陆　萍(女)
　　崔华东
　　宫晶晶(女)

机关事务管理中心

主　任　刘正国
副主任　周浩闻
　　潘　莉(女)
　　杨　旗

生态汽车产业园

党工委书记　张源之
管委会主任　王锁清
党工委委员、管委会副主任　康　建(—2022.12)
　　梁　超
　　马叶飞
　　徐　驹

茧丝绸总公司

总经理　吴国胜
副总经理　陆　炜
　　陈庆赟

工业总公司

党委书记、总经理　徐江平
党委委员、副总经理　贡云明
　　杜　宇(女)
　　张　栋(2022.8—)
党委委员　朱国斌

商业总公司

党委书记、总经理　徐江平
党委委员、副总经理　王　琴(女)
　　戴　伟

国有企业

建投公司

党委书记、董事长　龚向华
党委委员、总经理　韦建云
党委委员、纪委书记　夏　明(女)
党委委员、副总经理　刁永华
　　陈保生
　　倪卫龙
　　袁子霈(—2022.11)
　　宋　雷
　　孙　琦

长山文化产业发展有限公司

党委书记、董事长　方　彬(女)
党委副书记、总经理　邓　超
党委委员、纪委书记、副总经理　严树根

党委委员、副总经理　孙涛毅
　　　　　　　　　杨　扬（—2022.12）

垂直系统

税务局

党委书记、局长　李文芳
党委委员、副局长　王春生
　　　　　　　　朱志兵
　　　　　　　　贾　军
党委委员、纪检监察组组长　陈韶军

丹徒自然资源和规划分局

党委书记、局长　邢敖锁(2022.10—)
　　　　　　　殷国祥(—2022.5)
党委委员、副局长　仇建农(—2023.1)
　　　　　　　　唐本旭
党委委员　李建伟(—2023.1)
　　　　　马志勇
　　　　　纪振东
　　　　　吕　梅(女)
党委委员、副局长　周　新
党委委员　神玉龙

生态环境局

党组书记、局长　窦云峰
党组副书记、副局长　吴　淳
党组成员、副局长　杨　翔
　　　　　　　　龚　啸
　　　　　　　　汤　杰(2023.3—)
副局长　许　猛(挂职)
丹徒生态环境综合行政执法局局长
　　　　李　敏(—2023.3)
　　　　蔡星宇(2023.3—)
区攻坚办常务副主任　丰晓静

烟草专卖局

局长、经理、党支部书记　赵　军
副局长　姜　鹏(2022.10—)
　　　　葛　晨(—2022.4)
副经理　任杨帆(2022.9—)
　　　　朱　健(—2022.4)

气象局

局　长　徐　峰
副局长　张宏康(—2022.2)
　　　　汤　俊

镇　街道　园区

高桥镇

党委书记　万成辉
党委副书记、镇长　张叶飞
人大主席　陆　俊
党委副书记　孔庆峰
党委委员、人武部长　张　俊(—2023.3)
　　　　　　　　　管小明(2023.3—)
政法委员　薛　军
组织委员、统战委员　李昌新
宣传委员　魏玉风(女)
党委委员、纪委书记　傅　佳
副镇长　孔庆峰
　　　　李昌新
　　　　孙　杨
　　　　余　卉(女)
高桥临港经济产业园党工委书记　万成辉
高桥临港经济产业园党工委副书记、管委会主任
　　　　张叶飞
高桥临港经济产业园党工委副书记　赵志翔
高桥临港经济产业园党工委委员、管委会副主任
　　　　王　林
　　　　戴翔宇
　　　　杨　旸
管委会副主任　姚　凯(—2022.12)

辛丰镇

党委书记　朱　敏

党委副书记、镇长　赵晨
人大主席　江镇祥
党委副书记　杨光耀
　　　　　　毛　申
党委委员、副镇长　陈小明
党委委员、人武部长　韦春荣
政法委员　徐　斌
组织委员、统战委员　张　阳(—2022.8)
　　　　　　　　　　沈　力(2022.12—)
宣传委员　陈振巍
党委委员、纪委书记　刘祎楠(女)
副镇长　陈振巍
　　　　金荣鑫
　　　　张　衍
　　　　蔡　露(女)
　　　　蒋天悟

谷阳镇

党委书记　汪　洋
党委副书记、镇长　马　波
人大主席　王　治
党委副书记　殷若成
　　　　　　王　毅
党委委员、副镇长　杨　杰
党委委员、纪委书记　曹　莉(女)
党委委员、人武部长　陆骏毅
政法委员　吴习文
宣传委员　芮　婧(女)
组织委员、统战委员　李　颖(女,2022.12—)
　　　　　　　　　　李　翔(—2022.12)
副镇长　吴习文(—2022.9)
　　　　李　颖(女,—2022.12)
　　　　葛　波
　　　　周亦然(女)
　　　　汤　振(2022.12—)
　　　　邵　凯(2022.9—)

上党镇

党委书记　张源之
党委副书记、镇长　周　飞
人大主席　王　振
党委副书记　徐建斌
　　　　　　殷　聪
党委委员、副镇长　朱礼军
党委委员、人武部长　夏玉建
党委委员、纪委书记　朱　斌
组织委员、统战委员　王　宇
政法委员　侯　闯
宣传委员　陈舒萍(女)
副镇长　王　宇
　　　　曹　斐(2022.12—)
　　　　秦政夏
　　　　谢子馨(女)

宝堰镇

党委书记　张　彦
党委副书记、镇长　解　冉(女)
人大主席　江雪峰
党委副书记　夏　俊
党委委员、副镇长　曾高鹏
政法委员　王海峰
宣传委员　倪　立(—2023.3)
　　　　　陈新(女,2023.6—)
党委委员、纪委书记　王晓燕(女)
组织委员、统战委员　张　青(女)
党委委员、人武部长　周　端
副镇长　金应发
　　　　张玉龙
　　　　张　青(女)
　　　　康　建(2022.12—)

世业镇

党委书记　仲　梅(女)
党委副书记、镇长　韩　文
人大主席　王　平
党委副书记　李　奎

党委委员、纪委书记　付　超
组织(统战)委员　朱　超
党委政法委员　谈　亮(2022.8—）
　　陈　龙(—2022.8)
党委人武部长　刘海泉(2022.8—）
　　谈　亮(—2022.8)
宣传委员　陈　冰(女)
副镇长　聂永平(—2023.3)
　　朱　超
　　杨　扬(2022.12—）
　　陈　龙(—2022.8)

宜城街道

党工委书记　戴益峰
党工委副书记、办事处主任　张网保
人大工委主任　蒋朝晖
党工委副书记　张　辉
党工委委员　刘兴中(—2023.3)
　　吴瑞霞(女)
　　蔡扣成
宣传委员　洪　敏(女)
组织委员　余　琴(女)
党工委委员、办事处副主任　朱东亮
　　王先亚
　　周　洁(女)
　　顾杨杰
党工委委员、纪工委书记　王宇光
统战委员　倪　杰
党工委委员、人武部长　丁贤俊
政法委员　庄　啸
为民服务中心主任　李　悦(女)
综合行政执法局局长　朱　明
集成管理指挥中心主任　张　宇

高资街道

党工委书记　马云飞
党工委副书记、办事处主任　李永斌
人大工委主任　朱亚兵
党工委副书记　张　乐
党工委委员、办事处副主任　踪晓文
党工委委员、人武部长　张　峰
组织委员、统战委员　梁　青(女)
党工委委员、纪工委书记　胡　兵
政法委员　黄骅昆(2022.8—）
　　陈　龙(—2022.8)
宣传委员　沙冬梅(女)
办事处副主任　耿继进
　　汤　宪(女)
　　徐亦能(2022.9—）

荣炳盐资源区

党工委书记　王　珏(女)
党工委副书记、管委会主任　乐祥安
人大工委主任　黄　永
党工委副书记　王环宇
宣传委员　陈海燕(女)
党工委委员　邓小鹏
党工委委员、管委会副主任
　　赵汗正
　　陈　越
　　杨玉洁(女，—2022.8)
政法委员　魏昌伟
组织委员、统战委员　尹宗健
党工委委员、人武部长　汤　阳
党工委委员、纪工委书记　程春华(女)
管委会副主任　张　轩(2022.9—）

江心洲生态农业园区

党工委书记　王　成
党工委副书记、管委会主任　谢　平
人大工委主任　徐松林
党工委副书记　严　冬
党工委委员、管委会副主任　苏　汛
　　王　芳(女)

党工委委员、纪工委书记　陈昱含(女)
宣传委员　翟　佳(女)
组织(统战)委员　赵　静
党工委委员、人武部长　顾学炎
政法委员　刘　洁
园区管委会副主任　李　翔(2022.12—)

江苏丹徒经济开发区

党工委书记　马云飞
党工委副书记、管委会主任　王志坚
党工委副书记　狄　磊
党工委委员、管委会副主任
崔常富
侯　军
徐志文
谢正斌
赵　平
党工委委员、纪工委书记　朱　平
党工委委员　曹　斐(—2023.3)
张　超
汤　振(—2023.3)
周　文(—2022.8)

江苏省镇江世业洲旅游度假区

管理办公室主任　殷一斐(—2022.9)
党工委书记、管理办公室主任
仲　梅(女,2022.9—)
党工委副书记(主持工作)　仲　梅(女,—2022.9)
管委会副主任　韩　文
管理办公室副主任　黄国栋
余银俊(2021.5—)
党工委委员　韩　文
黄国栋
杨建君
开发建设处副处长　杨建君
办公室副主任　陆　涛
规划国土环保管理处副处长　魏进亮
招商处副处长　王平华

世业洲旅游发展总公司

旅游管理处副处长　凌　秀(女)

丹徒高新技术产业园

党工委书记　汪　洋
党工委副书记、管委会主任　戴　圆
党工委副书记　蓝　军
党工委委员、纪工委书记　张　舒(女)
管委会副主任　严　慧(女)
党工委委员、管委会副主任
吴毅峰(—2022.8)
巫正云
魏欲同
姚　挺
党工委委员　张　萍(女)
景　涛
创业服务中心主任　韦晓俊(女)
项目招商部主任　景　涛
经济发展部主任　朱军民
丹徒新区市政建设工程公司总经理　张　伟
丹徒新区建设发展公司总经理　王之然

(丹徒区委组织部)

荣誉栏

2022年丹徒区获镇江市委、市政府以上表彰先进集体部分情况表

表32

获奖单位	荣誉称号	授奖年月	授奖单位
丹徒区农业农村局	全省脱贫攻坚暨对口帮扶支援合作先进集体	2022年10月	江苏省委、江苏省人民政府
丹徒区五峰山汽渡有限公司	2020——2021年度全国安康杯竞赛优胜班组（2403渡船）	2022年6月	中华全国总工会、应急管理部、国家卫生健康委员会
世业镇世业村	2022年全国示范性老年友好型社区	2022年10月	国家卫生健康委员会、全国老龄办
丹徒区检察院	2019—2021年度江苏省文明单位	2022年1月	江苏省精神文明建设指导委员会
丹徒区税务局	2019—2021年度江苏省文明单位	2022年1月	江苏省精神文明建设指导委员会
丹徒区审计局	2019—2021年度江苏省文明单位	2022年1月	江苏省精神文明建设指导委员会
丹徒区市场监督管理局	2019—2021年度江苏省文明单位	2022年1月	江苏省精神文明建设指导委员会
丹徒区民政局	江苏省文明单位	2022年1月	江苏省精神文明建设指导委员会
丹徒区气象局	2019—2021年度江苏省文明单位	2022年1月	江苏省精神文明建设指导委员会
上党镇	江苏省文明乡镇	2022年1月	江苏省文明建设指导委员会
丹徒区人民医院	2019—2021年度江苏省文明单位	2022年1月	江苏省精神文明建设指导委员会
丹徒实验学校	江苏省文明校园	2022年1月	江苏省精神文明建设指导委员会
丹徒公安分局交警大队	2019—2021年度江苏省文明单位	2022年1月	江苏省精神文明建设指导委员会
丹徒公安分局高资派出所	2019—2021年度江苏省文明单位	2022年1月	江苏省精神文明建设指导委员会
丹徒公安分局刑事警察大队	2019—2021年度江苏省文明单位	2022年1月	江苏省精神文明建设指导委员会
宜城街道西麓村	江苏省文明村	2022年1月	江苏省文明建设指导委员会
丹徒区检察院	全省检察机关扫黑除恶斗争先进集体	2022年1月	江苏省人民检察院
丹徒区茅以升实验学校少先队大队	“江苏省优秀少先队集体”	2022年1月	共青团江苏省委、江苏省教育厅、江苏省少工委
上党镇上会村	江苏省生态文明建设示范村	2022年1月	江苏省生态环境厅

续表 32

获奖单位	荣誉称号	授奖年月	授奖单位
上党镇五塘村	江苏省生态文明建设示范村	2022 年 1 月	江苏省生态环境厅
丹徒区知识产权局	2021 年江苏省知识产权系统全员学法活动学法优胜单位	2022 年 2 月	江苏省知识产权局
丹徒区	江苏省农产品质量安全县（市、区）	2022 年 3 月	江苏省食品安全委员会
丹徒区图书馆	2021 年江苏省公共数字文化工作先进集体	2022 年 3 月	江苏省公共数字文化建设中心
丹徒公安分局办公室	2019—2020 年度全省公安调研工作成绩突出集体	2022 年 4 月	江苏省公安厅
丹徒公安分局高资派出所	2022 年度全省公安基层所队示范训练角	2022 年 5 月	江苏省公安厅
丹徒区人民医院	节水型单位	2022 年 5 月	江苏省住房和城乡建设厅
丹徒区大港汽车轮渡管理处	江苏省优秀管理示范单位	2022 年 5 月	江苏省广播电视台（集团）
丹徒区	2021 年废旧农膜回收工作成效评估先进县（市、区）	2022 年 6 月	江苏省农业农村厅办公室
丹徒区供销合作总社	2021 年废旧农膜回收工作先进县（市、区）	2022 年 6 月	江苏省农业农村厅
丹徒区茅以升实验学校	2022 年度“红领巾奖章”四星章	2022 年 6 月	江苏省少工委
上党镇	2021 年度全省基层党员冬训工作示范镇	2022 年 6 月	中共江苏省委宣传部、中共江苏省委组织部
丹徒区民政局	巾帼文明岗	2022 年 7 月	江苏省城镇妇女“巾帼建功”领导小组、江苏省妇女“双学双比”竞赛活动领导小组、江苏省妇女联合会
丹徒法院民一庭	全省优秀司法建议	2022 年 7 月	江苏省高级人民法院
致公党丹徒区基层委员会	为“强富美高”新江苏建设做贡献先进集体	2022 年 7 月	中国致公党江苏省委员会
丹徒公安分局高资派出所	全省执法执法县级公安机关	2022 年 10 月	江苏省公安厅
荣炳盐资源区	2022 年省级耕地保护激励单位	2022 年 10 月	江苏省自然资源厅
丹徒区	2022 年江苏省“平安农机”示范县	2022 年 11 月	江苏省农业农村厅、江苏省应急管理厅
丹徒区检察院	2022 年打击危险废物非法处置、重点排污单位自动监测数据弄虚作假和废水偷排直排环境违法犯罪专项行动表现突出办案集体	2022 年 11 月	江苏省生态环境厅、江苏省人民检察院、江苏省公安厅

续表 32

获奖单位	荣誉称号	授奖年月	授奖单位
荣炳盐资源区胜利村西谷里、东庄	江苏省特色田园乡村	2022 年 11 月	江苏省农村住房条件改善和特色田园乡村建设工作联席会议
荣炳盐资源区农村产权交易服务中心	省级农村产权交易服务中心	2022 年 11 月	江苏省农业农村厅
丹徒区	2022 年度江苏省知识产权建设示范（县域）	2022 年 12 月	江苏省知识产权局
丹徒区退役军人事务局	2022 年度权益维护工作先进集体	2022 年 12 月	江苏省退役军人事务厅
丹徒区住建局	江苏省人防工作区级先进单位	2022 年 12 月	江苏省人民防空办公室
丹徒区人防办	江苏省人防工作区级先进单位	2022 年 12 月	江苏省人民防空办公室
丹徒区疾病预防控制中心	血吸虫病监测先进集体、疟疾和重点寄生虫病监测先进集体	2022 年 12 月	江苏省血吸虫病防治研究所
宜城后续照管服务站	《后续照管工作规范》贯标示范单位	2022 年 12 月	江苏省戒毒管理局
宜城街道崇文社区	民主法治示范社区	2022 年 12 月	江苏省委全面依法治省委员会办公室、江苏省司法厅、江苏省民政厅
辛丰镇山北村	民主法治示范村	2022 年 12 月	江苏省委全面依法治省委员会办公室、江苏省司法厅、江苏省民政厅
宝堰镇宝堰村	民主法治示范村	2022 年 12 月	江苏省委全面依法治省委员会办公室、江苏省司法厅、江苏省民政厅
上党镇敖毅村	2022 年江苏省健康村	2022 年 12 月	江苏省爱国卫生运动委员会办公室、健康江苏建设领导小组办公室
荣炳盐资源区曙光村健身广场	2022 年度江苏最美乡村健身广场	2022 年 12 月	江苏省体育总会、江苏省农民体育协会
丹徒区检察院	2018—2020 年度镇江市文明行业	2022 年 1 月	镇江市委、市政府
宜城街道驸马庄社区	镇江市文明社区	2022 年 1 月	镇江市委、市政府
丹徒区人民医院	镇江市文明单位	2022 年 4 月	镇江市委、市政府
丹徒区见义勇为基金会	2022 年度见义勇为先进单位	2022 年 4 月	镇江市政府
丹徒区疾病预防控制中心	全市抗击新冠肺炎疫情先进集体	2022.4	镇江市委、市政府
丹徒公安分局	先进集体	2022.4	镇江市委
丹徒公安分局	全国文明城市创建工作集体嘉奖	2022.4	镇江市政府
丹徒区文体广电和旅游局	文明单位	2022.3	镇江市政府

（各单位提供）

2022年丹徒区获镇江市委、市政府以上表彰先进人物部分情况表

表33

姓名	性别	工作单位	荣誉称号	授奖年月	授奖单位
江　雪	女	丹徒区中医肾病医院	上海抗疫突出贡献奖	2022年5月	上海市委、市政府
韦雪亮家庭	—	—	全国“五好”家庭	2022年5月	中华妇女联合会
黄卫群	男	丹徒区检察院	全省检察机关扫黑除恶斗争先进个人	2022年1月	江苏省人民检察院
娜晟东	男	丹徒公安分局长山派出所、水上派出所	镇江最美警察记二等功	2022年1月	江苏省公安厅
周　斐	女	丹徒区税务局	2021年度省局纳税服务类专业骨干	2022年2月	江苏省税务局
汤　倩	女	丹徒区税务局	2021年全省税务系统业务大比武专业骨干	2022年2月	江苏省税务局
王　晶	男	丹徒区市场监督管理综合行政执法大队	2021年度全省药品稽查执法暨“霹剑2021”专项行动先进个人	2022年2月	江苏省药品监督管理局
江　珊	女	丹徒区市场监督管理综合行政执法大队	2021年度“社会宣传工作先进个人”	2022年3月	中国农工民主党江苏省委员会
郭　胜	男	丹徒公安分局政治安全保卫大队	2021年情报分析能手	2022年4月	江苏省政保总队
朱　群	男	丹徒公安分局法制大队	成绩突出个人	2022年5月	江苏省公安厅
何苏云	女	上党镇其一村村委会	江苏省优秀共青团干部	2022年5月	共青团江苏省委
谭云仙	女	丹徒区疾控中心	江苏省尘肺病项目先进个人	2022年5月	江苏省疾病预防控制中心
江海东	男	丹徒实验学校	优秀青少年科技教育校长	2022年6月	江苏省教育厅
娜晟东	男	丹徒公安分局长山派出所、水上派出所	全省优秀人民警察	2022年7月	江苏省人力资源和社会保障厅、江苏省公安厅
魏文广	男	丹徒公安分局城区派出所	全省优秀人民警察	2022年7月	江苏省人力资源和社会保障厅、江苏省公安厅
王文俊	男	丹徒公安分局上党派出所	省见义勇为基金会表扬奖励	2022年7月	江苏省省见义勇为基金会
姜健俊	男	丹徒区侨联	省侨联系统先进工作者	2022年8月	江苏省归国华侨联合会、江苏省人力资源和社会保障厅

续表 33

姓名	性别	工作单位	荣誉称号	授奖年月	授奖单位
杨　铃	女	苏能投资发展集团有限公司	江苏省归侨侨眷先进个人	2022 年 8 月	江苏省归国华侨联合会、江苏省人力资源和社会保障厅、江苏省人民政府侨务办公室
韦雪亮家庭	—	—	江苏省文明家庭	2022 年 8 月	江苏省精神文明建设指导委员会
王　琪	男	丹徒区检察院	2022 年全省检察机关机要保密业务培训优秀学员	2022 年 9 月	国家检察官学院江苏分院
丁成磊	男	丹徒公安分局上党派出所	执法示范岗	2022 年 10 月	江苏省公安厅
王运喜	男	丹徒区检察院	全省检察宣传优秀通讯员	2022 年 10 月	江苏法治报社
胡晓莼	女	丹徒区检察院	全省检察宣传先进个人	2022 年 10 月	江苏法治报社
凌　茜	女	丹徒区退役军人事务局	2022 年退役军人宣传工作先进个人	2022 年 11 月	退役军人事务部办公厅、退役军人事务部宣传中心
施　皓	男	丹徒区经济发展局	江苏省发展改革系统先进工作者	2022 年 12 月	江苏省人社厅、江苏省发改委
郭　胜	男	丹徒公安分局政治安全保卫大队	个人二等功	2022 年 12 月	江苏省公安厅
王　翾	男	丹徒区退役军人事务局	2022 年度全省权益维护工作先进个人	2022 年 12 月	江苏省退役军人事务厅
王　宁	男	荣炳盐资源区管理委员会	江苏省乡村振兴青年先锋	2022 年 12 月	共青团江苏省委、江苏省农业农村厅、江苏省乡村振兴局
仇明阳	男	丹徒区供销合作总社	优秀信息员	2022 年 12 月	江苏省供销合作总社
汤　洁	女	丹徒区供销合作总社	2022 长三角供销合作社名优农产品展销会组织工作先进个人	2022 年 12 月	长三角供销合作社名优农产品展销会组委会
巫苏婷	女	宜城中学	镇江市十佳教师	2022 年 9 月	镇江市政府
曹　俊	男	丹徒区茅以升实验学校	镇江市十佳教师	2022 年 9 月	镇江市政府
曹金平	男	宝堰中学	镇江市十佳教师	2022 年 9 月	镇江市政府

（各单位提供）

统计资料

2022 年丹徒区基本情况表

表 34

项目	单位	数量
一、全区总面积	平方千米	617.08
其中：水面	平方千米	136.04
二、耕地面积	万亩	27.74
其中：水田	万亩	16.25
水浇地	万亩	10.84
旱地	万亩	0.65
三、总户数	户	103880
四、年末总人口数	人	285337
年平均人口数	人	286518
在年末总人口数中：		
男	人	139871
女	人	145466
城镇人口	人	177579
本年出生人口数	人	1098
本年死亡人口数	人	3044
本年人口净增率	‰	−6.82
本年人口出生率	‰	3.85
本年人口死亡率	‰	10.67
五、常住人口	万人	34.85
六、镇政府（街道、园区）	个	10
村（居）民委员会	个	88
村（居）民小组	个	1897

（丹徒区统计局）

2022 年丹徒区国民经济主要指标完成情况表

表 35

指标	计量单位	绝对值
一、地区生产总值（现价）	亿元	472.35
二、人均地区生产总值（现价）	元/人	135635
三、粮食总产量	万吨	13.4
四、固定资产投资	亿元	88.11
五、社会消费品零售总额	亿元	73.23
六、财政总收入	亿元	54.56
其中：一般公共预算收入	亿元	23.15
七、财政支出	亿元	66.54
其中：一般公共预算支出	亿元	40.89
八、实际利用外资	万美元	1701
九、进出口总额	亿元	87.61
其中：出口	亿元	79
十、农村常住居民人均可支配收入	元/人	29812
十一、城镇常住居民人均可支配收入	元/人	60151

（丹徒区统计局）

2022 年丹徒区地区生产总值完成情况（现价）表

表 36 单位：亿元

项目	2022年	2021年	增长%
地区生产总值	472.35	461.07	1.5
第一产业	24.11	23.04	3.3
第二产业	246.51	229.59	1.4
其中：工业	216.77	197.46	3.5
建筑业	29.74	32.13	−12.3
第三产业	201.74	208.44	1.3
其中：交通运输仓储业	18.34	19.30	−6.9
批发和零售业	42.94	44.29	0.8
住宿和餐饮业	4.08	4.31	−6.8
房地产业	25.21	30.08	−7.0
金融业	52.02	48.05	7.1
其他服务业	59.14	62.41	4.0

（丹徒区统计局）

2022 年丹徒区各镇（街道、园区）地区生产总值（现价）表

表 37 单位：万元

镇（街道、园区）	地区生产总值	其中：		
		第一产业	第二产业	第三产业
全区合计	4723528	241053	2465107	2017368
高桥镇	168180	17927	83672	66581
江心	48134	14628	17262	16244
辛丰镇	676779	42893	456619	177267
高新园（谷阳）	1196543	19849	734887	441807
上党镇	569945	36103	303038	230804
宝堰镇	175002	24935	66325	83742
荣炳	167935	19075	81196	67664
开发区（高资街道）	1076494	33765	715862	326867
世业镇	104195	17327	1754	85114
宜城街道	540321	14551	4492	521278

（丹徒区统计局）

2022 年丹徒区户籍人口和户数表

表 38

镇（街道、园区）	总户数（户）	总人口（人）				
		合计	城镇人口	乡村人口	男	女
全区	103880	285337	177579	107758	139871	145466
高桥	7002	18966	8890	10076	9088	9878
江心	2899	7342	3838	3504	3672	3670
辛丰	18151	46523	22889	23634	22937	23586
谷阳	9786	26765	17281	9484	13070	13695
上党	16106	47969	21481	26488	23489	24480
宝堰	8485	22739	5641	17098	11275	11464
荣炳	6207	18609	4828	13781	9351	9258
高资	14492	39468	39468	0	19309	20159
世业	4635	13799	10106	3693	6732	7067
宜城	16117	43157	43157	0	20948	22209

（丹徒区统计局）

2022年丹徒区农业总产值情况表

表39　　单位：万元

项目	现价	可比价
合计	450485	445853
1.农业产值	213041	209892
2.林业产值	14017	14017
3.牧业产值	100018	100018
4.渔业产值	75297	74478
5.农林牧渔服务业	48112	47448
合计中：粮棉油产值	54879	54035
多种经营产值	395606	391818

（丹徒区统计局）

2022年丹徒区农作物种植面积与产量情况表

表40

项目	面积（亩）	单产（公斤）	总产量（吨）
一、粮食作物合计	285450	469	133991
（一）夏收粮食	81150	317	25763
1.小麦	76800	323	24837
2.元大麦	900	320	288
3.蚕豌豆	3450	185	638
（二）秋收粮食	204300	530	108228
1.水稻	152100	606	92218
2.玉米	32100	380	12182
3.豆类	14900	131	1950
其中：大豆	14100	133	1875
4、薯类（五折一）	5200	361	1878
二、油料合计	47667	177	8420
1.花生	1053	140	147
2.油菜籽	45560	180	8201
3.芝麻	1054	68	72
三、蔬菜	58696	2094	122882
四、瓜果类	2644	1708	4516

（丹徒区统计局）

2022年丹徒区多种经营产品产量情况表

表41

项目	单位	数量
茶园面积	亩	16501
茶叶产量	吨	353.61
果园面积	亩	16824
水果产量	吨	11063
造林面积	亩	2995
林木覆盖率	%	23.43
生猪出栏	万头	5.35
猪肉产量	吨	4250
年末生猪存栏	万头	5.79
羊出栏	万只	0.4
羊肉产量	吨	48
年末羊存栏	万只	0.7
年末奶牛头数	头	1064

续表41

项目	单位	数量
牛奶产量	吨	4358
家禽出栏	万只	1349
禽蛋产量	吨	6495
淡水养殖面积	亩	28290
水产品产量	吨	16029
其中：鱼类	吨	12556
甲壳类	吨	2288
贝类	吨	703
其他	吨	482

（丹徒区统计局）

2022年丹徒区农业机械拥有量情况表

表42

项目	单位	数量
一、农业机械总动力	万千瓦	26.4
1.柴油机动力	万千瓦	18.06
2.汽油机动力	万千瓦	1.44
3.电动机动力	万千瓦	6.9
二、拖拉机及配套机械		
1.大中型	台/千瓦	1121/66615
2.小型	台/千瓦	468/3417
3.配套农具	台	3587
三、种植机械		
1.播种机械	台	1228
2.插秧机	台/千瓦	1286/19128
3.排灌农用水泵	台	7754
4.谷物联合收割机	台/千瓦	564/37330
5.玉米联合收获机	台/千瓦	8/328
6.油菜籽收获机	台/千瓦	109/3960
7.秸秆粉碎还田机	台	1748
8.谷物烘干机	台	218
9.连栋温室	万平方米	39
10.塑料大棚	万平方米	1143
四、农产品初加工作业机械		
1.粮食初加工机械	台(套)	567
2.油料初加工机械	台(套)	134
3.茶叶初加工机械	台(套)	445
五、畜牧养殖机械		
饲料(草)加工机械	台(套)/千瓦	450/5054
饲养设备	台(套)/千瓦	3578/2415
挤奶机	台/千瓦	36/252
六、渔业机械		
1.增氧机	台/千瓦	4297/861
2.投(饲)饵机	台/千瓦	2657/531
七、农田基本建设机械	台/千瓦	76/5831
八、植保无人机	架	120

（丹徒区统计局）

2022 年丹徒区化肥农药使用量情况表

表 43

项目	单位	数量
一、化肥使用量（折纯）	吨	7073
1.氮肥	吨	2790
2.磷肥	吨	79
3.钾肥	吨	136
4.复合肥	吨	4068
二、农药使用量	吨	187
三、农用薄膜使用量	吨	116
其中：地膜使用量	吨	55
四、农用柴油	吨	1575

（丹徒区统计局）

2022 年丹徒区各地乡村实有从业人员、外来从业人员情况表

表 44

	乡村实有从业员	其中、农林牧渔业从业人员	外来从业人员
总计	140143	29047	12209
高桥	11283	1104	1072
江心	4304	1376	178
辛丰	27578	3791	1687
谷阳	17661	2036	1542
上党	26607	8706	1913
宝堰	9935	3543	1134
荣炳	9673	1755	262
高资	19398	4151	2126
世业	6381	1844	341
宜城	7323	741	1954

注：数据中不包括五个居委会和七个社区

（丹徒区统计局）

2022 年丹徒区规模以上工业总产值情况表

表 45

项目	工业总产值(万元)	增幅%
合计	5384243	13.3
区属小计	25719	5.2
农村小计	5358524	3.0
高资街道	1853402	6.4
高新园	2125743	11.2
高桥镇	95875	0.4
辛丰镇	348369	−8.9
上党镇	834483	72.3
宝堰镇	49569	−9.2
荣炳盐资源区	51083	−5.0

注：规模上即全部独立核算年销售收入 2000 万元以上工业企业

（丹徒区统计局）

2022年丹徒区全部独立核算年销售收入2000万元及以上工业企业分行业情况表

表46

项目	企业单位数（个）	工业总产值（当年价格亿元）
合计	284	538.42
非金属矿采选业	1	6.65
农副食品加工业	3	4.30
食品制造业	5	20.39
酒、饮料和精制茶制造业	3	8.32
纺织业	3	1.01
纺织服装、服饰业	2	0.84
皮革、毛皮、羽毛及其制品和制鞋业	7	2.55
木材加工和木、竹、藤、棕、草制品业	3	1.54
印刷和记录媒介复制业	4	2.22
文教、工美、体育和娱乐用品制造业	5	2.81
石油、煤炭及其他燃料加工业	4	37.51
化学原料和化学制品制造业	10	26.70
医药制造业	4	4.93
化学纤维制造业	2	1.27
橡胶和塑料制品业	17	28.73
非金属矿物制品业	54	93.47
黑色金属冶炼和压延加工业	5	1.74
有色金属冶炼和压延加工业	7	39.33
金属制品业	29	19.92
通用设备制造业	26	22.52
专用设备制造业	23	60.28
汽车制造业	13	63.21
铁路、船舶、航空航天和其他运输设备制造业	3	1.86
电气机械和器材制造业	22	31.16
计算机、通信和其他电子设备制造业	16	6.69
仪器仪表制造业	2	1.92
其他制造业	6	2.29
电力、热力生产和供应业	5	44.27

（丹徒区统计局）

2022年丹徒区主要工业产品产量情况表

表47

产品名称	单位	实绩
原盐	吨	1464314
酱油	吨	2397
服装	万件	223
商品混凝土	立方米	461388
水泥	吨	8446674
饮料酒	千升	79319
饮料	吨	157479
饲料	吨	16703
钢材	吨	5535
铸铁件	吨	7594
食醋	吨	271820
传感器	万只	65
皮革鞋靴	万双	296
石墨及碳素制品	吨	138906
滚动轴承	万套	5445
方便面	吨	13075

（丹徒区统计局）

2022 年丹徒区全部独立核算年销售收入 2000 万元及以上工业企业分地区主要指标情况表

表 48　　　　单位：万元

镇（街道、园区）	工业总产值（当年价格）	营业收入	平均用工人数（人）	流动资产合计	固定资产合计	合计	
						利税总额	其中：利润
合计	5384243	5553134	32158	3136609	1178540	305778	192020
区属	25719	24338	276	10930	3435	1086	468
高资街道	1853402	1965302	5126	919819	415232	96780	54891
高新园	2125743	2232208	15794	1320401	547051	129346	83365
高桥镇	95875	93196	2026	51266	13100	7422	4170
辛丰镇	348369	356549	3990	226361	70378	27726	20504
上党镇	834483	783227	3625	560143	90353	36872	25192
宝堰镇	49569	48975	549	22912	25798	2135	1105
荣炳盐资源区	51083	49340	772	24777	13192	4412	2325

（丹徒区统计局）

2022 年丹徒区工业企业能源消费量情况表

表 49

能源名称	年初库存量	购进量	工业生产消费量	年末库存量
原煤(吨)	251469	4529423	4581651	199241
汽油(吨)	2	264	264	2
煤油(吨)	—	16	16	—
柴油(吨)	132	1738	1680	192
天然气(万立方米)	—	39455	39448	—
液化石油气(吨)	—	12	12	—
电力（万千瓦时）	—	122257	179784	—
热力(百万千焦)	—	2713363	2713473	—
其他石油制品(吨)	5065	10121	10553	4633
能源合计（吨标煤）	—	—	4074710	—
综合能源消费量（吨标煤）	2408157.19			

（丹徒区统计局）

2022 年丹徒区固定资产投资分行业及地区情况表

表 50　　　　单位：万元

	乡村实有从业员	其中、农林牧渔业从业人员	外来从业人员
合计	881077	347699	33890
区属	37201	—	3975
开发区（高资街道)	190778	99156	2284
高新园（谷阳）	159892	141179	16011
宜城	205647	—	—
高桥	100002	13898	—
辛丰	44207	30496	7011
上党	66031	48491	1427
宝堰	17001	6201	—
荣炳	17218	8278	1713
世业	35041	—	1469
江心	8059	—	—

（丹徒区统计局）

2022年丹徒区房地产业投资、资金来源、销售及待售情况表

表51　　　　单位：万元

指标	数量
一、本年完成投资额	237464
1.建筑工程	173730
2.安装工程	6763
3.设备器具购置	1755
4.其他	55216
二、资金来源	—
1.上年末结余资金	65992
2.国内贷款	63731
3.利用外资	—
4.自筹	80420
5.其他资金来源	1676
三、本年新开工面积（平方米）	310613
其中：住宅（平方米）	285888
本年竣工面积（平方米）	154307
其中：住宅（平方米）	144963
四、商品房销售面积（平方米）	307823
其中：住宅（平方米）	278540
五、商品房销售额	191768
其中：住宅	176490
六、商品房待售面积（平方米）	274945
其中：住宅（平方米）	208729

（丹徒区统计局）

2022年丹徒区交通运输情况表

表52

指　标	单　位	实绩
公路总里程	公里	1080
其中：高速公路	公里	52
一级公路	公里	97
二级公路	公里	87
三级公路	公里	111
四级公路	公里	734
内河航道里程	公里	46
公路客运量	万人次	150
公路客运周转量	万人公里	8144
公路货运量	万吨	1260
公路货运周转量	万吨公里	155400
港口吞吐量	万吨	134

（丹徒区统计局）

2022年丹徒区社会消费品零售总额情况表

表53　　　　单位：万元

指　标	2022年	2021年
社会消费品零售总额	732294	729740
一、按销售地区分		
1.城镇	626204	626015
2.乡村	106090	103725
二、按行业分		
批发业	180095	179467
零售业	474871	473215
住宿业	5021	5003
餐饮业	72307	72055

（丹徒区统计局）

2022 年丹徒区财政收入情况表

表 54　　　　单位：万元

指标	数量
财政总收入合计	545610
一、税收收入	141560
二、非税收入	362550
1.专项收入	7495
其中：其他收入	905
教育费附加收入	4023
地方教育附加收入	2567
2.其他收入（含罚没收入）	50744
3.行政性收费收入	5232
4.国有资源（资产）有偿使用收入	26508
5.政府性基金收入	272571
三、国有资本经营收入	41500
在总计中：一般公共预算收入	231539

（丹徒区统计局）

2022 年丹徒区财政支出情况表

表 55　　　　单位：万元

指标	数量
合计	665355
一、一般公共预算支出	408900
1.一般公共服务	43277
2.国防	588
3.公共安全	23239
4.教育	65316
5.科学技术	10552
6.文化旅游体育与传媒	3607
7.社会保障和就业	66081
8.卫生健康	22081
9.节能环保	16284
10.城乡社区	33206
11.农林水	54016
12.交通运输	14620
13.资源勘探信息等支出	6906
14.商业服务业等支出	2122
15.金融支出	81
16.援助其他地区支出	1700
17.自然资源海洋气象等支出	3637
18.住房保障支出	27986
19.粮油物资储备支出	625
20.灾害防治及应急管理支出	2456
21.其他支出	12
22.债务付息支出	10443
23.债务发行费用支出	65
二、政府性基金支出	256455

（丹徒区统计局）

索　　引

说　明

一、本索引采用主题分析方法编制，标引词按第一字汉语拼音字母音序排列。

二、标引词后的阿拉伯数字表示内容所在页码，数字后的英文字母 a、b、c 分别表示从左至右第一、二、三栏。

三、大事记、插照和彩色画页未作索引。

A

B

C

D

E

F

G

H

J

K

L

M

N

P

Q

R

S

T

W

X

Y

Z